Georg Grevinus

Geschichte des neunzehnten Jahrhunderts seit den Wiener

Verträgen

Georg Grevinus

Geschichte des neunzehnten Jahrhunderts seit den Wiener Verträgen

ISBN/EAN: 9783743606135

Hergestellt in Europa, USA, Kanada, Australien, Japan

Cover: Foto ©ninafisch / pixelio.de

Weitere Bücher finden Sie auf **www.hansebooks.com**

Geschichte

des

neunzehnten Jahrhunderts

seit den Wiener Verträgen.

Von

G. G. Gervinus.

Zweiter Band.
(Erste Hälfte.)

Leipzig,

Verlag von Wilhelm Engelmann.

1856.

Inhalt.

Geschichte

des neunzehnten Jahrhunderts

seit den Wiener Verträgen.

III.

Die Reactionen von 1815—1820.

— — —

3. Italien.

In dem größeren Theile des österreichischen Staates war der Toscana. Uebergang in die Zeit der Restaurationen ohne alle gewaltsame Stöße gemacht worden, weil hier die Zustände aus den Zeiten vor der Revolution unverändert fortgedauert hatten; das absolutistisch-monarchische System blieb im Bestande, von dem hier die mittelalterigen Ordnungen mehr oder weniger waren abgelöst worden. Die italienischen Staaten dagegen sanken aus den Neuerungen der französischen Herrschaft in grellerem Rückfall in die Barbareien des Mittelalters zurück. Nur Toscana[1] machte davon eine Ausnahme. Denn in diesem Staate, der kurz vor der Revolution, unter den Leopoldinischen Ordnungen, in dem Ansehen eines der vorgeschrittensten Länder Europa's stand, hatten die Franzosen

---

1) Vgl. Gualterio, gli ultimi rivolgimenti ital. 2, 1—94. G. Montanelli, memorie sull' Italia e specialmente sulla Toscana dal 1814—50. Torino 1853. L. C. Farini, storia d'Italia dall' anno 1814 etc. Torino 1854. 1,59. 295 ff.

1 *

keine feudalen Mißbräuche, keine bürgerliche Ungleichheit wie in
dem übrigen Italien abzustellen gefunden; und wie daher die Einführung ihrer Herrschaft hier nicht mit den großen Erschütterungen
der ganzen Gesellschaft wie in Rom und Piemont verbunden gewesen war, so ging auch jetzt die Beseitigung derselben ohne die
gehässige Zerreißung der Bevölkerung vor sich, die überall sonst
das unselige Geleite der Herstellungen war. Jene Reibungen
schroffer Partheien wie in der Lombardei gab es im Toscanischen
nicht. Weder die Franzosen hatten sich hier Freunde gemacht, noch
die Oesterreicher, als sie nach deren Abzug das Land besetzt hielten;
selbst die italienische Nationalparthei fehlte in dem Lande, das auch
in den französischen Zeiten eine meist gesonderte Stellung eingenommen hatte. Eine Aristokratie von den feudalen Erinnerungen
wie die in Piemont und Neapel bestand hier nicht, wo der Adel,
aus städtischen Familien hervorgegangen, anspruchloser war als
irgendwo in Italien. Eine Geistlichkeit, die die weltliche Herrschgier fanatisch machte wie in Rom, gab es ebensowenig. Zwar im
Anfange, als der Fürst Rospigliosi erschien, der von dem Großherzog Ferdinand III. (in Würzburg) den Auftrag erhalten hatte,
von dem Staate wieder Besitz zu nehmen, hörte man auf der Kanzel
häufige und heftige Ausfälle gegen die vorige Regierung, und die
Sendung Rospigliosi's selbst, der der Mittelpunkt einer rückgängigen
Parthei war, schien von schlimmer Vorbedeutung. Allein der
Großherzog selbst, der seine Verbannung in Fassung ertragen hatte,
kam[1] nach Florenz ohne Verbitterung und Rachsucht zurück; er hatte
von seinem Vater Leopold wenn nicht den Geist, so doch die Milde
geerbt; vor seiner Rückkehr hatte er eine fast allgemeine Amnestie
vor sich hergehen lassen, und nun bei seiner Ankunft dämpfte er die
kleinen Wallungen des Partheieifers vollends. Die Verfolgungen
von Freisinnigen und Freimaurern, (die die Opfer aller übrigen
Restaurationen in Italien waren,) kamen hier nicht vor; die

[1] 17. Sept. 1814.

Beamten der französischen Regierung blieben in ihren Stellen; der
Graf Fossombroni selbst, der an die Spitze des Ministeriums kam,
war von Napoleon ausgezeichnet, und im Dienste der letzten Re-
gentin (Elisa Bacciochi) gewesen. So war man hier schnell beruhigt, daß Toscana seinem frühern Charakter und Zustande treu
bleiben werde, dem Herbheit und Leidenschaft, in Volk und Regierung, seit langen Zeiten fremd war. Die begnügsamen Opti-
misten, die mehr an dem altfränkischen Geiste der Gesellschaft als
an den neuitalischen Verwegenheiten Theil hatten, jene Vertrauen-
den, die einst als das Ziel der Leopoldinischen Verbesserungen eine
Verfassung erwartet hatten, trauten jetzt auch Ferdinand III. zu,
daß er seinem Volke eine Vertretung gegeben hätte, wäre er nicht
durch das gebieterische Verbot aus Wien gehemmt gewesen. Es
gab aber auch andere, strengere Beurtheiler, die selbst jenes so viel-
bewunderte Leopoldische System beschuldigten, es diene nur das
Volk in äußerem Wohlsein, unter einer anständigen, väterlichen
Despotie zu erschlaffen, und in jener gedankenlosen Ruhe, jener
sittlichen Verweichlichung zu erhalten, in die es das Alter seiner
Geschichte und die lange Entwöhnung jeder Theilnahme an großen
Weltereignissen versenkt hatte; und diese Beurtheiler fanden, daß
auch die hergestellte Regierung Ferdinands III. wie mit Absicht
und Methode in diese lässige Ruhe und Enge der Verhältnisse zurück
lenkte, aus der die Revolution die Italiener zuerst aufgerüttelt hatte
zu größeren nationalen Vorstellungen und Tugenden, zu sittlichen
und politischen Ideen eines weiteren Gesichtskreises. Die französischen Einrichtungen, als die Träger dieses unbequemen Geistes,
mußten daher auch hier zum großen Theile wieder weichen. Das
Heerwesen ließ man verfallen; die zusammengefaßte Verwaltung
wurde auseinander gerissen; der Code Napoleon, mit Ausnahme
der Titel über Hypotheken und Zeugenbeweis, wurde beseitigt, ohne
daß das zum Ersatz versprochene Gesetzbuch je erschien; Friedens-

richter, Familienräthe, Staatsanwälte, die Oeffentlichkeit der
Strafgerichte verschwanden. Für diese verlorenen französischen
Einrichtungen tauschte man die alte Leopoldinische Ordnung nur
sehr verstümmelt wieder ein. Der Inquisitionsprozeß wurde hergestellt aber ohne die Bürgschaften der früheren Zeit; die Orts-
statute blieben aufgehoben und die freie Selbstverwaltung der
Gemeinde litt unter der Beaufsichtigung der Regierung große Ein-
schränkung; selbst einzelne abgestellte Adelsvorrechte (des St.
Stephansordens) wurden wieder hervorgesucht. Nur was die
schlechteste Seite des Leopoldinischen Regiments war, die Herrschaft
der Polizei (die sie hier „die gute Regierung" nennen), lebte ganz
wieder; in dieser Beziehung war Toscana völlig wie eine österreichische Provinz, litt unter derselben Einschüchterung und verfiel
der gleichen Stockung alles öffentlichen Lebens. Die persönliche
Natur des leitenden Staatsmannes wirkte dazu ein großes mit,
wie es in Oesterreich der Fall war. Ein skeptischer Weltmann,
gebildet nach der Weise der Franzosen des 18. Jahrhunderts, be-
quem und gemächlich, wandte Fossombroni den vorwärtsstrebenden
Dottorini, wie er sie nannte, den Rücken und machte einen Grundsatz daraus, die Welt, „die von selbst gehe", gehen zu lassen; seine
Amtsstuben füllte er mit den fügsamen Männern seiner Gunst an,
die in das System der Einschläferung eingingen. Nur die feine
Eifersucht gegen fremden Einfluß und das Streben nach Erhaltung
eines gewissen geistigen Vorranges schien die toscanische Regierung
hier und da zu größerer Freisinnigkeit oder Thätigkeit zu treiben.
Man wußte, wie arglistig Oesterreich die Stufenleiter der Unzufriedenheit im Kirchenstaat und in Piemont beobachten ließ und
wie es geschäftig war, den dortigen Zuständen gegenüber die Lom-
bardischen als ein begehrenswerthes Glück darzustellen; dies Verfahren zahlte die toscanische Regierung mit einem ähnlichen heim.
Sie nahm Oesterreich's äußerer Politik gegenüber eine nationale

und patriotische Stellung und seinen commerciellen und geistigen Zuständen gegenüber eine freisinnige Haltung an, die wieder Schatten auf den mächtigen Beschützer warf. Wenn Oesterreich 1816. auf einen Allianzvertrag drang, ging man in Florenz nur mit Sträuben und nur auf ein Bündniß gegen Angriffe von außerhalb Italien ein; wenn Oesterreich eben damals einen italienischen Bund betrieb, that Fossombroni Alles, um ihm und seinen Gefahren auszuweichen; bot es gleichzeitig einen Postvertrag an, so fand er es für keine italienische Regierung gerathen, Oesterreich ihr Felleisen anzuvertrauen; und so wagte er nachher, in den Wirren des dritten Jahrzehnts mit Consalvi die möglichste Unabhängigkeit gegen Oesterreich zu bewahren. Wenn diese Haltung, die sehr geeignet war der toscanischen Regierung die Volksgunst zu erwerhen, mehr ein diplomatisches Geheimniß blieb, so war dagegen die Herstellung der Leopoldinischen Handelsfreiheit eine allgemein gedankte Wohlthat, deren gute Wirkungen im Gegensatze zu dem unsinnigen Zollwesen in Oesterreich und dem übrigen Italien zu Tage lagen. Dazu kam die freie Einfuhr fremder Bücher und Zeitungen, die Florenz lange Jahre zum wohlfeilsten Büchermarkt machte und den Toscanern vor allen Italienern gestattete, der europäischen Bildung zu folgen; wie denn Florenz auch den Hauptnutzen von dem Mangel eines italienischen Verlagsrechtes zog, da hier der Nachdruck unverwehrt freibeuten durfte, sogar unter den inländischen unprivilegirten Büchern. So wenig dies oder der italienische Censurdruck Lob verdient, so gewiß ist doch, daß beides für Italien nicht ohne wesentliche Wohlthaten gewesen ist. Die Censur verhütete die verderbliche Unsittlichkeit in der Literatur, von der die französische so sehr angefressen ist; der Nachdruck verhütete ihr Herabsinken zum gemeinen Gewerb aller armen Geister, zum Schlachtfeld aller wüsten Coterien, was die Gefahr der deutschen Literaturzustände ist: beide diese Vortheile haben in Italien

eine Verbindung und ein Zusammenarbeiten der Literatur auf
einerlei Ziel und Zweck möglich gemacht, wovon weder Frankreich
noch Deutschland etwas Aehnliches kennen, so daß es hier z. B.
ein ungeschlichteter Streit bleiben konnte, ob von den entgegenge=
setzten Schulen der schönen Literatur die Romantiker oder die Klaf=
siker die patriotischeren und praktischeren in politischer Wirksamkeit
waren. Jeder Fremde erinnert sich der großen Leseanstalt von
Vieuffeur in Florenz, zu der hier 1820 die Erlaubniß gegeben war,
lange Zeit ehe Wien etwas Aehnliches besaß. Aus ihr ging 1821
die Antologia hervor, ein Mittelpunkt der geistigen Bewegung in
Toscana, die von da auf ganz Italien weiter wirkte. Die verschie=
denften geistigen Richtungen waren in ihr versammelt, die aber alle
gleichmäßig auf gemeinnützige Zwecke gerichtet waren: die Flüch=
tigen der 20er Jahre aus Neapel und Lombardei, jene Montani,
Pepe, Poerio, Colletta, Giordani waren hier vereinigt und fanden
ihren Mittelpunkt in dem edlen Gino Capponi, (ein Name voll
altehrwürdiger Erinnerungen), deffen gesunder praktischer Verstand
selbst den Utopisten der äußersten Partheien Achtung gebot und
nach allen Seiten hin, in Literatur und Staat, ähnlich wie Stein's
Wirksamkeit in Deutschland, seinen Landsleuten das Beispiel gab
einer freisinnigen Thätigkeit ohne Vermessenheit, eines Wissens
ohne unfruchtbaren Prunk, eines ideenreichen Strebens ohne aben=
teuerliche Ziele.

Der Kirchen-
staat.   In vollem Gegensatze zu der Enge der Florentiner Verhält=
niffe bewegte sich das Treiben der päbstlichen Herrschaft in Rom.
War dort Alles Bescheidung und häusliches Wohlbehagen, so
tauchten hier die ausschweifendsten Anmaßungen des römischen
Hofes in dem Augenblick seiner Herstellung auf; und die hierar=
chische Weltmacht, wie aus dem Nichts erstanden, entwickelte plötz=
lich wieder von ihrer alten Stelle aus die alte anspruchsvolle, all=

umfassende Thätigkeit nach außen, während die einheimischen
staatlichen Zustände, die sich unter der Fremdherrschaft angefangen
hatten menschlich zu gestalten, unter der Priesterherrschaft sogleich
in jenes langgewohnte trostlose Elend zurück versanken, das in
wenigen christlichen Ländern seines Gleichen hat. Es ist uns von
dem nächsten Interesse, neben dem weltlichen Musterstaate der
Beharrung nach Gentz'schen Grundsätzen den hierarchischen Ideal-
staat de Maistre's und seiner Gesinnungsgenossen zu betrachten.

Niemand hätte, einige Jahre vor der Herstellung des Pabstes,   Aeußere und in-
nere Zustände der
römisch-kathol.
Kirche vor und
um 1814.
eine so baldige und plötzliche Wendung zu Gunsten der römischen
Hierarchie voraussagen mögen, wie sie mit dem großen Umschwunge
von 1814 eintrat. Der Kirchenstaat war innerhalb zweier Jahrzehnte nach einander zerstückelt und seine letzten Reste 1809 mit
Frankreich vereinigt worden; der Pabst selber schmachtete zuletzt
in der Haft des Gewaltigen der Zeit; die Stadt Rom, beraubt
der Spenden der katholischen Welt, der Fremden und des Hofes,
war von der christlichen Hauptstadt zu einer entvölkerten Provinzial-
stadt herabgesunken. Die kirchlichen Fürstenthümer in Deutschland,
ein Gebiet von über drei Millionen Bewohnern, waren eingegangen und vertheilt, meist unter protestantische Fürsten. Die katholische Kirche, ihrer äußeren und inneren Lage nach, war überall in
einem tiefen Verfalle. In dem rechtgläubigsten Spanien hatten
Krieg und Aufstand Alles drunter und drüber gestürzt; in allen
romanischen Landen hatten die Franzosen unter Klöstern, Stiftern
und Orden furchtbar aufgeräumt; so weit die Ideen oder die
Nöthigungen der Revolution gereicht hatten, waren die Kirchengüter eingezogen, veräußert oder mit dem Staatsgut vereinigt
worden; selbst wo verhältnißmäßige Muße und Ruhe zur Erhaltung der kirchlichen Einrichtungen war, wie in Frankreich und
Deutschland, waren unter dem andauernden Mangel jedes festen

Verhältnisses alle Sprengel gelockert und verwirrt, die Bisthümer
vermindert, die übriggebliebenen verwaist (so sehr, daß es in
Deutschland 1814 nur noch fünf Bischöffe gab), die Kapitel waren
zusammengeschmolzen, zahllose Pfarrstellen unbesetzt oder traurig
verarmt, die Schulen und Bildungsanstalten der Geistlichen hier
und da ganz ausgegangen, Zucht und Glauben in der Bevölkerung
geschwunden; Alles schien mit der Zerrüttung der Zeiten hoff-
nungslos in Trümmer gegangen.

Die letztgenannte Wunde war die tiefste.   Die französische
Freigeisterei des 18. Jahrhunderts, in die Literatur aller romanischen Völker gedrungen, hatte im Kern der katholischen Lande selbst
den alten römischen Aberglauben erschüttert; die außerordentlichsten
Thatsachen eines halben Jahrhunderts hatten dieser Umwälzung
in den Geistern Nachdruck und Dauer, in den Sitten festen Bestand, in dem Staate Gesetz und Form gegeben.   Das milde Verhalten Friedrichs II. zu seinen katholischen Unterthanen, aus reli-
giöser Gleichgültigkeit, aus Freisinn und Staatsklugheit gleichmäßig entsprungen, durchbrach zuerst die alte straffe Ab- und Ausschließung der Bekenntnisse in Deutschland, wie sie noch jetzt in
Mecklenburg geübt wird.   Der Grundsatz der vollkommenen Rechtsgleichheit der Bekenntnisse war in dem preußischen Gesetzbuche auf-
gestellt worden.   Von katholischer Seite war Joseph II. mit seiner
unrömischen Duldsamkeit entgegen gekommen und selbst einzelne
der deutschen Kirchenfürsten, in einer selbständigen und nationalen
Haltung gegen Rom, hatten damals ihren protestantischen Unterthanen freie Religionsübung gewährt.   Schismatische Ideen aller
Art wurden mächtiger in den Geistern, als man mit dem Jesuiten-
orden und so vielen Klöstern die besten Stützen des Pabstthums
gefallen glaubte.   Bereits vor der Revolution hatte in Deutschland
ein so besonnener Geschichtskenner wie Spittler die Hoffnung fassen
können, er werde Cölibat und lateinische Kirchensprache selbst in

Oesterreich verschwinden sehen, die katholische Kirche werde „endlich einmal aufhören römische Kirche zu sein", es werde das Volk
die Rechte zurücknehmen, die ihm die Geistlichkeit entrissen. Dieser
Veränderung in den An- und Einsichten der Gebildeten folgten
dann erst die Verwüstungen, mit denen die Revolution den Glauben, die Kirche, die Hierarchie heimsuchte. Und noch nach ihnen
lastete Napoleon's eiserner Arm auf dem Pabstthum, das schon,
als sich der Kaiser noch mit ihm zu halten suchte, in dessen Gleichgültigkeit gegen alle Religionen, hinter seiner Maske des gleichen
Schutzes aller Bekenntnisse „die feinste Verfolgung" der römischen
Kirche erkannte und verabscheute. Er unterschlug zuletzt dem Pabste
den Fuß, mit dem die Hierarchie auf ihrem weltlichen Besitze, dem
Kirchenstaat, feststand; aber den innerlicheren Schaden schien er ihm
noch in Deutschland zuzufügen, durch die Mischung der katholischen und evangelischen Bevölkerungen seit 1803, durch die im
Rheinbund vorgeschriebene Gleichstellung der Bekenntnisse. Die
Zusammengewöhnung, der Geist der Verträglichkeit, die stille Einwirkung protestantischer Ideen und Sitten wurden dadurch gefördert, die für den Papismus die unangreifbarsten und gefährlichsten
Feinde sind. Diese Verhältnisse erhielten noch eine nationale Verstärkung durch die Errichtung der Einen deutschen Metropole
(Regensburg) und des Primats, in dem sich der schismatische Geist
jenes volksthümlichen Episcopats des 18. Jahrhunderts fort-
pflanzte. Der Primas Karl Dalberg überlebte des Kaisers Fall
und blieb Erzbischoff von Regensburg. Sein Bisthumsverweser
in Constanz H. v. Wessenberg, sein dankbar ergebener Freund,
bei Katholiken und Protestanten in gleichem Ansehen, hatte unter
dem Segen der Zeitgenossen gestrebt, die Verhältnisse in der Kirche,
und zwischen Staat und Kirche, in einem humanen Sinne auf
einem verständigen Fuße zu ordnen; sein Beispiel und amtlicher
Einfluß hatte weit in die östliche Schweiz hinüber gewirkt; sein

Vorgang hatte selbst in dem dunklen Baiern Nachfolge erweckt, wo
der Prediger Boose (seit 1810) der Urheber einer freieren religiösen
Erregung war, in dessen Anhang Steffens[2] noch nach Jahren eine
mächtige, aber unterdrückte Gährung beobachtete. Unter den vater=
ländisch=freisinnigen Katholiken, die mit Wärme an der Erhaltung
eines deutschen Patriarchates hingen, war Wessenberg als ihr
Haupt und Vorkämpfer angesehen. Auch hat er sich später nicht
gescheut, vor Rom und in Rom zu bekennen, daß er neben den
Verpflichtungen gegen den heiligen Stuhl auch Verpflichtungen
gegen Deutschland habe. Gleich 1814 erschien er in Wien, um
wie im Namen der Nation auf ein allgemeines Concordat anzu=
tragen, und auf die Vereinigung aller deutschen Bisthümer in Eine
deutsche Kirche unter einem Primas[3]. Dieses Patriarchat würde,
nach dem Urtheile der Römischen, die Losreißung der deutschen
Kirche von Rom zur Folge gehabt haben[4]; und solch eine Ab=
trennung war unter dieser Parthei mehr gehofft und erstrebt, als
gefürchtet. Diese Reformer waren der Ansicht, zu der sich später,
(nachdem er Rom's Uebergriffe und den rohen Fanatismus der
französischen Römlinge erlebt hatte) selbst ein Mann wie Stein
hat bekennen müssen, der Ansicht: es seien in Deutschland, unter
dem Gemeinleben von Katholiken und Protestanten, so viele un=
würdige Fesseln des Aberglaubens und der sittlichen Unlauterkeit,
die die römischen Einrichtungen anderen Völkern auferlegen, abge=
streift, es sei die Kluft der Bildung und Gesittung zwischen deut=
schen und anderen Katholiken so groß geworden, daß sie von den
römischen Einflüssen nicht wieder verschüttet werden solle. Solche
Männer waren es, die daher noch bei Dalbergs Leben dem Volke

------

2) Was ich erlebte. 8, 392.
3) Denkschriften in Klübers Akten des Wiener Congresses 4, 299, 304.
4) Perthes' Leben 2, 122.

ihren Plan einer Nationalkirche mit Synoden und einem fürstlichen
Primas vorlegten, mit denen sie diese deutsche Gesittung schützen
wollten⁵. Solche Männer waren es, die sich im äußersten Falle
nicht bedachten, den deutschen Katholiken geradezu das Beispiel des
Utrechter Domkapitels zur Nachahmung vorzuhalten⁶, das, nachdem der Pabst (1704) den Vicar Cobbe als Jansenisten abgesetzt
hatte, die päbstlichen Vicare abgewiesen, später sich Erzbischöffe
gesetzt und Bisthümer errichtet und Synoden gehalten, und das
erste Beispiel eines Abfalls von Rom ohne Abfall vom Katholicismus gegeben hatte. Jene Männer hatten aus der erlebten Unterbrechung der römischen Einflüsse die Ueberzeugung gewonnen, daß
eine katholische Kirche, und nicht die schlimmste, auch ohne Pabstthum möglich war, und daß der Katholicismus, wenn er nicht
ohne die Unnatur und die Mißbräuche der Hierarchie bestehen
könne, überhaupt nicht bestehenswürdig sei. Und diese Ansichten
reichten damals in Deutschland sehr weit, bis in die Höhen der
Gesellschaft, zu Fürsten und Regierungen hinauf.

Aber diese aussichtslose Lage der römischen Hierarchie änderte Der Umschlag zu
sich mit dem Eintritt der Restauration wie auf Einen Schlag. schen Hierarchie.
Gegen jenen ganzen Geist der Aufklärung in den letzten Zeiten
hatte sich, schon seit dem Verfalle der französischen Republik, jene
literarische und religiöse Reaction eingeleitet, die früher geschildert
worden ist. Es waren mit so großen Erfolgen in der französischen
und deutschen Literatur und Gesellschaft jene Männer aufgetreten,

---

5) Kirchenrechtl. Untersuchungen über die Grundlagen zu den künftigen
kathol. kirchl. Einrichtungen in Deutschland. Von einem kath. Rechtsgelehrten.
Frankfurt a. M. 1816.

6) Klüber, neueste Einrichtung des kath. Kirchenwesens in den K. Preuß.
Staaten. 1822. — Alex. Müller, Preußen und Baiern im Concordate mit
Rom. 1824.

die die Sache Roms, des Glaubens und Aberglaubens, zu retten
nicht nur, sondern zu fördern, und die beiden Erzfeinde der
Hierarchie niederzuwerfen sich vermaßen; jener Chateaubriand,
vgl. 1,371. der nach seiner Behauptung' der französischen Philosophie
die Hemmkette angelegt hatte, die Rom nicht konnte; jener
vgl. 1,380. de Maistre, der es' auf die Vertilgung der Reformation abgesehen hatte. In diesen Kreisen übersah man zwar jene bedenk-
liche Thatsache der verträglichen Annäherung der beiden Bekenntnisse nicht, man legte sie aber zu Gunsten des Katholicismus,
als ein Zeichen der inneren Schwäche, der Reue und Umkehr
des Protestantismus aus. Man täuschte sich auch nicht über den
äußeren Verfall der römischen Kirche, · aber die Einen erwarteten
gerade von ihrer Verarmung, von ihrer genöthigten Wendung
auf die innern Dinge ein neues Heil für sie; die Anderen hofften
nun, nachdem die Revolution gefallen war, Hierarchie und Pabstthum als die anfänglichen Feinde, die endlichen Sieger, die einzigen
Bändiger der Revolution, in größerer Pracht und Macht aus ihrem
Falle auferstehen zu sehen als je zuvor. Für diese und nicht für die
deutschen Reformer stritt nun plötzlich die Gunst der Zeit. Was
die einzelnen freisinnigen Katholiken zu aller Zeit völlig einflußlos
erhalten hat: die getheilte Bestrebung der Laien, und seltener einzelner Geistlichen (oft ohne Bildung und Charakterwürde), die der
einheitlichen Gewalt einer geschlossenen Hierarchie gegenüber nothwendig machtlos war, dies hat auch jene versammelte Parthei
unmächtig erhalten. Ihr Einfluß beschränkte sich auf einen kleinen
örtlichen Kreis, (neben dem die ganze Wucht des Aberglaubens in
den romanischen Massen unberührt blieb); die Lehren der Bonald,
Schlegel, de Maistre aber erschollen von Paris, von Wien und
St. Petersburg aus über die ganze Welt. Ihrem Evangelium
von äußerer Größe und Reichthum der Kirche fiel Alles zu, aber
der verdrießliche Ernst der deutschen Kirchenverbesserer stieß bald

Alle ab. Ihre Bestrebungen hatten unglücklicherweise zuletzt
mit revolutionären Neuerungen, mit Napoleonischen Günst-
lingen, mit rheinbündischen Einrichtungen zusammengehan-
gen, die ganze Strömung der Zeit war ihnen jetzt nach
Napoleon's Sturze entgegen. Eine langdauernde Bedrückung
der Kirche hätte diesen Männern lange Wirkungen gestattet,
jetzt aber schnellten ihren Einfluß die neuen Hoffnungen der
Kirche plötzlich ab, die von äußeren Anstößen, aber wie durch ein
Wunder, hervorgezaubert waren. Als nach sechsjähriger gewaltsamer Entfernung der 62jährige Pius VII. nach Rom zurückkehrte,
war seine ganze Reise von Fontainebleau durch Frankreich und
Italien ein Triumphzug gewesen. Die Könige beugten sich vor ihm
wie in alten Zeiten; in seiner Vaterstadt Cesena huldigte ihm
Murat, vor Rom begrüßte ihn Karl IV. von Spanien, im Qui-
rinal empfing ihn die Königin von Etrurien, in der Peterskirche
konnte er kaum dem abgetretenen König von Sardinien wehren,
ihm die Füße zu küssen. Dies waren gefallene oder fallende Größen,
die, kann man sagen, die Freude über ihr endendes Unglück oder
das Bedürfniß einer Stütze für ihr wankendes Glück zu dem hergestellten Haupte der Christenheit hintrieb; aber auch die Völker
hatten ihn überall mit Jubel empfangen und geleitet, und seine
Unterthanen in Bologna und in Rom' empfingen ihn mit glänzen- '24. Mai 1814.
der Feier und mit wahrhafter, aufrichtiger Freude. Ja die Prote=
stanten in Rom betrieben, den englischen Consul an ihrer Spitze,
die Errichtung eines großartigen Denkmals zur Verewigung seiner
Herstellung. Es waren dies Enthusiasten, Künstler, Halbproselyten
vielleicht, die die Bewegung des Augenblicks hinriß, aber in seiner
Note an den Wiener Congreß konnte sich der Pabst öffentlich schon
nicht allein auf die Sympathien dieser Fremden berufen, sondern
auch auf die Ablegung der alten Vorurtheile in den protestantischen
Fürsten: denn schon hatte Consalvi in London die Artigkeiten einer

sonst so feindlichen Macht wie Englands erfahren, dessen Regent sogar später in unmittelbaren Briefverkehr mit dem Pabste trat; schon erfuhr dieser, daß er an den protestantischen Fürsten größere Förderer seiner weltlichen Ansprüche hatte, als an Oesterreich, und daß Preußen weit aufrichtiger für das Wohl der katholischen Kirche besorgt war als Frankreich. Alles schien in diesem gehobenen Augenblicke in dem Pabst nur den fürstlichen Märtyrer zu sehen, der von Napoleon das Meiste gelitten und das Erlittene mit jener Güte, Geduld und Unschuld ertragen hatte, die es zu Zeiten selbst über die Herzenshärte seines gereizten Unterdrückers gewann; die duldende Milde, die nun über den gottlosen Uebermuth triumphirte, schien nicht genug belohnt werden zu können und man war bereit zu jedem großmüthigsten Zugeständnisse, unbedacht, daß es nicht der gutmüthigen Person des Pabstes, sondern der fühllos eigensüchtigen Hierarchie gemacht wurde. Was sollte bei diesen ungemessenen Huldigungen von allen Seiten jenen fanatisirten Kreisen unmöglich scheinen, die den Protestantismus reif zum Abfall sahen, die sich das siegreiche Ansehen gaben, als ob sie die öffentliche Meinung bereits unterjocht hätten, die in Deutschland schon so manchen gutherzigen Protestanten zu dem zugeneigten Glauben bekehrt hatten, daß sich die römische Kirche mit einiger Um- und Fortbildung zur allgemeinen christlichen Kirche gestalten werde.

Erste Thätigkeit des römischen Hofes.

Was diese Aussichten der Ultramontanen noch um vieles steigern mußte, war die außerordentliche Thätigkeit, die der römische Hof sofort entfaltete; er zog alle Segel auf, um den günstigen Fahrwind auszunutzen; keine andere Regierung hat dieser allgeschäftigen, allüberblickenden Rührigkeit, dieser Meisterschaft im Ergreifen des Augenblicks entfernt etwas zu vergleichen. Was die Verhältnisse des Kirchenstaats angeht, so forderte Cardinal Consalvi

gleich nach dem Bekanntwerden der Pariser Friedensartikel von
London aus[l] das ganze römische Patrimonium zurück: die Binnen- '23. Juni. 1814.
bezirke in Frankreich (die jene Artikel bereits an diesen Staat überlaffen hatten), die in Neapel (Benevent und Pontecorvo), die wie
die Marken in Mürats Hand waren, die Legationen, die Oesterreich beſetzt hielt, unvergeſſen des Vorbehalts der Rechte, die der
heilige Stuhl auf Parma und Piacenza hatte, wo man eine neue
Dynaſtie begründete. Dieſe Forderungen wurden im Herbſte am
Wiener Congreſſe[l] wiederholt, wo, wie früher berichtet wurde, '23. Oct.
eine weitere Eingabe[l] nichts geringeres als die Herſtellung des '17. Nov.
römiſchen Reichs und der geiſtlichen Staaten in Deutſchland und
die Herausgabe des Kirchengutes verlangte. Gleichzeitig mit dieſen
weltlichen Fürſorgen in Paris, London und Wien eilte man in
Rom ſelbſt, die Werkzeuge der geiſtlichen Gewalt wieder herzurich-
ten. Die Congregation für Reinhaltung des Glaubens (die Inquiſition) war gleich nach der Rückkehr des Pabſtes hergeſtellt worden, nach einer ausdrücklichen Bemerkung des römiſchen Tagblattes
ohne alle Aenderung ihres Coder oder Verfahrens; mit ihr begann
die Congregation des Inder ihren Wettlauf in dem Eifer, das
eingeſchlichene Gift des fremden Geiſtes abzutreiben. Anfangs
1815 wurden von dieſer in Bauſch und Bogen alle politiſchen
Bücher verboten, bei jener ſollten gleichzeitig bereits 737 Klagen
wegen Ketzerei anhängig geweſen ſein. Wie keine Ketzer, ſo hatte
es unter der franzöſiſchen Herrſchaft auch keine Heiligen, keine
Wunder und keine Mönche mehr gegeben; jetzt gleich wieder ver-
drehten die Madonnen ihre Augen und klagten über Verſäumung
ihres Dienſtes; die Heiligen, von Vornehmen und Geringen ver-
ehrt, tauchten wieder auf; ein Edict[l] ſtellte ſämmtliche geiſtliche '15. Auguſt.
Orden wieder her, und rief 1824 Mönchs- und 612 Nonnenklöſter
ins Leben: eine ſchwere Bürde für den Staat, deſſen Einkünfte,
nachdem das Kirchengut veräußert war, ſie ausſtatten mußten.

II.

2

Sofort riß dieser Taumel die romanischen Staaten in die gleichen
Maaßregeln nach. In Spanien wartete man dazu den Anstoß aus
Rom nicht erst ab. Der Nuntius Gravina, tödtlich verletzt von den
Cortes, ein unversöhnlicher Feind aller Neuerungen dort, hatte
sich gleich bei der Einrichtung der hergestellten Regierung in die
Kreise des Infanten Antonio, in das Vertrauen des Königs eingenistet und alsbald nahm Alles in Madrid eine hierarchische Färbung an. Die von Franzosen und Cortes aufgehobenen Klöster
'21. u. 27. Mai. wurden hergestellt und die betreffenden Beschlüsse[1] verfügten, daß
ihre verkauften Güter ohne irgend eine Entschädigung den Käufern
'21. Juli. sollten weggenommen werden. Kurz darauf[1] richtete der König,
hinter dem Rücken seines ersten Ministers, die Inquisition wieder
auf, das furchtbare Priestergericht, das durch Jahrhunderte die
Fessel aller geistigen Fortbildung in Spanien gewesen ist; Macanaz unterzeichnete den Beschluß, dessen Großvater wegen seiner
Schriften gegen die Inquisition gefangen und verbannt war; das
Volk feierte die Herstellung mit Beleuchtung und Festen. Die religiöse Aengstlichkeit ward in ganz Spanien plötzlich wieder so wach,
daß eine Menge Leute die früher üblichen Dispensgelder für aller-
hand kirchliche und halbkirchliche Acte, die während des Kriegs
nicht bezahlt worden waren, nach Rom nachzahlten, was in wenigen Jahren eine Summe von 3 Millionen Scudi ertragen haben
soll. Hier und in Italien, sieht man, gab sich bei der Bigoterie
der rohen Massen die Sache der Hierarchie von selbst. Dringender
war die Sorge für jene wunden Stellen in Oberdeutschland, deren
ansteckende Gefahr von den Römischen bereits, als sie von Rom
noch verbannt waren, sehr wohl war gewürdigt worden. Voll
Sorgen über die Irrungen, die durch Wessenberg von Constanz
über den Osten der Schweiz ausgingen, (der außer Chur in dem
Verband dieser Diöcese war), sann der Nuntius Testaferrata schon
seit 1812 darauf, die katholischen Cantone der Schweiz zum Aus-

gangspunkte eines restaurativen Feldzuges zu machen und hatte
bereits zehn Stände, indem er ihnen die Errichtung eines großen
schweizerischen Nationalbisthums in plumpem Betruge vorgaukelte,
für den Plan einer Abtrennung von Constanz gewonnen, noch ehe
die politische Umwälzung von 1814 erfolgt war[7]. Sobald dieß
geschehen war, sprach ein apostolisches Machtwort zu Ende des
Jahres die Trennung der Schweiz von Constanz aus mit hochfah-
render Zurückweisung der Einsprachen des Fürstbischoffs, des Dom-
capitels, und der in ihren landesherrlichen Rechten verletzten Can-
tone. Zugleich befahl ein päbstliches Breve[1] dem Fürsten Primas, |2. Nov.
seinen berufenen Verweser in Constanz ohne Zögern zu entlassen,
der als abtrünniger, widersetzlicher Irrlehrer, als ein „Verschwore-
ner gegen den Mittelpunct der katholischen Einheit" in Rom ange-
schuldigt war. So war auch überall sonst die Curie mit scharfer
Witterung gegenwärtig, wo von dem Angränzen der Gläubigen
an die Ketzer eine Gefahr drohen konnte. Auf dem Wiener Congresse sorgten ihre Oratoren wachsam, aus der Bundesacte jeden
Artikel fern zu halten, der auch nur eine fernste Hindeutung auf
eine Nationalkirche in Deutschland oder irgend eine Bundesgewähr
protestantischer Rechte enthielte. In Belgien, wo der Verband mit
dem reformirten Nachbarlande Besorgniß erregte, ließ man die
Geistlichkeit selbst handeln, die alsbald[1] eine Denkschrift an die |8. Oct.
Verbündeten richtete, um die Herstellung ihrer alten Verfassung
nach den früheren Verträgen zu erbitten; gleich bei dem Erscheinen
der Landesverfassung machten die Bischöffe Vorstellungen gegen die
Artikel, die mit der allgemeinen Zusicherung ihrer Freiheiten im
Widerspruch standen. Ueberallhin, überallher fand man sich so ge-

---

7) L. Snell, W. Glück und A. Henne, Pragm. Erzählung der kirchl. Ereignisse in der kath. Schweiz von der helvet. Revolution bis auf die Gegenwart.
1850. II. 1.

2*

fördert von selbstverstehenden und selbsthandelnden Ergebenen; ein alter Vortheil, den Rom voraus hat: denn wo man in Ver- fassung und Bildung in stumpfer Beharrung auf einem abgetretenen Standpunct haftet, da ist es nicht schwer, sich sowohl kundig als einträchtig zu bewegen. Außen hatte man die blindergebenen Nuntien, wie man in Rom die blindergebenen Diplomaten der wichtigsten katholischen Staaten, die Pressigny und Blacas für Frankreich, den Bischoff Häffelin für Baiern, den Marchese Tapparelli d'Azeglio für Piemont hatte, durch dessen Eifer man seinen frommen König stachelte, allen Fürsten mit seiner Verehrung der höchsten Schlüssel ein leuchtendes Beispiel zu geben. Zu den amtlichen kamen die privaten Handreicher: von Münster erschien gleich anfangs der gewesene Generalvicar Clemens Aug. von Droste-Vischering, der schon damals für eine Säule der Kirche galt, bei dem rückgekehrten Pabste, um über den Zustand Norddeutschlands Aufschluß zu ge- ben[8]; aus Frankreich anfangs 1815 der Graf Polignac, den der Pabst für seine Dienste und Rathschläge nachher zum Fürsten er- hob; er mochte die Beziehungen zu dem ergebenen Thronfolger in Frankreich an die Hand geben, wie man sie in Baiern zu dem Kronprinzen unterhielt. Alle diese Verbindungsketten aber genügten noch nicht. Jener Orden fehlte noch, der Argus und Briareus der Kirche, unentbehrlich durch seine Berichte, die den Zeitgeist überall ausspähen, durch seine Schulen, die den Zeitgeist in den Jüngern '7. Aug. der Kirche künstlich absperren sollen: die Jesuiten wurden[l] wieder hergestellt. Cardinal Pacca hatte den Pabst in Fontainebleau von der Unerläßlichkeit dieses Schrittes überzeugt[9]. Wie die Benedic- tiner neben der ritterlichen Aristokratie, wie die Franziscaner als das geistliche Seitenstück zu den demokratischen Erscheinungen des

---

8) Gams, die Gesch. der Kirche Christi im 19. Jahrh. 1853. 1, 573.
9) Memorie storiche del Card. Bart. Pacca. 1830.

Mittelalters, so waren nach beiden die Jesuiten im Geleite des
neuern Absolutismus in die Geschichte eingetreten; es war daher
entsprechend, daß sie in dieser Zeit der monarchischen Legitimität
eine Art Auferstehung feierten. Sie waren unter der Hand 1801
in Rußland, 1804 in Sicilien, 1807 in Sardinien wieder aufge=
taucht, jetzt gab sie der Pabst der ganzen Welt wieder, und bedrohte
in seinem Edicte in der Sprache des theokratischen Weltherrschers
Alle, die diesem Statute zuwider wirken würden; am 13. November
war der „ewig denkwürdige Tag", wo das Noviziat eröffnet wurde.
Vergebens waren die Einsprachen der Generale der Dominicaner
und Franziscaner, und selbst conservativerer Cardinäle als Pacca,
die aus conservativeren Gründen abmahnten, den von dem Kirchen=
haupte aufgehobenen Orden wieder aufzurichten: denn wo es un=
trügliche Vortheile gilt, da bedenkt sich die Curie nicht, die
Untrüglichkeit ihrer früheren Beschlüsse in die Schanze zu schlagen.
Nach einander drang nun der Orden, zuerst in Spanien ein, wo
der König auf des Nuntius Betrieb die Aufhebungsacte Karl's III.
wieder aufhob[1], und wohin jetzt die einst Vertriebenen aus Italien 29. Mai 1815.
rückkehrten; tief unwissende, der Sprache halb vergessene Leute, die
nun ihre Reichthümer, ihre Kirchen, ihren schädlichen Einfluß auf
Schule und Bildung wieder antraten. Eben so geschah es in Pie=
mont, wo sie sich 1815 des blinden, kranken, vom Thron abgetre=
tenen Bruders des Königs bemächtigten, dann seit 1818 sich im
Lande ausbreiteten und, von Adel und König begünstigt, Univer=
sitäten, Schulen, Verwaltung und Gerichte mit ihren Geschöpfen
beherrschten. In eben diesem Jahre wurde durch eine Art Ueber=
rumpelung in einer Feriensitzung des kleinen Rathes ihre Berufung
nach Freiburg[1] beschlossen, wo sie dann das Erziehungswesen in 15. Sept. 1818.
die Hand nahmen und aller besseren Bildung ein Ende machten.
Im Jahre 1816, haben wir erfahren, drangen sie nach Wien und
1820 nach Galizien vor.

Wer unter Roms Freunden sollte bei diesem Auftreten seiner
Herrscher nicht gleich jetzt die höchstgespannten Hoffnungen fassen,
dieser Pabst sei berufen, den h. Stuhl nach 10jähriger Schmach
und Erniedrigung zu größerer Macht wieder aufzurichten, als er
seit einem Jahrhundert besessen? Aber es schien ein innewohnender
Schaden der römischen Hierarchie, daß Alles, was ihre Eintracht
und Klugheit entwarf, immer durch ihre Maaslosigkeit und Unbe-
sonnenheit wieder verdorben werden sollte, die Eigenschaften, die
eine natürliche Frucht ihres Mangels an höherer Bildung und
Sitte, und ihrer Selbstblendung über die eigentliche Lage der Welt
sind. Kaum Eine aller dieser ersten Maasregeln der Curie war
getroffen worden, ohne daß sie sogleich oder in ihren nächsten Wirkungen auf Widerstand oder Unmöglichkeit gestoßen wäre. Die
'14. Juni 1815. Bekämpfung, und nachher die Verwahrung' gegen die territoria-
len Bestimmungen der Mächte erregten Verdruß und schafften keinen Nutzen. Diese Erfahrung hielt nicht ab, mit weiteren hab-
und herrschsüchtigen Ansprüchen vorzugehen, und wenn es nur
wäre, um in den leeren und veralteten Titeln Tauschmittel gegen
reelle und neue Erwerbe zu haben. Ende 1815 forderte der Pabst
als Oberlehnsherr von Neapel den gehässigen und oft bestrittenen
(von König Ferdinand in der Noth von 1806 freilich wieder ver-
sprochenen) Tribut des Zelters: dieß führte zu Erörterungen voll
bitterer Schärfe zwischen König und Pabst, und machte selbst den
fromm ergebenen König von Sardinien voll Argwohn gegen die
Anmaßungen der Curie [10], die auch ihn an einen ähnlichen Lehns-
tribut zu mahnen nicht vergaß. — Was die kirchlichen Maasregeln
angeht, so erregte die Herstellung der Mönche und Klöster in Rom
selbst den Groll aller Verständigen über diese Belastung des verarmten Staates; in Madrid erbitterte sie die treuesten Soldaten

---

10) Farini, 1, 265.

und selbst vollendete Hofleute. Das Treiben der neuen Heiligen in Rom ward bald so frech, daß die Polizei unter ihnen gemeine Betrüger entlarvte und selbst ganze Brüderschaften aufheben mußte. Bei der Wiedererweckung des mit dem Fluche der Welt beladenen geistlichen Gerichtes hatte in Spanien Wellesley nachdrücklich gewarnt vor dem Eindrucke, den sie in aller Welt machen würde; man fand sich in dem Tribunal zur Vorsicht genöthigt; dennoch war sein Verfahren der Art, daß einer der Inquisitoren (Riesco), der früher für die Herstellung gewirkt hatte, seine Entlassung nahm. In Rom aber erschrack der edle Pius selbst, als 1816 der Inquisitor von Ravenna einen erst bekehrten und wieder abgefallenen Juden zum Tode verurtheilte, und er eilte alle Blutstrafe auf Ketzerei abzustellen[11]. — Tief zerrüttende Folgen hatten die Eingriffe in die kirchlichen Angelegenheiten der einzelnen, besonders der halbprotestantischen Staaten. Das Absetzungsbreve gegen den verehrten Wessenberg hatte Dalberg schweigend in seinen Pult gelegt; es hatte ihn nicht gehindert, Wessenberg zu seinem Nachfolger im Bisthume Constanz zu bezeichnen. Als nach seinem Tode das Domcapitel [10. Febr. 1817] diese Wahl traf und der Großherzog von Baden sie bestätigte, verwarf ihn die Curie in den schnödesten Ausdrücken als einen [16. März.] Unwürdigen, taub gegen seine persönliche Vertheidigung; dieß bewirkte, daß der Großherzog, indem er Wessenberg in seinem Amte schützte, diese Angelegenheit zu einer deutschen Nationalsache erklärte[12], und seine süddeutschen Nachbarn zu einer schrofferen Haltung gegen Rom anspornte. In der Schweiz hatte die Ablösung der östlichen Cantone aus dem Diöcesanverband mit Constanz

---

11) J. Cohen, précis hist. sur Pie VII. 1823. p. 252.
12) Denkschrift über das Verfahren des röm. Hofs bei der Ernennung u.s.w. v. Wessenbergs zum Nachfolger im Bisthum Constanz. Carlsruhe 1818.

einen jahrelangen Streit über die Anordnung der Schweizer Bisthümer zur Folge, in dem die Eigensucht und Eigenmacht Rom's,
die Zwietracht und der gemeine Eigennuß der Cantone sich in
größter Unempfindlichkeit in aller Blöße zeigten, und der schließ-
26. März 1828. lich mit einem zweischneidigen Concordate[1] und mit der Niederlage
der episcopalen Parthei endigte, die zuvor die herrschende war.
In den Niederlanden reizten die Schritte der Geistlichkeit die Regierung zu einer Haltung voll Herbheit gegen Rom, und zu einer
Behandlung der katholischen Kirche, die ihr selber später verderblich
ward. Am meisten stutzig aber über die Absichten oder Einsichten
in Rom machte die Herstellung der Jesuiten. Wie sie in Rom selbst
ihre gewichtigen Gegner hatte, so fand sie auch in Madrid selbst
in dem hochconservativen Rath von Castilien nur Eine Stimme für
sich, die des Fiscals de la Huerta, der als ein irreligiöser Mensch
und reuiger Ultraliberaler bekannt war. Nicht nur in Oesterreich,
selbst hier in Spanien sträubte sich die bessere Gesellschaft gegen sie,
und haufenweise entliefen ihnen ihre Novizen; auf dem ganzen
Festlande von Italien zählten sie 1819 kaum über 300 Angehörige.
In Portugal und Brasilien, in Neapel, in österreichisch Italien
wurden sie nicht geduldet, in Frankreich nur eine Weile. Denn
wo sie hinkamen, war Unfug in ihrem Gefolge. In Freiburg eingeführt trotz der brüderlichen Abmahnung des Vororts, vergifte-
ten sie den Gegensaß der Partheien zu tödlichem Haß. Selbst in
Rußland verblendete sie ihr Glück, mit ihren Bekehrungsversuchen
bis in die nächste Umgebung des Kaisers zu verletzen. Die Ver-
1. Jan. 1816. weisung der Väter aus der Hauptstadt, die dieß[1] zur Folge hatte,
war nicht im Stande, sie zu verwarnen. Sie begannen von Potozk
und Witebsk aus, von Rom unterstützt, einen dauernden Kampf
gegen die Bibelgesellschaften, suchten im Heere Fuß zu fassen und
fuhren fort, das Verbot der Aufnahme griechischer Zöglinge zu

überschreiten, worauf sie¹ das Loos der Ausweisung aus ganz ¹³. März 1820.
Rußland auf ewige Zeiten traf¹³.

Diese Vorgänge in Rußland hatten in jenen Jahren den klei- Die Concordate
mit den kathol-
nen protestantischen Fürsten in Deutschland vorübergehenden Muth schen Mächten.
gemacht, Rom die Stirne zu zeigen; es war aber noch nicht zu
diesen Schritten gekommen, so war schon 1815 in Rom selbst durch
die Priesterwirthschaft im Kirchenstaate, und in den weitesten europäischen Kreisen durch die grellen Rückgänge auf die rohesten Verhältnisse des Mittelalters, die anfängliche Begeisterung für den
Pabst, schneller als die bourbonische in Frankreich, verraucht. Der
römische Hof, einmal im Zuge der scheinbaren Erfolge, wurde dessen nicht inne oder ließ sich nicht irren. Als es sich zunächst um
die endliche, lang genug ausgesetzte Ordnung der kirchlichen Verhältnisse in und zu den einzelnen Staaten handelte, ging man in
Rom mit derselben Anmaßung der Forderungen vor. Vor allem
kam es darauf an, mit den günstigst gestimmten Regierungen die
günstigsten Verträge, als Muster für die übrigen, zuerst abzuschließen. Auch bei diesem Geschäfte lachte anfangs das Glück.
Für die erzwungene Nachgiebigkeit gegen Oesterreichs venetia- ¹vgl. 1,475.
nische Forderungen¹ im Herbste 1817 mochte man sich mit der unerwarteten Gunst trösten, in der Kaiser Alexander ungefähr gleichzeitig die polnische Kirche mit unveräußerlichem Grundbesitze
ausstattete. In den romanischen Staaten des Südens kam man
bald zu erwünschten Zielen. In Spanien kehrte man zu dem
Concordate von 1753 und der pragmatischen Sanction von 1762
zurück. In Sardinien, wo die Franzosen neun Bisthümer aufgelöst hatten, wurden in dem fruchtbaren Jahre der Concordate
(1817) auf des Königs Wunsch zehn neue errichtet und zwei Abteien

13) Lutteroth, Rußland und die Jesuiten. Aus d. Französ. 1846.

hergestellt. In Neapel tauschte man für die hingegebenen Ansprüche an den Zelter nutzbarere Erwerbungen ein. Die Todes-
angst des alten Königs arbeitete der Geschicklichkeit entgegen, mit
'26. Febr. 1818. der Consalvi seinem Minister Medici in Terracina ein Concordat
ablockte, das in dem Lande, wo unter demselben Könige vorlängst
die Scotti und Capecelatro gegen Papat und Cölibat aufgetreten
waren, die geistigen Fortschritte seit 50 Jahren vernichtete. Die
Zahl der Bischöffe stieg von 43 wieder auf 109, die Klöster sollten
möglichst vollständig hergestellt, die unverkauften Kirchengüter
zurückgestellt werden, die Geistlichkeit erhielt das Recht des freien
Verkehrs mit Rom, der Büchercensur, der weitesten Gerichtsbarkeit,
des freien Erwerbs von Eigenthum, das unantastbar erklärt wurde.

Fortsetzung.
Frankreich. Ganz so vortheilhaft, wo nicht noch günstiger, hoffte die
Curie eine Zeit lang auch ihre Concordate mit Frankreich und
mit Baiern abzuschließen, wo man in den unmittelbaren Unterhändlern ergebene Freunde, in den Staatslenkern schwache Menschen vor sich hatte, die sich auf den günstigen Ton der Zeit stimmen
ließen und obendrein (auch dieß war ein Vortheil, der sich Rom
überall fast entgegenbot) von dem, um was es sich handelte, keine
genaue Vorstellung hatten. In Paris war man 1814 wie 1815,
Talleyrand wie Richelieu, beherrscht von den Begehrungen und
Eingebungen der blinden Gegenrevolution. Beide Minister wollten
oder glaubten genöthigt zu sein, das Concordat von 1801, blos
weil es bonapartisch war, umzustoßen, obgleich es die Curie selbst
(nur unter Beseitigung der s. g. „organischen" Gesetze von 1802)
als ihr eigenes freies Werk gerne aufrecht erhalten hätte. Bei diesem Begehren wußte Richelieu ganz einfach nicht, was er that,
und er gestand dieß später dem oft und unrecht gescholtenen Gesandten, v. Blacas, geradezu ein, von dem in dieser Sache nichts

ungeheißen geschehen ist¹⁴. Sollte nun Rom sich mit sich selbst in
Widerspruch setzen und sein eignes Werk zerstören, so, wissen wir,
mußte es wissen warum¹⁵. Der Pabst sprach daher, wie zu Neapel
von dem Zelter, zu Frankreich von Annaten, von Avignon und
Venaissin; und, was seine Politik überall war, und ihm von den
protestantischen Regierungen Deutschlands als eine sträfliche Hint-
ansetzung seines Hirtenberufes hinter seine hierarchische Eigensucht
laut vorgeworfen wurde, er weigerte sich andauernd, für die Ordnung der Kirche zu sorgen, die Diöcesen zu berichtigen, ja selbst
die ernannten Bischöffe zu bestätigen, ohne daß vorher und vor
Allem die organischen Gesetze beseitigt wären, in denen die gallicanischen Freiheiten und die Rechte des Staates verwahrt waren.
Dieß erreichte man sofort in einer ersten Vereinbarung mit Blacas¹, '25. Aug. 1816.
welche der König schon arglos bestätigt hatte, als sich kritischere
Augen fanden, die diese damals sehr geheim gehaltene Uebercin-
kunft für unannehmbar erklärten. Hierauf verhandelte der Gesandte
ein neues Concordat¹, das auch jetzt der König billigte, der Minister '11. Juni 1817.
ausdrücklich belobte: die erhaltenen Zugeständnisse seien größer als
die gemachten. Die erhaltenen Zugeständnisse waren, daß Rom
hinfort von den Annaten und den Enclaven, längst abgethanen
Dingen, schwieg; die gemachten: daß das Concordat von 1801
durch das hergestellte von 1515 ersetzt werden sollte, daß die organischen Statute mit einem vagen Vorbehalte aufgehoben, die
Freiheiten der französischen Kirche stillschweigend Preis gegeben
wurden, daß allen Ansprüchen Roms stillschweigend der weiteste
Raum gegeben war, daß die (42) unterdrückten Bisthümer hergestellt und mit liegenden Gütern und Staatsrenten ausgestattet wer-

---

14) Artaud de Montor, hist. du Pape Pie VII. 2,490.
15) — cette foi, de droit divin,
    l'église gagne un pot de vin. Béranger (Sept. 1817).

ben, die neuen Abteien und Priorien den veralteten Regeln von
1515 unterworfen sein sollten.   Daß diese platte Rückkehr zum
16. Jahrhundert eine sittliche Unmöglichkeit, daß die Neugründung
so vieler Bisthümer für das hart belastete Frankreich von 1817
eine materielle Unmöglichkeit war, das war für Rom keine Rück=
sicht. Die sogenannte „kleine Kirche" aber, die geistlichen Emigran=
ten in Frankreich, fanden selbst dieses Concordat noch ketzerisch und
eiferten in ihren Schmähschriften gegen König und Pabst als gegen
Schismatiker.   In der übrigen Gesellschaft dagegen, in der öffent=
lichen Meinung und Presse fand die unsinnige Uebereinkunft den
stärksten Widerstand: bei Allen, die Roms Ehrgeiz fürchteten, die
auf die vaterländische Kirche hielten, die die schwere Staatsbelastung
zu Gunsten der Priesterkaste verwünschten, die den ökonomischen
Schaden aus der neuen Belehnung der todten Hand berechneten,
die die Unverträglichkeit der römischen Grundsätze und Zwecke mit
freien Staatsordnungen einsahen.   Die Regierung wagte den im
Winter 1817—18 versammelten Kammern nur einen Theil des
Concordats vorzulegen, und nur unter Aufrechthaltung der orga=
nischen Gesetze; auch so kam es nicht über die Ausschüsse hinweg.
Die Eiferer wollten, daß der König diese kirchlichen Dinge durch
seinen eigenmächtigen Entschluß ordne; einer unter ihnen, Herr
von Marcellus, (von dem man sich sagte, daß er wöchentlich zum
Abendmahl gehe, sich aber eigene Hostien mit seinem Wappen
stempeln ließ), wandte sich an den Pabst, der ihm erklärte, daß er
auf dem ganzen Inhalte des Concordats bestehen würde.   Diese
Einmischung eines Privaten vollendete den Fall der Uebereinkunft
und erleichterte der Regierung ihre Zurücknahme.   Sie schickte einen
neuen Unterhändler (Portalis) nach Rom, um nun (so gedankenlos
hatte man sich in dieß Geschäft mit den schlauesten Unterhändlern
der Welt hineingewagt!) das erst in Paris verschmähte und in
Rom gewünschte Concordat von 1801 von Paris aus zu wünschen

-- und nun in Rom verschmäht zu sehen. Die Curie war über
diesen Schlag aus bisher so ergebener Stätte, der sie vor ganz
Europa in eine peinliche Lage stellte, in namenloser Verstimmung;
sie bestand auf dem Vertrage, und wollte höchstens in eine Verminderung der Bisthümer willigen. Man einigte sich nicht. Nur
mit Mühe gelangte man unter dem Ministerium Dessolles[1] zu der
nächsten Fürsorge für Besetzung der Bisthümer, zu einer provisorischen Auskunft, zu der man sich in Frankreich Glück wünschte,
während man in Rom das Concordat von 1817 als einen gültigen
Vertrag anzusehen fortfuhr.

Sehr ähnlich verliefen die Verhandlungen mit Baiern. Ein
erster Vorschlag aus Rom fand, wie die erste französische Uebereinkunft in Paris, keinen Beifall in München, weder bei Montgelas,
noch bei Rechberg, dem doch die Römischen „billige Gesinnungen"
zuschrieben[16]. Hierauf kam bald nach dem französischen das bairi-
sche Concordat zu Stande, wodurch der römische Hof die seit 20
Jahren bestandenen bairischen Freiheiten wie in Frankreich die
gallicanischen umwarf. Eine um das Doppelte zu groß gefundene[17]
Anzahl von (2) Erzbisthümern und (6) Bisthümern sollte mit liegenden Gütern ausgestattet werden, die Kirche zu deren freier Verwaltung, zum freien Erwerbe neuer Beneficien berechtigt sein,
einige Klöster sollten hergestellt, Schule und Censur den weitesten
Einflüssen der Geistlichkeit Preis gegeben werden. Als der Inhalt bekannt wurde, ward derselbe Unwille laut wie in Frankreich:
bei den Freisinnigen, die sich mit Scham dieser kirchlichen Sclaverei
unterworfen sahen in dem Augenblick, da man politische Freiheit

16) Das Recht der Kirche und die Staatsgewalt in Baiern seit dem Abschluß des Concordats. 1852 p. 59.
17) Rudhardt, Betrachtungen über das B. Concordat. In Zschokke's
Ueberlieferungen zur Zeitgeschichte.

erhalten sollte; bei den einsichtigen Staatsleuten, die die Rechte der Krone und die Schutzgewalt des Staats verkürzt fanden; bei den Protestanten, die mit der Freigebigkeit gegen den katholischen Klerus ihre Armuth, ihre verfallenen Kirchen, Schulen und Pfarrhäuser verglichen, und ihre Rechts- und Verfassungslosigkeit mit der Bestimmung (Art. 1), die der katholischen Kirche die unversehrte Erhaltung ihrer Vorrechte nach kanonischen Satzungen zugestand, was, nach den Worten und nach der Auslegung der Römischen, Baiern zu dem alten ausschließlich katholischen Staate machte und den Bischöffen die geistliche Gerichtsbarkeit und Diöcesangewalt über die sämmtlichen, auch protestantischen Bezirke ihres Sprengels zuwies. Wie man in Frankreich Blacas anklagte, so beschuldigte man auch in Baiern den 80jährigen Cardinal Häffelin, seine Weisungen überschritten zu haben, die Eingeweihten aber wußten, daß dem nicht so war. Bei dem allgemeinen Widerwillen aber stutzte und zögerte die Regierung, und als sie endlich das Con-
'26. Mai 1818. cordat zugleich mit der Verfassung' veröffentlichte, begleitete es ein „Religionsedict", worin das Aufsichtsrecht des Staates und der Schutz der gleichberechtigten Bekenntnisse gewahrt war. Nun begannen die Gegenwirkungen aus Rom und der Geistlichkeit in
'27. Sept. Baiern, worauf Häffelin', auch jetzt nicht unermächtigt [18], in Rom eine beschwichtigende Erklärung des Edictes abgab, die alsbald
'7. Nov. wieder' Graf Rechberg verleugnete. Der König gab eben hier, wie Ludwig XVIII. in Frankreich, einmal den Aengstigungen der Römischen nach, bis er, besser unterrichtet, zu seinen alten Abneigungen zurückkehrte, die doch nie die Stärke eines Grundsatzes erreichten; er meinte sich dann für die in Rom gegebenen Blößen zu rächen, wenn er sich lustig machte über das Verweilen des

---

16) So wenigstens behauptet, durchaus nicht unglaublich, Alex. Müller (Weimarer Reg.-Rath, katholischen Bekenntnisses) a. a. O.

Nuntius Serra Cassano, nachdem Häffelin besavouirt, aber freilich auch geblieben war [19]. Der feine Nuntius wußte gut, warum er blieb. Er einigte die ultramontane Parthei in München und stiftete die Geistlichkeit zur Weigerung des Verfassungseides auf. Nun sorgte die Regierung wieder, fortfahrend in ihrem traurigen Doppelspiele, die Geistlichen über das Edict zu beruhigen, und gestattete, nachdem sie selbst das Concordat unter dem Vorbehalt des Edictes abgeschlossen hatte, den Geistlichen, ihren Verfassungseid mit der Verwahrung zu leisten, daß er zu nichts den Kirchengesetzen Widersprechendem verpflichten solle. Noch jetzt zog sich der Streit durch Jahre fort, bis die s. g. Tegernseer Erklärung das anerkannte [13. Sept. 1821.] Concordat, zu Vieler Befremden, noch einmal anerkannte, als die Zeiten sich in Deutschland wesentlich geändert hatten. Gleichwohl kam die Unverträglichkeit dieser unnatürlichen Uebereinkünfte mit den ganzen Zeitverhältnissen selbst hier in Baiern zu Tage. Aufsicht und Einfluß der Regierung auf alle kirchlichen Dinge machte selbst dann sich überall geltend, als die Römischen in den 20er Jahren immer kecker auftraten; die Ausstattung mit liegenden Gütern konnte bei dem anerkannt besten Willen der Regierung nicht zu Stande kommen, und die Capitel selbst fanden sich zuletzt bequemer bei den Bezügen aus der Staatskasse, als bei einer selbständigen Verwaltung eigener Güter.

Heftigere Zusammenstöße schienen Rom eine Weile von den protestantischen Staaten Deutschlands aus zu drohen, auch hier aber lösten sich die Schwierigkeiten zu unerwarteten, wenn auch keineswegs großen oder gesicherten Erfolgen auf. Anfangs war man nicht ohne Sorge über gemeinsame Schritte in Wien für eine nationalkirchliche Ordnung. Als diese Gefahr vorüber war, sprach

Verhandlungen mit den protestantischen Staaten.

---

19) Jacobs, vermischte Schriften 7, 511.

'4. Sept. 1816. der Pabst in einer Anrede' seine Erwartung aus, die geistlichen Angelegenheiten Deutschlands auf dem Bundestage geordnet zu sehen, und lehnte nachher in der That gegen Würtemberg langhin die Verhandlung mit einzelnen Staaten ab, die handgreiflich in Rom's Interesse war: sei es, weil man der ultramontanen Coterie 'vgl. 1,360. in Frankfurt Glauben schenkte, die damals' Wunderdinge gerade von dem Bundestage versprach, sei es, weil man erst die gehofften günstigen Verträge mit Frankreich und Baiern wollte aufzeigen können. Auch hatte die Weigerung gegen Würtemberg nicht ge=hindert, gleichzeitig mit Hannover in Verhandlung zu treten und sich mit Preußen auf einen förderlichen Fuß zu setzen, von dessen Haltung nach dieser Seite Alles abhing[20]. In Preußen hatten sich so eben durch die Erwerbung der westlichen Provinzen Ver=hältnisse erneuert, für deren Behandlung das Beispiel Friedrichs II. vorlag; man hatte dort genau dieselbe gewinnende Rücksicht gegen die neuen katholischen Unterthanen zu üben, wie Friedrich bei dem Erwerb von Schlesien. Er hatte die Rechtsgleichheit der Bekennt=nisse gesetzlich begründet, er war dabei jeder unnöthigen Reibung mit der Hierarchie ausgewichen, ohne aber je den Grundsatz zu verleugnen, daß die Kirche dem Staate, es sei denn in rein geist=lichen Dingen, untergeordnet sei. Er sah sich als obersten Landes=bischoff auch über seine katholischen Unterthanen an, nach dem pro=testantischen Begriffe von der göttlichen Ordnung der Obrigkeit, der die römische Unterscheidung zweier Gewalten als eine mittel=alterliche Verirrung verwirft. Demgemäß empfahl er, wenn wir recht unterrichtet sind, noch in seinem Testamente seinen Nachfolgern: die katholischen Unterthanen strenge zu schützen, aber nie mit Rom

---

20) Vgl. Laspeyres, Gesch. und heutige Verfassung der kath. Kirche Preu=ßens. 1840. p. 770 ff. O. Meyer, die Propaganda, ihre Provinzen und ihr Recht. 1853. 2ter Theil.

zu unterhandeln. Jenes Landesbischoffsrecht nun hatte auch Frie=
drich Wilhelm III. noch wiederholt und mit Bestimmtheit behauptet.
Es entsprach einfach dem bisherigen Absolutismus; der päbstlichen
Autokratie gegenüber stand Wille gegen Wille, und vermied, so
lange es beiderseits guter Wille war, gegenseitigen Anstoß.
Wollte und konnte Preußen diesen Standpunct einhalten, so konnte
es, mächtiger jetzt als zu Friedrichs II. Zeit, wenn es sich kräftig
bewies wie unter ihm, auch in den kirchlichen Dingen erlangen
was es wollte, indem es (nicht vieles forderte und fragte, sondern)
Alles ungefragt und ungefordert t h a t. Wollte aber Preußen oder
mußte es zu constitutionellen Ordnungen übergehen, so konnte es
damals seine Aufgabe eben so einfach stellen: es berieth dann seine
Kirchenverfassung mit den Ständen seiner Provinzen, in den ge=
mischten durch eine itio in partes mit den katholischen Vertretern.
Da aber Preußen zunächst keine von diesen reinen staatlichen Ord=
nungen wollte, die Eine nicht behaupten konnte, zu der andern
nicht übergehen mußte, so gelangte es auch zu keiner reinen Lösung
der kirchlichen Dinge. Anfangs 1815 war Hardenberg der Mei=
nung, den streng monarchischen Standpunct festzuhalten; dann
aber spalteten sich, genau wie wir es in der Frage der politischen
Verfassung wieder finden werden, die Meinungen der Stimmführer;
das auswärtige Ministerium war mit dem Kanzler, das Cultus=
ministerium hielt es für unerläßlich, in den neuen Provinzen von
dem strengen Majestätsrecht etwas nachzulassen; von Einer Seite
wirkte vielleicht v. Schön's „antikatholischer Fanatismus" ein, auf
der anderen stand Niebuhrs „Indulgenz" gegen Rom entgegen;
der beste und vielberathene Kenner des kirchlichen Rechtes und
Herkommens, v. Schmedding, schwankte unklar zwischen Rationa=
lism und Curialism. Von allem Vertrage mit Rom absehen, da=
von fürchtete man mit Schrecken einen Zustand wie in Irland,
oder die Nöthigung zu einem Vertrage mit den katholischen Unter=

thanen, zum Eingehen in die schismatischen Reformbestrebungen, was die preußischen Staatsmänner noch mehr entsetzt hätte.

Nicht so schien es bei den übrigen protestantischen Regierungen '24. März 1818. zu stehen, deren Abgeordnete in Frankfurt zu gemeinsamen Verhandlungen mit Rom zusammentraten. Hier gab die Parthei der nationalen Kirchenverbesserer um Wessenberg her Stimmung und Rathschlag geradezu ein, dessen Sache hier zu einer deutschen gemacht wurde. Hatte Pius VII. noch um 1807 einen Vertrag mit Evangelischen unschicklich gefunden, so schien man hier unwillig zu einem Werk des Scheinfriedens mit einer Macht, die gegen alle Religionsfriedensverträge protestirt hat, die ihre Bischöffe auf die Bekämpfung der Ketzer vereidigt, und auf dem anmaßlichen Rechte besteht, auch über die Protestanten, die sie für sträfliche Abtrünnige ansieht, kirchlich zu regieren, die damals noch amtlich die Benennung Ketzer gebrauchte, (die erst 1824 in Akatholiken verändert wurde.) Hier eröffnete der vorsitzende Abgeordnete Würtembergs, v. Wangenheim[21], die Verhandlungen mit der Anklage der geistlichen Sorglosigkeit des Pabstes, mit der Warnung vor seinen Uebergriffen, mit der Mahnung zu Eintracht und Festigkeit, mit der Drohung, im Falle der Weigerung eines zweckmäßigen Mitwirkens in Rom, „die katholische Kirche nach ihren ursprünglichen Grundsätzen einzurichten und Alles dasjenige vorzukehren, was die Würde der deutschen Nation und die Freiheit der deutschkatholischen Kirche erfordere." Fänden dann die Katholiken das Zuthun des Pabstes unentbehrlich, so nannte man es[22] ihre Sache, ihn dazu zu veranlassen. Leider war man auch hier viel zu entfernt von dem ächten Verfassungssinne, den einzig tauglichen und möglichen Stütz-

---

21) Seine Rede ist gedruckt u. a. im Organon, oder kurze Andeutungen über das Verfassungswesen der Katholiken. Augsb. 1829. p. 167 ff.

22) In einem allgemein gebilligten Vortrage des Oldenburgischen Abgeordneten v. Berg. Bei O. Meyer 2,393.

und Ausgangspunct des ganzen Geschäftes von Anfang an in dieser Mitwirkung des Volkes zu suchen, die man wenigstens in eine
Aussicht stellte. Man einigte sich nur unter den Regierungen, und
dieß in erfreulicher Weise, über die „Grundzüge"[23], die man in
Form einer Declaration in Rom anbieten wollte. Die darin vorgeschlagene Verfassung hätte das Recht des Staates über die
Kirche, hätte die Freiheiten der Landeskirche dem Pabste gegenüber
gewahrt, die Rechte der Bischöffe erweitert, einen Einfluß der
Decane auf die Bischoffswahl begründet, die nöthige Bildung der
Geistlichen gesichert; sie hätte den Grund zu einer nationalen
katholischen Kirche in Deutschland gelegt. Für den Fall der Ab-
lehnung hatte man in einem geheimen Artikel verabredet, mit den
bestehenden kirchlichen Oberbehörden die beabsichtigte Einrichtung
auch ohne Rom ins Werk zu setzen[24]. Wäre dieser protestantische
Bund, wie Wangenheim wünschte und hoffte, durch Hannover,
Preußen und die Niederlande verstärkt worden, so hätten, auch auf
diesem Wege, Rom große Verlegenheiten bereitet, der katholischen
Kirche in Deutschland ein großes Heil — nicht gesichert, aber vielleicht vorbereitet werden können.

Diese Aussichten hat Preußen und sein Unterhändler in Rom
damals zerstört. Die Unschlüssigkeiten in Berlin hatten damit ge-
endet, daß man bis 1820 in der Sache nichts weiter that; Niebuhr, im Sommer 1816 nach Rom abgegangen, blieb dort vier
Jahre ohne Instruction. Dieß gab der Curie gewonnenes Spiel.
Ohne durch irgend einen Auftrag gebunden zu sein, sah sich Niebuhr an einem Orte, wo ihm der Aufenthalt von dem höchsten
Werthe war und wo man ihm die größten Verbindlichkeiten auf-

Fortsetzung. Preußen.

---

23) Organon p. 144.
24) O. Meyer 2,388.

legen konnte, bald ganz eingenommen von der freundlichen Be=
gegnung, dem persönlichen Wohlwollen, dem guten geschäftlichen
Willen des Pabstes und Consalvi's, die schon aus tiefem Haß
gegen Oesterreich sich um die Freundschaft Preußen's aufs wärmste
bemühten. Er faßte hier an dem Centralpuncte übertriebene Be=
griffe von der Macht der Hierarchie und der völligen Unmöglichkeit,
die Grundsätze und Gesetze der Kirche zu beugen oder zu opfern;
dann aber behandelte er seine Aufgabe wieder so, als habe man
der römischen Kirche gegenüber mit einer machtlosen Schwäche zu
thun, an die man jede Großmuth verschwenden dürfe, die Er, der ein=
zelne Protestant, sich wie berufen fühlte, „gegen Beeinträchtigungen
und Verunglimpfungen zu schützen!" Er schien seine beiden Gönner für
die römische Kirche, sich selbst, den deutsch=unbefangenen Gelehrten,
der seinem einzigen Sohn einen katholischen Erzieher gab, für Preußen
zu halten, Er, der doch die Eiferer in Rom kannte, die mit dem
Protestantismus keinen Frieden wollten und schon auf die Nachfolge
ihres Systems nach Pius' Tode lauerten, Er, der auch die Lust
der Willkür in Berlin kannte, die sich von jedem bindenden Gesetze
gedrückt fühlte. Er gestand es getrost ein, daß er selbst Erreich=
bares aus Versöhnlichkeit nicht habe bedingen mögen; kein Wun=
der, daß dann der Pabst auch seinerseits sehr willfährig war, und
nach erreichten Zwecken den König von Preußen wegen seiner
wunderbarlichen (mirifica) Unterstützung der päbstlichen Wünsche
beloben konnte, wegen eines Verfahrens, heißt dieß, das er, von
einem katholischen Fürsten gegen protestantische Wünsche geübt,
verdammt haben würde. Niebuhr war begreiflich schon aus jenem
Grunde seiner Versöhnlichkeit der Sache der katholischen Reformen
in Deutschland schroff entgegen [25]; er war es auch aus jener Re=

---

25) Man ersieht es aus einem Aufsatze in seinen nachgelassenen Schriften
über die Wessenbergische Sache.

volutionsfurcht, die ihm angeboren und durch Erlebnisse und Stu=
dien krankhaft gesteigert war; er war es aus Gewissenhaftigkeit,
weil er (ohne allen Sinn dafür, die Zweifelnden in Baden und
Schlesien aus Heuchelei und Aberglauben zu erlösen,) die Gläu=
bigen zu irren fürchtete durch eine eigenmächtige Einrichtung der
Kirche, durch eine „aufgedrungene Befreiung"; denn auch Er hatte
an eine andere Befreiung, als eine aufgedrungene, keinen Gedanken.
So steckte sich denn der preußische Unterhändler das Ziel sehr nahe:
er wollte die Aufsicht über die katholische Kirche beschränken auf
die Bewahrung der Selbständigkeit des Staats und die unerläßliche
Nothwehr gegen die fremde Kirchengewalt[26]. Nach dieser Ansicht,
die er allmälig in Berlin unterschob, wie sie ihm selbst in Rom
untergeschoben war, kam man dort schon seit 1818 von dem Ge=
danken an ein Concordat zurück, da man hier so wenig wie in Rom
den „Vollgehalt seiner Rechte" durch Verträge wollte einschränken
lassen. Man begnügte sich mit einer Circumscriptionsbulle (de 16. Juli 1821.
salute animarum), aus der alle näheren Bestimmungen über den
Wirkungskreis der geistlichen Oberen und ihre Stellung zu den
Staatsbehörden ausgeschlossen blieben. Man kam so auf die Halb=
heiten und die heimlichen Wege zurück, aus denen man sich anfangs,
würdiger, herausgesehnt hatte: wo jeder Theil betrügen, man
kann auch sagen betrogen sein will, wo Rom im Besondern
stets suchte, die Contrahenten schweigend sagen zu lassen, was sie
mit Worten nicht wollten, eine Form der Vereinbarung zu finden,
in der beide Theile ihre ganz verschiedenen Standpuncte zu be=
haupten glauben. Niebuhr durfte so weit gehen, in Bezug auf die
zerstreuten katholischen Gemeinden in den altprotestantischen Landen
die Landesbischoffsrechte, von denen man sich so schwer trennte,
mündlich aufrecht zu halten, was schriftlich nicht versucht werden

---

26) Bunsen in Niebuhrs Lebensnachrichten 3,322.

durfte: so pflegte Rom oft zurückzutreten, wo es nie abgetreten
hätte, und nachzugeben, was es nie zugeben würde. In dem
schwierigsten Streitpuncte über die Ernennung der Bischöffe blieb
es in den Diöcesen Gnesen-Posen, Ermeland und Culm bei dem
Herkommen, daß der König eigentlich ernennt, der Pabst aber den
Ernannten motu proprio auch ernennt, d. h. das Wesen der Form
opfert, wie so oft; in Breslau und den westlichen Bisthümern
sollten die Capitel wählen nach den kanonischen Formen, nur daß
ein mit der Bulle gleichzeitiges Breve ihre Wahl an eine dem
König angenehme Person band. Die Bulle enthielt außer der
Umschreibung der Diöcesen und der Bestimmung der Capitelver-
fassung auch die Aussicht auf eine Dotation in liegendem Eigenthum; sie unterblieb, weil der Regierung die zu große Unabhängigkeit der katholischen Kirche und ihre Bevorzugung vor der
evangelischen Bedenken erregte; man hat später in Rom die Er-
lassung dieser Bestimmung begehrt, was wunderlicher war als ihre
Gewährung. In den wichtigsten Fragen wie über die Ehesachen
war nichts bestimmt, obwohl schon 1817—19 die Eingriffe „italienischer Pfaffen“ wiederholt vorgekommen waren, die selbst den
duldsamen v. Stein mit Groll erfüllten; der Widerspruch zwischen
der römischen Uebung und dem preußischen Landrechte lag bereits
zu Tage, dessen Kirchengesetzgebung ungeändert und unversöhnt
neben den versöhnlichen Handreichungen nach Rom bestehen blieb.
Noch im Jahre der Bulle 1821 mußte Niebuhr erleben, daß diese
Scheinvereinbarung die wankelmüthige Regierung von Berlin
schon jetzt zu Zumuthungen veranlaßte, die so sehr gegen den Sinn
waren, in dem er die Uebereinkunft betrieben hatte, daß er seine
Entlassung verlangte.

Fortsetzung. Die
oberrheinische
Kirchenprovinz.

Die Haltung des preußischen Gesandten in Rom, die den
Wünschen und Begehren der in Frankfurt vereinigten Fürsten keine

Unterstützung lieh, vielmehr moralischen Widerstand leistete, war
allein genügend, ihnen in Rom eine üble Aufnahme zu bereiten.
Es kam dazu, daß in der Zeit grade, wo ihre Abgeordneten nach
Rom abgingen[1], die Curie durch die Erfahrungen in Frankreich 'Febr. 1819.
und Baiern allzu tief verstimmt war, um irgend welchen Anmaßungen
der weltlichen Gewalt weiter nachzugeben. Es war ungefähr zu
gleicher Zeit, als Consalvi der hannoverschen Gesandtschaft einen
Entwurf vorlegte, den Niebuhr geeignet fand zum Typus eines
wirklichen Concordats mit allen protestantischen Staaten, und als
er[1] die Declaration der vereinigten Fürsten beantwortete[27]; in bei- '10. Aug. 1819.
den Actenstücken lag vor, was man in Rom für die Grenzen er-
klärte, die die kirchliche Ueberlieferung der Nachgiebigkeit des Pabstes vorschrieb. In dem letzteren war jede Stelle der Declaration
sorgfältig bekämpft, die zum Schaden des päbstlichen Primats
irgend etwas zu Gunsten der Erweiterung der bischöfflichen Regierung, der Civilgewalt, der Staatsaufsicht forderte oder auch nur
äußerte. Die zwei Hauptpuncte, worin sich die nationalen und die
römischen Forderungen am unversöhnlichsten stießen, waren die
Ernennung der Bischöffe und die Seminarien. Das Interesse der
deutschen Bildung verlangte hier die vorgängige Universitätsschule
der Geistlichen, ehe sie das Seminar bezogen, die Kirche erklärte
dieß gegen ihre Ueberlieferung; dort forderte das Staatsinteresse
ein Patronatrecht der Fürsten, das in Rom abgesprochen wurde,
und (was wenigstens in der Ferne gezeigt wurde) ein Hereinziehen
der Laien in die Kirchenverfassung, das neben der deutschen Schul-
bildung und Aufklärung für die römischen Ansprüche den Anfang
vom Ende eingeleitet hätte. Eine Vereinigung war unmöglich.
Die Declaration war abgewiesen. Der Fall lag vor, wo die Höfe

---

27) Exposizione dei sentimenti di sua Santità etc., im Organon
p. 207 ff.

nun selbst und für sich vorgehen wollten. Aber es geschah nicht.
Es war dieß darum kein Triumph der römischen Curie, wie es die
flauen Vertheidiger der flauen preußischen Halbheiten zuweilen
darstellen. Was die reformistischen Bestrebungen dieses kleinen
Bundes wesentlich hat scheitern machen, war die steigende Ungunst
der ganzen politischen Lage Deutschlands und Europas, die wir
zunächst zu schildern haben; von ihr vergaß Rom nicht Nutzen zu
ziehen, indem es in seiner Auseinandersetzung an die Frankfurter
verwarnend auf den Zustand der deutschen Universitäten und auf den
demokratischen Geist in dem Lande hinwies, wo so eben zwei politische Mordthaten den Anlaß zu den größten inneren Veränderungen
gaben. Der Vorkämpfer Würtemberg hatte jetzt viel andere nähere
Sorgen, die von den energischen Schritten gegen Rom zurückhiel-
ten. Solche Schritte wären übrigens selbst bei der günstigsten
äußeren Lage von einem Bündniß getheilter Staaten, dem die zwei
allein mächtigen fehlten, kaum zu erwarten gewesen. Bald sah
man die norddeutschen Regierungen sich zurückziehen, um sich den
Vereinbarungen Preußens oder Hannovers anzuschließen. In den
übrigen Staaten der nachher s. g. oberrheinischen Kirchenprovinz,
Würtemberg, Baden, beide Hessen und Nassau, gab man nach dem
Beispiele Preußens, dem auch Hannover[28] folgte, den Gedanken
des Concordates auf, und zog sich auf eine Circumscriptionsbulle
zurück, bei der man beiderseits seinen Gewinn zu machen meinte.
Ein Hauptbegehr der kleinen deutschen Souveräne waren Landes-
bischöffe gewesen, deren Diöcesen von den Gränzen des Staates
umschrieben wären. Diesem Wunsche gab der Pabst nach gegen
das wichtigere, nicht unbedachtsam sondern in billiger Rücksicht
gleich anfangs gemachte Zugeständniß, daß das Amt dieser Lan-

---

28) Die Bulle Impensa, die die hannover'schen Angelegenheiten ordnete,
ist vom 26. März 1824.

desbischöffe sich künftig auch über jene Katholiken in den altevan-
gelischen Gebieten erstrecken solle, die durch den westphälischen
Frieden aus dem Verbande mit Rom ganz abgelöst waren. Indem
nun die Bulle provida solersque', die man in Frankfurt annahm", '16. Aug. 1821.
"8. Febr. 1822.
die Diöcesen umschrieb, erklärte sie mit römischer Arglist für die
verschiedenen Diöcesangebiete immer „die ganze Herrschaft" der
einzelnen Fürsten, worin die Hirten ihr Amt über die „Christgläu-
bigen" ausüben würden, während in der Declaration diese Fürsorge nur auf die „katholischen Einwohner" bezogen war. Rom
hielt also seine Gewohnheit fest, die Protestanten als seiner kirchlichen Aufsicht mitunterworfen, die deutschen Lande als Missions-
land anzusehen, die daher unmittelbar von der Propaganda regiert
werden, und wo eben darum den Bischöffen die Missionsvorrechte
der s. g. Quinquennalfacultäten beigelegt sind²⁹. Auf der anderen
Seite begreift es sich, daß die oberrheinischen Fürsten ebensowenig
von ihren Grundsätzen abzuweichen dachten, nachdem sie von einem
Concordat abgestanden waren, um diesen Grundsätzen nichts zu
vergeben. Sie verlangten von den neugewählten Bischöffen die
Unterschrift einer Kirchenpragmatik, die einer neuen Auflage der
Organischen Statute Napoleons gleich sah³⁰. Als dieß der zum
Bischoff von Fulda bestimmte Freiherr v. Kempf nach Rom berichtete, fiel die ganze Verhandlung in Jahre lange Streitigkeiten
zurück, bis unter Leo XII. die Bulle ad dominici gregis custo-
diam (1827) zu einem Abschlusse führte, die nicht ohne neue Ein-
schränkungen von den Regierungen bestätigt wurde, und der nach
nicht lange in Gestalt einer Verordnung' wieder die Kirchenprag- '30. Jan. 1830.
matik nachfolgte, zu der jetzt die Bischöffe schwiegen, deren Einer

---

29) Diesem Gegenstande ist das lehrreiche Buch von D. Meyer gewidmet.
30) J. J. Ritter, Geschichte der Kirche von der franz. Revol. bis auf die
Gegenwart. 1851.

sogar daran mitgearbeitet hatte. Dagegen wieder protestirte man
in Rom. Auf die Dauer und für den Frieden war nichts gesichert.
So sagte Niebuhr, im Tone des Vorwurfs gegen die südwestlichen
deutschen Regierungen. Aber Preußens Indulgenz hat des Dauernden noch weniger, und des Unfriedens mehr gebracht. Und
wenigstens schlugen hier im Süden, schon damals in der Wessen-
bergischen Sache, Rom's Erwartungen auf die Wirkung seiner
feindseligen Schritte gegen die Landesregierungen ganz anders fehl,
als später in Preußen. Das Volk in Baden war dankbar und zufrieden mit den kirchlichen Anordnungen seiner Regierung, was nicht
nur damals die Stände, sondern noch ein Jahrzehnt später selbst ein
Graf Spiegel zu seiner eigenen Zufriedenheit laut rühmen mußte.

Rückblick. In der kurzen Zeit von 1815—20 sind die Hoffnungen jener
wenigen deutschen Schwärmer, die eine innere Wiedergeburt in der
römischen Kirche selbst erwarteten, im ersten Keime abgestorben;
die kirchliche Ordnung in Frankreich, deren Bestand jene Aufgeklärten gewünscht hätten, die das (vom Pabst widerrufene) Concordat von Fontainebleau (1813) für den erleuchtetsten Act der katholischen Kirchengeschichte ansahen, war von dem Strome der Restauration hinweggespült; die oberdeutschen Reformbestrebungen, die
eine Abtrennung von Rom nicht gescheut hätten, waren erstickt.
Aber auch die Anmaßungen Rom's waren da und dort abgestoßen,
der ersten Machtentfaltung der Hierarchie waren Niederlagen gefolgt, ihre unermeßliche Thätigkeit hatte weit nicht die erwarteten
Früchte getragen. Dauernde und schwere Zerrüttungen wurden
durch die fahrige und rücksichtslose Herrschgier des Klerus in fast
allen Ländern Europa's veranlaßt, ein unergründlicher Schmutz
in Sitte und Bildung wurde aufgewühlt in den romanischen Gebieten, wohin Nuntien, Jesuiten und Mönche ihren Geifer, ihren
Eigennutz, ihre Bigoterie trugen, der nationale und häusliche

Friede wurde verwüstet durch die barbarischen Missionen dieser
Jahre in Frankreich, aber die Gewinne an Einfluß waren durch
die Verluste in der öffentlichen Meinung aufgewogen, die aus-
schweifende Hoffnung der Ultramontanen auf eine katholische
Welteroberung, wie die Furcht ihrer Gegner vor neuer Verdunke-
lung oder neuen Religionskriegen waren getäuscht. Beide, jene
Hoffnung und diese Furcht, haben sich seitdem in jeder Periode
politischer Abspannung, wie die entgegengesetzte Befürchtung und
Erwartung in jeder Zeit volksthümlicher Regsamkeit wiederholt;
beide werden sich in den gleichen Verhältnissen immer wieder ein-
stellen; weder die eine aber noch die andere war bisher durch irgend
welche bedeutende Thatsachen auf irgend eine Dauer gerechtfertigt,
und wird es, vielleicht noch auf lange Zeit hin, nicht sein. Beide
gründen sich wesentlich auf die Erinnerungen an die große bestim-
mende Kraft, die in früheren Jahrhunderten von Kirche und Bekenntniß auf die Schicksale der Staaten und Völker geübt worden ist;
diese Erinnerung fährt fort gespenstisch zu schrecken und dämonisch
zu locken. Aber jene Kraft ist in Wahrheit längst nicht mehr vorhanden; die Kirche und die Bekenntnisse folgen vielmehr jetzt in ihren
Schicksalen den politischen Strömungen, in die der allgemeine Lauf
der Zeiten sie wie die Staaten hineinreißt. Die Erwartungen der
Aufgeklärten von Friedrichs II. bis zu Napoleons Zeiten waren auf
die friedlichen Annäherungen der Bekenntnisse gesetzt, die bis 1814
zu Gunsten des Protestantismus gedeutet wurden; die Erwartungen der Hierarchie hielten sich an dieselbe Erscheinung, die nach
1814 zum Vortheil des Katholicismus ausgelegt wurde; aber dieser
Erscheinung lag vor wie nach 1814 nichts als die Gleichgültigkeit der
großen Massen gegen Kirche und Confession zu Grunde, und auf diesem kraftlähmenden Boden hat keine Seite auf Ergebnisse zu hoffen.
Daß aber die Menge der Laien ganz Gleichgültigkeit in den kirchlichen Angelegenheiten geworden ist, dieß mußte natürlich die Folge

der geistlichen und weltlichen Bevormundung sein, die sie gleichmäßig aus der Theilnahme daran verdrängt hat. Die Sorge um
diese Angelegenheiten hinterblieb dann der genöthigten Amtsthätig=
keit des staatlichen Regiments, die nichts thut als was sie muß,
und dem Fanatismus weniger Eiferer, der stets versucht was er
kann. Zwischen ihnen bewegt sich der Kampf. Beide können sich,
grade durch die Gleichgültigkeit der Massen, eine Weile ermuthigt
fühlen zu handeln, beide werden bei irgend einem gewagten Vorgehen an eben dieser Gleichgültigkeit scheitern, die den Angegriffenen
eben so schützt als sie den Angreifer begünstigt; Rom wird gegen
Constanz immer ein Luzern, aber Preußen auch gegen Trier immer
ein Breslau finden. Jedem unbesonnenen Schritte wird der Abfall
im eigenen Lager beweisen, wie reizbar der Körper der Christenheit
geworden ist gegen jeden scharfen Eingriff zu seinem Heil oder
Schaden, und wie stark die negative Macht der Gleichgültigkeit ist,
die lieber die Religion im Volke, als das Volk noch einmal den
Greueln von Religionskämpfen Preis geben wird. Nur dort und
dann, wo den Völkern der Tag kommen wird, an dem sie ihre
sämmtlichen Angelegenheiten unverkürzt in die eigene Hand neh=
men, wird auch eine größere Entscheidung in den kirchlichen Dingen
eintreten; und es wird rein von der Natur dieser weltlichen Bewegung, von ihrer schöpferischen oder auflösenden Kraft abhängen,
wie das Ergebniß der kirchlichen Bewegung sich gestalten soll, und
ob die bisherige, dem europäischen Abendlande eigene, gegenseitige
Durchdringung von Staat und Kirche erhalten bleiben oder den
wechselnden Versuchen der Bewältigung der Einen Ordnung durch
die Andere ein Versuch ihrer völligen Scheidung folgen soll.

Pius u. Consalvi.   Von Paul Sarpi ist die Bemerkung, daß oft der Gelegenheit
zu großen Wirkungen in der Geschichte die großen Männer fehlen,
daß aber immer für solche Wirkungen die Zeit kommen müsse, wo

es Gott gefalle, sie hinauszuführen. Diese Zeit für Kirchenverbef=
ferungen war nicht mehr. Die Gelegenheit, die Kirche aufklärend
zu reformiren, war ein halbes Jahrhundert umsonst da gewesen,
umsonst auch die großen Männer, die geschickt waren sie zu nutzen;
jetzt war die Gelegenheit gekommen, die Kirche hierarchisch zu
restauriren, aber auch sie sollte von den lenkenden Männern nicht
vollaus benutzt werden. Den Friedrich und Napoleon war wenn
nicht die Aufklärung, so doch die Kirche gleichgültig gewesen, den
Pius und Consalvi lag wenn auch die Kirche, so doch die eigent=
liche Sache der Hierarchie im alten Stile keineswegs am Herzen.
Dem Pabste, den zwar Niemand gleichgültig im Religiösen nennen
würde, fehlte doch persönlich Alles, was ihn zu einem starrsinnigen
und bigotten Abschluß gegen den ganzen Geist einer großen und
hellen Zeit befähigt hätte, wie er dem blinden hierarchischen Eifer
eigen ist; ihm fehlte auch Alles, was ihn zu der Rolle eines ehr=
geizigen Weltherrschers geschickt gemacht hätte. Er war von rück=
gezogener, bescheidungsvoller Natur, jetzt auf dem päbstlichen
Stuhle, wie zuvor in der Gefangenschaft in Savona, von der glei=
chen Einfachheit in allen äußern Dingen, von der gleichen Einfalt
der Sitte und, trotz seiner theologischen Schule, selbst der Bildung,
fern von dem Prunk seines Vorgängers Pius VI., und fern, wie=
wohl seine Verwandten meist in kargen Verhältnissen lebten, von
dessen Nepotismus. Sein befreundeter Rathgeber aber, Cardinal
Consalvi, der seiner Wahl zum Pabste förderlich gewesen, schon
vorher sein Sekretair, nachher sein Minister war, der ihm durch
seine ganze Regierungszeit zur Seite stand und ihm viele abgängige
Eigenschaften ersetzte, war von der Bildung der Zeit viel tiefer
ergriffen. Welterfahrener, selbständiger, selbstvertrauender als der
Pabst, war er von entschiedener praktischer Einsicht und Tüchtigkeit,
nicht ohne vielerlei Kenntniß und geistige Interessen, mit den Kün=
sten vertraut und befreundet. Aus freiem Triebe zur Stärkung von

Pfaffenglauben und Herrschaft zu wirken, sich für die Jesuiten zu regen
wie Pacca, sich gegen das kopernicanische System zu ereifern, wie (um
1820) der Censor im päbstlichen Palaste (maestro del sacro palazzo),
wäre er weit entfernt gewesen; ja ihm soll kein Zweifel gewesen sein,
daß die Religionsherrschaft des mittleren Rom so unwiderruflich
verloren sei wie die Waffenherrschaft des alten, und er soll sich deshalb in dem Gedanken gefallen haben, daß Rom doch noch „durch die
Kunst einen weltherrschenden Einfluß ausüben" könne[31]. So hatte sich
denn auch der Cardinal in seinen allseitigen diplomatischen Geschäften, immerhin ein Werkzeug der Hierarchie, doch, so viel an ihm
war, als einen einsichtigen und billigen Mann bewiesen. Es ward
ihm durch die hinter ihm schwerer gemacht als von denen gegen
ihm über, zu finden, was diesen genehm war, aber er suchte es
eifrig, und hatte nicht selten, in Wien neben den Oratoren, in
Rom neben den Mazio, Severoli und anderen in den äußeren Angelegenheiten Beschäftigten, bewährt, wie viel duldsamer und
nachgiebiger er war. Aber diesem guten und aufgeklärten Willen
waren Grenzen gezogen in der römischen Tradition, Grenzen durch
die verdächtigende Ueberwachung der Eiferer, die seine gereizten
Feinde waren, Grenzen in dem eigenen Charakter des Cardinals.
Zu verständig wie er war, um ein Finsterling zu sein, war er doch
auch zu klug, um sich mit der Ueberlast der überlieferten Mißstände
der Hierarchie in einen ungleichen Kampf einzulassen. Vorsichtig
deckte er nach allen Seiten seine weltmännischen Blößen vor den
Eiferern; er vermachte sein Hauptvermögen zu kirchlichen Zwecken,
er beobachtete streng alle kirchlichen Bräuche, er that in geistlichen
Sachen keinen Schritt ohne den Rath einer Congregation. Napoleon sagte daher von ihm, er wolle nicht Priester scheinen, sei es

---

31) Ranke, die Staatsverwaltung des Carb. Consalvi. In der hist. pol.
Zeitschrift. I.

aber mehr als die andern, der römische Klerus aber hätte das Umgekehrte wahrer gefunden. So schob ihn dieser auch in politischen Dingen den Freisinnigen als einen Revolutionär zu, die ihn, schon seit seiner revolutionsfeindlichen Rolle von 1797, als einen Volksfeind verwarfen. Denn auch in Bezug auf die weltlichen Verhältnisse des Kirchenstaates schaukelte Consalvi zwischen den Einflüssen entgegengesetzter Gewalten. Er war zu erfahren, um von der Civil- und Militärverwaltung von Geistlichen Gutes zu erwarten, und gerne ließ er sich in Wien das Versprechen abnehmen, mehr Laien in die Civilstellen zu ziehen und den Eiferern Einhalt zu thun, die in der ersten Zeit seiner Entfernung eine unsinnige Reaction in Rom betrieben; aber auch in dieser Richtung hätte ihn die Furcht vor dem Zusammenstoße mit der Priesterschaft von einem durchgreifenden Systeme der Verbesserung abgehalten, wozu ihm selbst das menschliche und vaterländische Interesse, und die ausdauernde Kraft und Folgerichtigkeit gefehlt hätte, durch die das Wirrsal der zusammenwirkenden Uebel allein gehoben werden konnte. Man mag daher glauben, daß er 1814 nicht ungern von Rom entfernt war, um an dem Unvermeidlichen nicht Schuld tragen zu müssen. Denn ist es auch möglich, daß er die Reaction von einzelnen Ausschweifungen, wie Talleyrand in Frankreich, abgehalten hätte, so ist es doch wahrscheinlich, daß er sie wie dieser durch seinen Gegensatz zu anderen gereizt, und gewiß, daß er (wie dieser) ihren Lauf nicht aufgehalten hätte.

Während Consalvi's anfänglicher Abwesenheit hatte Cardinal Die Restauration im Kirchenstaate. Pacca die Leitung der inneren Angelegenheiten an sich genommen, der, an sich selber keiner der maaßlosesten, der Parthei der Eiferer den Zügel schließen ließ, die jetzt mit verstockten Grundsätzen und geschärfter Leidenschaft aus ihrem Falle erstand, und alle Dinge nicht nur vor 1797, sondern vor 1773 zurückschrauben wollte.

Zur vorläufigen Ordnung war Monsignor Rivarola, ein Genuese, von heftig gewaltsamer Art, dem Pabste voraufgegangen; er hatte '13. Mai 1814. sogleich' und mit Einem Schlage die französische Gesetzgebung aufgehoben und die frühere wieder hergestellt. Diesem ersten radicalen Streiche fürchtete man schädlichere folgen zu sehen. Das Gerücht spannte auf die Nichtigkeitserklärung aller Staatsgüterverkäufe, deren Gültigkeit von einzelnen einflußreichen Geistlichen jetzt und später bestritten ward. Nicht lange, so wurde die Patrimonialge-'30. Juli.
''15. August. richtsbarkeit der Barone' wieder hergestellt. Dann folgte'' ein Edict Pacca's gegen den gefährlichen Krebsfraß der verbrecherischen Gesellschaften. Es war vorzüglich auf die Freimaurer gemünzt, die Rom mit richtigem Gefühl von Anfang an als eine metaprotestantische Erfindung, die wie den nationalen so auch den kirchlichen Spaltungen entgegenarbeitete, verfolgt hatte. Viele Mitglieder flüchteten, andere wurden eingekerkert; noch 1818 wurde die aufgehobene Folter ausnahmsweise gegen Freimaurer anzuwenden gestattet. Wider die Angestellten unter der französischen Regierung, deren Amnestie die Mächte ausgesprochen hatten, wider Alles was den Ruf des Freisinns trug, schritt Pacca mit Absetzung, Gefängniß, Kirchenbann in so rücksichtsloser Weise ein, daß ihr der Pabst gegen Ende des Jahres steuern mußte. An diesen Gewaltsamkeiten in der Hauptstadt nahmen die Delegaten ein Beispiel. Sie verfuhren zum Theil wie türkische Paschas; vor Allen machte sich Pandolfi in Urbino durch barbarische Maasregeln berüchtigt. Zahlreiche Familien wanderten vor den Verfolgungen aus mit Hinterlassung ihrer Güter. Der Fanatismus der Priester fand an dem Wahne des Pöbels eine Stütze, die rohen Ausbrüche ihrer Bigoterie und Rohheit wetteiferten mit einander. In der Wuth gegen Alles, was an die Franzosen erinnerte, zerstörte man was sie Heilsames gebracht, brachte man wieder was sie Schädliches zerstört hatten. Von der Wiederkehr der Behörden, der Gerichte, der Anstalten geistlicher Finsterniß war die Rede, die unter den Franzosen gewichen waren. Das Bettelwesen mit all dem Erfolge, der ihm in der trägen Bevölkerung sicher ist, brach wieder herein, um deffen Abstellung sich der französische Präfect Graf Tournon so hochverdient gemacht hatte. In einem Monate hörte man in Rom jetzt von mehr Mordthaten, als in Jahren unter der französischen Herrschaft. Was die Straßenbeleuchtung zu nächtlicher Sicherheit beigetragen hatte, fiel weg, weil sie als eine französische Einrichtung beseitigt wurde. Selbst die Pockenimpfung hörte für einige Jahre wieder auf; und noch 1816 zerstörten die aufgehetzten Bauern bei Bologna die Reißfelder, die unter der französischen Herrschaft angelegt waren. Diese sinnlosen Anfänge des hergestellten geistlichen Regiments tilgten die erste Wärme für den Pabst so plötzlich, daß, als 1815 Murat ihn aus Rom scheuchte, ganze Haufen gebildeter Leute, Gelehrte und Studenten, jenem thörichten Kriegszuge des Abenteurers an den Po folgten.

Consalvi hatte sich in Wien überzeugt[32], daß die Mächte das gewaltsame Verfahren der römischen Geistlichkeit ernstlich mißbilligten. Als er zurückkehrte und die päbstliche Regierung nun endlich von den Legationen und Marken Besitz nehmen konnte, geschah dieß in Erlassen und Aufrufen, die Consalvi noch in Wien abgefaßt hatte, und die (im vollen Gegensatze gegen das, was 1814 in dem kleinen, gleich anfangs heimgefallenen Gebiete geschehen war) mit wenigen Aenderungen die bisherige französische Ordnung in jenen Provinzen aufrecht erhielten, die Nationalgüterverkäufe nachdrücklich bestätigten und ein neues, den Volksinteressen angemessenes Verwaltungssystem in Aussicht gaben. Nach kaum einem Jahre erschien dann das motu proprio, das Consalvi in Wien zugesagt

Consalvi's Gegenwirkungen.

Juli 1815.

0. Juli 1816.

---

32) Bartholdy, Züge aus dem Leben des Carb. Consalvi. 1824.

hatte, eine Art Grundgesetz des Kirchenstaates. Die Einleitung
desselben erklärte es als eine heilsame Folge der unheilvollen Fremdherrschaft, daß sie die Vielfältigkeit widerstreitender Ortsrechte und
Vorrechte aufgehoben, und eine erwünschte Einheit und Gleichheit der politischen Einrichtung und Verwaltung möglich gemacht
habe. Indem Consalvi so die Vermächtnisse der Revolution antrat
und das System der erhöhten Regierungsgewalt, der Beamten-
herrschaft und centralisirten Verwaltung aufrecht erhielt, erklärte
er in dem neuen Grundgesetze (Art. 102) alle örtlichen und provinziellen Besonderheiten, Statute und Verordnungen, mit wenigen Ausnahmen, nach wie vor für aufgehoben. Die Gemeinderechte, die in vielen Städten früher sehr bedeutend gewesen waren,
und mit ihnen ein guter Theil der Vorrechte alter Familien, blieben
auf diese Weise beseitigt; Bologna im besonderen suchte vergebens
um Herstellung seiner alten Privilegien nach, die seinem Senate
in der städtischen Gesetzgebung und Verwaltung, wie bei der Besetzung des höchsten Gerichtshofs großen Einfluß gewährt hatten.
Und wie bei der Aufhebung der Gemeinderechte, so ließ es Consalvi
auch bei der Abschaffung der feudalen Vorrechte des Adels bewen-
den, der hier allezeit eine fast unabhängige und, (von dem Priester-
regimente verletzt,) eine grollende Stellung eingenommen hatte,
die der Regierung beschwerlich, dem Staate verderblich war. Der
Cardinal gönnte und ließ dem Adel, wie die österreichischen Staatsmänner, einige unschädliche Rangrechte, aber alle körperschaftlichen
Privilegien, die persönliche Dienstbarkeit der Adelsunterthanen,
blieben abgestellt. Ueber die Fideicommisse erneuerte das Statut
ungefähr die Gesetzgebung Napoleons; die Patrimonialgerichts-
barkeit blieb (Art. 19) in allen Provinzen abgeschafft, wo sie Pacca
nicht hergestellt hatte. Selbst hier aber wurde sie möglichst scharf
in den gleichmäßigen Rahmen der übrigen Gerichtsverfassung ein-
gefügt, und die strengen Bestimmungen über Besoldung und Tüch-

tigkeit der Patrimonialrichter hatten die Folge, daß die Feudatare
zum großen Theile diesem Rechte entsagten. Und so sehr hatte sich
selbst hier das Feudalwesen überlebt, daß später, als Leo XII. in
aristokratischer Laune dem Adel dieses mit anderen Rechten gerne
zurückgeben wollte, er uneinig und lässig, wie des eigenen Vor-
rechtes müde, den gebotenen Vortheil fahren ließ [33]. Auch in Beziehung auf Verwaltung, Steuer-, Zoll- und Hypothekenwesen
ließ das motu proprio vorerst die französischen Einrichtungen bestehen; in andern Richtungen gab es glänzende Verheißungen:
drei Ausschüsse sollten ein neues bürgerliches, Straf- und Handels-
gesetz entwerfen, ein Schuldentilgungsfond sollte geschaffen, das
Unterrichtswesen gänzlich verbessert werden, Alles „in möglichster
Schnelligkeit." Auf dem Papiere nahm sich dieß wohl aus. Und
wenn sachkundige, gewissenhafte Beamte in die Geschäfte eintraten
und die Reformen angriffen, so könnten auch in Wirklichkeit die
guten Absichten zu guten Folgen geführt haben. Aber grade diese
Eine Grundbedingung aller Staatsverbesserung in diesem Lande
konnte Consalvi nicht schaffen. Die ganze Ausführung des neuen
Systems blieb in den Händen der Geistlichkeit. Neben der neuen
Einrichtung der Gerichte mußte das motu proprio die Jurisdiction
der geistlichen Civil- und Criminalgerichte fortbestehen lassen, die
der bürgerlichen Gleichheit, die dem ganzen Geist der neuern Zeit
am meisten widerstrebt. Alle hohen Würden und Stellen bei Hofe,
in der Diplomatie und Regierung, in den Delegationen der Provinzen, in den Congregationen die die höhere Verwaltung in
Händen hatten, blieben wie früher der Prälatur vorbehalten.
Und diese hatte in sich und in ihrem Verhältnisse zu dem Staate,
unter den Einflüssen der letzten Zeiten, Veränderungen erlitten, die

---

33) Reumont, Römische Briefe.

ben alten Schaden sehr verschlimmerten[34]. Die Kette der früheren
Ueberlieferungen, Kenntnisse und Personen war nun seit 20 Jahren
durchbrochen. Die Geistlichen, die man vorfand, waren entweder
verbitterte, unverbesserliche Alte, oder Emporkömmlinge aus den
unteren Ständen, die, ohne Kenntniß und ohne Pflichtgefühl, in
die Stellen drängten, vor Allem mit dem italienischen Grundsatz,
nicht am Zoll zu sitzen, um ein Thor gescholten zu werden. Dieser
Sucht den Staat auszubeuten schoben vordem die alten örtlichen
Freiheiten, die eigene Verwaltung in den Gemeinden (die Quelle
der großen Staatssparsamkeit älterer Zeiten) einen Riegel vor,
aber jetzt war er weggenommen. Diesen gewissenlosen Amtsbegrif=
fen hielten früher auch Talent und Kenntniß einige Wage in den
Männern, die als Familiaren im Dienste der Cardinäle eine Schule
gemacht hatten. Und auch die Familienwürde und der Reichthum
der vielen Abligen unter dem Klerus mußte früher Einzelnen der
geistlichen Beamten ein Ehrgefühl, einen Wohl= und Anstand be=
lassen, der jener Gewissenlosigkeit entgegenarbeitete. All dieß aber
war für jetzt und künftig nicht mehr wie sonst. In einem großen
Theile von Italien waren die Fideicommisse und Majorate jetzt auf=
gehoben; die jüngeren Adelssöhne, die sich früher den staatlichen
und kirchlichen Geschäften der Curie gewidmet hatten, blieben nun
aus; die Zeitideen wiesen den Ehrgeiz anderer Wege. Die Hof=
haltungen der früheren Cardinäle aus den ersten Häusern hatten
zudem jetzt ihren Glanz verloren. Denn war früher Stadt und
Staat hier ein Nebenglied der Kirche gewesen, so hatte nun, wo
die Zuflüsse aus Europa aufgehört hatten und das Kirchengut zu=
sammengeschmolzen war, der Staat die Kirche zu erhalten und die
ungeheuren Massen der Geistlichen zu nähren, deren man (um 1824)
in Rom auf 30 Einwohner Einen zählte. Dieß wäre selbst dann

---

34) Vgl. Ranke a. a. O. p. 691.

eine gehäffige Laft gewesen, wenn die Geiftlichkeit ihrem weltlichen
Berufe auch noch so gut obgelegen hätte.

Statt deffen aber war all ihr Beftreben, die verhaßte Ver- Widerstand der Priefterschaft gegen Consalvi's Gerichtsreformen und seine Folgen.
faffung Consalvi's, seine angeordneten und beabsichtigten Verbef-
serungen in jeder Weise zu vereiteln. Die Lücken der Unvollständig-
keit, die Handhaben der Widersprüche fanden sich nur zu leicht und
oft, wo der Widerstand anfaffen und eindringen konnte. So war
die neue Einrichtung des Gerichtswesens ganz erfolglos, so lange
nicht neue Gefeßbücher der Verwirrung der alten Gefeßgebung
fteuerten. Sie wurde neben dem gemeinen und kanonischen Rechte
von zahllosen „apoftolischen Conftitutionen“ gebildet, die die Regierung (1817) selbft eine schwer zu erreichende, mit den gesellschaftlichen Verhältniffen nicht mehr ftimmende Quelle nannte; das
motu proprio aber, indem es die örtlichen Statute, die diese
Quellen bisher ergänzt hatten, herauswarf, verwirrte den herge-
ftellten Zuftand des mittelalterlichen Gefeßchaos noch mehr, bei
dem ein Gemeingefühl von Recht und Pflicht im Volke niemals
auffommen konnte. In der Criminalgefeßgebung waren die ver-
schiedenartigen alten bandi hergeftellt, die in der roheften Weise
Unfittlichkeit, Vergehen und Verbrechen mischten, die unverhält-
nißmäßigften Strafen festseßten und dazu dem oberften Criminal-
richter, dem Gouverneur von Rom, die gesetzliche Befugniß der
Milderung und Schärfung der Strafe beilegten. All dem abzuhelfen, hatte Consalvi in der That in möglichfter Schnelligkeit die
Ausschüffe zur Ausarbeitung neuer Gefeßbücher ernannt und es
galt für einen großen Sieg, daß er einem Napoleoniften, dem ausgezeichneten Bartolucci, den Entwurf des bürgerlichen Gefeßbuchs
auftragen konnte. Aber diese Arbeit kam nie zu Tage. Ein Straf-
gefeß hatte der Pabft schon früher ausarbeiten laffen, aber in der
Congregation für Rechtspflege (della sacra consulta), die es

1816. prüfen sollte, war es abhanden gekommen. Die Arbeit ward jetzt
wieder aufgenommen, der Ausschuß aber brachte nichts zu Stande;
bald sollte das Volk nicht reif sein zu neuen Gesetzen, bald wider-
strebte das kanonische Recht. Eine neue, einfachere Prozeßordnung
1817. wurde ausgearbeitet; der Klerus war ihr entgegen, und noch in
demselben Jahre mußte den geistlichen Gerichten die Beibehaltung
ihrer herkömmlichen Prozeßformen nachgegeben werden. Alle
Versuche, die Tribunale und Competenzen zu verringern, brachten
die Priesterschaft gegen den Cardinalstaatssecretair in den giftigsten
Hader und in offene Widersetzlichkeit; Prozeßacten und Verthei-
digungsreden wurden benutzt, um seine Rechtsreformen schärfer
und schärfer anzugreifen. Die furchtbarsten Folgen entwickelten
sich aus diesem Wirrwarr des Gerichtswesens, aus der Jurisdiction
käuflicher, gewissenloser, weder durch Wissenschaft noch bürgerliche
Begriffe geleiteter Richter. Geständige Diebe wurden freigelassen,
wenn sie mächtige Fürsprecher hatten; ohne diese, konnte Jemand
acht gleichlautende Urtheile für sich haben und nicht zu seinem
Rechte gelangen. Maasregeln gegen das Räuberwesen scheiterten
an dem Conflicte mit den geistlichen Gerichten; die schimpfliche
Schwäche des verderbten Priesterregiments, das die Räuber, die
sich selbst stellten, begnadigte und nach einigen Bußandachten entließ, nährte dieß alte Unheil so, daß daneben eine flüchtige Strenge
1819. und Grausamkeit, wie die Zerstörung des Räubernestes Sonnino,
nichts verfangen konnte. In den Jahren der Noth steigerte sich das
Sept.1817. Unwesen so, daß man in Rom zu gleicher Zeit die Namen von
57 Raubmördern angeschlagen sah, auf deren Köpfe Preise ausgesetzt waren; in den Legationen, wo Seuchen zu dem Nothstande
traten, warfen sich ganze Gemeinden auf das Räuberhandwerk;
in Bologna, wohin Consalvi seinen fähigsten Freund, Cardinal
Lante, geschickt hatte, gährte (um 1816) die Unzufriedenheit, daß
man einen Aufstand fürchtete.

Denn schon wucherte zwischen Hunger, Krankheit und Misregierung auch das Unkraut der geheimen Gesellschaften auf. Die
Guelfen, auf beiden Po-Ufern verbreitet, hatten einen hohen Rath
in Bologna; die Carbonari, mit Murat (1815) eingedrungen,
hatten sich in den Marken festgesetzt. Die Verbindung zwischen
Beiden und den Neapolitanischen Carbonari hatten der Kaufmann
Papis in Ancona, und der Graf Cäsar Gallo d'Arpino, der Groß-
meister der vendita madre in Macerata in den Händen. Unter
diesen Häuptern machte man¹ Berechnungen auf den Tod des er- ¹April 1817.
krankten Pabstes; ihre Aufstandspläne, auf ganz Italien abgesehen,
im Haß der Fremden gewurzelt, waren bei Einzelnen der päbstlichen
Regierung nicht ungünstig. Hinter ihnen aber schob das Gesindel
in die Gesellschaften nach; ein gemeiner Verbrecher Carletti und
ein Ergensdarme Alva sahen den Grafen Gallo wie in ihrer Gewalt; in tumultuarischen Versammlungen¹ in S. Elpidio, S. ¹Anfangs 1817.
Ginnesio, Macerata u. f. zielte man auf eine Republik ohne
Steuern und mit billigen Brodpreisen, deren Consul Graf Gallo
sein sollte. Als der Pabst genas, verschob die Centralversammlung
in Bologna und die Führer (die grand' eletti, im obersten Grade)
der „ehrbaren Carbonaria", anständige Leute, die an pomphaften
Schwüren Gefallen hatten aber nicht an mislichen Unternehmungen,
ihre Anschläge; in den unteren Schichten aber war man zu weit
vorgegangen, und versuchte einen nächtlichen¹ Handstreich auf ¹24.—25. Juli.
Macerata, der im ersten Beginne scheiterte. Die Häupter der Verschworenen wurden eingezogen und (1818) in Rom abgeurtheilt.
Mit dieser Seuche der revolutionären Sekten war es nicht
genug. Die Regierungen in Italien kamen auf den unheilvollen
Gedanken, Gegenbünde zu errichten und die Pest der reactionären Sekten noch dazu einzuführen. So entstanden in Neapel
die Calderari, in Rom die katholisch-apostolische Gesellschaft der
Sanfedisten, deren Schwur sie zur blutigen Vertilgung der Liberalen

ohne Unterschied von Stand, Geschlecht und Alter verband[35]. Und nun wühlten zwei gewaltsame organisirte Partheien einander entgegen, die abwechselnd in aufgeregten und in schlaffen Zeiten das Volk und die Regierung aufstachelten zu Verfolgung und Mord.

Widerstand der Priesterschaft gegen Consalvi's Verwaltung. Denselben Widerstand, auf den Consalvi in seinen Gerichts- reformen stieß, begegnete er in allen anderen Verhältnissen. Die versprochene Verbesserung des Unterrichtswesens wurde nicht an- gegriffen; die Schulen blieben verwahrlost und beargwohnt; als die Bewahranstalten für kleine Kinder aufkamen, wurden selbst diese mit Mißtrauen betrachtet. Unter den Verheißungen von 1816 war auch ein neuer Kataster gewesen. Die höchsten geistlichen Würdenträger setzten sich diesem Werke entgegen; der Cardinal Albani erklärte dem Finanzminister Guerrieri geradezu, er habe nicht Lust für seine Besitzungen, die nur zu einem Drittel eingetragen seien, die Abgaben zu verdreifachen. So scheiterte später (1821) ein Finanzplan Consalvi's, nach dem die droits réunis im ganzen Lande eingeführt werden sollten, an dem Widerspruch der Pacca und Somaglia. Was die Finanzen angeht, so waren sie unter der französischen Zwischenherrschaft in eine bessere Lage gekommen als je zuvor. Die Staatsschuld hatte sich durch die Aufhebung der geistlichen Körperschaften bedeutend gemindert. Diese hatte den doppelten Vortheil gebracht, daß der größte Theil der Schuldzettel, der im Besitz jener Körperschaften gewesen war, erlosch, und von dem Reste der Schuld ein weiterer Theil durch den Verkauf der geistlichen Güter getilgt werden konnte. So kam es, daß Pius VII., während er 1800 bei 3 Millionen Einkünften 74 Mill. Schulden antrat, 1815 nur 33 Mill. Schulden bei 6—7 Mill. Einkünften

---

35) Gualterio 1,32. Farini, lo stato romano dall' anno 1815—50. Torino 1850. 1,11.

übernahm[36]. Aber von dieser vortheilhaften Lage war, als die
Priester ihre Hände hineinbrachten, sogleich jede Spur verloren.
Ihre Wirthschaft hatte bereits 1819 die Regierung wieder so arm
gemacht, daß als Kaiser Franz damals Rom besuchte, der Hof zu
seinem Empfange von Madame Lätitia Bonaparte und der Prinzessin Pauline Geld borgen, rückständige Abgaben beitreiben, schäd-
liche Pachtverträge eingehen mußte. Die Einkünfte hatten sich
alsbald durch das hergestellte unsinnige System der Verpachtungen
geschmälert. Die Verpflegung des kleinen Heeres, und die der
Gefangenen (eines größeren Heeres, das um 1820 sich auf 11000
eingezogene Verbrecher belief) wurde an Unternehmer unter so
unglaublichen Bedingungen übergeben, daß diese sie an Unterpäch-
ter zweiter und dritter Hand überließen, die noch immer einen
Gewinn machten. Unterschleife, Erschleichungen und Fälschungen
päbstlicher Decrete wurden von höheren Geistlichen betrieben, un- *1817—20.
ter ihnen selbst der Gouverneur von Rom, Monf. Pacca, eine
Stütze Consalvi's. Einmal wurde ein förmlich eingerichtetes *August 1817.
Bureau entdeckt, das falsche Kassenanweisungen machte und Gna-
bengeschenke und Ruhegehalte ertheilte, die ausbezahlt wurden.
Dieß Treiben ging so weit, daß selbst die Fälschung der Unterschrift
des Pabstes gewagt wurde,[37] um ein gesetzlich aufgehobenes Mo-
nopol herzustellen; der Pabst aber trug Bedenken, die täuschende
Unterschrift geradezu für falsch zu erklären. Als Consalvi zur *1819.
Untersuchung der Mißbräuche in der Verwaltung eine Commission
niedersetzte, mußte er erleben, daß mehrere dazu ernannte Mitglieder ihre Mitwirkung versagten, und daß der Finanzminister unwillig die Stadt verließ und über die unleugbaren Betrügereien seiner

---

36) Nach Bartholdy, dessen Angaben wir den Vorzug geben, obgleich sie
weder mit Schubert, noch Artaud, noch mit denen des späteren röm. Finanzministers Morichini, bei Gualterio 1,452, zu vereinigen sind.

37) Ranke, p. 687.

Beamten die Auskunft weigerte. Das Finanzcollegium, das aus
den langen Berathungen der Commission hervorging, änderte an
der ganzen Lage, an der Verderbtheit des Systems und der Personen nichts. Wie wäre dieß auch möglich gewesen in einem Lande,
wo Consalvi und seine Finanzleute selbst an den schädlichsten staatswirthschaftlichen Vorurtheilen litten, wo alle wissenschaftlichen
Schriften über Finanzverwaltung auf dem Index standen und die
Statistik für eine hochverrätherische Wissenschaft galt! Die von
diesen Vorurtheilen untrennbare Unwissenheit und Unfähigkeit
wirkte auf alle anderen staatswirthschaftlichen Verhältnisse, die
Industrie, den Handel, den Landbau verderblich hinüber. Das
Land mit ausgedehnter Meeresküste hatte keinen Seeplatz, der es
mit Manufactur- und Colonialwaaren versorgt hätte; selbst trockene
Fische und Südfrüchte mußten von Neapel eingeführt werden.
Das Schutzzollsystem nährte den Schmuggel, die Küsten waren
von Piraten, die Straßen von Räubern unsicher gemacht; die
elende, zusammengeschmolzene, aus Vagabunden zusammengeraffte
Truppe konnte nicht schützen. Niemand war da, den Knäuel all
dieser Uebel mit starker Hand zu durchhauen; die getheilten Versuche ihn zu entwirren, waren eitel. Auf dem Lande wirkten die
alten Feudalreste mit der Unmacht des Priesterwesens zusammen,
Zustände zu erhalten, wie sie nur den rohesten Zeiten und Völkern
eigenthümlich sind. Die große Ausdehnung der Latifundien, ein
Uebel, das bis in Cäsars Zeiten zurückreicht, hat in der römischen
Gemarkung seit den Verwüstungen der Barbaren die Entvölkerung
veranlaßt, diese die üble Luft (die der festen Bevölkerung bald
weicht), die schlechte Luft wieder hat rückwirkend die Wiederbevöl-
kerung und den Anbau des zur Weide benutzten Landes erschwert
und vereitelt. Die Veräußerung der geistlichen Güter hat hier
nicht auf Zertheilung in kleine Besitze wirken können; die großen
Eigenthümer kauften sie an zur Vergrößerung ihrer schon über-

großen Ländereien. Vergebens hatte die Regierung seit 1802 die
größere Vertheilung der Gütermaffen in der Campagna von Rom
durch Erbpacht empfohlen; vergebens gab die Familie Rospigliosi
(1786—1828) ein Beispiel mit Erbpachtungen in Zagarolo, deren
Erfolge[38] unzweideutig den Vortheil des Theilungssystems für
Anbau und Bevölkerung bewiesen hatten. Die Großen, unter denen
das Haus Borghese allein 12000 Rubbien, beiläufig ¼. des
Flächenraums der Campagna besitzt, fanden es bequemer, ihre
Güter in eine einzige Pacht zu geben; der Anbau der Campagna,
der sich 1783 noch auf mehr als 16000, 1802 noch auf 10400
Rubbien erstreckte, war 1816 auf 7000 beschränkt; die Viehzucht
stieg im Verhältniß, aber ihre Producte nicht an Werth und Güte.
Ganz anders blühte daher der Ackerbau in den Legationen, wo die
Feudalität früher aufgehört hatte, als in dem engeren Gebiete von
Rom, wo sich die großen Lehngüter befinden. Sie sind das Verderb der nächsten Nahrungsquelle, sie sind zugleich, wie aus den
Geburtslisten der Räuber nachgewiesen ist, die große Pflanzschule
der Raubbevölkerung in dem Kirchenstaate. Die Erfahrung ist
allgemein, daß die Hirten die größten Feinde civilisirter Gesellschaft
sind, und auf der Insel Sardinien, in der Capitanata, in Griechenland, in der Argentina liegen die Folgen der Pastoralzustände für
die sittlichen und materiellen Interessen der Staaten seit langen
Zeiten vor. Diese Zustände der verwahrlosesten Länder europäischer
Bevölkerung und Einwanderung werden hier vor den Thoren der
Hauptstadt der Christenheit ertragen. Der hierarchisch regierte
Kirchenstaat war der Staat im Abendland, dessen Zustände am
nächsten an die der Türkei grenzten, wo der Beherrscher gleichfalls
die verbundene geistliche und weltliche Macht besitzt. Auch dort

---

38) Trotz dem schließlichen üblen Ausgang, der an anderen Ursachen hing.
Reumont, Römische Briefe. I.

wird wie hier nach außen ein unermeßliches Religionsgebiet
behauptet mit einer Kraft, die über aller Menschen Vernunft
scheint, während im Innern ein Regiment gehandhabt wird, das
wie hier weit unter aller menschlichen Vernunft und unter aller
Würde einer gebildeten Gesellschaft ist.

Das Königreich
Sardinien.

Dieselbe unbeschreibliche Begeisterung, die den Pabst bei seiner ersten Rückkehr zu Hause begrüßt hatte, hatte auch den König
Victor Emanuel bei seiner Heimkehr aus der Insel Sardinien auf
seinem Festlande empfangen.   In derselben Rührung und Hoff-
nungsfülle, wie in Calais und Rom um Ludwig und Pius, hatte

20. Mai 1814. sich in Turin das Volk bei seinem Einzuge herangedrängt, sein
Pferd, sein Kleid, seine Hand zu berühren und ihn mit Blumen
zu überschütten. Die Urtheilslosigkeit, die leichtsinnige Vergeßlich-
keit der Massen ist nie größer, als der Gutmüthigkeit eines Fürsten
gegenüber, den man persönlicher Härte fremd weiß.   Ein solcher
Fürst war aber Victor Emanuel, den nicht seine Höflinge nur,
sondern auch strenge Geschichtschreiber, und demokratische darunter, den größten Menschenfreund in seinem Lande genannt haben.
Und doch hat in diesen Zeiten der aufgeregten Partheileidenschaf-
ten nichts so verderblich gewirkt, als eben diese Herzensschwäche
der Guten, die der Frechheit der Bösen nicht zu steuern wußte;
und nur jene ganz mißklängigen Naturen wie die beiden Ferdinande
in Neapel und Spanien, in denen sich Gutartigkeit und Bosheit,
Schwachheit und Grausamkeit launenvoll ablösten, haben traurigere
Andenken ihres Regiments hinterlassen, als der fromme Pius und
Victor Emanuel.   In dem König von Sardinien kam zu der
Herzensschwäche die Geistesschwäche hinzu, die sich in seinen Ge-
sichtszügen wie typisch ausdrückte.   Der Mangel an Wissen und
Einsicht hatte ihn frühe zum Feind aller Neuerung gemacht, und
diese Abneigung gegen Alles, was bürgerlicher Freisinn und staat-

liche Verbesserung hieß, hatte sich in ihm, den Vorgängen in
Frankreich gegenüber, zu unvertilgbarem Hasse gesteigert. Was
in seiner Jugend von soldatischer Kraft in ihm gewesen sein sollte,
wich in der Zeit des Unglücks bald einer abergläubischen Frömmigkeit, die ihn willig machte zu allen mechanischen Diensten, Opfern,
Gelübden und Wallfahrten, aber sein Gemüth in Gedankenlosigkeit
stumpf hielt, nicht grade gegen einzelnes Elend das ihn greifbar
berührte, wohl aber gegen die weit und tiefst reichenden nationalen
Nothstände, die, wie nahe sie liegen, mit dem Geiste erfaßt sein
wollen. Als ein solcher hatte sich der König früher bewiesen, so
kehrte er zurück; und welche Zustände der Umjubelte mitbringen
würde, konnte jeder wissen, der auf die Zustände blickte, die er auf
der Insel Sardinien zurückließ. Dorthin war er zurückgeworfen 1806.
worden, nachdem ihn die Abdankung seines Bruders zum König 1802.
gemacht, und die französischen Waffen ihn nacheinander aus Rom
und Gaeta verdrängt hatten. Er hatte dort acht Jahre gelebt und
regiert, von englischen Hülfsgeldern kärglich unterstützt. Als in
ähnlicher Weise der König von Neapel nach Sicilien weichen mußte,
blühte sogleich, unter englischer Förderung, an dieser unwirthlichen
Stätte, wohin wie nach Sardinien in Jahrhunderten kein Licht-
strahl europäischer Cultur gedrungen war, ein politisches und
wirthschaftliches Leben auf, das eine neue Zeit zu versprechen schien.
Ebenso als damals der König von Preußen in den abgelegensten
Theil seines Reiches gedrängt war, sproßte dort aus der Noth ein
Segen auf, der den gefallenen Staat rasch wieder aufrichtete. Einen
ähnlichen Aufschwung mußte man auch von dem Aufenthalt des
Hofes in Cagliari für die Insel Sardinien erwarten, die das Glück
der unmittelbaren Fürsorge einer nahen Regierung nie zuvor erfahren hatte und ihrer wie kein anderes Land bedürftig war.

Welch ein Feld der Wirksamkeit für den größten Menschen. Die Insel Sardi-
nien.

freund seines Landes! Auf dieser Insel [39] lebte eine vom Elend
aufgeriebene Bevölkerung in einem Halbthierzustande. Der Landmann bebaute seinen Acker noch mit dem römischen Pflug, verfuhr
auf Karren mit zwei nägelbeschlagenen Scheibenrädern, die mit
der Achse drehten, sein Getreide heim, wo es die Hausfrau in
dem ursprünglichsten Verfahren zu Mehl mahlte. Auf der ganzen
Insel war, wie in Sicilien, keine Straße, auf der nicht reißende
Bergwasser im Winter den Verkehr unterbrachen und schwere Opfer
an Menschenleben, Zugvieh und Ladungen verursachten. Ein
Reisewagen war hier von der inneren Bevölkerung nie gesehen
worden; was ein Jahrmarkt sei, wußte sie nicht. Daher kein
Tausch und Verkehr im Innern, der äußere Handel auf das Geringste heruntergebracht, die reichsten Minen von Silber, Blei und
Eisen nicht angerührt, in einem Lande, das eines der größten Em-
porien im Mittelmeere sein könnte. Von dem Ackerlande war nicht
ein Viertheil bebaut, wegen der rohen fast nomadischen Viehzucht,
des Rechts der Streifweide, für die alle ungeschlossenen Ländereien
bestimmte Jahre unangebaut liegen mußten, die außerdem alle
Baumzucht in der Ebene ausschloß. In diesem Verhältnisse wirkten
hier alle Abscheulichkeiten des Feudalwesens wie in einem Brenn-
puncte zusammen. Die bevorrechteten Reichen der Gemeinden, die
Besitzer der großen Heerden, die die Gemeinderäthe besetzten, hielten von da aus diesen Zustand aufrecht; ihre Güter, als volles
Eigenthum (tanche), waren umzäunt und geschlossen; den Armen,
der seine kleinen zerstreuten Besitze früher nicht umzäunen durfte,

---

39) Ueber die hier nur angedeuteten Zustände Sardiniens stimmen alle
Augenzeugen, ein Höfling wie St. Sévérin, souvenirs d'un séjour en Sar-
daigne 1827, ein Kenner wie la Marmora in seiner Reise, und neuere Schrift-
steller, Eingeborne und Eingebürgerte, wie R. Orrù sulle condizioni attuali
etc. di S., und Baudi di Vesme considerazioni etc. sulla S. — 1848
überein.

später aus Mittellosigkeit nicht konnte, zwangen sie sein Land zur
Hälfte für die Weide des Viehs offen zu halten, das Er nicht besaß.
Diese Verhältnisse trieben den armen Landmann bald zu rohen
Rechtsbrüchen, bald in verwickelte Rechtshändel, vor Gerichte,
deren Name in den Sprüchwörtern des Volks wie der des bösen
Feindes zur Bekreuzigung und Verwünschung gebraucht ward.
Außer dem Weiderecht ließen dann jene selben Gemeindevorsteher
die Last der directen Steuer auf den Aermeren drücken, die nach der
rohesten Schätzung auf bewegliches und unbewegliches gelegt ward
und auf mehr als 50% des reinen Ertrages berechnet wurde [40].
Während auf dem Lande aber jede ärmlichste Hütte besteuert war,
blieben dagegen die Städte, und die reichsten Einkunftsquellen,
die Fischteiche, die Häuser in Cagliari, die Capitalien steuerfrei.
Wie mit diesen Vorrechten die Reichen auf die Armen drückten, so
drückten wieder Gemeinden auf Gemeinden nach den unsinnigsten
Bevorzugungen. Gewisse Orte hatten das Vorrecht (ademprivio)
in den Wäldern, die sämmtlich Krongut waren, Werk- und Bauholz
zu schlagen und zu verkaufen, sie hatten ihren Bedarf frei, die
anderen Gemeinden mußten ihn bezahlen; dergleichen Einrichtungen
unterhielten den steten Frevel gegen das Gesetz, und die verbittertste
Feindschaft trennte Ort von Ort, wie Blutrache und Selbsthülfe
die einzelnen Personen. Mit unerhörten Misbräuchen und Bürden
bedrückte die Geistlichkeit das Land. Es mußte zwölf Bisthümer
unterhalten, wovon einige nur 10—16, das größte Erzbisthum
nur 75 Gemeinden zählte [41]; die 130 Priester, die allein in Cagliari mit einer Summe von Einer Million unterhalten wurden,
wären für den Cultus der ganzen Insel genug gewesen. Der geistliche Zehnte, von allem Land- und Viehertrage, nicht nur von den

---

40) So von Baudi di Vesme noch in seiner Zeit. p. 249.
41) Martini storia eccles. di Sardegna. 1841.

Producten der Viehzucht, sondern selbst von den Geburten erhoben, war so ergiebig, daß er auf der Insel für die einzige Reichthums-quelle galt. Für all das leistete die Geistlichkeit für die Schule, selbst für eigentlichen geistlichen Unterricht so gut wie nichts; dem Staate, der für die Verwaltungskosten der Insel allezeit hatte zu-steuern müssen, entrichtete sie, als General la Marmora schrieb, ein Subsidium von 17,000 Lire. Alle diese Uebelstände wurden durch die oberste Regierung und Verwaltung noch vermehrt. Die höchste Gewalt war in den Händen eines Vicekönigs, nach spani-schem Vermächtniß dictatorisch, so daß Militär, Kirche, Finanzen, Gemeinden, selbst die Gerichte von ihr abhingen. Nur für drei Jahre gesetzt, konnte der Statthalter eine planmäßige Verwaltung nicht führen; ein Fremder meistens, hing er von den Eingebungen des inländischen Staatssecretairs ab, der dann der Mittelpunct aller Intriguen war; der Zustände im Innern der Insel wurde er nie kundig, sondern sah sie nur aus der Brille der Cagliaritaner, deren Interesse unseligerweise in allen Stücken dem des inneren Landes entgegen war. Es lag eine Unmasse eingewurzelter Uebel über dem Lande, gegen die nur der kräftigste planvollste Eingriff einen Anfang der Abhülfe schaffen konnte, der wieder seinerseits nur durch ein Wunder zu erwarten war. Die Niederlassung der königlichen Familie in Cagliari aber war solch eine wunderbare Fügung, die eine erwünschte Krise schien mit sich bringen zu müs-sen. Das königliche Ansehen in nächster Nähe, die gebotene Mög-lichkeit unmittelbarer Prüfung, unmittelbaren Angriffs, planvollen Entwurfs, unausgesetzter Wirksamkeit, die massigen Misbräuche vor Augen, die jammervollen Verhältnisse greifbar, die noch 1808 in dem berüchtigten Gallura zu Unruhen geführt hatten wie schon einmal um 1794—5, Alles schien auch das stumpfeste Regiment zu einer rettenden Viel- und Wohlthätigkeit anspornen zu müssen. Aber nicht das Geringste ist in den acht Jahren des königlichen

Aufenthaltes geschehen. Der Turiner Hof, seiner spanischen Etikette wegen berühmt, die selbst Napoleon von Turiner Ceremonienmeistern erforschte, hatte seinen Hofprunk mit aller spanischen Steifheit mitten in die Rohheit Sardiniens hinübergenommen, aber keine Straße wurde gebaut, kein fernster Versuch gemacht der Schutz- und Rechtlosigkeit zu steuern, keine Hand angelegt, um dem Adel und der Geistlichkeit in ihre Vorrechte zu greifen, keine Verbesserung angebahnt, um in dem Kampf zwischen Ackerbau und Viehzucht die Katastrophe der Entscheidung zu zeitigen, die allein dem Lande aufhelfen kann. Statt der Zufluchtsstätte den gastlichen Schutz zu lohnen, belastete der Hof die Insel mit neuen Auflagen für seinen Unterhalt, und als er nun abzog und der Grund der erhöhten Bürde hinwegfiel, blieb die Bürde gleichwohl unvermindert. So kam es, daß das Volk dieser Insel, dem es kein anderes an Geduld und Fügsamkeit gleich gethan, in den Jahren des italienischen Aufschwungs (im 5. Jahrzehnt), in langsam erstarkter Abneigung gegen Piemont, zum Unionsbruch drängte, und daß die Befürchtung nahe lag, es werde dieses Land, das man oft spanisch genannt hat und das wenigstens nicht italienisch war, eines Tages wie Corsica aus dem italischen Verbande sich ablösen.

Der König hatte in Sardinien, wie er im Scherz zu sagen pflegte, die Zeit der französischen Herrschaft ganz eigentlich verschlafen; so hatte auch der größere Theil des piemontesischen Adels auf seinen Gütern gethan, in dessen Mitte daher der erwachte König in Turin jetzt Alles fand wie es zuvor gewesen war. Nur unterwegs schien ihn etwas von den constitutionellen Vorgängen in Paris wie ein Traum angewandelt zu haben; aus Genua war ihm ein Edict voraufgegangen, das die Aushebung und die Erbschaftssteuer aufhob und Erleichterung der Abgaben verließ; eine freisinnige Anrede des Gerichtspräsidenten dal Pozzo (eines 'vgl. 1,447. schon¹ genannten Mannes) in Genua hatte er gut aufgenommen, hatte von der „europäischen Freiheit" gesprochen und so bei den Heißblütigen die Hoffnung auf eine Erneuerung der Generalstaaten geweckt. Aber in Turin angekommen wurde er sogleich von den Rittern der Restauration umdrängt, denen es gelang, im ersten Anlauf, noch erfolgreicher als selbst der Klerus in Rom, die Zeit plötzlich bis auf 1770 zurückzuschrauben. In Piemont war der Adel bis zur Zeit der Revolution weit mehr als im übrigen Italien eine Körperschaft von wirklichem Ansehen im Volke gewesen, obgleich seine feudale Macht auch hier durch die Absolutie gebrochen, seine politische Bedeutung durch die Trennung der savoyischen und piemontesischen Stände verfallen, selbst sein militärisches Vorrecht durch des Königs herrische Bevormundung aller Familien und Personen sehr vergällt war. Der Einbruch der Revolutionsideen erst, und hierauf die französische Herrschaft hatten alsbann auch hier im Lande die alten Zustände und Ueberlieferungen gestört; die Gleichheit vor dem Gesetze, der Anspruch Aller auf alle Stellen und Würden, die bürgerliche Thätigkeit und Aufklärung, die Belebung von Handel und Gewerbe hatten hier rascher als in dem übrigen Italien die Vorstellungen verändert, die Stellung von Volk und Adel mehr und mehr umgestaltet und die bürgerlichen und gesellschaftlichen Grundsätze auch in einem großen, dem gebildeteren Theile des Adels selber erschüttert. Aber ein größerer Theil, in jener rohen Unbildung aufgewachsen, die Alfieri an sich selbst und seiner Umgebung schilderte, war starr an dem Alten hängen geblieben, hatte sich eingeschüchtert auf seine Güter zurückgezogen, und wenn er ja in Aemtern neben den Bürgerlichen thätig blieb, sich von diesen gesellschaftlich getrennt gehalten. Und diese Klasse war es nun, die jetzt den König umlagerte; Alle, die einen unfreiwilligen Dienst durch verdoppelte Ergebenheit vergessen machen wollten, die sich der unthätigen Treue, die sich gar des Märtyrer-

thums rühmen konnten; seltsame altfränkische Gestalten, wie sie
selbst Paris nicht bei Ludwigs Einzug gesehen hatte, in der alten
Tracht, mit den alten närrischen Manieren des Gangs und der
Begrüßung, mit der näselnden Sprache, die man weiß nicht warum
für legitim und religiös galt. Sie erfreuten den König mit ihrer
begeisterten Hingebung, betäubten ihn mit ihrer schwarzen Schilderung der französischen Herrschaft, verwirrten ihn mit ihren Klagen
und Wünschen, von denen er nichts begriff, am wenigsten wie er
ihnen genügen sollte. In dieser Bestürzung kam ihm ein Graf
Cerruti zu Hülfe mit dem sinnreichen Einfall, ihn auf Palmaver-
de's Almanach von 1798 zu verweisen und ihm zu rathen, alle
darin aufgeführten Aemter und Würden mit den Personen, die sie
damals inne hatten, herzustellen [42]. Sofort erschien, wenige Tage
nach den ähnlichen Schritten Rivarola's in Rom, das berüchtigte
Edict[1], das alle französischen Gesetze und Einrichtungen, ohne sie ['21. Mai.]
einer einzelnen Erwähnung zu würdigen, aufhob und von dem
Datum des Edicts an „ohne Rücksicht auf irgend ein anderes Gesetz
die Beobachtung der k. Constitutionen von 1770" verfügte. Seinem buchstäblichen Inhalte nach beseitigte dieß Gesetz eine geordnete
Gesetzgebung und Rechtspflege und führte, wie im Kirchenstaate
geschah, einen chaotischen Gesetzwust und eine höchst unvollkommene
Prozeßordnung wieder zurück, stellte die geistlichen, militärischen
und alle Special- und Ausnahmsgerichte mit der ganzen Barbarei
der alten Strafgesetze, mit Rad und Viertheilung, her, brachte die
Fideicommisse und Majorate, die Feudalrechte aller Art, Baun-
rechte und Zehnten, die Klöster und Innungen zurück, verurtheilte
die Nichtkatholiken wieder zur bürgerlichen Unfähigkeit, schrieb den

---

42) Diese Erzählung konnte Brofferio, storia del Piemonte dal 1814 etc.
Torino, 1849, aus Lady Morgan's Reise (franz. Ueberf. 1821. 1,116—42)
schöpfen, die wenige Jahre nach dem Vorgang in den ersten Turiner Häusern
verkehrte.

Juden aufs neue ihre gelben Abzeichen vor und zwang sie ihre erworbenen unbeweglichen Güter wieder zu verkaufen, beraubte die gewesenen Mönche und Nonnen ihrer erworbenen bürgerlichen Rechte[43], die Civilehen ihrer Gültigkeit, untergab volljährig gewordene wieder der väterlichen Gewalt, warf alle Wirkungen der französischen Gesetzgebung, selbst die Entscheidungen der Gerichte über den Haufen, entzog der Verwaltung ihre Beamten, den Beamten ihre Stellen und brachte in alle Verhältnisse die unglaublichste Verwirrung. Mit den Bestimmungen des Pariser Friedens stand dieß ganze Verfahren im grellsten Widerspruch. Den Piemontesen

'15. April. war durch den Fürsten Schwarzenberg aus Paris noch ganz ausdrücklich die Vergessenheit alles Vergangenen, kurz vor der Ankunft des Königs, zugesagt und die treuen Diener der französischen Regierung sogar belobt worden, die jetzt massenweise ihre Stellen und Mittel verloren. Denn wirklich sah man neben dem Edict die Gesetzgebung des Almanachs von 1798 in die ganze Ordnung der Dinge eingreifen. Cerruti selbst ward Präsident des Senats; die Turiner Zeitung erhielt ihren Redacteur von 1798 wieder; die Gerichtsstellen wurden nach dem Almanach verändert. Ein Mann von 1798, Cavaliere Muffa, ward Kriegsminister und berief sofort, wie der Kurfürst von Hessen damals thun ließ, die Mannschaften ein, die 1800 einrollirt waren; da dieß begreiflich wenig Erfolg hatte, so wurden die alten Werbekünste statt der Aushebung hervorgesucht, um neue Regimenter zu bilden. Ein Cavalier Scora, eifrig im Angeben der Jacobiner und Freimaurer, wurde mit dem öffentlichen Unterricht und der Neueinrichtung der Turiner Universität betraut; er entsetzte 25 der talentvollsten Professoren in Turin,

---

43) Ein k. Patent u. a. erklärte die Wittwe und die Tochter eines ausgetretenen Mönches, Nuvoli, der gestorben war, für Concubine und Bastard, und setzte sie außer Besitz des hinterlassenen Vermögens.

blos weil sie unter der französischen Regierung angestellt waren;
der Abbate Calufo, Alfieris ehrwürdiger Freund, seines Geschlechtes
wegen verschont, gab unwillig seine Stelle auf, um das Schicksal
seiner Collegen zu theilen[44]. Der Historiker Botta, der 1797 mit
Carl de Bossi und Carlo Julio (i tre Carli) in der provisorischen
Regierung war, durfte nicht in sein Vaterland zurückkehren, Bossi
wurde (1815) aus dem Staatsdienst entlassen. Andere Fähigkeiten
verlor Piemont aus lächerlicheren Anlässen. Ein Fr. Massimino
wurde genöthigt, sich nach Paris zu wenden, wo er eine Musik-
schule gründete; er war mit einer Bittschrift abgewiesen worden,
weil sie auf französische Weise geschrieben war. Diese Abweisung
ging von einem Bellosio aus, wieder einem Manne von 1798, der
an der Spitze des Zollwesens stand. Es ist derselbe, der keine Paß-
sirscheine auf die Napoleonische Straße über den Montcenis gab,
um den Verkehr wieder auf die verfallene Novaleser Straße zurück-
zuleiten! Er war unter den Fanatikern, die die Pobrücke bei Turin
abreißen wollten, die Napoleon begonnen hatte; auf Einer Linie
mit den kindischen Eiferern, die die französischen Geräthschaften in
den Bureaus aus dem Fenster warfen, oder mit jenem Hofgärtner,
der im botanischen Garten die französischen Pflanzungen ausriß.

Diese burlesken Scenen der Herstellung in Piemont waren Fortsetzung.
das vorübergehende Werk des ersten Taumels, die tragischen zogen
sich Jahre hindurch. Nach den hundert Tagen trieb ein k. Beschluß 27. Juni 1815.
alle seit 1792 in den sardinischen Staaten sich aufhaltende Franzosen binnen 20 Tagen aus dem Lande. Die Maasregel betraf
4—5000 Menschen, nicht nur unsichere und verdächtige, sondern
viele Land- und Häuserbesitzer, Fabricanten, Arbeiter die zur Verbesserung der Seidemanufacturen früher waren berufen worden;

---

44) A. Gallenga, hist. of Piemont. 1853. 3,314.

und sie wurde mit solcher Strenge ausgeführt, daß die Regierung
sich der Milde rühmte, als sie für 120 der Betroffenen eine längere
Frist des Abzugs bewilligte[45]. In eben dieser Zeit war es, daß
man eine Anzahl gewesener Klöster, die zu Fabriken und Spin-
nereien eingerichtet worden waren, schleunigst ausräumen ließ, um
sie wieder den Kapuzinern und Nonnen zu überlassen. Fortwährend
erhielten sich bis 1818 (wo der Emigration eine Entschädigung
bewilligt wurde) die Gerüchte, daß die verkauften Güter der Ausgewanderten würden zurückgefordert werden. Sie waren um so
glaublicher, weil hier und dort die unter französischer Herrschaft
erworbenen Nationalgüter sequestrirt wurden, weil man wußte,
daß der Adel der nicht seine ganze Macht, und die Geistlichkeit die
nicht ihren ganzen Besitz zurückerhielt, noch nicht zufrieden waren
mit dem Geschehenen, und weil man sah, daß Hof und Regierung
vor keiner Willkür zurückschracken. Auch nicht der menschenfreund-
liche König. Ihn sah man wohl der Kirche eine Auferstehung in
seinem Lande bereiten glorreicher fast als im Kirchenstaate selber,
man sah, wie er dem Pabste seine Huldigungen darbrachte, man
sah, daß er gegen die Hungersnoth mit Aufzügen ankämpfen ließ,
bei denen die Eifrigsten mit Dornenkronen einherschritten; aber
all diese Frömmigkeit hinderte nicht, daß der beschränkte, früher
Altersschwäche verfallene Mann von der schlechtesten Umgebung
irre geleitet den heillosesten Mißbrauch mit seiner Gewalt trieb. Die
Königin Maria Theresia, Erzherzog Ferdinands Tochter, leitete
ihn nach ihrem Willen; sie war verschwenderisch, ganz den alten
Hofeitelkeiten ergeben, so daß sie in der großen Oper nur dem
Adel Zutritt gab, und ihm nach der Länge seiner Ahnenreihen die
Plätze anwies[46]; dazu war sie durch ihren kalten Empfang in

45) Allg. Zeitung. 1815. p. 852.
46) Lady Morgan 1,96.

Turin (1815) verletzt und den Piemontesen gram geworden. Neben ihr zogen so armselige Leute wie die Cerruti und Thaon Revel, der Günstling Graf Roburenti, der Beichtvater Botta, einen Zauber= kreis um den König, in dem sie ihn ganz beherrschten und von außen jede Beunruhigung abhielten. Wenn die aufregenden Nach= richten von der Noth im Lande, von der Käuflichkeit der Stellen, Titel und Urtheile zu ihm drangen, beschwichtigten sie ihn: dieß seien jacobinische Erfindungen. Die Naturart des Königs stand nicht nach blutigen Verfolgungen und zum Glück war Niemand unter seinen Lenkern, dessen Sinn dahin gerichtet war; dagegen die Willkür der ungerechtesten von dem Könige unmittelbar aus= gehenden Eingriffe in den Gang der Civiljustiz hatte keine Schranke, weil sie, zum Vortheil der herrschenden Kaste geübt, nur Förderung in seiner Umgebung fand, und weil ihre Bedeutung und Wirkung von dem Könige selbst nicht begriffen ward. Durch das Unwesen seiner Patente, Gnadenbriefe und Vollmachten wurde alles Eigen= thum, alle Verträge, alle gerichtlichen Entscheidungen unsicher. Verpflichtungen der Grundherren gegen ihre Pächter, der abligen Schuldner gegen ihre Gläubiger wurden durch Machtsprüche ge= regelt, eine Prärogative des Königs, die aus seinem hergebrachten Schutzrechte über seine abligen Familien hergeleitet wurde. Die Mißbräuche ferner bei den sogenannten Delegationen, Vollmachten, die der König zur Ordnung der zerrütteten Vermögensverhältnisse eines Edlen ertheilte, wenn seine Verwandten Anzeige machten, haben selbst die ergebensten Königlichen eingestehen müssen[47]. Die Zahl der fürstlichen Willkürerlasse aller Art stieg bis 1818 so hoch, daß der Canzleipräsident Graf Gattinara blos seinen Antheil an der Einnahme von diesen Brevetten auf monatlich 2000 Franken

---

47) Beauchamp la révolution de Piémont. 1823.

berechnete ⁴⁸. Keine richterliche Entscheidung aus der französischen Zeit war vor der Aufhebung durch den König sicher. Gleich anfangs hatte dieß begonnen, daß man Prozesse zu neuer Verhandlung stellte, „ohne Rücksicht auf das schon gefällte Urtheil des Appelhofes"; eine Menge ähnlicher Edicte folgten nach ⁴⁹; sie dehnten sich selbst über das Genuesische aus, wo doch keine Gerichtsbarkeit des sardinischen Königs durch die französische Herrschaft war suspendirt worden. Einmal kam es dahin, daß der König ein Patent gegen diese Ausdehnung seiner eigenen Gewalt erließ, nach wenigen Monaten kam das alte Uebel wieder. Das schmählichste war, daß die obersten Gerichte sich dem unsinnigen Edicte vom 21. Mai beugten und selbst seine rückwirkende Kraft anerkannten und in den absurdesten Anwendungen walten ließen. Solche auftauchende Rechtsfälle beleuchtete der Graf dal Pozzo, der bald nach seiner freimüthigen Anrede an den König in Genua seine Stelle verloren hatte, in einem zu Mailand, unter österreichischer Genehmigung, erschienenen Werke ⁵⁰, worin er, vorsichtig aber entschieden, das angemaßte Recht der Regierung bekämpfte, mit ihrer Gesetzgebung die Vergangenheit zu usurpiren. Er war der einzige Mann der zu reden wagte, weil er sich zu mäßigen wußte, dessen Werkchen in Turin mit Bewunderung gelesen wurden, und gegen den die Höflinge auch den König vergebens aufzustiften suchten. Sonst hatte keine Behörde, kein Stand, kein Gericht eine Vorstellung gegen das Edict und seine Folgen gewagt. Die Einsichtigen zogen sich still zur Seite; die große Masse der Bevölkerung, die wenig von den k. Edicten und Patenten betroffen wurde, nahm sie schweigend hin; sie theilte auch nicht die Unzufriedenheit der Gebildeten; und

'16. Oct. 1816.

---

48) Gualterio 1,509.

49) S. die Aufzählung bei Brofferio p. 102.

50) Opuscoli politico-legali di un avvocato Milanese, originario Piemontese. Mil. 1817—20. 1—6.

bei der Stille der Presse und der Diplomatie, und der Abgelegenheit
des Landes, drang von allen diesen Zuständen damals nur weniges
in die öffentliche Kunde der Welt.

Vieles arbeitete übrigens hier im Lande diesem sinnlosen Re- Gegenwirkungen.
gimente der Unfähigkeit von Anfang an entgegen. Die Mächte
waren, wie in Rom so auch hier, mit der rücksichtslosen Verletzung
der Amnestie im Pariser Frieden so unzufrieden, daß schon im
Sommer 1814 überallhin Rechtfertigungen ergehen mußten; in
St. Petersburg verhehlte de Maistre's widerstrebende Feder kaum
den Mißmuth über diesen Auftrag. Gegen die Austreibung der
Franzosen (1815) hatten die französische und andere Gesandtschaf-
ten alsbald, wiewohl vergebliche Vorstellungen gemacht. So hatten sie sich nacheinander bald des beraubten Prinzen Borghese, des
letzten Napoleonischen Statthalters in Piemont, bald der Juden,
bald der Waldenser anzunehmen; für den ersteren schritten sie mit
einer förmlichen Entscheidung (1816) ein. Mit den Mächten aber
sich hartnäckig zu überwerfen, wäre in diesen Jahren eine dreifache
Thorheit gewesen, wo die zweimaligen Gebietsentscheidungen
(1814 und 15) zu treffen waren und wo man in Turin gegen
Oesterreichs Uebergriffe Beistand bedurfte. Oesterreichs anfängliche
Forderung, mit Ausnahme Piemonts, das ganze französisch gewesene Italien, und dazu einen dictatorischen Einfluß auf alle italienischen Dinge zu erhalten, hatte den Turiner Hof voller Besorgniß gemacht. Daneben lief schon am Wiener Congresse der gleichfalls österreichische Anschlag[51], unter Abänderung des salischen
Gesetzes, die Nachfolge in Sardinien der Tochter des Königs
Beatrix, oder ihrer Nachkommenschaft zuzuweisen, der Gattin des
ränkesüchtigen Despoten Franz IV. von Modena, der den berech-

---

51) Farini, storia d'Italia 1, 83.

tigten, entfernteren Erben, den Prinzen von Carignan, als Oester=
reich feindlich verdächtigte und den König mit der vorgespiegelten
Abtretung der Lombardei für den Plan zu ködern suchte. Dann
folgten wieder andere Versuche Oesterreichs, das Obernovaresische
an sich zu reißen, und hierauf endlich jener Vorschlag eines italie=
nischen Bundes, der, ohne Ziel nach außen, nur die innere Hege=
monie zum Zweck haben konnte. Gegen diese Nachstellungen der
österreichischen Herrschsucht antwortete in Piemont, sehr ungleich
der unpatriotischen Rathlosigkeit, mit der man sich bald darauf in
Preußen demselben Verfahren Oesterreichs gegenüber benahm, nur
Ein Widerstand, den die bepuderten Höflinge von 1798 mit den
Freisinnigsten theilten, und der König mit Beiden, der dem Ehrgeiz
und der Eifersucht der Unabhängigkeit nicht unzugänglich war.
In seiner Regierungsweise blieb es ein seltsamer Widerspruch, daß
er die öffentliche Meinung so sehr von sich entfernte, die er für
seine äußere Politik so nöthig hatte; aber nach außen regte er sich
eben in jenen Jahren 1814—16, bei England und Rußland, so
eifrig und betriebsam gegen die österreichischen Ansprüche, daß es
selbst lästig ward. Von diesen auswärtigen Bestrebungen aus war
es denn auch, daß der erste Riß in das herrschende System gemacht
und der abgeschlossene Kreis der herrschenden Kaste durchbrochen
wurde. Als (1815) der König, begierig nach dem Rückerwerbe
Savoyens, allein von allen italienischen Fürsten, eine Armee ge=
gen Frankreich ins Feld schickte, mußte man die verdrängten Napo=
leonischen Officiere hervorsuchen, einen General dieser Klasse
(Gifflenga) an die Spitze des Heeres stellen und den unfähigen
Kriegsminister durch den Marquis St. Marsan, den persönlichen
Günstling Napoleon's, unter dem unmittelbaren Einflusse der
Mächte, ersetzen, der dann die Aushebung wieder einführte und
Reformen betrieb im Geiste der fortschreitenden Zeit. Und wie in
diesem Falle, so zeigten sich bald auch in andern Beziehungen die

Schwierigkeiten, denen die höfische Kunst der Cerruti nicht ge-
wachsen war, und die leidige Noth zwang auch da auf die Menschen und Maasregeln der französischen Regierung zurückzugreifen.
Unter den Nullen der ersten Minister war an die Spitze der Finanzen ein Graf Serra gekommen, der sich in diesem Posten zwar seiner Schulden schnell entledigte, in den Landeshaushalt aber in
zwei Jahren eine solche Verwirrung brachte, daß man ihn durch
einen Mann der neuen Zeit, den Genuesen Brignole, ersetzen
mußte; der sofort mit einer Einstellung der Zinszahlungen be-'29. Oct. 1816.
gann, dann die Schreckensgerüchte von einem Bankerutte benutzte,
um die fallenden Papiere aufzukaufen; dieser verzweifelte Kunst-
griff, neben dem Verkaufe einer Anzahl Kron- und Kirchengüter,
schaffte allmälig Ordnung und bis 1820 hin selbst günstige Verhältnisse in den Finanzen. Neben diesen Neuerern arbeitete unter-
dessen ein Borgarelli im Ministerium des Innern nach der anfänglichen Weise fort. Bald ward man inne, daß man noch in andern
Richtungen dieß unmögliche System aufgeben mußte. St. Marsan
brachte den Grafen Prospero Balbo (den Vater des bekannteren
Cäsar B.) dem König nahe, und um 1818 begannen dessen wohlthätige Einflüsse auf die Anstalten des öffentlichen Unterrichts.
Für den Anfang einer neuen Zeit wurde es aber angesehen, als
dieser kenntnißreiche und fähige Mann an Borgarelli's Stelle 1819
das Ministerium des Innern erhielt. Auch wäre Balbo der Mann
gewesen, in Gesetzgebung, Schulwesen, Gemeindeordnung die heilsamsten Aenderungen einzuführen; nur so standen die Dinge in
Turin immer nicht, daß er gewagt hätte, wozu ihn Graf Pozzo
aufforderte, bestimmte Reformen zur Bedingung seines Amtsan-
trittes zu machen. Bis auf die verwahrloste Insel Sardinien erstreckte sich seine thätige Fürsorge, wo unter ihm die erste Hand an
ein Straßensystem gelegt wurde; aber über solche einzelne, zerstreute
Maasregeln kam es nicht hinaus; viele seiner Vorschläge wurden

nicht gehört, ohne daß er sich zurückzog, ohne daß man ihn ent=
fernte.   Als er zum Entwurf eines neuen Gesetzbuches Anstalt
'1. Jan. 1821. machte, wagte Borgarelli¹ den König aufzureizen gegen diese An=
tastung der „alten Gesetze" durch eine „verwegene Hand." Dem
Einen geschah nichts zu Leide, dem Anderen nichts zu Liebe, das
Schaukeln zwischen entgegengesetzten Richtungen ging fort. So
war, als St. Marsan nach Baron Valesa's Entfernung⁵², in das
auswärtige Amt trat, in dem Kriegsministerium unter Graf Robi=
lant wieder ein völliger Systemwechsel eingetreten.   Dieß Necken
und Reiben entgegengesetzter Tendenzen nährte aber die glimmende
Unzufriedenheit, die in den zurück= und neuerworbenen Landesthei=
len stärker war als in Piemont.   Von einer planmäßigen Einheit
oder Verschiedenheit der Regierung in den verschiedenen Provinzen
war unter den bestehenden Verhältnissen begreiflich nicht die Rede.
In Savoyen geschah nichts, um für den aufhörenden vortheilhaften
Verkehr mit Frankreich zu entschädigen und die, noch heute an=
dauernden, Napoleonischen Sympathien zu verwischen.   In Genua
wurden die verbürgten Provinzialräthe eingesetzt aber nicht berufen;
an den unversöhnlichen Adel verschwendete der Hof vergebliche
Schmeicheleien; den leicht zu gewinnenden Handelstand aber stieß
gleich der erste piemontesische Commissär, Thaon Revel, durch be=
leidigende Zurückstoßung, dann der Hof bei seinen verschiedenen
Anwesenheiten durch die Strenge seiner Etikette, die Regierung
durch die geringe Fürsorge für seine Interessen ab; seine Handels=
marine war im Anfang ganz schutzlos gegen die Barbaresken, die
auch an den Küsten von Sardinien ungestrafte Einfälle machten.
Was aber Piemont selbst angeht, so fühlte sich auch da der reifere

---

52) Er hatte sich die Uebellaune der Königin durch seine gewissenhaften
Vorstellungen gegen ihre Vergeudung zugezogen; sie wollte das nicht von einem
Minister dulden, der ihr, sagte sie, nur ein Diener war.

Theil der Bevölkerung, der dem altväterischen Regimente sehr rasch entwuchs, in steigendem Unbehagen. Die Angrenzung von Frankreich und der Schweiz, Klima und Landesnatur, auch die verhältnißmäßige Jugend seiner Geschichte, haben diesem subalpinischen Volke eine größere Frische und mehr Lebensernst zugetheilt als den übrigen Stämmen in Italien. Nirgends waren daher die Veränderungen, die die Revolution hervorgerufen hatte, größer und eingreifender als hier, und während im Kirchenstaate gleich nach der Herstellung die Reisenden jede Spur der französischen Einflüsse gänzlich verwischt fanden, fühlten sie sich in keinem Theile Italiens mehr auf europäischem Boden, als in Turin. Diese vorschreitende Bewegung in diesem Volke wurde dann noch ungemein verstärkt durch den nationalen Ehrgeiz, an die erste Stelle in Italien zu treten, der nach dem Fall des Königreichs Italien auf dieses Land von selber überging. Zu diesem Ehrgeize aber stand das ganze herrschende System des Hofs und der Regierung in einem beschämenden und drückenden Gegensaß.

Wenn die Reaction in Rom durch die rückgekehrte Priesterherr-Das Königreich
beider Sicilien.
schaft und die Kraft ihrer heiligen Ueberlieferung eine dauerne Festigkeit erhielt, wenn sie in Piemont in vorübergehender Schärfe geübt ward durch den alten Adel, der sich an seiner Verbannung rächte, so schien sie mit einem maaßloseren Rückschlage als hier und dort Neapel zu bedrohen, und zwar von dem monarchischen Einheitspuncte aus, von dem Charakter König Ferdinands IV. Nicht oft hat ein Land einen grelleren Wechsel der Schicksale erfahren, als Neapel unter der Regierung dieses Fürsten, der zweimal vertrieben jetzt noch einmal zurückkehren sollte. Anfangs, während des Königs Minderjährigkeit, und als die Königin Caroline noch wie ihre Brüder Leopold und Joseph reformistisch war, durch vorzeitige Neuerungen vorangetrieben, dann unter den Launen einer Günstlings-

herrschaft (Acton) zwischen Despotie und Freiheit geschaukelt, hierauf in der ersten Zeit der französischen Revolution durch eine erbarmungslose Reaction zurückgeschraubt, war dann das unglückliche Reich in der kurzen Zeit der parthenopeischen Republik (1799) heimgesucht gewesen von dem Räuberkriege zwischen den höllischen Glaubensschaaren des Cardinal Ruffo und ihrem Gegner, dem Grafen Hector Caraffa; und später wieder war selbst diese Periode eines Kampfes entfesselter Thierheit, von dem sich die Erinnerung mit Entsetzen hinwegwendet, wieder erträglich erschienen, als die Restauration ihre gräßliche Rache nahm (seit Juni 1799) und das Land um die Blüte seiner Bürger, Gelehrten und Krieger brachte: Zeiten, die der neapolitanische Geschichtschreiber[53] mit Rom's Zuständen nach Vitellius' Tode verglich. Die Anstifter dieser Greuel, der König Ferdinand, dessen Henkerrolle in diesen Zeiten den Kaiser Alexander in Wien gegen seine Rückberufung stimmte, und die Königin Caroline, die seit der Hinrichtung ihrer Schwester Marie Antoinette in eine Furie verwandelt war, waren dann vor den Napoleonischen Waffen und Königen nach Sicilien entwichen und hatten hier eine Bourbonische Emigrantenregierung im besten Stile, mit aller jesuitischen Bigoterie, mit allem Stumpfsinn der Rachsucht, mit aller Gewissenlosigkeit der Hab- und Vergeudungssucht geführt. Dieser bourbonische König mit dieser Vorgeschichte kehrte jetzt nach Neapel zurück. Und gleich in den ersten Monaten nach seiner Herstellung schien die Hinrichtung Murat's mit allen ihren begleitenden Umständen ganz den Stil seines früheren Regiments wieder anzukündigen. Dennoch ward diese Befürchtung getäuscht.

7. Juni 1815.
13. Oct.

---

53) P. Colletta, storia del reame di Napoli dal 1734—1825, dessen Muratistische Darstellung vorsichtige Benutzung verlangt; wozu man nur nicht die Anleitung bei seinen Gegnern: Pasquale Borrelli, saggio sul romanzo storico di P. Colletta und Andr. Cacciatore, esame della storia di P. Colletta, 1850, suchen muß.

Ein milderes System schonte hier die französischen Einrichtungen
mehr als irgendwo sonst in Italien geschah; dem fremden Besucher
in den Jahren 1815—20 stach, wenigstens auf der Oberfläche,
eine freundliche und friedliche Färbung der ganzen Zustände in die
Augen. Zu dieser glücklichen Veränderung, überraschend wie sie
war, gab es doch Erklärungsgründe, die auf der Hand lagen.
Die Königin Caroline, die in zaumloser Leidenschaft nie etwas
Halbes ertragen und den König immer beherrscht hatte, war in 1814.
Wien gestorben. Der König, in rohem Umgang zu rohen Reigungen aufgewachsen, war nun 64jährig, matt, fühllos und willenlos,
und in seinem unverhofften Glück wie Ludwig XVIII. sehnsüchtig
nach Ruhe. Seine beiden Räthe, Ritter Luigi de Medici und der
Marquis Tommasi, hatten die Wechselfälle der Zeiten durchlebt
und in der Regierung von Sicilien die Gefahren zu straffer Zügel
kennen gelernt. Der Eine war einst ein Nebenbuhler von Actons
Einfluß, der Andere ein Schüler Filangieri's gewesen; jener hatte
sich in Sicilien schon den rücksichtsloseren Verfassungsverletzungen
widersetzt, dieser, ehe er so hoch gestiegen war, selbst mit der Volks-
parthei geliebäugelt; beide waren daher Männer, denen verschiedene Sättel gerecht, aber keine Extreme genehm waren, Männer
von dem Schlage der Fossombroni und Consalvi, wie sie damals
in allen Staaten begegnen. Die Haupterklärung gibt dieß: der
König war nicht in dem Tumult der ersten Restaurationen von
1814 zurückgekehrt, sondern ein Jahr später, als schon die tollsten
Erfahrungen mit den Partheien der Umkehr gemacht waren; und
je mehr man gerade seine Vergangenheit im Andenken hatte,
desto stärker war ihm von Wien aus vertragsmäßig die Mittellinie
zwischen sinnloser Reaction und gefährlicher Neuerung vorgeschrieben worden, um einer Wiederholung der Schreckensregierung von
seinem Thron herab vorzubeugen. So bot denn Neapel nach der
Herstellung Ferdinands das Schauspiel eines ruhigen und scheinbar

glücklichen Zustandes dar, und der englische Gesandte Sir Will. A'Court und sein neapolitanischer Freund Cacciatore nannten sogar die jetzige Regierung die väterlichste und freisinnigste, die je in Neapel gewesen, ja die beste in ganz Europa. Mit diesen rosigen Anschauungen lassen sich aber die Ereignisse, die um 1820 erfolgten, so wenig in Einklang bringen, wie die Ansichten eines Pozzo di Borgo über die erste Herstellung Ludwigs XVIII. durch die Geschichte der hundert Tage waren bestätigt worden; auch waren jene Versicherungen nichts als die Stimme gewonnener und bestochener Menschen. Will man daher nicht Wirkungen ohne Ursachen annehmen, will man die Geschichte nicht, wie es Italiener leicht geneigt sind zu thun, für ein Launenspiel des Schicksals halten[54], so ist es nöthig durch die äußere Hülle der Zustände in beiden Sicilien hindurchzuspähen, um den Anlässen der späteren Begebenheiten auf die Spur zu kommen.

Rückblick auf Sicilien.

Zu diesem Zwecke ist es unerläßlich, die Geschichte der Insel Sicilien in der Periode des zweiten dortigen Aufenthalts des Neapolitanischen Hofes in flüchtigem Ueberblicke nachzuholen. In diesem der europäischen Cultur entlegenen Lande hatte in dieser Zeit die (lange nicht gebotene) Verbindung mit einer gebildeten Nation, den Engländern, ganz so wie in Spanien und Südamerica, die Folge gehabt, daß ein Strahl der Freiheit und neuer, bürgerlicher Begriffe in das mittelaltrige Dunkel fiel, das hier wie auf Sardinien am dicksten lag. Wie dort in jenen noch abgelegeneren Landen waren die französischen Staatsideen eingedrungen, ohne von den französischen Waffen aufgenöthigt zu sein; ein Verfassungswerk war versucht worden, nicht in Folge Napoleonischer Auferlegung,

---

54) che a capriccio non a ragione illustra ed oscura i popoli. Gugl. Pepe.

sondern im Kampfe einer conftituirenden Verfammlung mit dem
widerftrebenden Fürften. Die Vorgänge in diefem Kampfe find uns
fchon als ein verkleinertes Vorbild der vielen Verfuche misglückter
Volksreformen von großem Intereffe, an denen die Gefchichte des
19. Jahrhunderts fo reich ift; die Beobachtung der Rolle aber,
die der Hof von Neapel in den ficilifchen Revolutionen und Reactionen fpielte, wird uns fpäter der Mühe überheben, bei der Wiederkehr der ähnlichen Künfte zu ihrer Erklärung weither den Schlüffel
zu fuchen.

Die Infel Sicilien[55] war feit langen Zeiten in denfelben   Die erften Zer-
würfniffezwifchen
Regierung u. Par-
lament 1810—11.
Zuftänden, die wir in Sardinien kennen gelernt haben.   Die Re-
formen in Neapel im 18. Jahrhundert hatten fie nicht berührt;
ihnen hätte die alte feudale Verfaffung Siciliens fchon entgegen-
geftanden, die zwar nicht in lebendiger Wirkfamkeit, aber auch
nicht in tödtlicher Weife verletzt war.   Als der Hof von Neapel
zweimal feine Zuflucht in Sicilien fuchen mußte, trug er fich fortwährend mit dem unfinnigen Entwurfe, mit den Mitteln diefes
Einen verarmten Reiches das verlorene Neapel wieder zu erwerben,
das mit den Mitteln beider Reiche nicht behauptet worden war.
Die überanftrengenden Forderungen, die deßhalb an die Infulaner
ergingen, hatten fchon 1798 einen fcheuen Widerftand des Adels
veranlaßt; feit dem zweiten Aufenthalte des Hofes aber (1806)
wirkten mächtige Verhältniffe zufammen, diefen Widerftand zu
fchärfen.   Die Bedrückungen des Hofes, die Fremdherrfchaft der
neapolitanifchen Minifter, die politifche Anregung durch die Engländer die eine Schutzmacht auf der Infel aufgeftellt hatten, end-

---

55) De la Sicile, et de ses rapports avec l'Angleterre à l'époque de
la constitution de 1812. Paris 1827. (Von Giov. di Aceto.) — Nicolò
Palmieri, saggio stor. e pol. sulla costituzione del regno di Sicilia in-
fino al 1816. Losanna. 1847.

lich das Beispiel des aufgestandenen Spaniens, Alles gab den
Geistern in dem gedrückten und verletzten Volke und Adel die mäch=
1810. tigsten Anstöße. Als die Regierung[1] von dem versammelten Parla=
mente wieder eine außerordentliche Gabe von 360,000 Unzen ver=
langte, legte der Stand der Barone einen neuen Finanzplan vor,
der von dem Abate Balsamo entworfen war, einem Manne, der sich
in England politisch gebildet hatte, Sicilien aufs genaueste kannte,
mit dem Adel in engster Beziehung war, und überall als eine
Haupttriebfeder der constitutionellen Bewegungen in diesem Lande
erscheint. Sein Plan ging auf die Abstellung der herkömmlichen
Donative und auf Besteuerung aller Güter ohne Unterschied mit
5 % ihres reinen Ertrages. Die bevorrechteten Stände, hingerissen
von der Gewalt der Meinung, die schon selbst die Frauen ergriffen
hatte, nahmen uneigennützig den Plan Balsamo's an, der einzelne
Familien mit sehr hohen Verlusten betraf[56], aber für alle Zukunft
Klarheit und Einfachheit in die finanziellen Dinge brachte. Grade
dieß mißfiel dem Hofe. Der König, nachdem er eine Weile, aus
Furcht vor der Volksstimmung, mit Zugeständnissen hingehalten
hatte, antwortete auf die Widersetzlichkeit des Parlaments mit ei=
14. Febr. 1811. nem Staatsstreiche[1] nach Tommasi's Eingebungen, der Geld schaf=
fen sollte ohne das Parlament: es sollten eine Anzahl Kirchen=
und Ordensgüter eingezogen und verloost und alle Kaufverträge
und in öffentlichen Instrumenten geregelte Zahlungen mit einer
Auflage von 1 % belegt werden. Dieser Ausweg aber versperrte
sich. Niemand nahm die Güterloose an, man behalf sich mit In=
strumenten auf Treu und Glauben ohne Dazwischenkunft der No=
tare; die in Palermo anwesenden (46) Barone aber verwahrten
sich furchtlos gegen jede Gelderhebung ohne Zustimmung des Par=
laments. Diesen Schritt sah die Königin für ein todeswürdiges

---

56) Botta, storia d'Italia. Lib. 26.

Verbrechen an, und es galt für eine schonende Maasregel, als man sich mit der bloßen Verhaftung von nur fünf der Barone begnügte.

Die protestirenden Barone hatten ihre Denkschrift nach London an das Ministerium geschickt und sich um Englands Schutz beworben[57]. Die englischen Kaufleute in Palermo und Messina erhoben Beschwerde gegen die 1% Auflage und wurden abgewiesen. Die Königin, voll Haß gegen die Engländer, gegen die sicilischen Freisinnigen, vor Allem gegen die Verständigung zwischen Beiden, war leidenschaftlich genug, auch andere Schädigungen und Beleidigungen der Engländer zuzulassen, ohne deren Hülfe sie doch verloren war; eben jetzt wollte man sogar verrätherischen Verbindungen zwischen ihr und Frankreich auf die Spur gekommen sein; und auch ohne solche Entdeckungen konnte schon ihre neue Verwandtschaft mit Napoleon, dessen Vermählung mit einer Enkelin Ferdinands IV., Verdacht erregen. Die englische Regierung hatte daher schon vor den letzten parlamentarischen Ereignissen den kräftigen Lord Will. Bentinck abgesandt, der nur zwei Tage nach der Verhaftung der Barone in Palermo eintraf. Er machte dem Hofe Vorstellungen, die vergeblich waren. Dann holte er sich persönlich in London geschärfte Vollmachten und stellte nun seine Forderungen: daß die Barone ihrer Haft, die neapolitanischen Minister ihrer Stellen entlassen, die 1% Auflage abgestellt, er selbst zum General-Capitain der sicilischen Armee ernannt werde. Und als der Hof zuerst mit Ausflüchten, dann mit Verweigerung des Gehörs, dann mit Vorbereitungen zur Gewalt antwortete, so entrollte nun Bentinck seine furchtbaren Vollmachten: er verlangte zuerst die Abdankung des Königs, und da sie geweigert ward, drohte er mit Kriegserklärung und mit der Erhebung des Erbprinzen, oder im

---

57) So der Herausgeber Palmieri's aus Balsamo's Denkwürdigkeiten.

6 *

'15. Jan. 1812. Nothfall seines zweijährigen Sohnes auf den Thron. Nun erfolgte die erzwungene Nachgiebigkeit. Der König überließ' die Regierung dem Herzog von Calabrien, dem Erbprinzen Franz, als seinem Statthalter, der sofort ein Parlament zur Reform der alten Verfassung ausschrieb. In das neue, aus Eingebornen gebildete Ministerium traten drei der befreiten Barone, die Fürsten Belmonte=Ventimiglia, Castelnuovo und Aci ein.

Das verfassung-
gebende Parla-
ment von 1812. Alle Fehler, die in solchen politischen Krisen gemacht werden, bezeichneten auch diese Vorgänge in Sicilien in einer gewissen Einfachheit und Einfalt, die sie besonders anziehend macht. Die neuen Minister, die gemäßigten Häupter dieser friedlichen Revolution, schwankten zwischen alter Ehrfurcht vor dem Ansehen des Königs und altem Mißtrauen gegen seine Gewalt= und Fremdherrschaft. Sie konnten längst wissen, daß ohne seine völlige Entfernung auf eine gesetzliche Ordnung nie zu hoffen war, sie hätten daher Lord Bentinck von der Einwilligung in die Statthalterschaft abhalten müssen. Denn diese halbe Maasregel raubte dem Hofe den Schein der Freiheit bei seinen Zugeständnissen, und beließ ihm für die Zukunft die Freiheit zu ihrer Zurücknahme. In diesem Puncte versahen sie es in zu großer, in ihrem Betriebe des Verfassungswerkes in zu geringer Schonung des Hofes. Und darin ging Lord Bentinck, der Menschen und Volk noch zu wenig kannte, noch weiter als sie. Balsamo's Plan war gewesen, die alte Verfassung mit wenigen Anbequemungen an die neuen Verhältnisse beizubehalten; als aber der König sich mit der Annahme einer der englischen ähnlichen Verfassung einverstanden erklärte, glaubten die Minister weiter gehen und ihrem Grundgesetze eine einfachere, neuere Form geben zu dürfen. Dieß Gesetz dachten sie von dem Statthalter dem Parlamente zur Annahme vorlegen zu lassen, was denkbarerweise den Hof stärker gebunden hätte; Lord Bentinck aber sah darin eine

Auferlegung der Verfassung durch die Regierung, und mittelbar durch die englischen Bajonette, und um diesen Schein zu meiden, stellte er seinen Rath dahin: das Volk selbst müsse sich aus freien Stücken seine Verfassung geben. Dadurch schuf man sich unnöthig alle die Unzuträglichkeiten, die mit constituirenden Versammlungen unvermeidlich verknüpft sind. Das Parlament von 1812 begann zwar in dem einträchtigen und opferbereiten Geiste der Versamm- '16. Juni. lung von 1810. Am Jahrestage der Verhaftung der fünf Barone '20. Juli. nahmen die Abgeordneten, die noch nach alter Weise als drei ge- schiedene baroniale, geistliche und domaniale (städtische) Stände versammelt waren, in einer 24 stündigen Sitzung fast mit Einstim- migkeit funfzehn Grundartikel der Verfassung an, die die verstän- digen Grundsätze der englischen und aller neueren Verfassungen fest- stellten, darunter die Aufhebung der Lehngerichtsbarkeit, die Ver- wandlung aller Lehen in Allodien, aber mit Erhaltung der bestehen- den Successionsordnung in den Familien. Diese erste Eintracht aber ging sogleich verloren, als man zur Berathung der Artikel der ausgeführten Verfassung weiterschritt. Schon jetzt drängte eine radicale Parthei hervor, die gegen das bestgesinnte Ministerium eine unsinnige Sprache führte, nutzlose Schwierigkeiten machte, kostbare Zeit vergeudete, Verfassungsartikel ins Unausführbare umgestaltete, andere vorschlug die Spaltungen in die Versammlung warfen, und dem ganzen Verfassungswerke zuletzt eine Gestalt gab, in der es durch unwesentliche Ueberflüsse und durch wesentliche Lücken gleich entstellt war.

Diese Zerwürfnisse drangen unglücklicherweise in das Mini- Die Künste des sterium selber vor. Die beiden Hauptminister und Hauptführer der ganzen Bewegung, die Fürsten Belmonte und Castelnuovo, waren Männer von ungefähr gleichem Einflusse und von möglichst un- gleichem Wesen. Belmonte war der glänzende Vertreter einer der

glänzendsten Familien, in den besten Jahren, auf große Dinge
gerichtet, in seinem überhobenen Selbstgefühle bestärkt durch die
Schmeicheleien seines Anhangs und durch seine engen Beziehungen
zu Bentinck und dem Herzog von Orleans, Louis Philipp, dem
anwesenden Schwiegersohne des Königs. Castelnuovo war älter,
von minder bestechenden Eigenschaften, von engerem Gesichtskreise,
aber der unbescholtenste Volks- und Freiheitsmann unter dem Adel.
Wie es aber in Ländern, wo Knechtschaft die Charaktere selten
macht, häufig geschieht, daß die ausnahmsweise Charakterstärke
in bizarre Unbeugsamkeit überschlägt, so war es bei ihm. Zwei
Züge aus seinem späteren Leben mögen ihn zeichnen. Als die Verfassung später gefallen war, zog er sich in gemeinnütziger Thätigkeit
auf seine Güter zurück, weigerte alle unbewilligten Steuern und
setzte in seinem Vermächtniß 20000 Unzen dem aus, der den König
zur Herstellung der Verfassung vermöchte. Zuletzt von einer quä-
lenden Krankheit heimgesucht, hatte er (1829) im 74. Jahre die
furchtbare Standhaftigkeit, durch Hunger seinen Tod zu beschleu-
nigen. Dem Manne von diesem Metalle war es mit jeder politischen Ueberzeugung ein unerschütterlicher Ernst. Frei von jedem
übelangebrachten Demokratismus war er doch uneinig mit Belmonte, wenn dieser die Kammer der Gemeinen durch hohen Census
aristokratisiren, wenn er dem Lande die Wohlthat vervielfältigter
Gerichte versagen wollte, wenn er sich der Aufhebung der Fideicommisse, mit dem ganzen Schweif des altgesinnten Adels hinter
sich, widersetzte. Dieses Zwiespalts inne geworden, hing sich der
Hof sogleich an die schwankenden Mitglieder des Ministeriums, die
Fürsten Cassaro und Aci, die, mit Bentinck überworfen, dem Könige die Zügel wieder in die Hände zu spielen suchten. Es war
klar, daß der weitwitternde Instinct der Königin von der Katastrophe in Rußland, in die Murat verwickelt war, einen Umschlag
der Dinge erwartete; sie schob die Sanction der Verfassung hinaus,

und suchte in Wien Vorschub für ihre Staatskunst zu finden, wohin sie eine Denkschrift[58] sandte, schäumend von Verleumbung
gegen die Engländer, von Haß gegen die Barone, von Mißtrauen
gegen ihren Sohn und Schwiegersohn. Nun begann das Spiel
und Widerspiel von 1812 von vorne: der Hof suchte Truppen
und Volk aufzuwiegeln, nachdem der König sich, gegen die eingegangene Uebereinkunft mit Lord Bentinck, wieder an die Spitze der
Regierung gestellt hatte; der Engländer, in seinen Vollmachten
bestätigt, setzte seine Kriegserklärung entgegen und erzwang die
Entfernung der Königin auf das Festland. Leider wiederholten
sich auch alle 1812 begangenen Fehler. Auf der Entsagung des
Königs bestand Lord Bentinck nicht, fürchtend, daß man England
den Vorwurf machen werde, den sich Napoleon durch die Entfernung der spanischen Bourbonen verdiente: dem man doch mit der
Erhaltung des Herzogs von Calabrien oder seines Sohnes begegnet wäre. Mit dieser unzeitigen Schonung war, wieder wie
1812, die unzeitigste Schonungslosigkeit verbunden. Man sprach
in einem der Verfassungsartikel, deren Sanction noch zurückge-
standen hatte, für den Fall der Wiedereroberung Neapels durch die
königliche Familie die Trennung beider Reiche unter zwei geschiedenen Linien aus. Man that es, weil man unter den Baronen, in
ächtitalienischer Gerngläubigkeit an das Gewünschte, des bloßen
Gedankens dieser Wiedererlangung lachte, der doch 1813 nicht
mehr so ferne lag. Diese Bestimmung, obgleich sie sanctionirt
ward, mußte die königliche Familie unversöhnlich gegen die neue
Ordnung machen.

Zur Zeit, als Bentinck in einer verunglückten Unternehmung
in Spanien abwesend war, sollten die Sicilianer, mehr sich selbst

(Marginalie:) 9. März 1813.
(Marginalie:) 13. Jan.
(Marginalie:) Das Parlament von 1813.

---

58) In der révue indépendante. 1847. 2,305.

'8. Juli. überlaffen, in dem Parlamente von 1813¹ ihre conftitutionelle Prüfung machen. Dabei follte fich zeigen, daß die erften Volksreformen
in Italien kein anderes Schickfal haben konnten, als früher die
königlichen Reformen in Neapel. Die Volksfreiheit war hier ein
edler Impfzweig auf dem Stamm einer verwilderten Volksbil-
dung; aber wiederholte Verfuche müffen erft über Zeit und Art
der Impfung belehren, ehe das Reis wirklich anfetzen kann. In
der Pairskammer des nun nach neuer Form gebildeten Parlaments
traten die königlichgefinnten Barone jetzt offen gegen die Verfaffung vor. Auf die Wahlen der zweiten Kammer hatten ihre Ein-
flüffe gewirkt; im Often der Infel aber, in Catania, hatten fich
die alten jacobinifchen Revolutionsmänner geregt, blinde Haffer
der Engländer, von Gleichheitsideen bewegt, die die freieften
Sicilianer, in Betracht der politifchen Bildung und Zuftände ihres
Volkes, kindifch genannt haben. Die Minifter, ohne alle Erfahrung,
hatten kaum daran gedacht fich eine Parthei zu fichern; unverhofft
fahen fie fich zwei äußerften Seiten gegenüber, die in Leidenfchaft
und Charakterlofigkeit bereit waren fich die Hand zu reichen gegen
die fchwache conftitutionelle Mitte, die noch dazu unter fich, nach
ihren beiden Häuptern Belmonte und Caftelnuovo gefpalten war.
Als das Minifterium im Beginn der Sitzung die fchleunige Fürforge
für das unverfchiebbare Budget verlangte, zog die Kammer die
Sache gefliffentlich hinaus, und es begannen alle die kleinlichen
Ränke einer blinden Widerftandsparthei, die vor Allem eine lange
Sitzung im Auge hatte. In ihren Anträgen fcheute fie fich nicht,
die Engländer, ohne die fie nicht Einen Tag ihrer Sitze ficher war,
zu beleidigen; in ihren Abftimmungen zeigte fie fich nicht felten
von dem Pöbel beherrfcht, der 1812 dem König und jetzt den
Demagogen bereit war und beidemale, wie nachher 1820, die Bewegung an fich geriffen hätte, wenn nicht die englifchen Truppen
anwefend waren. Diefen Verhältniffen gegenüber verwirrten die

Minister die Lage noch völlig, als sie, nach wiederholtem vergeblichen Andringen auf Erledigung der Geldsache, statt das Parlament aufzulösen, zurücktraten, uneinig in Allem, einig gerade nur
in diesem schwachen Entschlusse. Der Statthalter, die Abwesenheit
Bentincks benutzend, verrieth seinen bösen Willen nun auch seinerseits, als er ein neues Ministerium aus unbedeutenden oder (wie
der Herzog v. Gualtieri) verachteten, zum Theil mit Bentinck verfeindeten Leuten (wie der Mq. Ferreri) zusammensetzte, mit Leuten,
die jeder zu jeder Schlechtigkeit fähig hielt. Schon sprach man
von einem geheimen vorbereiteten Antrag auf Rückberufung des
Königs im Gerüchte, dem Lord Montgomery sofort neue Drohungen gegenüberstellte: so schnell wiederholten sich die gleichen Ränke
des Hofes nun schon zum drittenmale.

Von diesem Augenblicke an, der Lord Bentincks Rückkehr aus
Spanien beschleunigte, regierte der englische Befehlshaber in Sicilien als soldatischer Dictator. Vorher waren seine härtesten
Maaßregeln gegen das königliche Haus als Friedensbedingungen
vor angedrohter Kriegserklärung auferlegt, die die Sicherheit des
englischen Heeres unumgänglich machte; sonst hatte er sich selbst
der Königin gegenüber oft zu Mäßigung gezwungen, den Kronprinzen immer wie eine berücksichtigungswerthe Ausnahme behandelt. In den Verfassungssachen hatte er seinen Rath nie als einen
Befehl auferlegt, einigemal seine Meinung aufgegeben, wo er sie
besser behauptet hätte. Daher sind alle aufrichtigen Verfassungsfreunde unter den Sicilianern eingenommen von seiner unbe-
stechlichen Haltung, seiner Kraft und ganzen Wirksamkeit, und
nennen ihn, obgleich „Schiedsrichter der constitutionellen Bestrebungen" doch oder deßwegen den „Abgott der Herzen." Nach
der zweiten Ausschließung des Königs war er gereizter und schroffer geworden; jetzt nach der Entlarvung des Statthalters, war er

Dictatur Lord Bentincks.

3. Oct.

zweifellos, daß unter einem Fürstenhause von so schimpflicher Treu-
losigkeit dieß unmündige Volk nie zur Freiheit gelangen werde.
Er sah ein, was nur wenige vielangefochtene Italiener zugestehen,
daß diesem Volke noch nöthiger als die Freiheit eine Schule der
Eingewöhnung in ein Leben der Civilisation und Gesittung ist,
damit ein stetiger bürgerlicher Sinn die revolutionäre Leidenschaft
ersetze, deren vorüberrauschende Anfälle keine Freiheit erhalten können. Aber bei dieser Einsicht hatte Lord Bentinck, und dieß war
das Geheimniß das ihm die Herzen gewann, dieß Volk lieb gewonnen, weil er in seiner Unfähigkeit die Wirkung nicht eigener
Schuld, sondern der herabwürdigenden Despotie erkannte. Gern
hätte er daher die junge Freiheit unter englischem Schutze geborgen.
Die europäische Krise hieß ihn eilen und um die Mittel weniger
besorgt sein. Eben aus Spanien zurückgekehrt, schalt er zunächst
die Partheihäupter der Kammern über ihre Thorheiten aus, schritt
dann zur Bildung eines neuen Ministeriums, in das er seine alten
constitutionellen Freunde (die Fürsten Villafranca und Carini,
Admiral Settimo, Gaetano Bonanno) halb zwingen mußte, und
Ende Oct. ließ[1] das Parlament auflösen. Diesen Schritt begleitete er mit
'31. Oct. einem Edict[1], das in der Form eine Beleidigung des Statthalters,
im Inhalt ein brutales Manifest an den wahnsinnigen Parlaments-
haufen und an die neuen Wähler war: wenn das neu zu berufende
Parlament, sagte er, nicht für Ordnung, Wohlfahrt und Festigung
der Verfassung sorge, so mache er sich verantwortlich für die öffentliche Ruhe, und werde „auf dem Wege summarischer Militärpro-
zesse die Ruhestörer, die Mörder und die anderen Feinde der Verfassung strafen", die die Maasregeln der Regierung kreuzen würden. Als er gleich darauf die Insel bereiste, sprach er persönlich in
Catania, wo die gallischen Rabulisten waren gewählt worden,
furchtlos dieselben Drohungen aus gegen die „Schelme" des vorigen Parlamentes. Diese Reise hatte er gleich nach der Schlacht

bei Leipzig unternommen, in gefährlicher Herbſtzeit, nicht nur um
auf die Wahlen zu wirken, ſondern auch um ſich über die Hülfsmittel Siciliens zu belehren, die ihn entzückten. Denn er trug ſich
mit wechſelnden Planen für das Glück der Inſel, die ihm am Herzen lag. Von der Reiſe aus erforſchte er den Kronprinzen in
„Träumen eines Reiſenden", die er ihm ſchickte, über einen Gedanken, den ihm die Königin Caroline ſelbſt im Mißmuth einmal angegeben hatte: Sicilien in Englands Schutz zu laſſen gegen eine
Entſchädigung [59]. Es galt ihm nicht um einen Erwerb für England, ſondern um Siciliens Freiheit. Er hätte ſich auch mit Murat's Herrſchaft verſöhnt, wenn dieſer nicht 1814 eine ſo klägliche
Rolle geſpielt hätte. Er verſöhnte ſich ſelbſt mit dem Beſtand der
Bourbonen, wenn Murat in Neapel blieb; denn ſo, hoffte er, werde
der König Verfaſſung und engliſchen Schutz ſich gefallen laſſen
aus Furcht.

Bis dahin war Lord Bentinck, als der rechte Mann am rechten Orte, in England immer in ſeinem Preiſe geweſen; ſobald in
Paris 1814 die neue Staatenordnung vereinbart war, in die ſeine
Plane mit Sicilien und Genua nicht eingingen, ließ man ihn fallen. Er gab, gezwungen, ſeinen zwingenden Einfluß auf und ſuchte
nur, ſo lange er blieb (bis 16. Juli 1814) noch verſöhnend weiter
zu wirken. An die Stelle trat zunächſt der Einfluß des ruſſiſchen
Geſandten Mocenigo, der gegen alle Verfaſſung aufhetzte; der
Hof aber ſchien ſich dem in Paris herrſchenden Tone anbequemen
zu wollen; denn die dortigen Bourbonen waren jetzt die einzigen,
die ſich der Herſtellung dieſer Verwandten in Neapel annahmen.
Auf Mocenigo's Vorſpiegelungen trug Belmonte, noch immer

Der Hof auf der conſtitutionellen Linie der franzöſi-ſchen Bourbonen. 1814.

---

59) Castlereagh memoirs. Bentinck an Castlereagh, am 6. Februar
1814.

zerworfen mit Castelnuovo, im Staatsrathe auf die Rückberufung des Königs an; sanguinisch wie er war im Mißtrauen und im Vertrauen, mochte er auf seinen persönlichen Einfluß und von da auf Erhaltung der Verfassung rechnen. Sobald der König seine Gewalt wieder nahm, folgte die grausame Enttäuschung: das verfassungsfeindliche Ministerium Ferreri-Gualtieri wurde hergestellt, und sogleich war die königliche Parthei so losgebunden, daß sie an öffentlichen Orten in Palermo Verse auf den Verderb der Freiheit las, unter lautem Beifall, in den die Demokratischen jetzt einstimmten. Als der König das Parlament von 1814 in einer

'15. Juli. pomphaft-constitutionellen Rede' eröffnete, täuschte dieß so wenig mehr, daß schon jetzt viele Constitutionelle das Land verließen, darunter Belmonte, der mit dem Herzog von Orleans nach Frankreich ging, wo er starb. Das Parlament, kaum versammelt, ward auf das Andringen der verfassungsfeindlichen Pairs wieder aufgelöst; aus den Neuwahlen, von denen sich die Constitutionellen im Gefühl ihrer Schwäche, unter der Maske der Rechtlichkeit, rückgezogen hielten, gingen die Factionäre von 1813 wieder hervor,

'22. Oct. die sofort nach Eröffnung des neuen Parlaments' dieselbe thörichte Rolle eines französischen Convents von neuem aufspielten. Sobald sich 1815 die Weltlage noch einmal änderte, Murat fiel und Neapel an das sicilische Haus zurückkam, änderte nun auch der König den

'30. Apr. 1815. Ton gegen das Parlament: er forderte' von ihm, als eine Erfüllung der „ersten seiner Pflichten", binnen 6 Tagen die Bewilligung der Subsidien „für die gemeinsame Sache" (die Wiedererwerbung Neapels) und drohte im Weigerungsfalle mit der Rücknahme seiner „ursprünglichen Rechte", wenigstens so lange das Bedürfniß dieß erheische. Dennoch schien der König auch jetzt noch immer eine verfassungsmäßige Regierung im Auge zu behalten. Er zog Castelnuovo in seine Berathung und suchte ihn für eine Veränderung der Verfassung zu gewinnen, die Tommasi in 30 Artikeln entwarf.

Sie waren ungefähr auf den Fuß der Charte Ludwigs XVIII. zurückgebracht, auf die sie ausdrücklich Bezug nahmen, hoben aber die Unabhängigkeit Siciliens auf und erklärten die gewöhnliche Steuersumme für unveränderlich. Diese Sätze verstießen selbst gegen die alte Verfassung Sicilien's. Castelnuovo, als ihm die 30 Artikel vorgelegt wurden, wandte sich bestürzt an den neuen englischen Gesandten, Sir Will. A'Court. Er war von Castlereagh mit dem Auftrag geschickt worden, sich aus der Bentinck'schen Rolle eines Partheihauptes herauszuziehen[60]; dabei hatte er doch anfangs Mocenigo's Treiben mit Mißmuth zugesehen und den vorausgesehenen Fall der Verfassung ein Unglück genannt. Jetzt aber hatte er sich bereits mit dem Hofe gesetzt und ward von ihm sehr warm gehalten; er wich Castelnuovo verlegen aus, und machte nichts aus dem Plan, den er aber belobend nach England geschickt hatte. Für die inneren Verhältnisse Siciliens wäre eine Verfassung auf der Grundlage der 30 Artikel Tommasi's noch immer ein großer Gewinn gewesen, aber dem Könige war es mit ihnen so wenig Ernst wie mit irgend einer Verfassung. Dieß sah nun selbst Castelnuovo durch, und zog sich zurück.

Der König, als er sich' über Messina nach Neapel begab, ließ seinen Sohn als Statthalter zurück, ohne dem Parlament nur eine Anzeige zu machen. Und obgleich man damals die Stimmung in Neapel noch zu fürchten, die in Sicilien noch zu schonen hatte, so begann doch mit dem Tage seiner Abreise bereits die Willkürherrschaft im österreichischen Stile. Die eigentlichen Regenten waren wieder die neapolitanischen Minister Medici und Tommasi. Gegen die Constitutionellen begann ein System der Einschüchterungen und Absetzungen. Man suchte die Sicilianer zu bearbeiten, zu

Der Hof auf dem Fuß des österreichischen Absolutismus.
17. Mai.

---

60) Ib. 10,113.

Schritten gegen ihre eigene Verfassung zu gewinnen; Agenten der
Minister betrieben bei den Gemeinderäthen Bittschriften um deren
Aufhebung. Aber in dieser Bedrängniß ihrer Verfassung von oben
schienen die Sicilianer ihre selbstzerstörenden parlamentarischen
Versuche wieder gut machen zu wollen. Sie hatten die Beziehung
zwischen den constitutionellen Ordnungen und ihren Bedürfnissen
noch aus keiner längeren Erfahrung kennen gelernt, aber sie schienen sie zu ahnen in dem Augenblick des drohenden Verlustes; sie
schienen die selbst in England gemachten Einwürfe der Unausführ-
barkeit einer Verfassung unter solchen Volkszuständen widerlegen
zu wollen, auf die dort Mackintosh mit dem schlagenden Ausruf
geantwortet hatte: was England sein würde, wenn es auf eine
solche Erfahrung hin, wie sie hier gemacht worden war, auf seine
Freiheit hätte verzichten wollen! Nicht das geringste Dorf gab sich
zu den betriebenen Bittschriften her; viele Gemeinden vielmehr
ergriffen die erste Gelegenheit, in Adressen ihre Anhänglichkeit an
die Verfassung auszusprechen und um Berufung des Parlaments
zu bitten. Als Aceto in seinem gemäßigten „patriotischen Journal“
Aktenstücke dieser Art abdruckte, wurde es unterdrückt; ein Urheber
solcher Adressen wurde lange Zeit eingekerkert gehalten. Auf diese
Beseitigung der Freiheit der Presse und des Rechtsschutzes der Personen, folgte die Beseitigung der Steuerbewilligung, als Ferreri
ohne Parlament die Forterhebung der Auflagen vorschrieb. Dem
war schon ein Edict aus Neapel vorausgegangen, das auch die
sicilischen Farben und Wappen, die uralte Unabhängigkeit und ihre
stets geachteten Zeichen hinwegnahm. Der Wiener Congreß hatte
den alten Titel des „Königs beider Sicilien“ anerkannt, dieß legte
der König als eine Anerkennung der Verbindung beider stets ge-
trennten Staaten in Einen aus, wie er es später einmal ausdrückte: „der Vereinigung aller königlichen Domänen in Ein Reich.“
Dieß war in Wien nicht gemeint gewesen; desto gewisser war es,

6. Aug. 1816.
15. Mai.

daß in den dort getroffenen Vereinbarungen die Aufhebung der
sicilischen Verfassung festgesetzt war. Oesterreich hatte 1815, als
Murats Generale fast in offenem Aufruhr eine Verfassung verlangten, ihre Gewährung gebieterisch gehindert; dasselbe that es gegen
Ferdinand. Vor seiner Rückkehr nach Neapel hatte der König zwei
Aufrufe¹ vor sich her gehen lassen, worin er ausnahmslose Amnestie ¹⁵. Mai u. 4. Juni
und alle Bürgschaften für Eigenthum und Personen zusagte⁶¹;   1815.
der erste dieser Aufrufe wurde mit einem falschen Zusatz verbreitet,
der den Neapolitanern Verfassung und Volksherrlichkeit versprach;
gleich auf dieses Gerücht betrieb Oesterreich einen Vertrag¹, den ¹12. Juni 1815.
man dem englischen Gesandten in Neapel zwei Jahre lang ver-
heimlichte, worin sich Neapel verpflichtete, in Italien „keine Veränderungen zuzulassen, die mit den alten monarchischen Einrichtungen,
oder mit den Grundsätzen, die seine k. k. Majestät für die innere
Regierung seiner italienischen Provinzen angenommen, unver-
einbar wären.“ Der Haß gegen alle Verfassung war an dem sicilischen Hofe größer, als die Scham über Oesterreichs Bevormundung, die auf Neapel so schwer lastete, daß es 1816 nicht einmal
in den Widerstand der kleinen Regierungen von Rom, Florenz und
Turin gegen den vorgeschlagenen italienischen Bund einzutreten
wagte. In Folge jenes Vertrages nun wurden, sobald die drin-
gendsten Dinge in Neapel erledigt waren, die sicilischen Verhältnisse in zwei Decreten¹ neu geordnet. Man bestätigte darin die ¹8. u. 11. Dez. 1816.
sicilischen Privilegien, die in der That mit seiner Verfassung zerstört
blieben. Man bestätigte die Aufhebung der Feudalität; die politischen Rechte aber, die Pairschaft, der Ersatz des Adels für das
Opfer seiner feudalen Rechte, blieb mit aufgehoben. Man sprach
noch vom Parlament, ohne dessen „Zustimmung“ die 1813 votirte

---

61) Beide bei Orloff, mémoires hist. pol. et lit. sur le royaume de
Naples. 1819. 2,455.

Auflagesumme von 1,847,687 Unzen nicht erhöht werden sollte; in der That aber war es ausgestrichen und wurde auch dann nicht berufen, als dieser Satz überschritten ward. Der Satz an sich aber war eine schmähliche Bestimmung, da 1813 in ihm 530—560,000 Unzen englischer Hülfsgelder einbegriffen waren und da er überdieß aus einer Zeit stammte, wo Land und Landesproducte in Sicilien den vierfachen Werth hatten. Dieß Mißverhältniß der Belastung hat nachher in kürzester Zeit Ackerbau und Verkehr nach einer kurzen Belebung wieder zerstört und das alte Elend hergestellt. Die großen Güter fanden keine Pächter mehr, solche, die 1813 reiche Erträge gaben, wurden wieder zu Weide; andere gingen völlig zu Grunde. Keine Vorstellung über die neuen Zustände konnte an Thron und Regierung gelangen. Man führte die französische Landeseintheilung ein, wie sie in Neapel bestand, in 7 Provinzen unter Intendanten: es sollte Bezirks - und Provinzialräthe geben; die ersteren kamen nie zusammen; die Anträge der anderen wurden nie ausgeführt; die Gemeinderäthe waren aufgelöst und durch ein Decurionat ersetzt, dessen Glieder der König ernannte. Die Einführung der französischen Gerichtsordnung (1819) hatte das Gute, daß eine Anzahl Ober - und Untergerichte über das Land ausgebreitet wurden; sonst hatte der verbesserte Coder des Strafprozesses die Folge, daß sich die Verbrechen ungeheuer vermehrten; und die reformirte Civilprozeßordnung wurde der Ruin des Volks durch Förmlichkeiten und unmäßige Register - und Stempelauflagen.

Englands Ver- halten. Diesen Verfassungssturz hat England mehr zu fördern als zu hindern geholfen. Es ist der Wahrheit gemäß, zu sagen, daß Lord Castlereagh zu aller Zeit, und nicht erst später, sich und seinen Regenten ebenso abgeneigt als unbefugt erklärt hat, sich in die innere politische Erhebung Siciliens einzumischen. Die Verhältnisse aber und die Noth des Kriegs hatten dahin geführt, daß die englische

Regierung, um der Sicherheit ihrer eigenen Truppen und der ein-
genommenen Stellung willen, „den an sie ergangenen Aufforderungen entsprechend zum äußeren Schützer wie zum Schützer der inne=
ren Neuerungen geworden war." So erkannte eine englische Note
von 1814 selber an, und Lord Bentinck war in diesem Sinne mit
den weitesten Vollmachten versehen worden. Auch schien sich die
englische Regierung durch die Handlungen ihres nie verleugneten
Vertreters gebunden zu sehen. Dieß ging aus der bezeichneten
Note hervor, die bei der Räumung der Insel erlassen war, und in
der sich der englische Minister nur einer parlamentarischen Aende=
rung der Verfassung günstig erklärte und die vollkommene Sicher=
heit der constitutionellen Freunde Englands zur Bedingung eines
ferneren guten Einvernehmens machte. Es ging auch noch aus
einer Instruction hervor, die die englische Regierung kurz vor der ⁶·ᴬᵉᵖᵗ· ¹⁸¹⁶·
Unterdrückung der Verfassung an Sir Will. A'Court schickte⁶²;
worin zwar der Grundsatz der Nichtintervention voran gestellt war,
doch aber in Erwägung der Ehre, der Treue und des Glaubens
Englands eine Einmischung dann für geboten erklärt wurde, wenn
die sicilischen Privilegien so verkürzt würden, daß die englische
Regierung der Vorwurf träfe, einen Systemwechsel gefördert zu
haben, der Glück und Freiheit der Insulaner im Vergleich zu ihrer
früheren Lage verschlimmert hätte. Dieser Weisung muß Sir Wil=
liam persönlich, bei seiner unmittelbar nach ihrem Empfang unter=
nommenen Reise nach England, den Stachel genommen haben;
denn er wagte es, dieselbe Instruction benutzend, zu jenen Decreten
zuzustimmen, die alsbald die sicilische Verfassung aufhoben, bis ᶦᵐ ᴰᵉᶻ· ¹⁸¹⁶·
auf jenes Eine Wort von der „Zustimmung des Parlaments"
zu Steuererhöhungen. Ihm legte der englische Gesandte eine

---

62) Beide Aktenstücke bei Aceto p. 210 und 304.

„unendliche Wichtigkeit" bei, da durch dessen Auslassung[63] sich
England den Vorwurf verdient haben würde, der in der Instruction
bezeichnet war. Diese treulose Klügelei Sir William's würde Lord
William Bentinck (die Sicilier nannten sie nach zweien ihrer alten
Könige Wilhelm den Bösen und den Guten) tief verachtet haben;
daß ein W o r t Englands Ehre retten sollte, die durch S a c h e und
Thatsache (und wenn es nur durch die Eine Thatsache der aufgeho=
benen Unabhängigkeit, des Herabsinkens Siciliens zu einer Provinz
Neapels gewesen wäre) nach dem eignen Spruche der eignen In=
struction schimpflich verwirkt war. Selbst der Grundsatz der Nicht=
einmischung konnte kein schützender Vorwand sein in diesem Falle,
wo man sich eben einer solchen Einmischung Oesterreichs in die
inneren Angelegenheiten des fremden Staates gegenüber sah, der
das politische Interesse entweder gebot, die weit besser begründeten
englischen Verbindlichkeiten in Sicilien entgegenzusetzen, oder das
gesündere System der Nichteinmischung auch Oesterreich aufzulegen.
Aber freilich, um den Preis der großen Nachgiebigkeit Metternichs
in der Hauptfrage von 1814, der Beseitigung Napoleons, hatte
Castlereagh jede Nachgiebigkeit gegen Oesterreich, und vollends in
den italienischen Dingen sich zur Regel gemacht. Er gab Lord
Bentinck und Sicilien Preis, wie er Confalonieri und Mailand
Preis gab, und achtete nicht die Schmach des Vorwurfs, die Ein=
mischung gesucht zu haben als sie England Nutzen brachte, sie ver=
redet zu haben, als sie Verbindlichkeiten auflegte. Gegen Frankreich
über, gestand er ein, als ein Köder der Befreiung möchte Bentincks
populäres System gut gewesen sein, gegen Oesterreich über nannte
er es abgeschmackt, „vollends mit allen den neuen Verfassungen
die nun die Welt mit neuen Erschütterungen bedrohten[64]." Denn

---

63) Depesche an Lord Castlereagh bei Acerbo p. 307.
64) Castlereagh memoirs 10,10.

von Verfassungen dachte der Toryminister ganz wie Metternich.
Er gestand es an Bentinck, daß er die constitutionellen Versuche in
Italien nicht ermuthigen und vermehren wolle; er sah die Senatsverfassung von 1814 in Frankreich für eine neue Revolution an;
er war geängstigt von dem Verfassungswahn in Preußen und
Deutschland; er hatte dem Treiben der spanischen Cortes mit Sorge
zugesehen und hätte mit Wellington unter gewissen Bedingungen
selbst die Aufstände in Südamerica unterdrücken helfen. Vollends
seit er die neuesten Erfahrungen mit dem englischen Radicalismus
und auf den jonischen Inseln machte, wurde es ihm zum Grundsatz, die Wirksamkeit dieses höchstgewagten constitutionellen Prinzips lieber zu hemmen als zu fördern; er bekämpfte Verfassung
und Reform wie Pitt die Schreckenszeit und die Revolution bekämpft hatte, mit Metternich in einem eingestandenen Bunde.
Dieß war die Politik, die Castlereagh's Widersacher im Parlamente die Beschuldigung in den Mund gab, daß er die alte Ueberlieferung, die Achtung Englands und seiner Verfassung bei allen
Freunden der Freiheit in Europa auszutilgen bemüht sei. Es
war die Politik, die Byron zu seinen furchtbaren Ausfällen gegen
den Mann stachelte, der nur das Talent gezeigt habe, die Fesseln
anzulängen, die Andere angelegt hätten.

Die Menschen und Maasregeln, die bei der Herstellung in Neapel in Wirksamkeit gesetzt wurden, die Erscheinungen und Zustände, die sich bildeten, erinnern fast in jeder Beziehung an die
erste Restauration in Frankreich. Ferdinand I., wie er sich nun als
Beherrscher der vereinigten Reiche nannte, kehrte mit einem auferlegten Systeme der Mäßigung zurück, wie Ludwig XVIII. Er
war wie dieser alt und ruhebedürftig, und ließ daher, scheinbar
fromm und scheinbar vorurtheilslos wie er, in Glaubenssachen die
Menschen duldsam gewähren und in politischen Meinungen im

7 *

Ganzen unangefochten. Er konnte sich selbst um die Muratisten gelegentlich bemühen, er konnte zu ihren Gunsten sogar seine ungeschickten Fedeloni gelegentlich verspotten. Er wußte daher, wie Ludwig, die Diplomaten der Mächte durch seine willfährige Fügsamkeit in das vorgeschriebene System zu gewinnen, ja, wie jener selbst vielen Freisinnigen den Glauben an seine Verfassungsliebe einflößte, so zwang Ferdinand sogar einem Wilhelm Pepe die Ueberzeugung ab: es sei ihm Ernst gewesen, die Dinge von 1799 und das ganze alte System der gewaltsamen Selbstherrschaft in Vergessenheit zu begraben. Was beiden Königen diesen guten Ruf machte, war, daß es Ueberkönigliche im Lande gab. In einer Anwandlung seiner alten Bouffonlaune (er hielt noch immer einen Hofnarren um sich), ließ Ferdinand (1818) nach einer überstandenen Krankheit die Erwartung auf eine That spannen, die den Liberalen gefallen werde: er schnitt seinen Zopf ab, das Wahrzeichen des Alten und der Emigration. Es war ein Dank an die Freisinnigen, die während seiner Krankheit Zeichen der Anhänglichkeit gegeben hatten, aus Furcht vor der Nachfolge des feigen und falschen Herzogs von Calabrien, der wie der Thronfolger in Frankreich das Augenmerk der unverbesserlichen Ausgewanderten war. Denn wie Ludwig, so that auch Ferdinand dieser Klasse der Getreuesten, die mit ihm nach Sicilien gewichen waren, nicht genug. Zwar blickte aus allen Kundgebungen der Regierung, trotz ihrer Mäßigung, der Haß gegen das französische Jahrzehnt der „militärischen Besetzung" hervor, und die sicilischen Getreuen, selbst gehänselt, waren doch sichtlich vor den Decennalisten (die „Unsrigen vor den Ihrigen", wie der König sagte) bevorzugt in allen Stellen und Ehren und hauptsächlich im Heere. Dennoch hatten die Emigrirten ganz andere Dinge begehrt; sie hatten wie in Frankreich die Rückgabe auch ihrer verkauften Güter erwartet, und es gab ihrer, die sich ohne weiteres ihrer alten Besitzungen wieder zu bemächtigen suchten. Da es vorkam, daß der König Schenkungen der beiden französischen Könige zurückforderte, daß er Lieferungen an Murats Armee nicht bezahlen ließ, daß er einen in dem Jahrzehnt geschlichteten Prozeß zu neuer Verhandlung zu stellen versuchte, so hofften die Ausgewanderten fortwährend, und die Uebrigen fürchteten, daß ein Willkürsystem wie in Turin noch nachkommen werde. Wie in Frankreich so waren daher jetzt in Neapel die Geister fortwährend erregt, nicht sowohl durch Groll über das Gegenwärtige als durch Argwohn vor dem Kommenden. Die Minister suchten sich mit den Freisinnigen auf gutem Fuß zu halten, wie die Richelieu und Decazes in Frankreich, und wurden von den Ueberköniglichen Jacobiner gescholten wie jene; aber sie mußten, wie jene, die kopflosen Vertreter der Ultras neben sich im Amte dulden, und die Regierung schaukelte daher, wie in Paris, wie in Turin, zwischen entgegengesetzten Richtungen. Die Medici und Tommasi verfolgten Niemanden, sie hatten sogar späterhin ihre Schonung der Muratisten und Carbonari bitter zu bereuen; der erstere ging so weit, einem Manne wie Pepe seine Wohlgeneigtheit für eine Verfassung anzudeuten[65]; aber ganz so, wie die französischen Minister allen Unfug der geistlichen Missionen und der ultraroyalistischen Agenten glaubten dulden zu müssen, so verscherzten die neapolitanischen, aufgeklärt und nicht ohne Freisinn wie sie waren, die Früchte der zehnjährigen französischen Reformen im Leichtsinn der Planlosigkeit, als ob sie im Dienste oder Sold des religiösen und politischen Obscurantismus gewesen wären. Anfangs, als das erzbischöfliche Tribunal mit dem Bann gegen die Anhänger der vorigen Regierung verfahren wollte, hatten sie sich dieser und anderer Eigenmacht der Geistlichkeit tapfer widersetzt; der Herstellung der Jesuiten waren sie standhaft entgegen; dann aber ließ sich

---

65) Memorie del Generale Gugl. Pepe. 1847. 2. cap. 26.

Medici in unverzeihlicher Leichtfertigkeit jenes Concordat abgewin-
nen, in dessen Folge die Interessen und Mittel der allgemeinen
Bildung in diesem Lande, das vor 30 Jahren allen anderen Staaten Italiens in Aufklärung vorzueilen strebte, wieder zu Grunde
gingen. Die Universität, so glänzend im vorigen Jahrhundert, ließ
man verfallen. Die Censur wurde in einer Weise geübt, die selbst
ein russischer Beobachter, Graf Orlow, verderblich erklärte. Das
Unterrichtsgesetz des ehrwürdigen Erzbischoffs von Tarent (Capecelatro) von 1811 wurde durch ein jesuitisches ersetzt; die Lancasterschulen wurden in den Provinzen untersagt; die pestalozzische Er-
ziehungsanstalt des Schweizers Hofmann, die einzige im Lande,
die den Namen einer Schule verdiente, mußte eingehen; das segen-
volle Haus für verwaiste Mädchen, von Murats Gattin gestiftet,
war nach wenigen Monaten „ein Jammersitz des nackten Elends[66]."
— Die ähnliche Doppelseitigkeit und Folgewidrigkeit beobachtet
man auch in anderen Beziehungen. Die Abschaffung der Feudalität,
die hier unter König Joseph gesetzlich durchgeführt war, blieb, unter beschränkter Aufrechthaltung der Primogenituren, bestehen;
einzelne Bestimmungen des Gesetzes von 1806 wurden 1817 auf
Sicilien ausgedehnt und um 1820 trug man sich damit, diese
Josephinischen Ordnungen im Ganzen dorthin zu übertragen;
daneben aber schienen andere Maasregeln eben diese Ordnungen
zurückschrauben zu sollen: so, als 1817 in der Tavoliere von Apulien, deren Latifundien als Viehweide gedient hatten, aber seit
1806 nach und nach in Erbpacht gegeben und von Servituten be-
freit werden sollten, der Ablösung derselben Hindernisse bereitet
wurden. — Was das Gerichtswesen betrifft, so wurde anfangs
die Frage aufgeworfen, ob man die Provinzialgerichte nicht auf-

---

66) Beiträge zur Kulturgeschichte Neapels. Von G. F. Hofmann. Aarau.
1823. p. 301.

heben und Neapel (wie es auch Palermo in Sicilien früher war)
zu der einzigen Stätte machen solle, wo das Recht gesucht werden
müsse[67]. Es wäre ein Meisterstreich des Despotismus gewesen,
aber er wurde aufgegeben. Gerichtswesen und Gesetzbücher der
Franzosen wurden im Allgemeinen, ein Besitz vom größten Werthe,
erhalten; was verändert wurde war zum Schlimmeren. Das
Criminalverfahren verschlechterte sich; die Oeffentlichkeit ging verloren; die Correctionalgerichte hörten auf; die Misbräuche der
sogenannten Erlassungen (rimessioni), der Abkauf polizeilicher
Vergehen mit Geld, kehrten wieder. Von unmittelbar verderblichen
Folgen war es, daß man in diesem Lande, dessen größtes Unheil
die Unmasse der Verbrechen ist, die Staatsanwälte (aus ökonomi=
schen Gründen, hieß es) der Macht beraubte, Verbrechen ohne
Ansuchen der verletzten Personen zu verfolgen. So kamen auch die
Ausnahmsgerichte und mit ihnen die willkürlichen Eingriffe des
Königs wieder, der die scheußlichsten Verbrecher begnadigte, wenn
sie seine alten Partheigänger waren. — Die Verwaltung blieb
im Wesentlichen bestehen. Am meisten Lob erwarb sich Medici durch
die Erhaltung des französischen Finanzsystems und seinen wirthli-
chen Staatshaushalt, durch den er es möglich machte, daß sich
Neapel, trotz seiner außerordentlichen Verbindlichkeiten in diesen
Jahren, seiner auswärtigen Schuld 1823 ganz erledigen konnte.
Dieß belobte Ergebniß hinderte nicht, daß an den einzelnen Maasregeln der Finanzverwaltung, die lastend, roh, misbräuchlich waren
wie es hier herkömmlich ist, viel und mit Grund getadelt worden
ist. Man schritt zum Verkauf aller Patrimonien öffentlicher Staats-
anstalten, und ein Tommasi vergaß nicht die Maasregeln so zu
treffen, daß er sein Vermögen bei diesem Geschäfte verdoppelte[68].

---

67) Orloff 3,337.
68) Cacciatore 2,169.

Die alten Pachtmisbräuche setzten sich fort. Man verpachtete die Zölle in acht Provinzen an eine Gesellschaft, der man dadurch ein Recht des Schmuggels in den übrigen Provinzen gewährte. Die Steuerlasten erregten so große und gerechte Unzufriedenheit im Lande, daß ein so nachsichtiger Beurtheiler der neapolitanischen Zustände, wie der Graf Orlow schon 1818 die Befürchtung aussprach: „daß, nach der Stimmung der Geister, diese Elemente der Unruhe große Uebel hervorbringen würden."

Das Heer.　　Worin die meiste Aehnlichkeit des Verfahrens der bourbonischen Regierung in Neapel mit dem der französischen von 1814 auffällt, ist die Behandlung des Heerwesens. Wie damals in Frankreich, so sah man auch hier die Armee, die in dieser Zeit kriegerischer Nachwehen, in diesem Lande der Verwilderung billig die erste und ernsteste Rücksicht verdient hätte, nicht als eine Stütze, sondern als eine Last an[69], und behandelte sie daher mit derselben gedankenlosen Leichtfertigkeit wie alles Andere. Statt daß man mit dem größten Eifer gesorgt hätte, die beiden unter sich verfeindeten Bestandtheile des Heeres, die Muratisten und die aus Sicilien Zurückgekehrten, möglichst zu versöhnen, zu vereinigen und vereint in Ehren zu halten, zerrte man sie durch wechselnde Maasregeln noch mehr auseinander, verletzte die durch Murats Freigebigkeit verwöhnte Truppe durch zweckwidrige Ersparnisse, und vernichtete den militärischen Geist durch ewige Veränderungen in Einrichtungen, Uebungen und Befehlsart. Die sicilischen Getreuen wurden mit einer Medaille ausgezeichnet, die Garde nur aus ihnen zusammengesetzt, ihren Officieren wurde jedes Dienstjahr in Sicilien bei ihren Ruhegehalten für zwei angerechnet, während die Feldzüge der verdienten neapolitanischen Officiere nicht in Anschlag

—

69) Carascosa, mémoires hist. pol. et milit. 1823.

gebracht wurden; Alles, als ob es gälte, die verderbliche Kluft
zwischen beiden zu erweitern und zu verewigen, in denen Zucht,
Verwaltung, Uebung und Gesinnung verschieden war. In der
obersten Leitung war Alles Wechsel, Unsicherheit und Versuch.
Erst trat¹ ein Oberkriegsrath (nach Art des Wiener Hofkriegsraths) ¹⁶. Juli 1815.
an die Spitze, eine Behörde, die unter dem Spotte des Volkes
bald wieder aufgegeben werden mußte, wegen der Unordnung die
sie fand und stiftete. Dann ward in Folge einer Intrigue von
außen der österreichische General Graf Laval v. Nugent, aus iri-
scher Familie, zum Organisator des Kriegswesens ernannt, einer
Stelle, in der ein Fremder, der anfangs sogar im fremden Dienste
blieb, bei aller Tüchtigkeit und guten Absicht nicht heilsam wirken
konnte. Als er dann in neapolitanischen Dienst trat, gab man ihm
zwei höhere Militärbehörden zur Seite, einen Intendanzrath, der
dem Finanzminister untergeordnet wurde, und einen Kriegsminister,
der zwischen beiden Stellen machtlos war. Unter solchen Verhältnissen war es undenkbar, daß sich in dem Heere ein neuer militä-
rischer Geist hätte ausbilden können; wie in Frankreich die Napoleonische Gesinnung, so dauerte hier der Muratismus in einem
großen Theil der Officiere fort, vor Allem in den auf Halbsold
gesetzten, deren Zahl sehr bedeutend war. Die Officiere der höheren
Stellen waren dem König Joachim meist mit großer persönlicher
Anhänglichkeit, in der letzten Zeit aber, als sie ihn zu einer Verfassung drängten, keineswegs mit großer Unterwürfigkeit ergeben
gewesen. Dieser constitutionelle Geist hatte sich aber unter ihnen
erhalten, und eben die, die damals eine förmliche Militärverschwö-
rung betrieben hatten, die Carascosa, Ambrosio, Filangieri, Colletta, waren in den obersten Stellen; ja den unruhigsten unter
ihnen, Wilhelm Pepe, den Murat den wilden Tribunen genannt
hatte, mußte man, aus Mangel an tauglichen Männern, in die
zerrütteten Provinzen an Stellen schieben, die ihm die ausgebrei-

tetste, die wohlthätigste aber auch die gefährlichste, Wirksamkeit eröffneten. Es war eine Art Gährung und offene Unzufriedenheit, wie 1814 in Frankreich, in dem Heere, die hier wie dort Jedermann bemerkte, nur nicht die lässigen Minister, und nur nicht die fremden bestochenen Gesandten, dort Pozzo, hier A'Court, der noch im Juni 1820, als die Revolution in Spanien bereits ihre ansteckende Kraft übte, die Armee vom besten Geiste beseelt nannte und die Ruhe gesichert glaubte. Schon Jahre vorher hatte Graf Orlow die Regierung in besserer Einsicht gewarnt vor den unberechenbaren Folgen einer ungerechtfertigten Sicherheit in einem Volke, das an stete Veränderungen gewöhnt, nach Veränderungen allezeit lüstern ist. Der Ritter Medici hielt die Sbirren für genügend, das Reich in Ordnung zu halten. Und doch war man nicht im Stande gewesen, selbst nicht in den ersten drei Jahren, wo die österreichische Besatzung von 12000 Mann im Lande lag, dem Kriege der furchtbaren Räuberhaufen zu steuern, die die Provinzen durchstreiften und brandschatzten. Blickt man über den Firniß der Lage und der Verhältnisse in der Hauptstadt auf die Greuel dieser inneren Zustände hinüber, so erschrickt man über die feile und schamlose Dreistigkeit jener diplomatischen Blendwerke, die hier von väterlicher Regierung berichteten.

Räuberwesen.   Es ist, auch in den gebildetsten Ländern, eine gemeine Folge kriegerisch bewegter Zeiten, daß der rückgekehrte Friede noch eine Zeit lang durch häufigere Nachspiele der Rauf-, Raub- und Mordsucht in ungewöhnlicher Weise gestört wird. Hier im Neapolitanischen organisirte sich damals ein solcher Krieg Aller gegen Alle, in einer Meisterschaft, woran man sogleich eine geübte Bevölkerung und einen klassischen Boden der Anarchie erkannte, und in einem Umfange, wo jene Störungen sich nicht auf vereinzelte Fälle im Privatleben beschränkten, sondern von Sekten und Rotten, von

Staaten im Staate gegen die ganze Staatsgesellschaft geübt wurden. Solch ein Zustand der feindlichen Zerfallenheit der Volks-
und Staatstheile war im Mittelalter an der Tagesordnung gewesen, hatte, so lange er bestand, den Staat schwach erhalten und
war wieder seinerseits durch eben diese Schwäche erhalten worden.
Wo die Absolutie in einem nationalen Geiste wirkte und aus dem
Mittelstande in Kraft seiner gemeinsamen Interessen eine gleichar-
tige Macht und Masse zum Mittelpuncte des Staates bildete,
hat sie diesem Unfug der Staaten im Staate ein Ende bereitet und
einem Staatswesen in jenem höchsten Sinne vorgearbeitet, wo sich
der Einzelne im Ganzen fühlt und eine gemeinnützige Thätigkeit
an das gemeinsame Volksleben und eine höhere Volksehre setzt.
Wo die Absolutie dagegen eine unfruchtbare Kraft nur darauf
wandte, alle Stände gleichmäßig niederzuhalten, den Staat mit
der Regierung identisch zu machen, die Entwickelung des bürgerlichen und vaterländischen Geistes zu ersticken, wie in Oesterreich,
dort fanden wir die Folge, daß der Einzelne in Genußsucht er- vgl. 1,509—13.
schlaffte, oder, wo er der Regierungsmaschine nahe stand, in einem
kleinen eigensüchtigen Kriege auf die Ausbeutung des Staates gestellt war, und daß, wo immer die Centralgewalt nachließ, diese
feindselige Haltung gegen den Staat auch zu einem gemeinsameren
Widerstande, in den Stämmen, zusammenschoß. Vollends aber
dort, wo die entarteten Reste des Mittelalters fortbestehen, wo
die Centralregierung schwach ist, die Folgen des Feudalwesens
fortwirken, ein Mittelstand sich nicht ausgebildet hat, dort hat
auch jener Zustand innerer Anarchie in einer ausgearteten Gestalt
fortgedauert; und der Krieg der Dorfgemeinden in Sardinien, die
unpatriotische Verfeindung der sicilischen Städte, der Haß der spanischen Provinzen gegen einander, die Neigung zu Geheimbünden
in Italien, die Macht des Räuberwesens in allen diesen Ländern
sind Erscheinungen, die aus den gleichen Ursachen stammend überall

diesen gleichen Zustand charakterisiren. Die Schwäche der Regierung in allen diesen Staaten, gepaart mit den Launen der Gewalt
und einer gesetz- und rücksichtslosen Willkür in der Verfügung über
Menschen und Dinge, hat das verarmte und verzweifelte untere
Volk, in Nachahmung oder zur Vergeltung dessen was oben geschah, in dasselbe System hineingedrängt und gewöhnt: Verachtung des Gesetzes, gewaltsame Verfügung über Habe und Leben,
Krieg gegen den Staat und die Gesellschaft. Wenn man zwischen
solchen schwachen Despotien und zwischen jenen anarchischen Elementen, zwischen diesen obersten und untersten Gegnern des geordneten Staates, oft die seltsamen Bande lebhafter oder geheimer Zuneigungen beobachtet hat, so beruht dieß nur auf jener Gleichheit
ihres Prinzips, und darf so wenig befremden, wie die Handreichung
zwischen Feudaladel und Proletariat, und zwischen Hierarchie und
Bettelwesen, oder wie die Gleichartigkeit der Bildung der Ferdinande jener Zeit mit der ihrer Lazzaroni und Camereros. Eben
dieses gleiche Prinzip muß es erklären, daß überall in diesen Ländern der Name der Freibeuter eine größere Emphase trägt, daß
das Handwerk der Klephten, der Bandoleros, der Comitiven der
fuorusciti in einem vornehmeren Ansehen steht, daß daher die
Staatsregierung sie nicht selten wie Kriegsfeinde, wie ihres Gleichen behandelt und immer geneigt ist, Reuige zu begnadigen,
Uebergänger aufzunehmen und sie gegen die ehemaligen Genossen
zu waffnen, Verträge mit ihnen zu schließen wie mit einer Macht.
Ja die Zeiten der französischen Eroberung haben es gesehen (1799),
daß hier in Neapel das Königthum mit dem Räuberthum Bünd-
nisse schloß und während der ganzen Periode der Fremdherrschaft
die Freibeuter in Sold und Ehren hielt. So scharf Napoleon den
Ursprung oder die Fortdauer dieses Hangs zu Aufruhr und Meuterei in den Schwankungen und Schwächen der Regierung erkannte, so instinctiv hatte hier das untere Volk bei dem Annahen

der französischen Waffen sein Interesse und seinen Platz auf der
Seite seiner Gegner erkannt; und dieselben Verhältnisse, die unter
den kräftigeren Spaniern zu Guerillabanden und Milizkrieg führten, riefen hier die Räuberfactionen ins Leben, die sich mit dem
Schild der königlichen Sache deckten, mit dem Namen der Sanse-
disten schmückten und mit englischer Unterstützung ihren Krieg gegen die Gesellschaft, unter ehrbarerem Titel und in schrecklicherer
Weise, fortsetzten. Unter der französischen Herrschaft waren sie,
zur Zeit der stark gewordenen Regierung, durch das furchtbare
System des General Manhes zur Ruhe gebracht worden. Sobald
Murat anfing auf seinem Thron zu schwanken, fingen sich sogleich
in der terra d'Otranto die Banden wieder an zu regen und zu
ordnen. Bigott und zuchtlos zugleich hatte das Volk die eiserne
Hand des unkirchlichen Fremden mit doppeltem Grimm ertragen
und suchte jetzt, in einem verstärkten Rückschlage gegen den erdul-
deten Druck, Rache und Schadloshaltung für die gezwungene
Ruhe. Die hergestellte bourbonische Regierung, in ihrer alten
Weise, begünstigte dieß Unwesen in ihren ersten Schritten, so daß
es sogleich im größten Stile wieder ausgebildet erschien. Schon
ehe der König in Neapel angelangt war, war ihm ein Gnadenact
aus Portici vorausgegangen, der alle auf nicht mehr als drei Jahre
verhaftete Verbrecher frei ließ, die größtentheils sogleich in das
vogelfreie Leben zurückkehrten. Gleichzeitig mit dem König war
dann sein sicilischer Anhang zurückgekommen, aus dem sich sofort
sogenannte k. Commissäre in den Provinzen zeigten, die Ausschwei-
fung und Schrecken mit sich brachten, und deren Unfug durch ein
Edict gesteuert werden mußte. In der terra d'Otranto bildeten
sich drei zusammenhängende Sekten unter dem Namen der europäischen Patrioten, der Philadelphen und der Entschiedenen (decisi),
die ihr Raubsystem, militärisch geordnet, so weit trieben, daß sie um 1817
ganze Dorfbevölkerungen öffentlich in den Waffen übten und 30—

40,000 Menschen, sagte man, durch die Triebfedern der Furcht
oder der Raubgier in ihre Verbindungen nöthigten. Diese Rotten
brandschatzten nun die Vermögenden; in jeder Gemeinde raubten
und mordeten zwei bis drei Verbrecher in unwiderfprechlicher Will=
kür[70]. Weit aber über diese Verbindungen hinaus überzog ein
einziges Räubernetz alle Provinzen. Die Straße von Terracina
nach Capua mußten zum Schutz der Reisenden Truppen besetzt hal=
ten, den Postwagen nach Apulien zu decken bedurfte es 1000 Mann,
in Calabrien und den entfernteren Provinzen konnte Niemand ohne
Geleit reisen. Die Unbestraftheit der Verbrechen machte nach und
nach fast die ganze Bevölkerung zu Mitschuldigen. In Calabrien wa=
ren um 1817 über 3000 Haftbefehle, 2000 weitere im jenseitigen
Prinzipat und in der Capitanata nicht vollzogen, wo die Hirten,
die hier die Heerden der Abruzzen überwintern, den Räubern Ver=
steck und Schutz gewährten. Mehrere Häuptlinge haben sich da=
mals als Volkshelden einen Namen gemacht; so in Calabrien
Calagiuri, in der terra d'Otranto das Haupt der decisi, der Abt
Annichiarico aus Grottaglia, der wie im Ruf eines Zauberers
stand. Er hatte seine blutige Laufbahn 1803 mit der Ermordung
eines Nicolo Motolesi begonnen, war zu den Galeeren verurtheilt
gewesen, entsprungen und in sein verbrecherisches Leben zurückge=
kehrt; ließ sich dann bei der Herstellung des Königs begnadigen,
ertrug aber auch jetzt seine Verweisung nach Bari nicht, und stand
dann an der Spitze jener drei Verbindungen, die in der Provinz
mehr als hundert militärisch eingerichtete Logen hatten. Gleichzeitig
setzte die berüchtigte Bande der drei Brüder Barbarelli die Capita=
nata und Molese in Schrecken. Der älteste, Gaetano, war ein
Sanfediste von 1799, unter Murat im Heerdienst und dann de=
sertirt, diesseits und jenseits der Meerenge in Verbrechen umge=

---

70) Bericht des General Church vom 22. Juli 1818. Carte segrete 1,61.

trieben, dann als Sergeant in der k. Garde zurückgekommen, und
wieder in die Berge gegangen, wo er nun sein Werk mit einer
wohlbewaffneten und berittenen Schaar trieb. Nach nicht lange
ging die schimpfliche Kunde durch Europa, daß die Regierung mit
ihm einen Vertrag geschlossen hatte[71], in welchem er wie seine
Rotte für ihre „Unthaten" begnadigt wurden, und fortan dem
Staate gegen die „öffentlichen Uebelthäter" dienen sollten, der Chef
mit einem Sold von monatlich 70 Ducaten (140 fl.). Die Truppe
traute aber der Regierung so wenig wie diese ihr. Eines Tags
unternahm ein Mann aus Porto Cannone, dessen Schwester die
Barbarelli beschimpft hatten, in Ururi (Capitanata) die drei Brüder mit 6 Anderen meuchlerisch zu erschießen; der geflohene Rest
der Truppe wurde darauf nach Foggia gefordert und dort[72], auf
die Weigerung sich nach Lucera zu begeben, ergriffen und erschossen.
Gleich hernach verrieth sich die Regierung als Miturheberin des
Ueberfalls in Ururi, als sie den Anstifter aus einer Scheinhaft
entließ. Dieß war ganz in der Weise der übrigen Mittel wider die
Räuberei, zu deren Gebrauch sich die Regierung erniedrigte. Pepe
fand in dem Archiv des Commando's der 3. Militärdivision die
Beweise, daß zum Zweck der Vertilgung der Banditen mehr als
2000 Ducaten für Gift und Giftmischer angerechnet waren, freilich ohne daß dieß drastische Mittel wirklich angewandt worden
wäre. Dieß geschah in der Capitanata, wo General Amato befehligte; dasselbe System der Verfolgung des Verbrechens durch
Verbrecher befolgte auch der General Nunziante, ein ehemaliger
Officier des Cardinals Ruffo, in Calabrien, und auch in der Provinz Lecce (terra d'Otranto) waffnete General Pastore Faction

71) Bei Cacciatore 2,176.
72) Pepe 2, cap. 23, verglichen mit R. Keppel-Craven (a tour through
the southern provinces of the kingdom of Naples 1821), der im Augenblick
dieser Scene nach Foggia kam.

gegen Faction. Die Fruchtlosigkeit dieses Verfahrens nöthigte
dann die Regierung (seit 1817) auf die Ablösung dieser Befehls=
haber durch energischere Officiere zu denken. Ehe dieß aber ge=
schah, hatte sich der bessere Theil der Bevölkerung, schutzlos wie er
war, schon zu einiger Kraft der Selbsthülfe und der Nothwehr
ermannt.

Die Carbonari. Die friedlichen mittleren Stände haben in solchen staatlichen
Misverhältnissen immer die doppelten Gewaltthätigkeiten von oben
und unten zu erdulden gehabt. Auch unter ihnen aber rief die Noth
und das allgemeine Beispiel früher und jetzt die ähnlichen Erschei=
nungen, die ähnlichen eigenmächtigen Verbindungen hervor, die
je nach der Lage der Dinge gegen oben oder unten gekehrt waren.
So sind in diesen Jahren der Restauration in Neapel die Carbonari,
die ihre Wurzel in früheren Verbindungen und Ereignissen haben,
zu einer großen aber flüchtigen Bedeutung gekommen. Wir unter=
suchen nicht die mythischen und pragmatischen Herleitungen dieses
Geheimbundes, der von den Unterrichteten immer als ein Schöß=
ling der Freimaurerei angesehen worden ist. Die Verbindung der
Freimaurer hat in den Heimatlanden der katholischen Hierarchie im
18. Jahrhundert eine viel größere Ermunterung und Bedeutung
gehabt als im Norden. Das geistliche Ordenswesen hielt hier zu
aller Zeit das Beispiel gesellschaftlicher Verbindungen vor Augen;
in großen Kreisen waren hellere politische und religiöse Meinungen
verbreitet, die sich hier, der Kirche, dem Regierungssystem und
selbst der großen Kluft gegenüber, die das untere Volk von den
Gebildeten trennte, geheimer halten mußten, als in den protestan=
tischen Staaten; dieß Bedürfniß selbst gab dem Geheimniß hier
einen größeren Reiz und den Menschen für das Geheimniß ein
größeres Geschick. Vor der Revolution waren die Freimaurerlogen
in Neapel die Heerde der philosophischen Aufklärung; um 1790

arteten sie in politische Clubbs aus und wurden als solche in den
furchtbaren Reactionen seit 1792 unterdrückt. In dem französischen
Jahrzehnt tauchten sie in der Gestalt der Carbonari wieder auf,
deren Verbindung den Freimaurern allezeit, als Eingeweihten,
offenen Zutritt gab. Sie nahmen ihre Symbole und ihr Ritual,
statt der Maurerei, von der Köhlerei, erfanden ihre Mythen wie
die Maurer, und knüpften an St. Theobald und an den sächsischen
Prinzenraub und an jede Geschichtsanecdote an, in der Kohlen
und Köhler mitspielen. Wie die Maurer betonten sie der Kirche
gegenüber die Grundsätze der Aufklärung, dem Staate gegenüber
die Grundsätze der Freiheit; und die Verbindung war daher von den
Wohldenkenden als ein treffliches Mittel der Volkserziehung angesehen, da wo Schule und Kirche diese nicht gewährten. Wo und
wie der Bund begründet sei, gestanden seine wärmsten Anhänger
nicht sicher zu wissen. Eine verbreitete Meinung ließ ihn von den
Officieren eines Schweizerbataillons im französischen Dienste in
Capua 1807 ausgehen; nach Colletta hätten ihn Neapolitaner,
die 1799 verbannt wurden, aus Deutschland eingetragen; Botta
führt ihn auf die in die Abruzzen geflüchteten republikanischen
Feinde der Franzosen zurück. Das Uebereinstimmende in den meisten
Angaben ist, daß der Fremdenhaß, wie zu den bewaffneten Raub-
factionen jener Zeiten, so auch den Keim zu dieser friedlicheren
Verbindung gelegt habe, und die Kundigsten bezeugen, daß die
Einrichtungen der Franzosen, vereinigte Steuern, Aushebung und
Einquartierung, die diesen Haß in den bürgerlichen Ständen ver-
mehrten, auch die Secte zuerst vergrößert haben[73]. Mit dem Na-
men der Carboneria scheint der Bund vor 1811 nicht sicher nach-

---

73) J pifferi di montagna. Dublino 1820. Vom Fürsten Canosa gegen
die Orlow'schen Mittheilungen über die geheimen Verbindungen in der literary
Gazette gerichtet.

zuweisen; die Bruni und Palmieri, die 1807 an der Spitze von
Verbindungen gegen die Franzosen standen, hatten damals vielmehr Bundesbezeichnungen, die später in jenen schrecklichen Factionen des Abtes Annichlarico wieder auftauchten [74]. Von 1811 aber
scheint sich dann erst die bestimmtere Organisation der Carboneria
zu datiren, die, wie in dem preußischen Tugendbunde, von wenigen
Patrioten ausging und auf die Befreiung Neapels von den Fremden zielte. Sobald daher Murats Thron unter dem Umschlag des
Napoleonischen Glücks erschüttert war, begann sich neben den
Räuberfactionen auch diese Verbindung der mittleren Gesellschaft
stärker zu regen, die schon jetzt in den Abruzzen große Verbreitung
hatte. Die Verbindung theilte in dieser Zeit die constitutionellen
Bestrebungen der Generale Murats; Unruhen im dießseitigen
Anf. 1814. Calabrien zielten auf eine Verfassung; in Teramo trieben es die
Carbonari schon zu einem Aufstande für den „constitutionellen"
König Ferdinand. Florestan Pepe, ein älterer Bruder Wilhelms,
ein gesetzter Freisinniger, der in Spanien, in Rußland und in
Danzig mit Auszeichnung gedient hatte, wurde von Murat abge-
sandt ihn zu unterdrücken, der nun mit Schreckensmaaßregeln gegen
die Verbindung vorging.

Fortsetzung.   Nachdem die bourbonische Herstellung vollendet war, hatte
die Carboneria, bis dahin wesentlich gegen die Fremdherrschaft
gerichtet, keinen bestimmten Gegenstand mehr und blieb in Neapel
wie eingeschlummert. Ein plumper Fehlgriff der unverständigen
Regierung rief sie aus ihrer Erstarrung plötzlich wieder ins Dasein,
in das sie gleichzeitig die Räuberverbindungen in den Provinzen
mit Gewalt zurücknöthigten. Die klugen Räthe des Königs hatten

---

74) Nach einem Bericht des Polizeidirector Saliceti bei Döring, Denkwürdigkeiten der geheimen Gesellschaften in Unteritalien. 1822.

es nicht unter ihrer Würde gefunden, den Fürsten Canosa zum Anf. 1816. Polizeiminister zu nehmen. Dieß war ein Mann von hoher Geburt, der 1799 als der Verfechter einer aristokratischen Verfassung erst von den Republikanern, dann von dem König eingesperrt war, später eines der schrecklichen Werkzeuge der Königin, die aus Sicilien die fra diavolo und ihre höllischen Schaaren auf das Festland losließen, dann persönlich in Capri bei den Entwürfen thätig, die 1807 eine sicilische Vesper über Neapel verhängen sollten, ein Trunkenbold, ein Sonderling ohne Ruhe und ohne Kenntnisse, einer der Menschen, die wie der König selber die schnurrige mit der blutigen Laune verbanden. Ihm dünkte die absterbende Carbonerie wichtig genug, auf einen letzten Todesstreich für sie zu denken, und er wollte den monarchischen Gegenbund der Calderari (Keßler) benutzen, ihrem Einflusse (wie der Kessel den Kohlen, sagte man) zu widerstehen. Diese Secte, die sich selbst Trinitarier nannte, war in Palermo unter der Verschwörung der Königin mit den dortigen Handwerkszünften entstanden und war nach Neapel verpflanzt worden, als Bentink die hinein verflochtenen neapolitanischen Ausgewanderten dorthin hatte zurückbringen lassen, wo sie 1815 mit den Carbonari vorübergehend an Murats Sturz zusammen arbeiteten. Indem Canosa jetzt beide aus ihrem gemeinsamen Dunkel heraufbeschwor, hatte dieß sogleich die unwillkommensten Folgen. Das Gerücht vergrößerte riesenhaft seine Absichten und seine Mittel; man sagte, er habe 20,000 Gewehre unter die Calderari vertheilt; und da er von den verdorbensten Geschöpfen umgeben war, so hätte man auch jedem noch so übertriebenen Gerüchte Glauben geschenkt. Furcht und Haß der Parthelen gährte so plötzlich auf, daß die fremden Gesandten schon nach halbjährigem Dienste die Entfernung Canosa's erwirkten. Die Calderari, die 27. Juni 1816. jetzt in einzelnen ihrer Mitglieder verfolgt wurden, erklärten sich nun gegen die Minister und rühmten den Erbprinzen zu ihrem

8 *

Haupte zu haben; diese Wendung machte die Regierung wieder
nachsichtiger gegen die Carbonari, die, anfangs durch Furcht erregt,
jetzt im Uebermuthe ihr Haupt emportrugen. Die Zustände in den
Provinzen thaten das Letzte, ihnen mehr und mehr Ausbreitung
zu geben. Die verächtliche Schwäche der Regierung, die dem Raub=
wesen nicht steuerte, machte die Selbstsorge unerläßlich, zu der die
Verbindung ein Mittel war. Dennoch war sie langehin nicht kräftig
genug gewesen, auf thätigen Widerstand zu denken. Sie hatte den
decisi gegenüber den Muth gehabt, die angetragene Verbindung
mit ihnen abzuschlagen, von da an aber hatte die Gefährdung aller
friedlichen Leute erst recht begonnen. In Avellino und Foggia
capitulirten daher die Carbonari mit den Räubern, theilten Schutz=
zeichen aus und waren so gesunken, daß sie zur Zeit von Barba=
relli's Macht selbst diesen hatten aufnehmen wollen. Unter diesen
Handreichungen der bürgerlichen und der proletarischen Verbin=
dungen waren die Carbonari, in die nun auch die größten Ver=
brecher Eingang suchten, in einer traurigen Weise entartet, zugleich
aber schwollen sie zu einer ungeheuren Ausdehnung an. Bald
ward ihre Zahl, ihr Zusammenhang, ihre ungewaltsame Macht so
groß, daß selbst die eingeschüchterten Behörden eintraten, daß sich
gegen ihre Mitglieder kein Kläger, oder wenn ein Kläger, kein
Richter fand. In diesen Zuständen sah der Graf Orlow schon um
1817 den Zündstoff zu neuem Unheil, den ein kleiner Funke in
Brand setzen könne. Die Minister blieben fahrlässig. Und aller=
dings war ihnen die Carboneria ein nützlicher Bundesgenosse in
dem Augenblick, wo sie auf energische Abstellung des Räuberunfu=
'Sommer 1817. ges dachten. Dieß geschah' mit der Ersetzung des Generals Pastore
in Lecce durch den General Church, einen fahrenden Engländer,
der in Griechenland und Italien viel herum gewesen war und
in Sicilien gedient, dann sich aus Wien durch eine Denkschrift für
König Ferdinand den Weg in den neapolitanischen Dienst gebahnt

hatte. Während sein Vorgänger die Carbonari mit Mißtrauen behandelt und sie für jedes auch noch so erzwungene Einverständniß mit den Raubfactionen zur Verantwortung gezogen hatte, so unterschied der Engländer zwischen beiden Verbindungen sorgfältig und suchte sich vielmehr durch angesehene Mitglieder der Carbonerie Stütze und Mitwirkung; erst dann begann er seine blutigen aber unerläßlichen Operationen, die in einigen Monaten die Provinz ͣ︎ͤ︎ Anf. 1818. säuberten und den Abt Annichiarico und 163 Räuber zur Hinrichtung führten. Noch war aber diese Scheidung der ehrbareren von der verbrecherischen Verbindung nicht vollzogen, noch war die Carbonerie der Furcht vor den Räuberbanden nicht erledigt, so hatten schon die politischen Bestrebungen in ihrem Schooße wieder begonnen, die sich nun in dem Maaße gegen oben kehrten, wie die Sorge nach untenhin abnahm. In dieser Richtung wurde die Verbindung nicht wenig erhalten durch das System des Generals Church, der ausdrücklich alle Anklagen wegen politischer Meinungen und wegen des Antheils an geheimen Verbindungen von sich wies. In dieser Schonung hatte sich die Regierung selbst nicht durch einzelne starke politische Kundgebungen der Carbonerie beirren lassen, die zum Theil den Operationen des Generals noch vorausgegangen waren. Im Laufe des Jahres 1817 waren aus der Capitanata schon drohende Aufrufe verschickt worden, die Steuerverweigerung predigten und eine Verfassung forderten. Im Mai hatte Gagliardi aus Salerno mit andern „guten Vettern“ der Carboneria, die in den späteren Bewegungen eine thätige Rolle spielten, einen Revolutionsplan entworfen [75], der nur verschoben ward, um die nöthige Organisation aus dem diesseitigen Prinzipate (Salerno) erst weiter auszubreiten. Kurz darauf war jene Bewegung in Macerata, in den angrenzenden Marken des Kirchenstaates

---

75) Döring p. 182 ff.

ausgebrochen. Trotz alledem war Medici so sicher, daß er fortfuhr, die unfähigen Befehlshaber in den Provinzen mit Muratisten zu ersetzen, und daß er die Einwilligung zur Errichtung von Milizen in den Provinzen gab, in einem Augenblick, als die geheimen Verbindungen sogar in das Heer schon eingenistet waren. Zur Orga-

'1818. nisation dieser Miliz in Avellino und Foggia sandte er an Amato's Stelle Wilhelm Pepe ab, der schon in frühester Jugend unter König Joseph in eben diesem Geschäfte Erfahrungen gemacht hatte. Er verließ wie General Church die unsinnige Methode, die Besitzenden in der angstvollen Klemme zu halten zwischen der Brandschatzung der Banditen und der Strenge der Kriegsgerichte, die über alle des Einverständnisses mit den Räubern Beschuldigten unberufliche Urtheile sprachen. Er beruhigte diese Klasse der Einwohner über ihre Sicherheit, zog sie in die Berathung, entwarf dann umsichtig eine Liste der verläßigsten Bürger, die zu Milizofficieren tauglich waren und faßte diese bei ihrer Eitelkeit, um sie willig zu machen. Und nachdem er die Ausbreitung, die Macht und die Herabwürdigung der Carbonari zu gleicher Zeit kennen gelernt hatte, that er die kecken Schritte, seine Milizen sämmtlich zum Eintritt in die Verbindung zu bewegen, und aus den Compagnien eben so viele Carbonari-Venten zu bilden, um an dem veredelten und militärisch organisirten Bunde für alle Zeit ein Werkzeug zur Bekämpfung des Räuberwesens bereit zu haben. Bei diesen Maasnahmen leistete ihm die genaue Kenntniß seiner Landsleute die trefflichsten Dienste; er verstand sie, wo sie am versunkensten waren in Schmutz und Zuchtlosigkeit, durch die Ansprache an ihr besseres Theil anzuregen; er kannte das Geheimniß, die Menschen zu heben, indem er sie besser behandelte und höher zu schätzen vorgab, als sie verdienten. Nach wenigen Monaten machte er in Neapel die Anzeige, daß die 2000 rückständigen Haftbefehle vollzogen, die Räuber verschwunden, die Reisenden sicher seien ohne Geleit. Die Regierung hatte später, obgleich die Milizen bald ihren Argwohn erregten und der spanische Gesandte sie zum Einschreiten gegen die Liberalen auf- Ende 1819. forderte, die Absicht, Pepe nun auch den Befehl in Calabrien an Runziante's Stelle zu übertragen. Hätte er dort 20 Monate ge- arbeitet wie in Avellino, so behauptete Pepe selber, würde er einen Geist hervorgerufen haben, an dem die österreichische Invasion 1821 gescheitert wäre.

Wie viel verdienstlicher hätte er gethan, wenn er einen Geist Wilhelm Pepe. hervorgerufen hätte, der dieser Invasion ganz vorgebaut hätte! In dem Zeugnisse dieses Mannes von den glänzenden Erfolgen seiner Wirksamkeit liegt eine furchtbare Anklage seiner selbst. Mit dieser Anlage auf die Masse seines Volkes zu wirken und sie zum Selbst- gefühl zu heben, welch segensreiche Einflüsse hätte er mit seinen gleichgesinnten Freunden auf die ganze Bildung seines Volkes, auf lange Zeit hin ausüben können, wenn er auf dem begonnenen Wege fortgefahren hätte, den Bodensatz der Gesellschaft (und dieß ohne die entsetzlichen Mittel eines Manhes) auszufegen, die mitt- leren Schichten der Nation aus ihrer Verkommenheit emporzu- arbeiten, auf diese Weise die Kluft zwischen einem halbthierischen Pöbel und den vorangeschnellten Geistern der gebildeten Jugend auszufüllen und so eine Vorbereitung und feste Unterlage der Frei- heit zu gewinnen. Gerade um diese Zeit (1819) bot sich Alles hierzu entgegen, wo dem Raubwesen ein Ende bereitet war, wo es aufhörte, daß blos zweifelhafte und verzweifelte Leute in die Carbo- neria traten, wo die Tüchtigen und Verständigen die Vorhand gewan- nen, und eine Weile das System einer strengen Moral mit Straf- gesetzen gegen Trunkenheit, Hasardspiel und Ehebruch aufstellen durften, wie sie keine Regierungsgewalt hätte bieten können. Dazu kam, daß selbst die Minister in der Art von Pepe's Milizbildung ein mächtiges Mittel zur Civilisation erblickten; es war vielleicht das einzig wirkſame Mittel zu dieſem Zwecke in den Verhältniſſen dieſer abgelegenen Provinzen; und ohne Zweifel war es ein Inſtitut, das mit der Zeit die Abſolutie untergraben mußte ohne Verſchwö= rungen. Statt ſich dieſe edlen und naheliegenden Zwecke zu ſetzen, ſchürte Pepe das politiſche Strohfeuer in der Carboneria und arbeitete dahin, ſich an ſeiner Miliz ein Werkzeug zu einem gewalt= ſamen Angriff auf die Abſolutie zu bilden. Seine ganze Vorge= ſchichte hatte ihn zu der Rolle eines entſchloſſenen Revolutions= mannes geeignet gemacht. Der junge Calabreſe war ſchon um 1799 mit 16 Jahren, wie mehrere ſeiner Brüder, ein eifriger Republi= kaner geweſen; er hatte alle die leichtblütigen Hoffnungen der über= ſpannten Jugend getheilt und wiederholt ihre grauſamen Ent= täuſchungen erlitten, ohne ſich daraus zu belehren. Seine militä= riſche Laufbahn hatte er in den republikaniſchen Haufen dieſer Zeit begonnen, und dann in der italieniſchen Legion in franzöſiſchem Dienſte fortgeſetzt, nach deren Auflöſung er ins Vaterland zurück= kehrte, wo nun die Verfolgungen der Patrioten aufgehört hatten. In Ravenna ließ er ſich dann mit dem Enthuſiaſten Vincenz Pig= natelli, von dem zwei Brüder 1799 der Reaction zum Opfer gefallen waren, in einen Verſchwörungsplan zum Umſturz der franzöſiſchen Herrſchaft ein und nahm eine Sendung nach Mailand an. Der Plan erwies ſich als ein Schwindel; der neu Getäuſchte verzwei= felte jetzt an ſeinen politiſchen Hoffnungen und ging im Vaterhauſe in Squillace (1802) mit ſich zu Rath, ſeine Jugend beſſer anzu= wenden. Aber auf die Bahn der Abenteuer einmal gerathen, rauf= ſüchtig, „übermüthig von Natur“ wie er war, fuhr er mit größeren Schwindeleien fort. Der Leichtgläubigkeit aller Factionäre kundig, hatte er den ſchuldvollen Leichtſinn, auf ſie neue Aufſtandspläne zu bauen. Er erzählte ſeinen Calabreſen von einem Centralaus= ſchuß in Neapel, riß eine Menge von ſanguiniſchen Gläubigen in eine Verſchwörung, die dann durch ergriffene Briefe verrathen

wurde, und verschuldete dadurch, daß eine große Anzahl Familien
der Verfolgung ausgesetzt, zwei seiner Brüder zur Flucht genöthigt,
er selbst in lebenslängliche Haft gebracht wurde, aus der ihn die
veränderten Verhältnisse nach drei Jahren befreiten. Diese Zeit
benutzte er zu Studien, während er früher, wie so viele der italienischen Begeisterten, alle Bildung darin gesucht hatte, die Verse
Alfieri's und Monti's zu declamiren und die elektrischen Gedichte
seines Freundes Perticari auf sich wirken zu lassen. Später trat er
in König Josephs Dienste, wo er seine republikanischen Grundsätze allgemach unter dem wechselnden Zeitgeiste in constitutionell
monarchische umwandelte. Aber auch jetzt hatte er nicht Ruhe und
ging aus freiwilligem Entschlusse in Dienste nach Corfu und
Spanien, umsonst vermahnt, daß sich Niemand an ungerechten
Kriegen betheiligen solle. Nach Neapel zurückgekehrt, arbeitete er
1814 mit den Generalen, Murat zur Ertheilung einer Verfassung
zu zwingen; kecker als die Uebrigen, wollte er zweimal die Fahne
der Freiheit auf eigene Hand aufpflanzen und wurde vor ein Kriegsgericht gerufen, aber von dem König milde verschont. So trieb er
die Künste der Verschwörung wie ein Hasardspiel, und konnte sie
nicht mehr lassen. Als 1819 König Ferdinand mit dem Kaiser
Franz seine Milizen in Avellino zu mustern dachte, wollte Pepe die
Monarchen aufheben und als Geiseln für die italienische Freiheit
in Haft nehmen. Die Fürsten gaben ihre Absicht auf und ersparten
Pepe die Probe, ob er seinen kühnen Handstreich auszuführen den
Muth gehabt hätte. Die Unterstützung würde ihm gefehlt haben.
Denn der eigentlichen Politiker unter den Carbonari waren bis
dahin überhaupt nur wenige gewesen. Die angeseheneren Führer
darunter scheinen sich eine Weile mit dem bescheidenen Plane getragen zu haben, dem bestehenden großen Kanzleirath eine Art
ständischer Bedeutung zu geben; und dieser Gedanke soll sogleich

von außen ausgefundet und vereitelt worden sein[76]. Noch in geringerer Zahl und von geringerer Bedeutung aber waren damals
die entschlossenen Revolutionäre unter den Carbonari; dieß geht
schon aus den verschiedenen politischen Entwürfen hervor, die von
der „westlucanischen Republik" (Salerno) betrieben wurden und
noch nach dem Ausbruch der spanischen Revolution scheiterten, so
wie aus der Einflußlosigkeit der ruflosen Männer, die dort die Demagogen spielten. Solchen Leuten und ihrem persönlichen Ehrgeiz
zu verfallen, war das Loos aller politischen Verbindungen in Italien; Pepe selbst beschuldigte die vorauseilenden Westlucanier dieses Ehrgeizes, durch den sie Gefahr und Zwietracht brachten; er
selbst aber bot den noch Besonneneren dieselbe Blöße dar. Denn
mit Recht haben die weisesten Italiener, und unter ihnen selbst ein
Mann wie Foscolo, die Secten, die zwar im Namen der Freiheit
gebildet sind, als die eigentlichen Erhalter der italienischen Sklaverei schon darum angesehen, weil in ihnen die einzelnen Führer,
in ihren religiösen, sittlichen, politischen Meinungen von dem
Volksganzen abgerissen und wieder unter sich getheilter Richtung,
nothwendig die Saat der Spaltung, des Privathasses, der Verleumbung unterhalten, die Italiens Verderben ist; weil sie so,
als die Urheber dieser Zersplitterung, die Ursache werden, warum
sich keine gemeinsame Volksmasse bildet, die die nöthige und
gewöhnliche Führung der Verwaltung und Regierung, wie die
Partheien in England, unterstützt und sich eben dadurch beachtet
und geachtet macht. Ohne die Bildung eines solchen Volkskernes
hat sich in Italien weder ein Maas der politischen Forderungen,
noch eine Eintracht der Richtungen, noch eine geduldige Beharr-

76) Geschichte des K. Neapel von 1800—1820. Nach den Memoiren des
Prinzen Pignatelli-Strongoli. 1828. p. 260.

lichkeit in den Bestrebungen ausbilden können. Denn man lehrte
das Volk recht eigentlich, an den Ueberspannungen seiner voraus=
geeilten Jugend Theil zu nehmen, durch eben diese Geheimbünde,
in denen die Eigenschaften groß gezogen und genährt werden, die
einem bürgerlichen und staatlichen Gedeihen am hinderlichsten sind:
die schwärmende Einbildung mit geheimnißvollen Begehungen und
Beredungen, die Leichtgläubigkeit und Unruhesucht mit vorgespie=
gelten revolutionären Erfolgen, die Prahlerei mit großwortigen
Eiden und pomphaften Reden, die Eitelkeit mit ausgetheilten Titeln
und Graden. Es war dann kein Wunder, daß die Nation so leicht
die Beute der demagogischen Verführer ward, die sie in der Stunde
der Hoffnung hinrissen, um in der Stunde der Gefahr, von der
verzagten Nation verlassen, als Opfer zu fallen. Denn in dem
italienischen Charakter liegen die zwei widersprechenden Seiten des
entzündbaren, leichterregten Enthusiasmus und der Opferscheu oder
der praktisch klugen Berechnung dicht neben einander, die dieß Volk
zum Beginn von Revolutionen immer eben so bereit, als zu ihrer
Durchführung unfähig erhalten werden.

4. Spanien.

In Italien war mitten im Mittelalter, in der Periode seiner
Kunst-, Literatur-, Industrie- und Handelsblüte, das Morgenroth
der neueren Zeit europäischer Bildungen zuerst aufgegangen. Sobald aber ihr voller Tag gekommen war, seitdem die sächsische
Kirchenverbesserung und der angelsächsische Gewerbfleiß den Entwicklungen der Menschheit den germanischen Charakter aufprägten,
ist es aus dem Geleise der europäischen Cultur herausgerathen,
und in den Zuständen des Mittelalters, aus denen es zuerst den
Weg der Erlösung gezeigt hatte, hier zurückgeblieben, dort in sie
zurückgerathen: sie sind auf den Inseln in allen gesellschaftlichen
Beziehungen, sie sind in der Hauptstadt der mittleren und alten
Welt in Bezug auf Cultur und Cultus vollständig erhalten. Die
Zertheilung der Halbinsel machte die Italiener unfähig, mit den
großen Nachbarstaaten fortan den Wettlauf nach Macht und Reichthum zu bestehen; die Behausung des Pabstthums hinderte sie,
mit der Bildung im Norden Schritt zu halten. Einmal gehemmt
in ihren Entwicklungen, entfremdeten sie sich dann bald der Gesittung und den äußeren und inneren Bedürfnissen gebildeter Völker
und verfielen der stumpfen Trägheit, die der verderblichste Theil
ihrer Anlage war. Das untere Volk versank in äußerste Verwahr-
losung, der Adel verlor sein persönliches und politisches Selbstgefühl, das Bürgerthum, der Verbindungskitt der verschiedenen
Gesellschaftsklassen, fehlte; Priesterherrschaft und fürstliche Unbe-
schränktheit stumpften den Geist der volksthümlichen Einheit ab,
indem sie den engen Sinn der Oertlichkeit geflissentlich nährten.
So von dem Wetteifer auf den Bahnen der neuen Bestrebungen
abgedrängt, unfähig die neue Zeit sich anzueignen und mit ihren

Kräften zu wirken, begannen die Italiener sich in selbstgefälligem
Trotze auf die glänzenden Erinnerungen ihrer Vergangenheit zu-
rückzuziehen, und machten dadurch das Uebel ärger: sie setzten die
Ziele des Zeitalters noch mehr aus den Augen, sie verlernten die
Selbstkenntniß, die Vergleichung, die richtige Schätzung ihres Zustandes, ihres Abstandes von andern fortschreitenden Völkern, und
verloren mit ihr den letzten Stachel des nationalen Ehrgeizes.
Rührigkeit und Bestrebsamkeit erloschen in dem Maaße, daß die
gründlichsten Kenner italienischer Verhältnisse verzweifelten, es
werde Italien je wieder ohne fremde Dazwischenkunft zu einem
freien, volksthümlichen und thätigen Dasein gelangen. Solch eine
außerordentliche Hülfe ward aber Italien in der Zeit der französischen Herrschaft zu Theil. Allein auch sie, sahen wir eben, ging
ohne tiefe und dauernde Wirkung vorüber. Das Volk in Italien
hatte seit Jahrhunderten die Einflüsse der Fremden, Deutschen,
Spanier und Franzosen erduldet, ohne sich je mit Menschen oder
Einrichtungen verschmolzen oder geeinigt zu haben; dieselbe Erfahrung wurde jetzt wieder gemacht. Man sah die neuen französischen Herrscher gleichgültig weichen, deren wohlthätige Verbesserungen man gerne erhalten hätte; man ließ sich diese Einrichtungen
von den alten einheimischen Herrschern gleichgültig nehmen, deren
man gerne ledig geblieben wäre. So war die fremde Pflanzung
auf dem tief zwar umgewühlten, aber auch tief erschöpften Boden
fast überall eben so rasch abgestorben als aufgeschossen. Und nicht
fremder Anbau und Zuchtkünste, auch nicht der heiße Dünger ein-
heimischer Umwälzungen, sondern große, allgemeine Witterungs-
verhältnisse von entschiedener Gunst und langer Dauer scheinen
hier nothwendig zu sein, wenn dieser Boden noch einmal zu Frucht-
barkeit verjüngt werden soll. Nicht der mechanische Einfluß fremder
Nationalitäten, sondern der organische Anstoß der ganzen Zeit und
Welt, förderliche Veränderungen in dem Zuge des Welthandels,

die steigende Cultur der Zeit, Reisen, literarische Verbindungen, Zeitungen, Eisenbahnen, der ideelle Einfluß, der von diesem Bilde der fortschreitenden Völker ausstrahlt, die materielle Greifbarkeit der großen Kluft zwischen seinen und den fremden Zuständen, diese allgemeinsten, aber massenhaften Verhältnisse scheinen allein auf eine Wiedergeburt dieses Volkes und die gesunde Kräftigung seines Wuchses einwirken zu können und zu müssen.

Spaniens Verhältniß zu der neueren Zeit.

Mit einer viel schwereren Wucht haben geographische und geschichtliche Verhältnisse in Spanien zusammengewirkt, um dieß Land der neuen Gesittung und Bildung Europa's noch ungleich fremder und ferner zu erhalten als Italien. Seine abgetrennte Lage, seine Nähe bei Africa und America, der Eindrang der Maurischen Völker dorther, die Ausströmung der spanischen Bevölkerung hierhin, hat hier dem Volke und seiner Geschichte etwas Abgesondertes, seiner Bildung etwas Unbewegliches, dem Instinct der Erhaltung fast wie im Orient eine zähe Gewalt und Festigkeit gegeben. Diese Absonderung des ganzen Landes gegen außen wiederholt sich im Innern in der Absonderung der einzelnen, von paßlosen Gebirgskämmen geschiedenen Provinzen gegen einander. Dadurch entging dem Gesammtlande der bildende Einfluß einer voranschreitenden Hauptstadt, und den Provinzen wieder jene vielgestaltigen Mittelpuncte eigenthümlicher Cultur, die Italien in den Hauptstädten seiner selbständigen Staaten voraus hat. Während daher Italien, unangezogen wie es seinerseits von der neuen Bildung Europas blieb, doch durch die Wunder seiner alten Cultur Europa immer zu sich hinzog, so war der allgemeine Zustand der spanischen Halbinsel im Wesentlichen derselbe, wie auf den selten besuchten italienischen Inseln. Lebenssitte, Arbeitsweise, Kriegsart, die Richtung des Geistes und Geschmacks, der Haushalt in Staat und Familie blieben wie unverändert; die Starrheit des Religions-

glaubens aber und die Allmacht der Hierarchie gab diesem System
der Unbeweglichkeit geschichtlich erst seine unerschütterte Festigkeit.
Durch ein wunderbares Zusammenspielen der Schicksale und der
Naturanlage ist der Mittelpunct aller Geschichte des spanischen
Volkes zu aller Zeit, — von der Ueberwindung der arianischen
Ketzerei unter den Gothen an, durch die 700jährigen Maurenkämpfe
hindurch, bis zu der Belehrung des entdeckten America und den
Vertilgungskriegen gegen den Protestantismus, — Religion und
Glaube, Religions= und Glaubenshaß gewesen. Das Abgeson=
derte des spanischen Wesens vollendete sich dadurch, daß unter die=
sem Verlaufe seiner Geschichte das Volk sich im Stolze auf sein
reines christliches Blut noch schroffer abschloß, und daß der Theil
der Gesellschaft, der die Absonderung von der Welt zu Beruf und
Lehre machte, an die Spitze aller Dinge trat. Denn die geistliche
Kaste, die zur Zeit ihrer Blüte ¹⁄₃₃ der Bevölkerung ausmachte
und deren Zehnten mehr als die gesammten Staatseinkünfte aus=
trugen, wurde hier die eigentliche herrschende Gewalt, die Kirche
der Einheitspunct der Nation, ihr Dogma (was die denkenden
Spanier als den Kern ihrer Uebel ansehen) die Fessel aller natür=
lichen Fortbildung des Geistes; ihre Verschmähung des äußeren
Lebens das Verderb des spanischen Gewerbfleißes, die Ursache der
Verarmung des Volks und der Ohnmacht des Staats. Denn wie
viel weniger noch als Italien konnte dieß Land Schritt halten mit
den fortstrebenden Völkern von der Zeit an, wo Industrie und
Handel der Hebel alles staatlichen Gedeihens ward, dieß Land,
wo die Geistlichkeit Juden und Mauren austrieb, und das Vor=
urtheil gegen Gewerbe und Handel, als Mauren= und Judenwerk,
nährte, wo sie einfache Flußcorrectionen für sündhafte Eingriffe in
Gottes Schöpfung erklärte, wo sie die Bettelei und den trägen
Hang des Volkes grundsätzlich unterstützte, wo sie die Mittel hatte,
dem Mittellosen in ihrem Schooße leichteres Unterkommen und

selbst bessere Bildung zu bieten als der Staat. Als Ferdinand der
Katholische die Landestheile vereinigte und die Gewalt der Regierung in aller Weise kräftigte, diente dieß nicht den Staat mächtiger
als die Kirche, die Regierung stärker als die Geistlichkeit zu machen;
die Religionskriege in und nach seiner Zeit hielten Volk und Land
auf seinen alten Wegen fest; und wenn die Absolutie eine Weile
die Geistlichkeit mehr als ihr Werkzeug zu brauchen schien, so sank
sie alsbald wieder zum Werkzeug der Geistlichkeit herab. Wären
bei jener Verbindung der Landestheile die aragonischen Provinzen,
was der Castiller „das Reich" nennt, der leitende Theil des Staates geworden, so hätte durch ihre Gewerblichkeit, ihre freieren
Staatsordnungen, ihre näheren Beziehungen zu der europäischen
Welt vielleicht hier ein Brennpunct neuer Bildung geschaffen werden können, der dem Geiste Luft, der Thätigkeit einen Antrieb gab,
sich aus dem geistlichen Drucke zu erheben; da aber Castilien an die
Spitze kam, wo seit Jahrhunderten der Hof- und Lehnunfug aufs
Höchste getrieben war, so umlagerte die altcastilische Factionen-
und Günstlingherrschaft fortan auch die österreichische und bourbo-
nische Hofhaltung; und in ihrem Gefolge kam Willkür und Anarchie, Unwissenheit und Unwirthlichkeit, Bestechung und Ungerech-
tigkeit in so zerrüttender Weise, daß die absolute Herrschergewalt
hier in dem Wiegenlande, von dem sie ausging, schon in ihrer
Wiege mit Unfruchtbarkeit und Unvermögen geschlagen ward.
Noch mitten unter den Blendnissen der Macht begann schon unter
Philipp II. die Zersetzung des Staates, in dem das österreichische
Haus in zwei Jahrhunderten alle Quellen der Wohlfahrt ver-
schüttete, alle Spannkraft des Geistes erschlaffte. Man suchte das
Glück, da der Wohlstand das Land verließ, in Indolenz und Be-
dürfnißlosigkeit; das Land ward wüste; die Menschen hörten auf
Bürger zu sein; der Staat behielt nicht so viel Macht übrig, als
einst seine Provinzen einzeln besaßen. Während der Dichter noch

fang, daß die Sonne im spanischen Reiche nicht untergehe und daß
vor dem Worte „Spanier alle Völker bebten", erklärte die amtliche
Prosa der Cortes oder des Staatsraths unter Philipp III. und
Karl II. das Land seinem Untergang nahe, und gab ihm kein
Jahrhundert Leben mehr. Auf dieser verzweifelten Höhe der ver-
zweiflungsvollen Lage fügte es das Schicksal, daß das abgesperrte
Europa mit seinen Menschen, Ideen und Bildungen zu wiederhol-
tenmalen diesem Lande der Absonderung sich gewaltsam aufzwang.
In dem spanischen Erbfolgekriege drangen zum erstenmale ketzerische
Engländer und freigeistige Franzosen bis ins Herz von Spanien
vor; die französische Aufklärung, als sie wie eine Feuersbrunst
ausgebreitet war, warf einige Streiflichter über die Pyrenäen;
die neuen Grundsätze der Staatsverwaltung faßten in Madrid
einige Wurzel; die Revolutionen in America und Frankreich gaben
dem in hundertjährigen Schlaf versunkenen Volksgeist in Spanien
einen mächtigen Stoß zur Erweckung. Einzelne Denker in Spanien, wie die Campomanes, Jovellanos, Cabarrus u. A. begannen
seitdem in kälterer Selbsterkenntniß als die italienischen Patrioten
in den eigenen Busen zu greifen; sie machten sich frei[1] von dem
nationalen Dünkel prahlerischer Selbsttäuschung, blickten mit Ge-
ringschätzung auf die alte Gloriole kreuzritterlichen Heldenthums,
und beleuchteten die kirchliche und politische Sklaverei ihrer Vergangenheit, und die Versunkenheit ihres einst großen Volkes in
der Gegenwart mit unbestechlicher Wahrheitsliebe. Aber alle diese
Einsicht vermochte nicht, die kolossalen Mißbräuche zu erschüttern,
die nach der Ueberzeugung der Weisesten weniger durch politische
Formen und Reformen, als durch Schule und Unterricht gebrochen
werden mußten, wohin die Priesterherrschaft den Zugang wehrte. An

---

1) Die kleine Satire pan y toros von Jovellanos könnte es allein beweisen.

der Kruste der nationalen Abgeschlossenheit bog sich der grabende
Spaten der reformistischen Staatsmänner; in dem durch die
Hierarchie ausgedörrten geistigen Gebiete verloren sich die befruch=
tenden Ideen, die nur in dünnen Kanälen aus Europa eindrangen.
Auch hier wie in Italien schien den Erfahrensten die eigene Kraft
des Volkes nicht mehr ausreichend zur Abhülfe. Ein Wellington
erklärte die Spanier, selbst mitten in ihrem glorreichen Kampfe
gegen Frankreich, für nichts als enthusiastisch, für unfähig zu jeder
nützlichen Anstrengung, für die eitelste, unwissendste, für eine „ver=
lorene Nation." Und viele jener Eingebornen, die König Joseph
ihre Dienste liehen, waren derselben Ansicht, daß es einer einsichts=
vollen fremden Gewalt bedürfe, die ungeheure Masse der nationa=
len Vorurtheile auszutilgen, und es waren darunter Männer von
unbestrittener Weisheit und selbst von unbestreitbarer Vater=
landsliebe.

Spaniens Kampf
für seine äußere
Unabhängigkeit.   Allein in diesem abgeschlossenen Volke würde jede eingetragene
fremde Einrichtung noch unfruchtbarer geblieben, noch schneller
abgestoßen worden sein als in Italien; schon die Geschichte der
vereinzelten, verfrühten, verfehlten Reformen unter Karl III. müßte
dieß beweisen. Und selbst von den allmäligen Einwirkungen der
europäischen Bildung im Großen war in dem entlegenen Lande
nicht so viel zu hoffen, wie in dem näheren, künstereichen, getheil=
ten, in sich selbst wetteifernden Italien, wenn es sich nicht so fügte,
daß seine Bevölkerung für diese Einwirkungen vorbereitet ward
durch irgend eine außerordentliche Erschütterung, die den stockenden
Lebenssaft in dem ganzen Volkskörper wieder in Fluß brachte.
Solch eine Erschütterung aber ward Spanien zu Theil in dem
Augenblick des höchsten Nothstandes, wo die schamlose Günstlings=
herrschaft des Friedensfürsten Godoi das Land zu dem Anfang
polnischer Schicksale getrieben hatte. Hundert Jahre, nachdem

Ludwig XIV.¹ dem schwachen Karl II. gegenüber unternommen vgl. Einleit. p. 112
hatte, das österreichische Haus aus Spanien zu verdrängen, wandte
Napoleon die gleiche, unerwogene und selbstverderbliche Familien-
politik, dem schwachen Karl IV. gegenüber, wider die Bourbonen
in Spanien. Damals, nach dem Erbfolgekriege, hatte die Zerglie-
derung des großen spanischen Reiches mit der Losreißung Belgiens
und Italiens begonnen, jetzt unter Napoleon, nachdem zuvor das
Bündniß mit Frankreich Spanien seiner Flotte beraubt und den
Geist der Revolution und den Gedanken der Abtrennung in alle
seine Colonien geworfen hatte, sollte sie sich vollenden: Spanien
sollte an Napoleon verkauft, wie Portugal zerrissen und von seiner
Familie beherrscht werden; nachdem es Alles verloren, sollte es
sich selber verlieren. Auf diesem Puncte trieb die Verzweiflung zur
Rettung. Der französische Kaiser erlebte hier das Widerspiel von
dem was bei der Ueberziehung von Italien geschehen war. Denn
er stieß hier, worauf er in keinem anderen Lande des gebildeten
Europa gestoßen war, auf eine instinctive Vaterlandsliebe voll
altiberischer Hartnäckigkeit; auf ein geschlossenes Volksthum voll
altem Stammhaß; daher in allen Theilen des Landes auf den
gleichen Unabhängigkeitssinn und (was die Frucht der alten muni-
cipalen Freiheit war) auf die gleiche Selbständigkeit des Handelns;
auf eine Halbverwilderung in den Massen, die aller Orten ihre
vagabundirenden Helden, Contrabandisten, Bandoleros, Mata-
doren bereit hatten, um sie jetzt für die Sache der „heiligen Insur-
rection" in jenen uralten Landsturm zu stellen, der in Catalonien
noch unter demselben Namen kämpfte wie im 11. Jahrhundert
gegen die Mauren, und noch ganz in demselben Kriegssysteme,
das nur noch in Südamerica und Griechenland seines Gleichen in
diesen Tagen hatte: wo Barbarei und Heldenthum, Edelmuth
und grausige Thierheit, Opfer des eigenen und Schlächterei des
fremden Lebens einander ablösten und aufwogen. Der Ausbruch

des Aufstandes erfolgte in allen Provinzen zu gleicher Zeit, auf
Einen Schlag und unter der Theilnahme aller Stände. Begonnen
ohne Führer, ohne Heer, ohne Geld und Feldmittel, in jener glücklichen Unkunde, die die Gefahr nicht bemißt und daher nicht fürch-
tet, wurde der Kampf sechs Jahre lang fortgeführt in jenem zähen
verstockten Muthe, der bei keinem Unglück verzagt. Der Eroberer
hatte sich trotzig vermessen: er werde hier die Säulen des Hercules,
aber nicht die Grenzen seiner Macht finden! Aber sein Bruder
Joseph hatte ihm gleich anfangs das Gegentheil treffender geweis-
sagt. Der Bundesgenosse (Wellington), die spanische Unfähigkeit
zum geordneten Kriege verachtend, erwartete nach den Unglücksfällen von 1810 Ermüdung und Ende des Aufstands; aber er
täuschte sich. Denn er schlug jene blinde Begeisterung viel zu gering
an, die zu dem unerschlafften, ausdauernden Beistande unerläßlich
war, ohne den gerade seine zaudernde Kriegsführung unfehlbar
gescheitert wäre.

Der Kampf für die
innere Freiheit.　　Der Aufstand Spaniens war eine krampfhafte Erhebung gegen ein gegenwärtiges, von außen andrängendes Uebel; er war
aber zugleich eine Erhebung aus der ganzen verzweifelten Vergangenheit der inneren Zustände nach einer neuen Zukunft hin. So
rasch und glücklich aber der Zweck jenes äußerlichen Kampfes erreicht ward, so zweifelhaft sollten sich die Erfolge in diesem inneren
Kampfe verschieben. Um die Unabhängigkeit von der Fremdherrschaft zu erfechten, hatte die vaterländische Begeisterung und die
ausdauernde physische Kraft genügt, der Mangel an aller Umsicht
und Uebersicht war dabei selbst zu Statten gekommen; um aber
innere Freiheit zu begründen, hätte es einer geistigen Vorbereitung,
einer gemeinsamen Gleichmäßigkeit der Bildung, einer brauchbaren
politischen Ueberlieferung bedurft, was Alles gänzlich entbehrt ward.
Dort in dem Kriege gegen den äußeren Feind war die Sache Eine,

und Allen klar, und Allen, den Anhängern des Alten und des
Neuen, gemeinsam; in den inneren Bestrebungen aber war das
nächste Ziel und was hinter ihm lag, die politische Verfassung und
ihre Wirkungen, den Meisten unklar und fern gelegen; Heer und
Volk verhielten sich entweder gleichgültig dagegen oder sie waren
in Factionen gespalten, in denen die roheste Einseitigkeit und Leidenschaft in die blutigsten Gegensätze trieb; die Interessen der
Landestheile, die Zu- und Abneigungen der Stände, die Meinungen in den gebildeten Klassen stießen sich in allen bedeutenden Fragen; ja die besonnensten Führer und die freisinnigsten Vorkämpfer
der politischen Reform hatten in vielen dieser Fragen mit sich selbst
und ihren theuersten Vorurtheilen zu streiten. War der äußere
Freiheitskampf in einem Volkskriege geführt worden, der, trächtig
mit großen Erfolgen, ganz Europa den Weg zur Befreiung von
Napoleons Joch zeigte, so begann mit dem inneren Verfassungs-
kampfe gleichzeitig ein Bürgerkrieg in Spanien, der, scheinbar ganz
Unfruchtbarkeit, noch heute weder zu dauernder Ordnung noch zu
gesicherter Freiheit geführt hat. In härteren Prüfungen bewährte
das Volk in diesem wie in jenem Kriege die gleiche hartnäckige
Ausdauer, dieselbe Erhebung aus jeder Niederlage, dieselbe Unver-
drossenheit zu der oft wie es schien verlorenen, oft aufgegebenen
Arbeit. Durch Jahrzehnte wechselten die Schläge und Gegenschläge
der Partheien in den heftigsten Ausbrüchen; mit gleich wüthendem
viva und muera, unter den gleich lauten Fanfaren der spanischen
Prahlsucht, wurden die Constitutionstafeln aufgerichtet und zerstört, hergestellt und wieder zertrümmert; Menschen und Einrichtungen der äußersten Gegensätze lösten sich ab, Hierarchie und Tra-
galismus, Demokratie und Despotie, Freiheitsmörder und Frei-
heitsschänder; die Sieger, niemals begnügt nach ihren Grundsätzen
zu regieren, suchten jedesmal den niedergeworfenen Gegner scho-
nungslos zu unterdrücken, der sich bald zur Vergeltung erhob.

Denn keine der ringenden Partheien zeigte sich so stark zu siegen und zu dauern, keine so schwach besiegt zu werden und unterzugehen, und doch war Beiden aller Sinn für Nachgiebigkeit und Einigung fremd, wie die Begriffe von Fusion und Amnestie dem ganzen Volke unverständlich waren. Von diesem fruchtlosen Wechsel zwischen fieberhafter Erregung und ohnmächtiger Erschöpfung haben sich viele Beobachter in Abscheu hinweggewandt, die meisten mindestens in völligem Zweifel, ob unter diesen Krisen die politische Gesundheit dieses Volkes werde hergestellt oder völlig zerrüttet werden. Ziellos aber oder verzweifelt wie er oft schien, ist dieser Kampf gleichwohl in der Geschichte des 19. Jahrhunderts, wie wir sie begreifen, wichtiger und bedeutender, als bis dahin die gleichzeitige Geschichte fast jedes anderen Landes gewesen ist. Dieses Volk war in der Periode des großen Uebergangs in die neuern Zeitverhältnisse, im 16. Jahrhundert, von seiner natürlichen Fortbildung abgelenkt worden durch den Erwerb von America; in dem Augenblick, da dieser Besitz ihm verloren gehen, da ihm das Faulbett seiner colonialen Hülfsmittel entzogen werden sollte, wurde es sich selber gleichsam zurückgegeben und raffte sich zusammen, die Versäumniß von Jahrhunderten nachzuholen. Seitdem ist hier der Verlauf einer Volkserneuerung in den wunderbarsten Wechselfällen zu verfolgen; und was diesem an sich großen Gegenstande seinen besonderen Reiz gibt, ist dieses, daß das spanische Volk in dieser seiner Selbstverjüngung ganz auf seine eigene Kraft und Natur angewiesen erscheint. Die Revolution in diesem Lande, unerläßlicher und weniger vorbereitet als irgendwo sonst, hatte die Bürde vielhundertjähriger Misbräuche, die faule und rohe Masse eines versunkenen und verwilderten Volks, die ungebrochene Stärke der Priester- und Fürstengewalt zu überwinden, und ihr entging dabei die Vorarbeit einer aufklärenden Literatur, die Gunst einer gesetzgebenden Hauptstadt, der Einfluß lebhaften

Verkehrs mit gebildeten Völkern, die Bahnzeigung einer verständigen, wohlwollenden Absolutie, die Bahnbrechung durch eine rück-
sichtslos reformirende Fremdherrschaft, Alles, was anderen Völkern die ähnlichen Krisen erleichtert hat. Diese Zurückweisung auf
sich selbst hat dem spanischen Volke seine inneren Kämpfe erschwert,
verlängert, verschärft, aber eben dadurch wird die endliche Entscheidung um so sicherer und, selbst wenn sie viele Erwartungen unbefriedigt lassen sollte, um so merkwürdiger gemacht.

Die beiden großen Partheien, die diesen Kampf ausfechten, Die Cortesverfas-
sung von 1812.
bildeten sich (gleich anfangs unter dem Namen der Liberalen und
Servilen, deren Einer alsbald in ganz Europa Bürgerrecht gewann)
während der Versammlung der außerordentlichen Cortes in Cadiz,
die die berühmte Verfassung vom 19. März 1812 geschaffen haben.
Inhalt und Entstehung dieser Verfassung können hier nicht ganz
übergangen werden; denn sie ist nachher wiederholt auf der Bühne
der spanischen Geschichte wieder erschienen, sie ist lange Zeit das
Ideal der Freisinnigen, der Abscheu der Absolutisten in ganz Europa gewesen, in einem Grade, der sich erst unter längeren Erfahrungen auf beiden Seiten ermäßigt hat. Von den Erhaltungs-
männern ist ihrem radicalen Charakter und der angemaßten Gewalt
der Versammlung, die sie entwarf, die ganze Heftigkeit der Par-
theigegensätze in Spanien und alles aus ihr geflossene Elend häufig Schuld gegeben worden. Nichts ist thörichter als dieß. Denn
wie gemäßigt immer der Inhalt dieser Verfassung gewesen wäre,
sie hätte als das Symbol der politischen Wiedergeburt in jeder
Gestalt den gleichen Haß der Servilen erfahren, und ihre Verfechter stritten für sie als für dieses Wahrzeichen, selbst indem sie ihren
einzelnen Inhalt verwarfen. Denn auch von sehr freien und unbe-
theiligten Beurtheilern in Wissenschaft und Praxis sind dieser Verfassung viele Vorwürfe gemacht worden, und nicht wenige der frei-

sinnigen Mitbegründer, ja der Märtyrer derselben haben diese
Vorwürfe gebilligt. Die Merkmale ihrer Entstehung unter dem
Einfluß einer tumultuarischen Zeit, einer aufgeregten Volksmasse,
einer entzügelten Presse wollten selbst diese weder verleugnen noch
loben. Sie tadelten, daß man von der alten Form der Berufung
und Versammlung der Cortes nach Ständen abgegangen war, daß
man eine gesonderte Vertretung der alten Würdenträger Spaniens
und des großen Grundeigenthums aufgegeben hatte, in diesem
Lande, wo sich in Adel und Geistlichkeit die größten Grundbesitzer
in Europa befinden. Sie tadelten noch mehr, daß in dem ganzen
Geiste der Verfassung die zum Theil so volksthümliche heimische
Ueberlieferung den demokratischen Neuerungen nach dem Vorbilde
der französischen Verfassung von 1791 zu sehr geopfert worden sei,
und dieß zu einer Zeit, wo Frankreich von dem Uebermaße der
Demokratie bereits in das der Despotie zurückgefallen war. Denn
auf diesem Wege verlor man sich in ein Gespinnst ausführlicher,
geflügelter, selbst kindischer Bestimmungen und erneuerte einzelne
Fehler, die selbst die hyperdemokratischste Ansicht seit lange verworfen
hatte: jenes Verbot z. B. der Wiedererwählung derselben Abgeordneten in die nächste Cortessitzung, das gleich den ersten ordentlichen Cortes von 1813 die Seele ausbrach. Wesentlicher noch als
diese wesentlichen Fehler waren die Verletzungen der verschiedensten
Interessen; unter ihnen stand obenan die Nichtigkeit, zu der die
Gewalt, die Beschränkungen, zu denen die Person des Königs verurtheilt war. Die Cortes sollten sich selbst versammeln, der König
sie nicht auflösen können. Die Minister der Krone durften nicht
von dem Volk in die Cortes gewählt, und nicht von dem Könige
aus den Cortes gewählt werden. Die gesetzgebende Gewalt war
fast ohne Beschränkung von den Cortes an sich gerissen, die aus-
übende in vielen Stücken dem Könige entrissen worden. Finanzverwaltung, höhere Polizei, Heer, Miliz, Flotte, Krieg, Frieden,

alle Verträge waren ihrer Verordnung oder Genehmigung und
Prüfung, selbst des Königs Recht der Ernennung von Richtern,
Bischöffen u. A. ihrem Einflusse unterworfen. Bei Gefahr des
Thronverlustes sollte der König nicht ohne Genehmigung der Cor-
tes heirathen oder außer Land reisen. Ja zu Gericht sollten die
Cortes über den König sitzen nach dem Artikel (181), der ihnen
gestattete, von der Thronfolge die auszuschließen, die unfähig seien
zu regieren oder „eine Handlung begangen hätten, wodurch sie den
Verlust der Krone verwirkten." All dieß konnte wie eine Art Wahn-
witz erscheinen in einem Lande, wo die abgöttische Verehrung der
Monarchie eben erst den Anstoß zu dem einträchtigen Aufstande
gegen die Franzosen gegeben hatte, wo alle Thatsachen bezeugten,
daß die Fürstenliebe in dem Volke nicht eine stumpfe Gewöhnung,
sondern eine wirkliche und wirkende Kraft war. So hat sich hier
noch langehin die Sache der Freiheit nur erhalten, wenn der König
auf ihrer Seite war, so wie umgekehrt die Sache der Absolutie
(in Don Carlos) verspielte, als der König nicht auf ihrer Seite
war; so waren die Franzosen die gehaßtesten Nationalfeinde, als
sie gegen den König standen, und nach 9 Jahren wurden sie Na-
tionalfreunde, als sie für denselben König kämpften. Ohne die
Entferntheit des Königs, darf man behaupten, wäre in Südamerica
die Revolution nie durchgeführt, und in Spanien selbst wäre sie
ohne seine zeitweilige Abwesenheit (1808—14) von eben diesen
Cortes nie begonnen worden, die jetzt hinter seinem Rücken die
Volksherrlichkeit ausriefen und den Titel der Majestät sich selber
beilegten. Und dieß Alles in einer Versammlung, der Viele wegen
ihrer Form die Rechtmäßigkeit und aus ihrem Mandat alle Befugniß zu einer Verfassunggebung absprachen. Denn als König
Ferdinand VII. nach den berüchtigten Bayonner Vorgängen, die
ihn und seinen Vater des Throns zu Gunsten Joseph Bonaparte's
beraubten, in einem eigenhändigen Decrete¹ die Berufung der ¹ 5. Mai 1808.

Cortes anordnete, so hatte er darin doch die Beschäftigung mit der
Vertheidigung des Reiches ausdrücklich als ihre „einzige" Aufgabe
bezeichnet.

Wie begründet aber alle diese Vorwürfe in der rechtlichen und
politischen Theorie sein mögen, ganz anders urtheilt man über
diese Gesetze und Gesetzgeber, wenn man sie geschichtlich betrachtet
und die Macht der thatsächlichen Verhältnisse, unter denen die Cortes handelten und die Verfassung entstand[2], nirgends aus den Augen läßt. Das meiste dessen, was zuvor am meisten die Merkmale
revolutionärer Entstehung verrieth, erscheint dann als das Ergebniß schwerfälliger Berathung, als das Werk eines langsamen Be-
dachtes oder einer unausweichlichen Nöthigung. So war gleich
der alles entscheidende erste Schritt der Einberufung der Cortes
eine lange und ängstlich verschobene Handlung der platten Nothwendigkeit, um der Anarchie, der Gefährdung des Thrones und
dem vorzeitigen Ende des Insurrectionskrieges zugleich vorzubeugen.
Bei dem Ausbruch des Aufstandes (1808) war die oberste Leitung
der Dinge einer Centraljunta übergeben worden; die Besten Spaniens waren in ihr versammelt. Aber es waren 35 Mitglieder von
allen Farben, daher unter sich nicht einig und zum rechten Handeln
in einer thatbedürftigen Zeit nicht geschickt. Es waren gesetzte und
gesetzliche Männer, so sehr, daß sie die von dem Könige selbst vorgeschriebene Berufung der Cortes nicht einmal in Aussicht zu stellen
wagten, und daß sie neben sich einen ränkesüchtigen Nebenbuhler

2) Eine Geschichte der constituirenden Cortes und ihrer Verfassung (die
Marliani zu schreiben die Absicht hatte) steht noch aus. Zu unserer Auffassung
vgl. Toreno hist. del levantamiento guerra y revolucion de España,
und die ihm folgenden Beurtheilungen von L. de Carré, l'Espagne au 19.
siècle. Revue des deux Mondes. 5,19 ff. und von Marliani, hist. pol. de
l'Espagne moderne. 1841. 1,167 ff.

ihres Ansehens, den vereinigten Rath (von Castilien und Indien) bestehen ließen, den eigentlichen Vertreter der alten Regierungsweise, der durch seine Häufung von Gewalten, seinen
Nepotismus, seine Verbindung mit der Inquisition allen Einsichtigen tief verhaßt war. Beiden zwieträchtigen und ohnmächtigen
Behörden gegenüber standen wieder die Provinzialjunten, aus deren
Schooße eine föderalistische Anarchie drohte, die sich anfangs weigerten die Centraljunta anzuerkennen, und, als sie sie beschickten,
ihren Abgeordneten zum Theil Weisungen gaben im Geiste schwei-
zerischer Cantonalinstructionen. Diesem getheilten Regimente gab
der Held von Zaragoza in spanischer Ruhmredigkeit Schuld, daß
er nicht schon im Herbste 1808 „die Franzosen vertilgt" habe, und
die drei Brüder Palafox cabalirten durch zwei Jahre, die Junta
zu stürzen und einen Regenten aus des Königs oder aus ihrer
Verwandtschaft (den Grafen Montijo) zu ernennen[3]. Andere Plane
des Ehrgeizes hatten zu verschiedenen Zeiten verschiedene Verwandte
des Königs, die den Thron selbst gefährden konnten; die Königin
von Sicilien für ihren Sohn Leopold, der Herzog von Orleans
und die Erbprinzessin Charlotte von Brasilien, die Tochter Karls IV.,
für sich selbst. In diesem Gedränge von Ansprüchen war die Versammlung der Cortes immer als das letzte Hülfs- und Auskunfts-
mittel angesehen, wie sie der erste Gedanke des gefangenen Königs
und der Provinzialjunten gewesen war; dieser Gedanke ward aber
dringender, als der österreichische Krieg von 1809, der auf die
spanische Diversion begonnen und in Spanien wieder als eine
erleichternde Ablenkung voller Spannung beobachtet ward, im
April mit Niederlagen der Oesterreicher begann. Jetzt konnte sich
die bedächtliche Centraljunta den wiederholten Anträgen Calvo's
de Rosas nicht mehr entziehen; aber auch jetzt erforschte sie erst

---

3) Mémoires du roi Joseph. 5, 120—126.

'22. Mai 1809. hinzögernd durch ein Decret[1] alle Provinzialjunten, Gerichte, Be=
hörden und Universitäten über die Form der Versammlung und die
etwaige Reform der Verfassung, und ließ das massenhaft einlau=
fende Material durch verschiedene Ausschüsse aufs gewissenhafteste
verarbeiten. Und so wäre auch jetzt die Sache in diesen Vorberei=
tungen erstickt, wenn nicht der österreichische Krieg sein rasches Ende
'14. Oct. in dem Frieden von Schönbrunn[1] gefunden hätte, der Oesterreich
zwang alle Veränderungen Napoleon's in Spanien im Voraus
gutzuheißen und diesem gestattete, seine ganze Macht auf Spanien
'26. Oct. zu werfen. Jetzt erst stellte ein Manifest der Centraljunta[1] die Ver=
sammlung der Cortes, auch jetzt erst nach Monaten, in Aussicht.
Sie waren ausdrücklich in dem Aufruf als der letzte Rettungsanker
bezeichnet, als das einzige Mittel, zugleich die kriegerische Begeiste=
rung zu unterhalten und den gefährlichen Ehrgeiz, die vordringlichen
Ansprüche und Anmaßungen niederzuhalten. Als die Centraljunta,
bedrängt von neuen Ränken des vereinigten Raths und der Generale
'29. Jan. 1810. Franz Palafor und Romano ihre Gewalt[1] in die Hände einer Re=
gentschaft (von fünf Mitgliedern) niederlegte, erließ sie zugleich
einen Beschluß[4], der nach den höchst besonnenen Rathschlägen von
Jovellanos[5] die Form der Berufung nach den alten Ständen, aber
in zwei Versammlungen, bestimmte und zugleich den Colonien eine
Vertretung sicherte: so weit hatte selbst diese conservativste Behörde
eine Veränderung in der Form der Cortes unumgänglich gefunden.
Selbst jetzt aber verschob auch die Regentschaft noch die Berufung
und hielt den letzten Beschluß der Junta unveröffentlicht. Erst als
die äußerste Noth antrieb, als eine Reihe von Unglücksfällen nach
der Niederlage von Ocaña begann, als Andalusien verloren war,
'18. April. als König Joseph in Sevilla stand und nun[1] mit dem Versprechen

---

4) Bei Miraflores, apuntes historicos; documentos 1,1.
5) Vgl. die mémoires pol. de D. Gaspar Jovellanos. Paris, 1825.

der Cortesberufung zuvorkam, nun erst schrieb die Regentschaft auch ihrerseits die Zusammenkunft der Cortes auf die isla de Leon aus.

.

Wenn von dieser Zeit an eine Art revolutionärer Einwirkung *Fortsetzung.* der öffentlichen Meinung auf die Cortes, vor und während ihrer Versammlung begann, so hat diese Wendung vor Allem das Uebermaas der verzögernden Loyalität der Centraljunta verschuldet. Früher berufen wären die Cortes regelmäßiger zusammengesetzt, ruhiger gewählt, und an einem ruhigen Orte der besonnenen Leitung der Centraljunta gegenüber gewesen. Jetzt waren sie auf die Isla de Leon und dann nach Cadiz zurückgedrängt, den revolutionärsten Ort im Lande, wo die aufgeregten Flüchtlinge aus den Provinzen sich zusammendrängten, wo die unzufriedenen Amerikaner am zahlreichsten, die Einwirkungen der Engländer stetiger waren, wo unter den Gaditanern selbst der politische Sinn durch ihre Verbindung mit der Fremde entwickelter, die Mißstimmung über den gestörten Handel größer war als überall sonst. Sie waren jetzt zusammengesetzt im Wirrwarr der äußeren Bedrängnisse, wo die Ausschreiben an die Vertreter der bevorrechteten Stände unterblieben waren und für die vom Feind besetzten Provinzen Ersatzvertreter aus den Flüchtlingen in Cadiz gewählt werden mußten. Sie beriethen jetzt in einer Zeit, wo die Aufregung der Gefahr die Gemüther reizte und die Nähe des belagernden Feindes Erscheinungen hervorrief, die eine sehr blasse, verwischte, verzerrte Aehnlichkeit haben mit den Einschüchterungsscenen, die vor Jahren die Gefahr von außen in Paris zu veranlassen pflegte. Unter diesen Verhältnissen konnte Zweck und Beruf der versammelten Cortes allerdings nicht in die Schranken der strengsten Rechtmäßigkeit eingeengt werden. Die Altspanischen wollten, daß sie sich nach der Vorschrift des Königs nur mit Geld und Krieg beschäftigten, aber Aller Erwartung

sah auf eine Sorge für Spaniens Zukunft neben der Sorge für die
Gegenwart aus und war über Alles auf das Verfassungswerk ge=
spannt, das aus diesem äußersten Winkel die innere Freiheit Spa=
niens begründen sollte, wie Pelayo's Waffen einst aus den asturi=
schen Bergen den Kampf für die äußere Unabhängigkeit begannen.
Gern hätte die Regentschaft im ersten Anfange die begeisterte
Aufregung in der Bevölkerung und in den rohen und plumpen
Erzeugnissen der plötzlich entfesselten Presse mit Gewalt unterdrückt,
wenn sie nicht gemerkt hätte, daß ihr das Heer wie das Volk ver=
sagen werde[6]. Darum hat gleichwohl diese öffentliche Meinung
auf den einzelnen Inhalt des Verfassungswerkes im Ganzen nur
wenigen unmittelbaren, und noch weniger übertreibenden Einfluß
gehabt; sie hat allezeit mehr die Servilen, die in der Mehrheit
waren, von eigennützigen Abstimmungen zurückgescheucht, als daß
sie die auf diese Weise zum Sieger gewordene Minderheit zu Maas=
losigkeit getrieben hätte. Denn die Macht des Alten und Bestehenden
hielt jeden Einzelnen in diesem Volke mit schwerem Bleigewichte
von allen leichtfertigen Neuerungen zurück. Wenn in der ersten
'24. Sept. 1810. Nacht' der versammelten Cortes geschah, was in allen constituiren=
den Ständen von 1648—1848 geschehen ist, daß im Sturm die
Volkssouveränetät erklärt wurde, so war hier sogleich die feierliche
Anerkennung Ferdinands VII. damit verbunden. Wenn die Gesetz=
geber viele französische Einrichtungen und Grundsätze sich aneigne=
ten, so thaten sie dasselbe, worin Preußen's Regierung damals
ihre Rettung suchte, und sie waren schon, den gebilligten Reformen
König Josephs gegenüber, genöthigt so zu thun. Und wie vorsichtig
ging man selbst in dieser Richtung noch z. B. an den Geschwornen=
gerichten vorüber! Wie vieles Andere, was als demokratischen
Ursprungs gilt, wie die Einführung des Einkammersystems, ist

---

6) Lardizabal, manifiesto à la nacion. Alicante 1811.

gerade durch den Eigensinn der Servilen durchgesetzt worden, nachdem schon der Rath von Castilien sich für diese Form der Berufung
auf die Berathung der Centraljunta erklärt hatte! Und wieder
Anderes, was als sinnlose Nachahmung fremder Neuerungen ver-
schrien ist, wie vieles war davon (wie das Selbstversammlungs-
recht, die stehende Deputation, der Ausschluß der Minister und
Beamten aus den Cortes, ja selbst die Volkssouveränetät) gerade
ächt altspanischen, besonders aragonischen Herkommens! War doch
selbst jene thörichtste Nachahmung von 1791, das Verbot, Abge-
ordneter in zwei aufeinander folgenden Sitzungen zu sein, so sehr in
den Rücksichten auf die spanische Mißgunst erlassen, daß selbst der
weise Jovellanos in der Centraljunta für sich und Andere das ähnliche Ausweichen vor jedem Vorwurf der Selbstsucht zur unausweichlichen Richtschnur des Handelns nahm! Dann aber, wenn
es sich um die Rechte der Kirche, um die Beschränkung der Klöster,
um die Aufhebung der Inquisition handelte, wie ruhig schonend
wußten sich da die Freisinnigen, den großen Minderheiten der
Gegner gegenüber, zu beschränken! Bis zum Aberglauben oder
zur Scheinheiligkeit (diese leidige Wahl war durch die Inquisition
bis dahin jedem Spanier gestellt) reichte diese Schonung der geistlichen Vorurtheile bei den Cortes, als sie auf Verlangen der Car-
meliter in Cadix die heilige Therese zur zweiten Schutzpatronin
von Spanien erklärten! Aber die Rechte der Krone sollten eben
diese rücksichtsvollen Männer mit jacobinischer Schamlosigkeit vernichtet haben? Allein schon die Entfernung jeder Bitterkeit in der
Berathung der betreffenden Gesetze beweist, wie guten Gewissens
die Cortes gerade in diesen Schritten waren. Die Erinnerung an
die uralten und ganz neuen Schäden und Schanden der Günstlingherrschaft in diesem Reiche, an die schmählichen Händel in Bayonne,
an die Huldigungen des gefangenen Königs vor Napoleon, und
an sein Anhalten um eine kaiserliche Prinzessin, bestimmte wohl

selbst jeden ächten Royalisten in Spanien, dem unfreien Könige
mit dem Gesetze zu Hülfe zu kommen und aufgenöthigten Verträ=
'1. Jan. 1811. gen, wie es in einem bekannten Decrete[1] geschah, vorzubauen.
Aber noch ist dieß nicht einmal die Hauptrechtfertigung jener Ge=
setze. Die Verfassung war vollendet in einer Zeit, wo Napoleons
Macht für immer begründet schien. Nichts war damals wahrschein=
licher, als daß Ferdinands Haft ewig sein werde und daß sich
Spanien nach allen seinen Kämpfen mit einer neuen Dynastie werde
vertragen müssen. Waren doch vor der Wendung der Dinge in
Rußland eine Reihe spanischer Generale wie Mina, Ballesteros,
Empecinado, gereizt durch Wellington's Ernennung zum Oberbe=
fehlshaber, zur Anerkennung Josephs geneigt[7]. Einer neuen Dy=
nastie aber hohe Bedingungen zu stellen, konnte nur in der Ord=
nung gefunden werden. Daher nahm auch Niemand in Spanien
Anstoß an diesen Bestimmungen. Die Servilen selbst hatten mehr=
fach, wenn man ihre Interessen mehr schonen wollte, selbst zu grö=
ßeren Beschränkungen der königlichen Vorrechte die Hand geboten.
In den Tausenden von Zustimmungserklärungen aller spanischen
Körperschaften[8] zu der Verfassung sind sie nicht beanstandet worden.
Die fremden Mächte, entzückt von der Entwicklung der nationalen
Kräfte in Spanien so lange sie ihnen förderlich waren, erkannten
in Verträgen die Rechtmäßigkeit der Cortes in mehr oder minder
ausdrücklichen Erklärungen an, unbeirrt von ihrer volkssouveränen
Gesetzgebung. Genügte all dieß nicht zu ihrer Rechtfertigung, so
hatten sie noch immer auf weit mehr als Entschuldigung, sie hatten
die ewigen Ansprüche auf den ewigen Dank des Throns durch die
treue Hingebung, womit sie sich in eben jenem Decrete vom

---

7) Nach Mina's Aussagen an König Joseph im Jahre 1834. Mém. du roi
Joseph 10,240.

8) Marliani 1,179, der die Sammlung dieser Actenstücke unter den Hän=
den hatte.

1. Januar 1811 verpflichteten, ihren Kampf nicht zu beendigen,
ehe die Freiheit des Monarchen und die Unabhängigkeit und un-
geschmälerte Erhaltung der Monarchie gesichert sei, und womit sie,
dieser Verpflichtung nachkommend, ihrem Könige seine Krone zurück-
gaben, glorreicher als sie in Jahrhunderten gewesen war.

Nach dieser geschichtlichen Betrachtung erscheinen nicht die Die Gegner der
Cortes und ihre Gesetze, sondern diejenigen vielmehr verbrecherisch, Cortes.
die aus den Fehlern ihrer Verfassung Verbrechen gemacht haben.
Was den Cortes in Spanien verderblich geworden ist, das sind
auch nicht jene vielangeklagten theoretischen Fehler ihrer Gesetzgebung gewesen, sondern theils ihre praktischen Fehler, theils gerade
die Theile ihrer Verfassung, die die weisesten und unerläßlichsten
waren, die, indem sie die unerträglichsten Misbräuche trafen, alle
verschiedenen bei dem Bestand dieser Misbräuche betheiligten Klassen verletzten. Sie konnten kein Kloster, kein Feudalvorrecht, keinen
Gewerbzwang, keine Regie aufheben, ohne daß sie die Geistlichkeit,
den Adel, die Bürger, die Schleichhändler (eine geachtete Macht
in diesem Lande) wider sich aufgebracht hätten. Die ganze, diese
Puncte berührende Gesetzgebung ward übrigens wenig beachtet, so
lange die Cortes auf Cadiz beschränkt waren und ihre Verfassung
nur auf dem Papiere stand; sobald sie mit der Räumung des Landes in die Provinzen drang, erfüllte sich Wellingtons Voraussage:
das Volk zeigte nur geringes Verständniß und wenige Zuneigung zu
ihr. Dieß gab den Gegenwirkungen, vor Allem der Geistlichen, gewonnenes Spiel; und die absolutistischen Junten begannen schon
Ende 1813 die Verfassung zu untergraben. Vielleicht hätte auch
dieß nichts verfangen, wenn nur die Cortes in ihrem praktischen
Verfahren keine Blößen gegeben hätten. In dieser Beziehung aber
bestätigten auch sie eine alte, und allezeit neue Erfahrung, daß
alle größeren Versammlungen das Gute das sie anstreben nie

zweckmäßig auszuführen wissen. Und doch, auch in dieser Hinsicht
wird man überall die unseligen Vermächtnisse der Vergangenheit,
die Natur der Menschen und der Verhältnisse, mit und in denen zu
handeln war, noch mehr anklagen müssen als die Cortes, und die
Besten ihrer Ankläger wenigstens eben so sehr wie sie. Unter diesen
war Wellington, der ihnen allezeit vorwarf, die vollziehende Ge=
walt an sich gerissen zu haben, statt einen einzigen mit aller könig=
lichen Gewalt ausgestatteten Regenten aus der k. Familie zu er=
nennen. Aber dieser Rath war leichter zu geben als zu befolgen;
auch war er mehr im englischen als im spanischen Interesse gegeben.
Die Ansprüche der sicilischen und orleanischen Prätendenten hatte
England selbst abgewiesen; sein Wunsch war, die Prinzessin Char=
lotte von Brasilien dem spanischen Throne zu nähern, um vielleicht
die Halbinsel zu vereinigen. Die Cortes aber gingen auf diesen
Wunsch wegen befürchteter Gefahr für den König nicht ein; auch
hätte die Ernennung der Prinzessin, die viele Gegner hatte, allen
Ehrgeizigen unter den spanischen Generalen und Großen einen
rechtlichen Vorwand zur Auflehnung gegeben. Unter diesen Häuptern
war nach Wellingtons eigenem Zeugniß Keiner, der sich zu einem
Einzelregenten geeignet hätte. Die fünfhäuptige Regentschaft, die
die Cortes anfangs von der Centraljunta überkamen, verrieth sich
gleich anfangs als eine Gegnerin der Cortes, weiterhin als den
Mittelpunct aller Reformfeinde, und mußte mit dem Rath von
Castilien, der im Einverständniß war, beseitigt werden, wenn nicht
die Gefahr der Spaltung und des Bürgerkrieges überhand nehmen
sollte. Eine zweite mehr militärische Regentschaft (Blake, Ciscar,
Agar) wich in Folge von Blakes Kriegsunglück (1811) einer drit=
ten unter dem Vorsitz des reichen und höfischen Herzogs von In=
fantado. Auch diese Regentschaft gerieth, seitdem in der Person
Villamil's ein entschiedenster Anhänger des Alten hineintrat, mit
den Cortes in offenen Zwiespalt, bezahlte die wüthende Presse der

Gegner, unterstützte die Mühlereien des päbstlichen Nuntius Gravina, und trug sich mit förmlichen Planen einer Gegenrevolution*.
Die Cortes setzten auch sie ab und griffen zu Agar und Ciscar
zurück, denen sie den Cardinal Luis de Bourbon zum Vorsitzer
gaben. Wie sie von Seiten dieser verfassungstreuen Regenten beruhigt waren, begann Wellington selbst, in kleinlicher Erbitterung
über die Entfernung Infantado's, der ihn zum Generalissimus der
spanischen Heere gemacht hatte, sich durch seinen lauten Tadel gegen die Cortes (selbst gegen die Aufhebung der Inquisition!) den
Verfassungsgegnern zu einem Augenmerk darzuleihen; die Servilen, und unter ihnen der verächtliche Ostolaza, suchten ihn geradezu
zur Theilnahme an einer Verschwörung gegen die Cortes zu gewinnen; die unzufriedenen Generale näherten sich ihm, die ihn
zum Umsturz des constitutionellen Systems geneigt glaubten. Denn
nicht wenige gab es unter diesen, die, voll Unfähigkeit, Anmaßung
und Dünkel, von den Cortes Absetzung, Tadel, Vernachlässigung
hatten erfahren müssen und daher ihnen und ihrer Verfassung
grollten; und ihr Groll fand in den untern Schichten des Heeres
vielfachen Nachhall. Fehlten doch schon damals die einzelnen Unsinnigen nicht, die mitten im Unabhängigkeitskriege auf der Rednerbühne wider die verthierten Söldlinge oder bezahlten Mörder
schrien! Das Heer aber im Ganzen durch eine große Maasregel,
durch eine Nationalbelohnung, wie manche wollten, für die Verfassung zu gewinnen, hatten die Cortes versäumt. Alle diese Unbefriedigung, alle die vermeidlichen oder unvermeidlichen Verletzungen einer Unzahl einflußreicher Personen im Heere, in den
Junten, den Regentschaften, den alten Behörden, schufen den

9) Schepeler, Gesch. der span. Monarchie von 1810—23. I. Ihm wurden
von dem General Penne-Villemur Anträge gemacht, der von einem Mitgliede der
Regentschaft, Mosquera v Figueroa, gewonnen war.

Cortes mehr und mehr einen furchtbaren Körper von Feinden, die nun auf alle ihre Fehltritte mit verschärfter Aufmerksamkeit aus= spähten. Unter diesen Fehltritten waren die Maasregeln in Bezug auf die Colonien gewesen, auf die wir an anderer Stelle zurückkom= men; sie hatten die Auflehnung gegen das Mutterland befördert, statt sie zu beschwichtigen, und dieß wurde in den Händen der Gegner eine wirksame Waffe gegen die Cortes. Durch andere Schritte vermehrten sie die Zahl ihrer natürlichen Feinde noch durch neue, an denen sie Verbündete hätten haben können: so schürten sie, statt ihn zu dämpfen, den Volkshaß gegen die Französirten, die Angestellten Joseph's (Gavachos), in einer so harten wie un= politischen Weise. Alle diese Feindschaften schadeten indessen den Cortes noch nicht wesentlich, so lange die Kriegsgefahr dauerte. Sie waren aber verloren, sobald diese Gunst in der Zeitlage um= schlug und nun die plötzliche Erschlaffung des Volkes in dem Augenblick eintrat, da es in der Befreiung seines „gelieb= ten und ersehnten" Königs den vollständigsten Triumph feierte. Diese Zeit der Krise vor und bei der Heimkehr des Königs benutzten die Servilen in einer fanatischen Thätigkeit. Ihnen entgegenzuwirken thaten die Cortes nichts, als wären sie selbst von dem plötzlichen Zusammensinken der nationalen Kraft mit danieder gerissen. Sie konnten in Masse den König an der Grenze empfangen, um der feindlichen Umlagerung ein Gegengewicht zu halten, aber sie blieben in vertrauenseliger Unthätigkeit beim Decretiren. Ein= zelne Abtheilungen der Truppen, die unter Wellington gefochten, boten sich an, die Regentschaft gegen die absolutistischen Entwürfe zu unterstützen [10]; man ließ es auf sich beruhen. Man hätte sich Wellington's mächtige Hülfe gewinnen können, der einmal (1813)

---

10) Noticia de los principales sucesos en el gobierno de España desde 1808—14. (von Toreno) p. 50.

ein geneigteres Interesse für die Verfassung zeigte[11], als er mit
einzelnen der verständigen Freisinnigen über eine Veränderung derselben verhandelte, ohne die er aufs bestimmteste den Rückfall unter
die Despotie voraussagte. Allein was diesen Hauptpunct angeht,
so litt allerdings die Verfassung an einem unheilbaren Gebrechen,
das nur gerade am seltensten getadelt worden ist. Der lykurgische
Artikel (375), der für acht Jahre alle Verfassungsänderung unter-
sagte, schnitt jede Verhandlung mit dem rückkehrenden Könige ab.
War dieser Artikel nicht in der Verfassung, und hätten sich die Cortes ihre souveräne Gewalt in jenem großen Umfange nur als
eine Ausnahmsgewalt für die Zeit der Thronerledigung beigelegt,
so blieb der Weg zu einem Vergleich offen, der jetzt in einer Weise
verschlossen war, die selbst den freisinnigsten Fürsten verletzen konnte.
Und statt nun in kluger Mäßigung Auswege zu suchen, als die
Rückkehr des Königs bevorstand, wandte man unsinnigerweise die
beleidigende Allmacht der Cortes noch zu den verletzendsten Maasregeln gegen den rückkehrenden König an. Diese letzten und kurzen
Acte der ordentlichen in Madrid versammelten Cortes überbieten
weit Alles, was die außerordentlichen in Cadix in ihrer langen
Thätigkeit gefehlt haben. Und kaum würde man ihre Handlungs-
weise begreifen, wenn man nicht aus andern ähnlichen Verhältnissen, wie aus der Geschichte der französischen Kammern der hundert Tage, wüßte, zu welcher Höhe der Verblendung Versammlungen getrieben werden, die das uneingestandene Gefühl ihrer
Ohnmacht mit den erzwungenen Thaten affectirter Kühnheit über-
täuben wollen.

Als Wellington den französischen Boden[1] betreten hatte, *Missgriffe der Cortes.*
knüpfte Napoleon mit dem in Valençay festgehaltenen Ferdinand *Oct. 1813.*

---

11) Wellington despatches 10,54.

Unterhandlungen an, die zunächst die Sprengung des englisch-spanischen Bündnisses bezweckten. Sie führten zum Abschluß eines

'11. Dez. 1513. Friedensvertrages[1], worin Ferdinand als König von Spanien an-erkannt ward und dagegen versprach, die englischen Truppen aus Spanien zu entfernen, und die dem König Joseph Ergebenen in Gütern und Stellen zu schützen. Den Vertragsentwurf schickte der König mit dem Herzog von San Carlos (D. José Miguel de Carvajal) nach Madrid. Wenn er Regentschaft und Cortes (gegen die Napoleon mit rachsüchtigem Geschick des Königs Argwohn aufgestachelt hatte) treu und ergeben fände, so sollte er sie und die Engländer ins Vertrauen ziehen und bewegen, den Vertrag zum Scheine gutzuheißen, den der König, wenn erst frei, als aufge-zwungen nicht einhalten werde. Der Herzog von San Carlos, der all sein Leben unter Gesindel und Intriganten zugebracht hatte, war durch die Rolle, die er bei den Vorgängen in Bayonne gespielt hatte, im schlechten Andenken bei den Spaniern; der Botschafter und seine Botschaft fanden daher in Madrid gleich üble Aufnahme. Der Gesandte des Königs ward schon dadurch gegen alles, was Cortes und Verfassung hieß, bitter gereizt; die Regentschaft aber glaubte den König auch persönlich reizen zu müssen. Sie konnte die Anmuthung des Königs einfach mit der Berufung auf ihre Verbindlichkeiten gegen England zurückweisen; statt dessen theilte

'8. Jan. 1814. sie[1], ohne die geringste Bemerkung über seinen Vertrag zu machen, dem König jenen Cortesbeschluß vom 1. Jan. 1811 mit, der alle Verträge des gefangenen Königs für ungültig erklärte. Mit diesem thörichten Verfahren war Wellington, überall von dem engherzig-sten Eigennutz geleitet, einverstanden, weil es der englischen Sache nützlich war, Er, der früher alle unvermeidlichsten Schritte der Regenten und der Cortes aufs bitterste angefochten hatte; was Wunder, wenn diese seine Billigung die kurzsichtigen Machthaber zu noch grelleren Maasregeln trieb! Die Cortes erklärten in einem faſt einſtimmig gefaßten Beſchluſſe, daß ſie den König nicht für [2. Febr.] frei erkennten und daß ſie ihm vor ſeiner Vereidigung auf die Ver‑ faſſung keinen Gehorſam leiſten würden; zugleich ſorgten ſie darin vor, daß dem rückkehrenden Fürſten durch die Regentſchaft ſein Weg nach der Hauptſtadt vorgeſchrieben werde! Damit noch nicht zufrieden, ſtellten ſie in einem Manifeſt, das der gemäßigte Mar‑ [19. Febr.] tinez de la Roſa verfaßt hatte, den Vertrag, den der König recht in ſeinem eigenſten Charakter als einen Betrug gegen den Betrüger hatte abſchließen wollen, als ein ſchimpfliches Uebereinkommen an den Pranger, Haß ſpeiend zugleich gegen die Joſephinos, „die Baſtardſpanier, die Henker der Nation“, die durch eben dieſen Ver‑ trag geſchützt ſein ſollten. Dieß hieß den Volkshaß in der unver‑ antwortlichſten Weiſe entzügeln, es hieß den freien König unter die argwöhniſche Vormundſchaft zwingen, mit der man den Ge‑ fangenen vor dem Zwang ſeines Unterdrückers hatte ſchützen wol‑ len, es hieß den jacobiniſchen Ton gegen ihn anſchlagen in der unzeitigen Stunde, wo der als Märtyrer verehrte Fürſt, der ſechs Jahre das Looswort des Landes war, in einem Rauſche des Glückes erwartet wurde, wo ein wüthender Ausbruch der monar‑ chiſchen Begeiſterung vorauszuſehen war. Noch als der König bereits auf ſpaniſchem Boden war, ganz umgeben ſchon von den Leuten, die den Cortes tödtlichen Haß geſchworen hatten, berath‑ ſchlagten ſie über die wichtigſten Geſetze, als ob ſie alle Zügel der Macht in feſteſter Hand hielten; und zu einer Zeit, wo ſchon ihr Todesurtheil geſprochen war, erließen ſie noch einen Beſchluß, [6. Mai.] (auch dieſen auf Antrag des milden Martinez de la Roſa, der ſpäter ſeiner Mäßigung wegen ſo mißachtet war) der mit Todes‑ ſtrafe den bedrohte, der eine Veränderung der Verfaſſung betreibe. Als ob es nöthig geweſen wäre, die bereits abgetragene Brücke der Verſtändigung noch einmal abzubrechen!

Drei Tage bevor der befreite König Ferdinand [12] Valençay
verließ, hatte er' an die Regentschaft so geschrieben, als werde der
Herstellung der Cortes und ihren nützlichen Anordnungen, „als
übereinstimmend mit seinen königlichen Ansichten", seine Genehmigung nicht fehlen. Indem er die Grenze betrat', sprach er sich noch
gegen den von der Regentschaft abgesandten General Copons
über die gelesene Verfassung nicht ungünstig aus. Als er in Tara-
gona auf eine Einladung der tapferen Stadt Zaragoza den ihm
vorgeschriebenen Weg verließ, konnte ihm selbst dieß noch kaum als
eine Feindseligkeit gegen die Cortes ausgelegt werden. Auf dem
weiteren Wege aber, in Daroca, Teruel, Segorbe begannen bereits
in seiner Umgebung die aufhetzenden Rathschläge an den König,
die Verfassung nicht zu beschwören, und von Soldaten und Geistlichen die Aufreizungen des Volkes, überall wohin der König kam
die Verfassungstafeln zu zerstören. In des Königs Begleitung
waren nur Palafox, der Vertheidiger Zaragoza's, für die Verfassung
und der Herzog von Frias, der als Graf Haro (wie der Erstge-
borne der Familie heißt) im Kriege gedient hatte und nachher das
Vaterland mit der Feder verherrlichte. Die Herzoge Osuna und
Infantado schwankten schwachmüthig; Labrador, der vor zwei
Jahren die Cortes für ihre weise Verfassung beglückwünscht hatte,
erklärte sich jetzt schroff entgegen; die Männer der alten Umgebung
des Königs, sein Oheim D. Antonio, in dessen Tertulias alsbald
die Bannlisten gegen die Liberalen entworfen wurden, sein Bruder
D. Carlos, D. Pedro Macanaz und der berufene Canonicus
Escoiquiz, kannten den König zu gut, um zweifelhaft zu sein, wie

---

12) Historia de la vida y reinado de Fernando VII. Madrid 1842.
— Memoirs of Ferdinand VII. by Don . . . transl. by Quin. London
1821. Die unverdächtigste Anleitung zur Beurtheilung der sog. „Regierung der
sechs Jahre" (1814—20) bietet das royalistische Büchlein: ensayo imparcial
sobre el govierno del rey Fernando VII. Paris 1824.

ihm zu rathen. Allein alle Aufstiftung des Hofs, aller Haß der
Servilen, all der rasende Volksjubel und die Hingebung der Soldaten hätten den feigen und jedem Zwang der Verhältnisse fügsamen Fürsten nicht bestimmt, mit Verfassung und Cortes offen und
jetzt schon zu brechen, wenn nicht unterwegs die Nachricht von der
Einnahme von Paris eingelangt wäre, die vor aller künftigen
Besorgniß sicher stellte. Bis zu seiner Ankunft in Valencia war die
Kunde von Napoleons endlichem Sturze völlig zweifellos. Hier
nun strömte Alles zusammen, was wie die Erregenten Villamil
und Lardizabal Rache zu suchen hatte; und der Unfall wollte,
daß hier an der Spitze der zweiten Armee (die nicht neben den
Engländern gekämpft hatte) General Elio stand, ein Mann von
starker und furchtloser Natur, der von den Cortes und der Presse
wegen seiner Expedition (1810) am Rio de la Plata und wegen
seiner späteren Führung in seinen Kämpfen mit Suchet (1813)
mehr als verdient getadelt und beleidigt war. Indessen auch Er,
der nachher ein schneidendes Werkzeug der Reaction wurde, hatte
sich anfangs eine constitutionelle Anrede an den König entwerfen
lassen; ganz so, wie auch Heinrich O'Donnel, der von den Cortes
verletzt seine Stelle in einer der Regentschaften niedergelegt hatte,
einen Officier mit zwei ganz verschiedenen Briefen an den König
schickte, um je nach dem Stand der Dinge den constitutionellen
oder den absolutistischen zu überreichen. Da nun aber bei des
Königs Ankunft in Valencia die äußere Lage entschieden war, so ¹⁶. April.
redete Elio den Fürsten mit einer Anklage gegen die Cortes über
die Vernachlässigung des Heeres an, das von ihm Gerechtigkeit
hoffe. Der Heertheil unter Elio trug sich ihm auf diese deutliche
Weise an, das Volk gehörte ihm schon, es kam hinzu, daß sich
auch ein Bruchtheil der Cortes selber ergab. Der Herzog von San
Carlos hatte in Madrid den Gedanken angeregt und der Advocat
Mozo Rosales ihn in heimlichen Berathungen im Kloster U. L. F.

von Atocha [13] betrieben: eine Vorstellung [14] an den König zu richten, die ihn um Berufung der Cortes nach dem alten System an-
ging. Die Stumpfheit spanischer Sittenbildung gehörte zu diesem
Schritte dieser Servilonen, (die man zufälliger Anfangsworte ihrer
Vorstellung wegen die Perser schalt), zu dieser Verleugnung
einer Versammlung der sie beigewohnt, dieser Verwahrung gegen
eine Verfassung die sie beschworen, dieser hinterrückigen Anklage
gegen ihre Collegen, unter denen die Unterzeichner (zum Theil die
Mitbeschließer aller jener Tollheiten gegen den König) ihre Depu-
tirtenrolle noch fortspielten, als in Valencia ihre Abordnung die
ganze politische Ordnung und Arbeit von vier Jahren vernichtete.
Die constitutionelle Regentschaft selbst erfuhr zuerst die Wendung
der Dinge in bezeichnungsvoller Andeutung. Als ihr Präsident,
der Cardinal Erzbischoff von Toledo (Luis de Bourbon), ein gelehrter, rechtlicher, aber schüchterner Mann, von dem Könige in
Valencia empfangen ward, machte sich dieser die boshafte Freude,
den Zögernden zum Handkuß zu nöthigen, eine Sitte, die die
Cortes abgeschafft hatten. In diesem Kampfe von 6—7 Secunden,
so höhnten die Freunde des reinen Königs [15], „triumphirteſt du,
Fernando, und von diesem Augenblick an beginnt eine zweite Periode deiner Regierung. Du gibst das Befehls- und Loosswort
(el Santo), und der Cardinal verstummt.“

— — —

13) Von eben dieſem Kloſter, dem der König vier Titelbrevets zu verkaufen
gab, kaufte ſich Roſales ſpäter den Titel eines Marquis von Mataflorida.

14) Sie erſchien nachher von 69 Abgeordneten unterſchrieben im Druck:
Representacion y manifiesto, que algunos diputados à las Cortes ord.
firmaron en los mayores apuros de su opresion en Madrid etc. etc. Madrid 1814. In franzöſ. Ueberſ. Paris 1820.

15) In einem eben neu gegründeten Blatte Lucindo ó Fernandino, von
einem D. Juſto Paſter Perez, der in den Tertulias des Infanten Antonio auf-
tauchte.

Diesem Spotte folgte der bittere Ernst und die grausame Rache auf dem Fuße. Der König unterzeichnete einen Beschluß (aus den Federn von Macanaz, Villamil und Lardizabal), worin er die Verfassung für nichtig erklärte, zugleich aber, indem er den Despotismus unverträglich mit der Aufklärung und mit dem Herkommen in Spanien nannte, rechtmäßig versammelte Cortes zu berufen und mit ihnen zu verhandeln versprach. Das Decret[16] verhieß ferner Sicherheit der Person und des Eigenthums, Preßfreiheit, Trennung des Hof- und Staatshaushalts und Auflage der Steuern „durch das Reich." Wie die zwei Tage vorher erlassene Erklärung Ludwigs XVIII. aus St. Ouen, die die Senatsverfassung beseitigte, schien es einen vermittelnden Weg anzukündigen zwischen der alten Unumschränktheit und dem demokratischen Prinzip der Verfassung von 1812. Allein in Spanien leider waren nicht wie in Paris verbündete Fürsten und Truppen zur Hand, die diese vagen Versprechungen von Vergeben und Vergessen in die bindende Form eines Vertrags gebracht hätten; hier keine auferlegten Minister, die Vertrauen auf Mäßigung und verständige Regierung erweckt hätten; hier kein Heer und kein Volk, dessen zweideutiger Begeisterung wie in Frankreich zu mißtrauen war; hier keine Spaltung in der königlichen Familie wie in Paris, sondern hier war Alles Pavillon Marsan. Und was das übelste war, der König war nicht wie Ludwig XVIII. durch Unglück und Alter ermürbt, sondern er kam im 30. Jahre aus seinem Gefängniß in Frankreich in Einem Sprunge zum Wiederbesitze seines schimpflich aufgegebenen Thrones, mit allen Gefühlen der verbitterten Scham über seinen Abfall von dem treuen Volke, das so glühende Kohlen auf sein Haupt gesammelt hatte, das böse Gewissen gepaart mit der Bosheit, die nun Schuld an dem Wohlthäter suchte um sich

Sturz der Verfassung und der Cortes. 4. Mai.

---

16) Bei Miraflores, doc. 1,32.

von dem eigenen Mißgefühl frei zu machen; ausgestattet mit allen Mitteln zur Rache, die er in tiefer Verstellung, der Unterlage seines ganzen Charakters, zu Rath hielt für lange Dauer. Ehe er '5.Mai. Valencia' verließ, schickte er mit der Vorhut von Ello's Truppen als neuen Generalcapitän von Neucastilien den General Eguia nach Madrid voraus, der unter den Cortes nach seinen fruchtlosen Aufschneidereien in der Mancha (1809) sein Commando verloren hatte und dann als Mitglied der Provinzialjunta in Sevilla schon gegen sie aufgelehnt war; ein verknöcherter Anhänger des Alten bis auf Tracht und Haarputz, so daß man ihm den Spitznamen coletilla (Zöpfchen) beigelegt hatte. Er brachte eine Anzahl heimlicher '10.—11 Mai. Haftbefehle mit sich, die er in der Stille der Nacht' ausführte, ehe noch irgend etwas von dem tief geheim gehaltenen Decrete vom 4. Mai bekannt war. Als es am Tag nach den Verhaftungen in Madrid angeschlagen ward, las man darin wie zum grausamen Hohne den Satz, der die Freiheit und Sicherheit der Personen zusagte, da schon 21 Cortesdeputirte und eine Reihe anderer angesehener Männer, darunter die Regenten Agar und Ciscar, ihrer Freiheit beraubt z. Th. in dunkeln schmutzigen Kerkern lagen; die Blüte jener Nation, der der heuchlerische König in einem ersten Briefe an die Regentschaft selbst das Zeugniß geschrieben hatte: „daß sie dem Weltall ein Beispiel der lautersten Fürstentreue und des edelsten und großsinnigsten Charakters gegeben habe." Gleich an demselben Tage begann dann schon der Madrider Pöbel die Verfassungssteine zu zerschlagen und die Verhafteten mit dem Tode zu bedrohen; und die schäumende Presse der Priester, die atalaya von dem Pater Augustin de Castro, predigte „den Galgen ohne Recht und Spruch" für die Liberalen, ungescheut und ungehindert. Das Volk der „sehr heroischen" Stadt Madrid zog des Königs '13. Mai. Wagen auf seinem Triumpheinzug' von Aranjuez bis zur Hauptstadt und belohnte so auf der Schwelle zu seinem Throne Ferdinand den

„Undankbaren" für seine Rückkehr zur Despotie. Als Lord Welling= '24. Mai.
ton wenige Tage später' ankam, in der Absicht den Hof für eine
geeignete Verfassung zu stimmen, mußte er erkennen, daß der Kö=
nig und seine Maaßregeln gegen die Verfassung gleich beliebt
seien. Er begnügte sich, in einer hinterlassenen Denkschrift[17] eine
Linie der äußeren Politik nach englischem Interesse, nebenbei auch
die Ausführung der Versprechungen in dem Decrete vom 4. Mai,
und eine Rechtfertigung der Verhaftungen zu empfehlen. Er ließ
sich von San Carlos, des Königs neuem Minister, einschläfern:
die Cortes würden bald berufen, die Gefangenen am Ferdinands=
tage frei gegeben und nur Wenige schonend bestraft werden. Dabei
beruhigte sich der Herzog, dabei der Gesandte Sir Henry Welles=
ley, dabei Lord Castlereagh, der doch voraussah, daß der servile
Anhang des Königs unfähig sei das alte System gegen den Geist
der Zeit aufrecht zu halten. Die englische Regierung verließ das
spanische Volk, dessen theuerste Interessen sie mit Einem Worte
retten konnte, den Bundesgenossen, der ihr den ersten festen Boden
gegeben hatte einen zerstörenden Kampf von 20 Jahren zu beendi=
gen, in derselben stumpfen Selbstsucht, mit der sie Sicilien ver=
lassen hatte.

Nicht allein der Herzog von Wellington, sondern auch ge= Der Proceß gegen
die Verhafteten.
schichtliche Darsteller des Verfahrens gegen die Verhafteten[18] haben
sich von einem Gaukelspiele verleiten lassen, an eine wirkliche Absicht
der Milde und Gnade bei dem König zu glauben, als er, noch
während Wellingtons Anwesenheit', bei der niedergesetzten Com= '29. Mai.

---

17) Despatches 12,40.

18) Die Hauptquelle über diese Procedur ist die Schrift eines der Opfer
selbst: Villanueva, apuntes sobre el arresto de los vocales de Cortes en
Mayo de 1814. Madr. 1820. Sie ist benutzt in der vida de F. VII. und von
Blaquière, an hist. review of the spanish revolution. Lond. 1822.

miſſion anfragen ließ, ob ſie die Freilaſſung der Verhafteten auf
den Ferdinandstag empfehlen könnte, und als er drei Tage ſpäter
ſchon wieder den Wunſch nach Beendigung des Prozeſſes in einem
Briefe an Villela, den Präſidenten der Commiſſion, ausſprach.
Und doch erſchien, wie auf abſichtliche Verhöhnung ſelbſt des an-
'30. Mai. weſenden Herzogs abgeſehen, an eben dieſem Gnadentage[1], an dem
die in Montpellier befindlichen Anhänger König Joſephs vertrauens-
voll die Herſtellung Ferdinands feierten, ein berüchtigtes Decret[19]
gegen eben dieſe Joſephinos, das fünf Klaſſen derſelben, im We-
ſentlichen alle oberen Beamte und Officiere, einſchließlich ſelbſt
der mitausgewanderten Frauen, (nach den geringſten Angaben
10,000 Menſchen) des Vaterlandes und Beſißes beraubte, und
die übrigen Anhänger des „Eindringlings, der ſich König nannte“,
auf 20 Stunden von der Hauptſtadt entfernte und von jeder An-
ſtellung ausſchloß.   Für die verſtehenden Richter und Räthe des
Königs war dieß eine Weiſung, ſeine ſtillen Wünſche und nicht
ſeine laut ausgeſprochenen zu erfüllen.   So verſtand ihn der Rath
'10. Auguſt. von Caſtilien, als er[1], zum Gutachten über die verſprochene Cortesberufung aufgefordert, des Königs Meinung mehr würdigend als
ſeine Worte, ſeinen Rath zurückhielt bis ihn das Jahr 1820 unnöthig machte.   So verſtand ihn auch der Präſident Villela, der
auf die beiden Anfragen des Königs die Sache nicht reif erklärte.
Er hatte kurz vorher, zum Behufe neuer Erhebung tauglichen Stof-
fes zur Verfolgung, 21 Cortesdeputirte, meiſt Perſer, zu Berichten
'22. Mai. über die Hauptgegner der k. Rechte in den Cortes aufgefordert[1],
und ſchon nach acht Tagen hatten 17 dieſer Informatoren einen
Haufen vager Beſchuldigungen eingereicht, auf die ſofort neue
Verhaftungen erfolgten. Dem Könige währte die Sache zu lange.
'1. Juli. In einem neuen Befehle[1] verlangte er binnen vier Tagen Schluß

----

19) Vida de F. VII. 2,382.

und Spruch. Und wirklich überreichte die Commission nach vier
Tagen ihre Anklageacte gegen die Abgeordneten der Cortes, die
in ihren „neuernden Meinungen" die heftigsten gewesen waren.
Sie war darin sehr beflissen, dem Anklagegrund, der von dem
König und dem Justizminister Macanaz allein geltend gemacht war
(wegen Angriffs auf die k. Souveränetät), auszubeugen, weil Ankläger, Informatoren und Untersuchungsrichter dieser Anklage selber
blos gestanden hätten. Auch so aber konnte man keine Schuld auf-
treiben, die nicht mehr oder minder alle Cortesglieder mittrugen ;
die Commission beklagte, zu keinem bestimmten Schluß gekommen
zu sein, und schob den Spruch der Politik zu, welche Maaßregeln
von größerer Raschheit und Wirksamkeit verlange. Aus diesem
höchst bezeichnenden Actenstücke leuchtet überall die peinliche Furcht
der Richter hervor, sich selbst und ihres Gleichen mit in die Gefahr
zu verwickeln, noch mehr aber die Angst, des tief verstellten Königs
Meinung zu verfehlen, wenn sie bei all seinem scheinbaren Drang
zur Gnade die Schuldlosigkeit der Verhafteten aussprächen. Un-
vorsichtiger war der Alcaldenhof (das oberste Criminalgericht in
Madrid), dem nun' der Justizminister die Consulta der Commission '9. Juli.
übergab. Er erklärte auf die Berichterstattung seines Fiscals Zendolquis, daß kein Grund zur Fortsetzung des Prozesses vorliege.
Weit entfernt, diesen Spruch nun mit wirklicher Geneigtheit zur
Milde aufzunehmen, unterbreitete der König sofort die Sache dem
Rath von Castilien, und, auch hier nicht befriedigt, verwies er' sie '14. Sept.
von den ordentlichen Gerichten (trotz der Einsprache des Raths
von Castilien) wieder an eine außerordentliche Staatscommission,
wo sich nun derselbe Zendolquis, der sich kaum erst so ehrenhaft
bewiesen, schmählig willig finden ließ, den „Forderungen von hoher
Stelle" zu genügen. Als hierauf die Mitglieder dieser neuen, wohl-
gewählten Commission, auf die energische Zurückweisung der persönlich mit den Angeklagten verfeindeten Richter, durch andere

erſetzt werden mußten, die ſich den Verhafteten günſtiger zeigten,
ſo wurde alsbald wieder eine andere Commiſſion beſtellt, in die
man einige bittere Feinde der Liberalen aus Galizien verſchrieb,
der Provinz, wo der Aberglaube am dickſten und die Verfolgung
am grauſamſten war. Selbſt dieſe gelehrigſte Commiſſion aber
verzweifelte an der Möglichkeit einer geſetzlichen Verurtheilung und
erſuchte den König, über die Angeklagten in Kraft ſeiner ſouveränen
Allmacht ſelber zu ſprechen. Unter dieſen wechſelnden Schickſalen
des Prozeſſes hatten die Angeklagten anderthalb Jahre eine Haft
voller Quälereien zu ertragen, die bis zur ſchmutzigſten Gemein=
heit getrieben wurden; gegen die beſonders Verhaßten wurde mit
Spionerie, mit Verſuchung ihrer Dienerſchaft, mit Abſperrung von
allen ihren Angehörigen verfahren; ihre Vorſtellungen an König
und Miniſter blieben unbeachtet. Der endliche Ausgang ſetzte der
ganzen Schmach die Krone auf. Ein königliches Decret verurtheilte
in der That, wie es die letzte Commiſſion beantragt hatte, eine
Anzahl von gegen 70 Perſonen (darunter 30 Nichtdeputirte), ohne
Angabe eines Verbrechens, zu Confination, zu Einſperrung in
Feſtungen oder Klöſter, oder zur Verweiſung in die Präſidien in
Africa, meiſt zu 6—Sjähriger Haft. Der König verſchärfte ſie in
einigen Fällen perſönlich; Mehreren wurde aller briefliche und
perſönliche Verkehr mit ihren Verwandten unterſagt.

15. Dez. 1815.

*Die neuen Herr-
ſcher. Die Cama-
rilla.*

Die ſchmachvolle Behandlung dieſer Männer, die Spanien
gerettet und des Königs Thron erhalten hatten, war wohl geeignet,
„die reinſten und ergebenſten Herzen in furchtbare Zweifel über die
Pflichten des Bürgers zu ſtürzen[20].‟ Dieſes Misgefühl ſteigert
ſich noch, wenn man auf die Beweger und die Beweggründe des
ganzen Verfahrens zurückgeht. Es iſt umſonſt, bei den verurtheilten

—————————

20) Marliani 1,182.

Cortesdeputirten nach einer besonderen Schuld zu suchen, die ihnen vor ihren übrigen Collegen zur Last fiele. Welche Abstimmungen in den Cortes man immer als die verbrecherischsten bezeichnen möchte, es blieb eine größere Anzahl von Abgeordneten übrig, die troß derselben Abstimmungen unangefochten waren, eine größere Anzahl anderer, die troß derselben Verbrechen in Amt und Würde blieben, ja gefördert und belohnt wurden[21]. Das Einzige was die Getroffenen in eine gesonderte Klasse zusammenstellt, ist ihre geistige Ueberlegenheit und Fähigkeit. So traf der Bannspruch gegen die Afrancesados nur die höher Gestellten, die Leute des Vertrauens und der Kenntnisse; und so war es mit den Verurtheilungen der Cortesdeputirten. Fast alle, die sie befielen, waren durch parlamentarischen, sehr viele durch schriftstellerischen Ruhm ausgezeichnete Männer. Der Geschichtschreiber Conde, die Dichter Moratin und Melendez waren unter den verbannten Josephinern; Quintana (als 83jähriger Greis 1855 in Madrid gekrönt) und sein Freund Gallego waren unter den Prozessirten; auf den Tod verfolgt lebte der Nationalökonom Florez Estrada, der Schreiber des Espagnol constitutionel, in England, der 1808 in Asturien unter den Ersten den Kriegsruf erhoben; von Haft und Bann getroffen, wo sie nicht wie Toreno und Isturiz durch Flucht, oder wie Antillon durch den Tod entrannen, war eine ganze Reihe von Schriftstellern wie Martinez de la Rosa, Carvajal, Tapia, Villanueva, von parlamentarischen Rednern und Specialitäten wie Calatrava, Augustin Arguelles und Conga Arguelles, die ausgezeichneten Geistlichen Muñoz Torero, Cepero, Ruiz Padron, die Anfechter und die Angefochtenen der Inquisition. Diesen Gestürzten gegenüber darf man nur ihre Verfolger nennen und die geistige und Gemüthsrohheit, die nun am Ruder war, in wenigen Zügen

---

21) ib. 1,219.

andeuten, um den unversöhnlichen Haß zu begreifen, den die
Ehre, der Ruhm, das Talent der Verfolgten den neuen Regenten
einflößten. So waren in Madrid noch jedesmal, zur Zeit der Ola-
vides, wie nachher der Campomanes und Jovellanos, auf die kurze
Regierung der Einsichtigen die raschen Rückschläge erfolgt, wo die
inquisitorische Politik wieder siegte und der hohe und niedere Pöbel
zur Herrschaft zurückkam. Des Königs erstes Ministerium bot
sogleich eine sprechende Zusammensetzung dar: in den Herzogen
von San Carlos (Auswärtiges) und Infantado (Präs. des Raths
von Castilien) erschienen wieder die sitten = und kenntnißlosen Intriganten der Zeit Godoi's; die Finanz= und Kriegsminister Gon-
gora und Eguia erwiesen sich in kürzester Zeit völlig unbrauchbar;
Lardizabal (Indien), der 1810 als Americaner den Zweifel an der
Rechtmäßigkeit der Cortes ein Verbrechen genannt hatte, war nachher, abgesetzt mit der ersten Regentschaft, ein Abtrünniger geworden
und fand jetzt seinen Lohn; Macanaz (Justiz) war einer der Vertrauten aus Valençay. Die Leute dieser letzten Klasse übrigens,
die des Königs Bann und Haft in Frankreich getheilt hatten und
die er zum Theil im Besitz seiner innersten dortigen Geheimnisse
wußte, blieben nur kurze Zeit verschont von seinem Mißtrauen und
Undank; einen Diener von dort, Amezaga, trieb alsbald eine Anklage zu verzweifeltem Selbstmord; der älteste Vertraute und Lehrer
des Königs, Escoiquiz, wurde nach einem Jahre nach Andalusien
verwiesen; Macanaz aber ward noch früher von dem König persönlich verhaftet und seiner Papiere beraubt. Das Publicum suchte greif-
liche Gründe für seinen Fall und beschuldigte ihn des Stellenhandels, den er durch eine französische Mätresse ganz öffentlich betreiben
ließ. Dieser Unfug wurde durch seine Nachfolger im Ministerium
nicht gebessert, von denen der nächste, Moyano, an Einem Tage
in schamlosem Nepotismus 30 seiner Verwandten mit Stellen bedachte, der spätere aber, Lozano de Torres, ein Geschöpf der

im Nov. 1814.

Camarilla war, die gleichsam das Alleinrecht des Stellenhandels besaß. Die Camarilla in Madrid war von den Zeiten der Prinzessin Urfini her ein Sitz der Ränke gewesen, und ward auch jetzt wieder die eigentliche Werkstätte, von wo der Auswurf der Gesellschaft nach und nach an alle Stellen gebracht wurde, wo, zur Verzweiflung selbst der ergebensten Freunde des Königs, ein sinnloses System der Leidenschaft, der Rache, der Habsucht ausgebildet ward, das roh und hart nur auf die niedrigsten Interessen der unwürdigen Glieder dieses Kreises abzielte, und dieß in gemeinerer Weise als es früher je vorgekommen war. Der König hatte sich in Valençay, wo er der steifen Hofweise erledigt war, an einen tiefen Ton der Vertraulichkeit mit seinen Dienern gewöhnt und hielt nun diese an Spaniens Hof unerhörte Sitte und den Geschmack am Verkehr mit Leuten der untersten Stände fest. Wie sein königlicher Vetter in Neapel war er von Jugend auf in gemeinen Neigungen aufgewachsen, die bei dem Wollüstigen auf schmutzige Reden, Gesänge und Tänze gingen. Die eigenthümliche Tracht, Sprache und Witz, das „Salz" der Andalusierinnen, für alle Castilier ein Gegenstand des Scherzes, für alle Fremden der Bewunderung, konnte ihn bis zur Erschütterung seines ganzen Körpers belustigen; das Zutragen und Plaudern seiner Diener über die öffentliche Stimmung war ihm ein Bedürfniß, und mit seinem Gardehauptmann Herzog von Alagon spürte er ihr in nächtlichen Wanderungen verkleidet nach. Zur Zeit seines ledigen Standes versammelte er dann seine Kammerherren und Diener in abendlichen Reunionen um sich, die der Mittelpunct der Regierung wurden. Die Camarilla ward eine Art von Cabinetsregierung, die in einem vollständigen Systeme ihre Fühlhörner nach allen Seiten hin ausstreckte, um überall her für die hier genehme Auffassung unmittelbare Kunde zu erhalten und überall hin Wirkungen zu üben. So war schon aus Valençay des Königs Beichtiger, Ostolaza, nach Cabiz geflohen und dort ein

Führer der Servilen, ein Ausspäher der Liberalen geworden; und jetzt wieder spielte er seine Rolle als ein Günstling des Hofs, später als der Beichtiger des Don Carlos, den er in ascetische Thorheiten stürzte. Wie dieser früher ein Verbindungsglied mit den Cortes war, so waren es jetzt die Lozano und Eguia mit dem Ministerium, so war es der Arzt Regato mit allen heimlich wühlenden Partheien, so war es Antonio Ugarte, ein übelberüchtigtes Subject, schon vor dem Kriege und jetzt wieder mit der befreundeten Diplomatie, mit der russischen Gesandtschaft. Und so besorgten wieder Andere des Königs persönliche Interessen, der Beichtvater Ben-Como die geistlichen, Alagon die galanten, die eigentlich geselligen der Bouffon Chamorro (Pedro Collado). Unter all den übrigen aus Lakaien emporgestiegenen Schranzen, den Ramirez d'Avellano, Montenegro, Vargas u. A., war Er der eigentliche Begründer dieses herablassenden Verkehrs des Königs, der seine schnurrige Geschwätzigkeit nicht entbehren konnte. Von ihm nun und seinen Genossen in diesem Kreise gilt, was von jenem Possenreißer Nero's, Vatinius, gesagt wurde: sie stiegen durch Verleumdung aller Besten so empor, daß sie an Gunst, Reichthum und Macht zu schaden selbst die Bösesten überboten. Hier wurden im Qualm der Cigarren die Ränke gesponnen, die Schläge vorbereitet, die die scheinbar bevorzugtesten Günstlinge des Königs plötzlich entwurzelten: hier wurden die Maasregeln der Regierung kritisirt, und von hier aus die Fähigkeit, wo sie sich ja in die Ministerien eingeschlichen hatte, baldigst wieder entfernt. In Folge dieser Einflüsse wechselten in sechs Jahren mehr als 30 Minister die Stellen, unter denen die Königlichen selbst kaum 3—4 dieser Stellung würdige fanden. Ihre Beamten zu wählen hatten sie keine Macht, die Camarilla schrieb sie vor. Der Unfug der sich daraus ergab, war über alle Vorstellung. In Spanien ist der Zudrang armer Beamten die von dem Aerar leben wollen eine alte Landplage, mehr als irgendwo

sonst über alles Verhältniß mit der Bevölkerung und den Staats-
mitteln; in Madrid waren die jungen Stellenjäger aus dem ärme-
ren Adel, die jahrelang unter den Hudeleien der Gönner auf irgend
eine Hofgunst lauerten, eine zahlreiche Menschenklasse. Nach der
Noth der Kriegszeit war der Andrang noch unverhältnißmäßig
größer; das System der Ausstoßung aller Josephiner und Constitutionellen wurde daher, um Platz zu schaffen, um so unbarm-
herziger verfolgt; so konnte die Camarilla aus dem Vollen schöpfen
und austheilen. Die Verwaltung, die Gerichte, das Heer, die
Kirche füllten sich mit ihren Werkzeugen. Nepotismus, Bereiche-
rung, Bestechung, der Verkauf des Rechts wurden so schamlos
betrieben, daß sie das Auffallende verloren. Die gewinnreichsten
Stellen wurden von den Leuten des Vorzimmers zurückgehalten als
Mitgift für ihre weiblichen Verwandten. Keine Gunst und Be-
förderung war so sicher als die von ihnen erkauft wurde, von den
Männern durch Geld, durch Prostitution von den Frauen. Die
Sittenlosigkeit, an der man sich zur Zeit Godoi's und seines Ver-
hältnisses zu der Königin, Ferdinand's Mutter, schon verekelt hatte,
kehrte in nackter Oeffentlichkeit wieder: so daß die lüderliche Jugend
Madrid's die Vorsäle der Frauenaudienzen aufsuchte, um dort ihre
Verbindungen zu unterhalten. Es ist leicht zu denken, wie die
Schützlinge beschaffen sein mußten, die von solchen Beschützern wie
Ugarte ausgingen, der einst in einen Diebsprozeß verwickelt und
verurtheilt war, oder wie Lozano, der in Cadiz wegen schlechter
Verwaltung eines Hospitals war abgesetzt worden, oder wie Ostolaza, der später als Vorsteher eines Mädchenhospizes in Murcia
durch seine öffentlichen Aergernisse in die Hände der Inquisition
fiel, für deren Erhaltung er gefochten hatte. Kam es doch dahin,
daß Provinzialbehörden mit ihren Protesten gegen die Unsittlichkeit
von neuangestellten Beamten den Widerruf ihrer Ernennung er-
zwangen; dahin, daß die Domcapitel von Valladolid und Corbova

sich weigerten, neuernannte Domherren wegen ihres lüberlichen Wandels aufzunehmen; dahin selbst, daß der Hofprediger Salvador öffentlich über die Gnadenverschwendung an Unwürdige predigte. Bald öffnete sich ein Abgrund von Unordnung unter der Wiederkehr nicht nur, sondern unter der wuchernden Zunahme aller der alten Mißbräuche und Albernheiten jener herkömmlichen Regierungsanarchie, unter der nie eine stetige Pflege irgend eines Volksinteresses möglich gewesen war. Die treuesten Royalisten haben sich gewundert, wie dieß Regiment des Verderbnisses sich durch sechs Jahre erhalten konnte.

Der König. In diesem Lande der tausendjährigen Gewohnheiten war ohne Zweifel eine so freie Verfassung wie die von 1812 nöthig gewesen, um der Nation und ihrem stumpf gewordenen politischen Verstande an den stärksten Gegensätzen ihre staatliche Lage und Aufgabe klar zu machen; ohne Zweifel auch war eine solche Throngeschichte wie die bourbonische nothwendig, um den monarchischen Heiligenschein hier, wo er am abgöttischsten verehrt war, am schonungslosesten zu zerstreuen: die dunkelsten Begriffe mußten in dieser Beziehung geläutert, die tiefstgewurzelten Gefühle vom Fanatischen gereinigt werden, ehe sie richtig gerichtet werden konnten. Eine so gehäufte Schmach aber, wie die Geschichte der beiden letzten Könige aufhüllte, die schamlose Günstlingsherrschaft Godoi's erst, dann die scheußlichen Zerwürfnisse der Familie Karls IV., ihre Herabwürdigung vor ganz Europa, und nun, nach dem glänzenden Zwischenspiele des Freiheitskampfes, die schimpfliche Zurückwerfung der Nation aus ihrem jungen Selbstgefühle in die Schande dieser Regierung der sechs Jahre, mußte auch diesem blindest ergebenen Volke endlich die Augen öffnen. In kürzester Zeit sank, nach dem Geständniß der „Guten" selbst, die Gesinnung für den König tiefer herab, als sie bei seiner Rückkehr hinaufgestiegen war, und sein

Name wurde mehr verabscheut als er je beliebt gewesen war. Diese nächste Wirkung seines unheilvollen Regimentes einzusehen, oder gar seine entfernteren Folgen vorauszusehen, war der Geist des Königs unfähig. Nicht ohne einigen natürlichen Verstand, war er doch in roher Unwissenheit erwachsen, daher ein Hasser gebildeter Gesellschaft im Kleinen und aller Civilisation im Großen. Seine unnatürliche Mutter selbst bezeichnete ihn als eine verkrüppelte Seele von Geburt, und fand ihn character- und gefühllos, von bösem Herzen, falsch, grausam von Jugend auf. Die Umgebung und die Verhältnisse, in denen er reifte, konnten diese üble Natur-anlage nur verschlimmern. Sein Erzieher Escoiquiz war nach Napoleons Zeugniß ein Meister der Intrigue; ihm schrieb man die Doctrin zu, nach der der König praktisch handelte: sich Keinem je ganz hinzugeben, immer dem Einen Menschen und der Einen Parthei eine Andere entgegenzusetzen. Als Kronprinz war er mit der Tochter jener Caroline von Neapel vermählt, die eine Meisterin aller Ränkemeister war und ihre Tochter in stetem Briefwechsel unter ihrer Leitung hielt. Es ist bekannt, daß die Eltern selbst in dem berüchtigten Prozeß des Escurial den Kronprinzen der Ver-schwörung gegen seinen Vater beschuldigt haben. Er hatte, auf die Thronfolge lauernd, einen kleinen Hof um sich gebildet und die Schritte bei dem Thronwechsel vorbedacht; von Godoi überrascht, seiner Papiere beraubt, der Verschwörung bezüchtigt, wurde er durch den brieflichen Verkehr, den er mit Napoleon gehabt hatte, geschützt, der einen Skandal befürchtend dem Prozesse Einhalt that. Während des Verlaufs dieses Prozesses hatte der Prinz seinen ganzen Charakter enthüllt in der Weise, wie er seine vertrautesten Freunde treulos Preis gab und wie er sich heuchlerisch vor seinem Todfeinde Godoi demüthigte. Bald darauf feierte er über diesen in dem Aufstande von Aranjuez, der ihn auf den Thron erhob, seinen Triumph. Das leicht berauschte Volk in seinem Hasse gegen

Sobol verließ sich, troß allem Vorhergegangenen, ein goldenes
Zeitalter von Ferdinands Regierung; wie es 1814 wieder that,
troß Allem was damals gefolgt war. Als die Gefahr aus Bayonne
drohte, verließ der junge König gegen den Rath aller Besten sein
Land, gab dadurch seinen Thron Preis und lieferte sich selbst in
die französische Haft. Und nachdem er nun in öffentlicher Entsagung
abgedankt und in heimlichem Decrete seine Cortes und sein Volk
zum Widerstand aufgerufen hatte, erniedrigte er sich dann in seiner
Gefangenschaft zu einer gänzlichen politischen Selbstvernichtung
„vor seinem Souverain", leistete dem, den er nachher einen Ein-
dringling schalt, „den Eid, den er ihm als König von Spanien
schuldig sei", erbat von ihm Orden, flehte um eine Verbindung
mit seiner Familie, feierte seine Siege, und kroch vor seinem kaiserlichen Bruder in Briefen von einer Unterwürfigkeit, die kaum des
Untersten seiner Camarilla würdig war. Auf ihn schien jenes Wort
gesagt zu sein, das Passienus von Caligula brauchte, als er ihn
dem Verderben seiner Familie durch Tiberius stumm zusehen sah:
kein besserer Diener, kein schlechterer Herr! In dieser Haltung in
ganz offen vorliegenden Verhältnissen zeichnet sich der Charakter
dieses Fürsten in so groben Strichen, daß es einer feinen Ausma-
lung nicht bedarf. Unterwürfig vor dem Stärkeren, grausam gegen
den Unterworfenen, feige und aus Feigheit verstellt und mistrauisch,
ohne jedes Gefühl, ohne Erbarmen, ohne Ehre und Scham, in
diesem genau verwebten Kranze von Eigenschaften umschreibt sich
die Natur dieses Mannes.　Wenn seine Kämmerer mit Unterhal-
tungskünsten einer derben Scherzhaftigkeit seine schlaffe Natur zu
erregen und ihn dadurch zu gewinnen suchten, so wirkten sie doch
noch gewisser durch Erregung seiner Furcht auf sein Interesse, sich
an ihnen Schuß und Stütze zu suchen. So sicher war man mit diesem Mittel bei ihm Eindruck zu machen, daß selbst die von des
Königs Argwohn Getroffenen seine Furcht zu vergrößern suchten:

wie jener leichtfertige van Halen, der aus seiner Haft zum Gehör
vor den König gelangte (ein solcher Posa vor solch einen Philipp!),
ihm die Angst vor einem allgemeinen Geheimbunde im Lande ein-
jagte[22], und ihm rieth sich an dessen Spitze zu stellen. Beherrscht
noch von den Erfahrungen mit Godoi, war Ferdinand voll Mißtrauen gegen die Macht jedes hohen Beamten, und selbst jedes
seiner Günstlinge; er fiel in den doppelten Fehler, sagten selbst
seine Freunde, aus Argwohn Allen zu glauben und Keinem; und
zuletzt lernten seine Vertrautesten ihm dem Mißtrauischen zu mißtrauen. An seine niederen Diener hielt er sich noch am festesten
an, von denen er beherrscht zu werden minder fürchten durfte; gegen seine Minister aber wechselte er Gunst und Verfolgung unauf-
hörlich, plötzlich, unerwartet, in absichtlichen Ueberraschungen.
Seine Verstellungsgabe, (die man in den veränderlichen, in keiner
Zeichnung festzustellenden Zügen seines Gesichts ausgeprägt sehen
wollte, in dem der vorspringende Untertheil zu dem oberen gleichsam nicht zu gehören schien), gefiel sich in diesen boshaften Täuschungen. Mehrfach kam es vor, daß er seine Macanaz, Echevarri,
San Carlos am Abend gnädig und beschenkt entließ, am andern
Morgen verhaftete, absetzte und auswies. Der auswärtige Minister, der San Carlos ersetzte, Cevallos, verlor in Kurzem in 'Jan. 1816.
Ungnade seine Stelle; kaum gefallen erhielt er sie nach wenigen
Tagen wieder, und ein Schlag traf nun den Finanzminister Vallejo
der jenen verdächtigt hatte. Der Bischoff von Mechoacan, Abad y
Queipo, war um eben diese Zeit als ein Verfolgter von der Inquisition nach Madrid geschickt worden, gewann plötzlich des Königs Gunst, der ihn sofort zum Justizminister machte, und fand
am andern Tage im Ministerium, vor seiner Einsetzung, seine Ab-

---

22) Mémoires de D. Juan van Halen. Paris 1827.

sezung vor; denn er hatte den Beifall der Camarilla nicht. Mit
diesen Entlassungen der Minister waren fast jedesmal wie in der
Türkei die Strafen der Haft oder Verweisung verbunden, ohne daß
je eine Schuld nur genannt wurde. Die kalte bourbonische Herz=
losigkeit, die ihn undankbar gegen sein Volk, stumpf gegen sein
eignes Unglück in Frankreich, unempfindlich bei den Verlusten von
Frauen und Menschen machte, die ihn gefesselt hatten, machte ihn
auch fühllos bei diesen Verfolgungen treuer Diener, wie bei jenen
Bestrafungen seiner vermutheten Feinde. Die feige Furchtsamkeit
verdichtete dann diese Fühllosigkeit zu nachtragender Rachsucht und
systematischer Grausamkeit. So verlangte er noch jetzt nach seiner
Herstellung die Auslieferung seines alten Feindes Godoi von dem
Pabste, der entrüstet die Zumuthung abwies. So ließ er 1814
den Empörer Mina in Paris durch seinen Gesandten eigenmächtig
verhaften, worüber es die ernstesten Zerwürfnisse gab. So waren
seine verschiedenen Gesetze, die den Namen Amnestie trugen, nur
grausame Täuschungen. Stand diese Härte dem für schlaffe Ge=
nüsse geschaffenen Schwächling nicht natürlich an, so auch nicht
seine Bigoterie ihm, der von Haus aus nicht abergläubisch war.
Aber abhängig wie er von jeder Macht war, warf er sich auch blind
in die Arme der Geistlichkeit. Er begünstigte sie gleich anfangs'
im Großen mit der Entlastung von den Steuern, die die Cortes
ihr auferlegt hatten, eine Freigebigkeit, die sie ihm bald darauf mit
spöttischer Knauserei bei einer von ihr verlangten Anleihe erwiederte.
Und auch im Geselligen fühlte er sich unter diesen gefährlichsten
Freunden wohl. Nirgends war er in besserer Laune, als bei Kir=
chenfeierlichkeiten, an denen der Hof Theil nahm, und bei den
Festen, die er den Geistlichen gab. Bald merkten sie ihm seine
Schwäche ab und beuteten sie aus. Mehrere Geistliche, die dem
König mit „Sr. Majestät" (dem Allerheiligsten) begegnet waren,
waren von ihm befördert worden. Sogleich suchte man diese

'21. Juni 1814.

Proceffionen geflissentlich so anzulegen, daß sie auf den König stoßen mußten[23].

Mit der Herstellung des alten Personals an Hof und Regie-

rung kamen alle mißbräuchlichen Einrichtungen und alle trostlosen Zustände der alten Zeit, wie sie vor 1808, ja vielmehr wie sie vor Karl III. waren, mit Einem Schlage zurück. Dieses alte System hatte das Land in Verarmung und Verzweiflung getrieben, denn es hatte nie an ein dauerndes Interesse des Volkes anzuknüpfen gewußt und die natürlichsten Hülfsquellen zu öffnen verabsäumt. Es hatte nie etwas gethan den verlassenen Bergbau aufzunehmen, der bei rechtem Betriebe die amerikanischen Gallionen reichlich ersetzt hätte. Es hatte den Landbau, das Wichtigste bei diesem Volke, das alle Industrie bis dahin fast verschmähte, in dem rohesten Betriebe be-laffen, wo er nur ¹⁄₁₀ deffen ertrug, was er mit englischen Mitteln und Verfahren geliefert hätte[24]. Die Unmöglichkeit in diesem Elend der Landeslage zu beharren und in dem Chaos der alten Verwaltungsweise fortzuarbeiten, war von den Staatsmännern Karls III., von den Cortes, von den Josephinern, sogar von den Höflingen Ferdinands während seines kurzen Königthums von 1808 gleichmäßig eingesehen worden. Ja selbst jetzt hatten jene Perser aus derselben Ueberzeugung auf die Berufung von Cortes angetragen und des Königs ergebenste Diener, die Macanaz, Es-coiquiz, Cevallos kamen wiederholt auf denselben Rath, als auf einen letzten Ausweg, zurück, die eingegangene Verbindlichkeit des 4. Mai zu erfüllen. Sie Alle begriffen, welchen großen Vortheil es der Regierung brachte, die unermeßlichen Mißbräuche der alten

23) Walton, the revolutions of Spain. 1837. 1,205.

24) Borrego, Nationalreichthum, Finanzen und Staatsschuld Spaniens. Uebers. von Kottenkamp. 1834. p. 28—29.

Verwaltung und die furchtbare Last der Vorurtheile, deren Gefahr
und Schaden nun Jeder unerträglich fand, durch das Volk und
seine Vertreter selber erschüttern und durchbrechen zu lassen, wie es
von den Cortes seit 1810 geschehen war. Es lohnt der Mühe, an
Einem Beispiele wenigstens zu zeigen, von welchem großartigen
Verdienste die Thätigkeit der Cortes gewesen war und welche kostbare Vorarbeiten der heilsamsten Staatsreformen mit dem leichtfertigen Strich durch ihre Gesetzgebung vernichtet worden waren.
Die Cortes hatten kühn die Hand angelegt an die Durchhauung
des wirren Knotens von Uebeln und Mißbräuchen, die den Landbau hier seit Jahrhunderten lähmten. Ein vortreffliches Gutachten [25] der ökonomischen Gesellschaft in Madrid von 1795 hatte
dabei zur Anleitung gedient. Die Anhäufung des Grundeigenthums in den unfruchtbaren Händen unthätiger Besitzer, seine Unbeweglichkeit durch Majorate und durch den Besitz der todten Hand,
in Folge von beiden die Vertheuerung desselben (das kaum irgendwo völlig 1½ % ertrug) waren die Hemmketten des spanischen
Landbau's. Durch die Vertheuerung wurde alles Kapital abgeleitet, das auf Handel und Industrie verwandt überdieß kaum eine
Abgabe bezahlte. In Andalusien, wohin aus erster Hand die
Reichthümer America's geströmt waren, war daher in Jahrhunderten nicht Eine große Förderung des Ackerbaues vorgenommen
worden; daneben lagen zur Beschämung die herrlichen Bewässe-
rungsanstalten in Granada und Valencia, aber sie stammten von
den Mauren her! An den nöthigsten Fahrstraßen fehlte es hier wie
auf Sardinien in dem Maaße, daß in so benachbarten Provinzen
wie Leon und Aragon (noch 1816) ein Unterschied in dem Preis
des Waizens von 5 zu 12 Statt haben konnte. Zu diesen Uebel-
ständen kam eine unsinnige Gesetzgebung, Verkehrsbeschränkungen,

---

25) Von Jovellanos. Deutsch von H. von Beguelin. 1816.

Ein- und Ausfuhrverbote, verderbliche Vorrechte, die alles Gedeihen des Landbaus ausschlossen. Unter diesen war das Privile-
gium der Mesta, einer Gesellschaft aller großen Heerdenbesitzer,
einer Hirteninnung von Granden und Mönchen, kraft dessen das
Privateigenthum auf allen Gütern, die in den Weg der streifenden
Schafheerden fielen, unbebaut und uneingehegt bleiben mußte,
wie in Apulien und Sardinien. Dieß Vorrecht, das noch dazu auf
keinerlei Gesetz, sondern nur auf einer mißbräuchlichen Uebung
beruhte, erhielt so in Spanien durch Jahrhunderte die einstigen
Ausnahmszustände zur Zeit der Maurenkriege aufrecht, wo die leicht
zu flüchtende Heerde ein sichrerer Besitz war, als die schwer zu
schützende Erndte. Gegen all dieß Unheil hatte die Regierung selbst
eines Karl IV. auf einzelne Abhülfen denken müssen, der sich von
dem Pabste die Ermächtigung erbat, ⅐ der Kirchengüter zu ver-
äußern, um dem dringenden Bedürfnisse der Circulation des
Grundeigenthums abzuhelfen. Zu einem gesammten Angriffe aber
auf das ganze System der verketteten Uebel waren erst die Cortes
vorgeschritten. Sie hatten das Vorrecht der Mesta aufgehoben
und die Einhegungen gestattet, hatten den Verkauf der wüsten
Ländereien in Gemeinden und Krongütern verfügt, die Majorate
beschränkt und die geistlichen Güter besteuert, hatten durch Unterdrückung vieler Klöster für veräußerliche Ländereien gesorgt und
viele andere hemmende Gesetze und Vorrechte beseitigt. All dieß
heilsame Beginnen ward jetzt stumpf wieder verlassen. Sogar auf
jene päbstliche Ermächtigung an Karl IV. ward freiwillig Verzicht
geleistet! Selbst das Vorrecht der Mesta wurde hergestellt und ein
eitles Verbot[1] erlassen, die Merinos auszuführen, nun, wo seit den[1] 15. Oct. 1816.
massenhaften Ausfuhren während des Kriegs und der verbesserten
Schafzucht in Deutschland die Nachfrage nach spanischer Wolle und
die Bedeutung dieses ganzen Zweiges außerordentlich gesunken
war. —

Fortſetzung. Der gedankenloſe Rückfall in das alte Syſtem zeigte ſich vor Allem in der Herſtellung der alten grundfehlerhaften Behörden. Der Rath von Caſtilien, von keinem Verſtändigen erhaltungswerth gefunden, wurde wieder eingeſetzt mit all den gehäuften legislati= ven, richterlichen und Verwaltungsbefugniſſen, die ihn faſt in die uſurpatoriſche Stellung des einſtigen Pariſer Parlaments gerückt hatten. In den Provinzen begann der uralte Regierungsunfug wieder mit dem Tage der Herſtellung der alten Ordnungen: Generalcapitäne, die zugleich Militärchefs und Präſidenten der Kanzleien waren, einer Stelle, die zugleich Gerichtshof und Ver= waltungsbehörde war; dann Oberalcalden und Corregidoren, die ebenfalls Juſtiz= und Verwaltungsbeamte zugleich waren, deren Gewalt, bei der ungeheuren Verwirrung in den dickleibigen Geſetz= büchern, die halb unausführbar halb abgeſtellt waren, völlig will= kürlich ward. Die neuen Generalcapitäne wurden ganz zum Zwecke einer ſchonungsloſen Unterdrückung des Geiſtes der Befreiungsjahre gewählt und begannen nun in den Provinzen ihr Werk, jedem Winke des Hofes gefügig. Beſonders über Cadiz, den geweſenen Sitz der Cortes, war General Villavicencio angewieſen die ſtrengſte Hand zu halten. Er begann mit dem Verbote, bei Strafe des Halseiſens von den Gerüchten zu reden, die damals über eine Rückberufung des abgedankten Karls IV. umliefen, und ſetzte bei dieſer Gelegenheit ein Kriegsgericht nieder; dieſe Ausnahmstribu= nale wurden ſofort in allen Provinzen errichtet. Dennoch ſchien

Sept. 1814. Villavicencio noch nicht eifrig genug; er wurde durch den ſchmäh= lichen Abisbal (H. O'Donnel) erſetzt, der ſeine einſtige Begeiſterung für die Verfaſſung zu ſühnen hatte. Dieſer errichtete ſofort auf Platz Antonio unter dem Vorwand einer Verſchwörung einen per= manenten Galgen, zeigte ſich geſchäftig auf die Angebereien der Mönche zu hören und ließ ſich ſelbſt dazu her, wie ein Scherge der Inquiſition in der Kirche perſönlich zu verhaften, die ſich bei

der Erhebung der Hostie nicht auf die Kniee warfen. Auf das Gerücht jener angegebenen Verschwörung hin begannen dann die
Eguia in Madrid, Regrete in Andalusien, Elio in Valencia das
ähnliche Schreckenssystem, das in den Provinzen früher als in dem
apathischen Madrid aufs tiefste empörte. Aus solchem Staube,
sagt das spanische Sprichwort, solcher Koth: auf dieses brutale
Regiment der Willkür von oben antwortete dann wie in Italien
die Willkür und Anarchie von unten. Der seßhafte Bauer und
Bürger zwar war ruhig wie immer. Ihn trafen die Verfolgungen
von Cortes und Freimaurern nicht, und die Verfassung war ihm
gleichgültig, die unmittelbare Wirkungen wenig gehabt hatte,
deren künftige Wirkungen einzusehen die Einsicht, sie zu erfahren
die Zeit gemangelt hatte. Anders war es in anderen Ständen.
In dem Heere war eine Art von Freisinn und Ehrgeiz übrig, der
sich von der neuen Despotie gedrückt fühlte. Da und dort brachen
Militärverschwörungen aus; waren sie gescheitert, so traten Soldaten und Officiere nicht selten, wie in Galizien und Aragon, in
Verbindung mit den Partidas (Raubbanden), in Valencia, Murcia,
Andalusien mit den Schmugglern, die jetzt ihre volksthümliche
Kunst ins Riesige trieben. Diesem alten Unwesen gegenüber hatte
die constitutionelle Regierung wenigstens nicht die Schande der
Transactionen und Indulte auf sich geladen, die ihm jetzt, hier
wie in Italien, neue Stärke gab. Das niedere Volk in Spanien,
bei dem die nordische Plackerei in Verachtung, der Müßiggang in
Ehren ist, unter dem der Müßiggänger nicht selten zwischen dem
Mönch- und Räuberberufe schwankt, und der Mönch den Mord
und die Räuberei im Vergleich zu kirchlichen Sünden für Baga-
tellvergehen erklärt, dieß Volk ist von jeher täglich bereit, sein küm-
merliches Haus- und Feldleben mit dem freien Treiben im Berge
zu vertauschen. Dort fühlen sie sich der Staatsgewalt als Gleiche
gegenüber, und ihre äußere Haltung ist schon so, nicht wie wenn

sie unter despotischen Gesetzen lebten, sondern als ob sie niemals Gesetzen gehorcht hätten. Die Zahl dieser Volksklassen ohne Sitz und Besitz, der verschiedensten Feinde der Gesellschaft, Zigeuner, Tagdiebe, Vagabunden, Schleichhändler, Räuber (die sich hier, wie in einem Sonderstaate in Adel, Volk und Pöbel, rangmäßig unterschieden in Partheigänger (bandoleros), Straßenräuber und Strauchdiebe) hatte man in Spanien vor dem Kriege zu einer halben Million berechnet[26]; der Krieg selbst war dann eine höhere Schule des Blutvergießens, der Selbstwehr und Ordnungslosigkeit gewesen; hierauf stieß der Friede die, die der Krieg genährt hatte, in Müßiggang und Armuth, d. h. in das Räuberhandwerk zurück. Die Zerrüttung wurde daher ärger als man sie früher gekannt hatte; kein Reisender war, auf keiner Straße, sicher, auch nicht in der Carawane; in der Sierra Morena und in Estremadura, auf der großen Straße von Madrid nach Lissabon, trieben die Merino und Melchor Jahre lang ihr Wesen und ihre Kühnheit bis zu förmlichen Gefechten mit den Truppen; und diese Namen traten in der Volksverehrung wieder neben die der Guerillahäuptlinge der Gegenwart und der „sieben Kinder Ecija's", der Räuberheroen der Vergangenheit. Handel und Wandel im Innern war wie immer gering; der Großhandel nach außen mit den abgefallenen Colonien war sinnloserweise verboten; überallhin war er schutzlos den Barbaresken bloß gestellt, bis die Regierung Hülfe in einem Bündniß '10. Aug. 1816. mit den Niederlanden[1] suchte. Große Bankerutte in Cadiz und Sevilla wirkten entmuthigend nach allen Seiten. Die Berichte der fremden Gesandten nannten (um 1818) das Elend, den Mangel an Credit, Vertrauen und Handel im ganzen Lande unglaublich. Die Armuth und Hülflosigkeit reichte bis zum Hof und zur Regierung hinauf; sie war so beschämend als schrecklich in ihren Folgen.

---

26) Laborde, itinéraire descriptif de l'Espagne. I. introd.

Die Ausgaben des Hofes, unter Karl III. 60 Mill. Realen, stiegen zwar unter Ferdinand VII. auf das Doppelte; dabei aber
kam es doch dahin, daß als¹ sich der König, deſſen erſte Gemahlin '1816.
frühe geſtorben war, und ſein Bruder mit zwei braſiliſchen Prin-
zeſſinnen Schweſtern vermählten, kaum Schiffe aufzubringen waren,
ſie in Rio abzuholen, und daß ſie in Spanien Erſparniß halber
unerkannt reiſen ſollten. Dieß Alles war hier nicht neu. So hatte
ſchon um 1663 für die Verlobte des Kaiſers Leopold, Margarete
Eliſabeth, das Reiſegeld gefehlt. Und ſo waren hier faſt zu allen
Zeiten Marine, Heer, Beamten ſchlecht, regellos, oft gar nicht bezahlt, wie auch nun wieder die verdienten Guerilleros ohne Für-
ſorge entlaſſen wurden, der erhaltene Theil der Linie nackt, unbe-
zahlt, ſchlecht verpflegt war. Die beſten Regimenter waren auf
Halbſold geſetzt, die verdächtigen wurden mit Garniſonswechſel
geplagt und erhielten oft Monate lang gar keine Löhnung. Auf
der Flotte war der Sold faſt die ganzen ſechs Jahre im Rückſtand.
Hatte man zerlumpte, bettelnde, barfüßige Officiere in der ſpani-
ſchen Armee ſchon vor langen Zeiten geſehen, ſo war doch dieß der
Zeit Ferdinands vorbehalten, daß in einem amtlichen Decrete¹ ein-'8. Jan. 1816.
geſtanden wurde, es ſeien in Ferrol drei Marineofficiere an Hunger
und Elend geſtorben²⁷. Im Civilſtande kam es nur nicht ganz ſo
weit. Die Beſoldungen wurden auch da in ſchmählicher Ungleichheit bezahlt. Die Finanzbeamten ſchwammen im Ueberfluß, die
übrigen wurden hingehalten, die Wittwen und Penſionirte mochten
hungern. Man organiſirte einen förmlichen Handel mit den Be-
ſoldungsforderungen, weil noch das ſicherſte Mittel zur Auszahlung
zu gelangen, dieß war, ſie mit einem Nachlaß von 8% an den
Kaſſirer abzutreten, der ſie voll auszuzahlen hatte²⁶.

27) Allg. Zeitung 1816. N. 257.
28) So berichtet ein Vertheidiger der Krone: Miñano, examen critique
des révolutions d'Espagne. 1837. 1,28.

Finanzwesen. Die Geldnoth wurde dadurch erhalten und vermehrt, daß an eine regelmäßige Beitreibung gesicherter Steuern nicht mehr zu denken war, seit die Heimlichkeit, die Willkür, die Unordnung in das Finanzwesen zurückkehrte, in das die Cortes zum erstenmal angefangen hatten, einiges Licht zu bringen. Sie hatten die Schuld (von 11 Milliarden Realen) anerkannt und sicher gestellt, die bis dahin ohne Pfand und Tilgungskasse war; sie hatten ein besseres und directes Steuersystem eingeführt. Dieß war jetzt aufgehoben, und die alten allgemeinen und provinziellen Renten wieder einge= führt, d. h. die Erträge des Tabak= und Salzmonopols, die ge= hässige Besteuerung aller Verzehrungsgegenstände, die Zölle auf fremde Waaren, dazu die verschiedenen Besteuerungen der Geist= lichkeit und die Zuflüsse aus America. All das hatte zu keiner Zeit nur zu den gewöhnlichen Ausgaben hingereicht, als diese Zuflüsse noch von Bedeutung waren, jetzt aber war das, was aus Veracruz, Cuba, Lima, Honduras noch einging, auf 14—15 Mill. Piaster zurückgebracht und sank 1815 und später auf 9 Mill. und noch weniger herab; und der größere Theil davon floß dem Gaditaner Handelsstande zu. Auf dem äußersten Puncte der Noth aber stellte sich nun auch hier in diesem Pfuhle der Unwissenheit, wie in Pie= mont, der Augenblick ein, wo man trotz allem Sträuben zu den erfahrenen Leuten der Bewegungszeit zurückgreifen mußte. Pizarro, der Cevallos im äußeren Amte ersetzt hatte, brachte bald nach seinem Eintritt D. Martin de Garai (einen Freund des edlen Jovellanos und des damaligen Kriegsministers Campo Sagrado) ins Finanzministerium, einen Mann von solchem Ruf der Redlichkeit und des Talents, daß seine bloße Ernennung eine andere Zeit an= zukündigen schien. Der Cours der Vales hob sich, ohne daß das Geringste geschehen war; man traute Garai zu, daß er, wenn er erst festen Fuß hätte, das Decret vom 4. Mai ausführen werde. Die Camarilla hatte in seine Ernennung willigen müssen, weil es

der Beschaffung der Mittel für eine Ausrüstung nach America galt,
dessen Rückeroberung für die Erhaltung der alten Staatswirth-
schaft in Spanien der letzte Rettungsanker war; selbst den verurtheilten Canga Arguelles, eine bekannte Finanzautorität unter den
Cortes in Cadiz, mußte sie Garai gestatten, aus dem Gefängniß
in die Geschäfte zu ziehen. Zu gleicher Zeit aber sorgte sie ihm ein
Gegengewicht zu geben, indem sie¹ in das Justizministerium Lozano 'Ende Jan. 1817.
de Torres und an Campo Sagrado's Stelle den unfähigen Eguia¹ '19. Juni.
brachte. Dieß hieß von vorn herein jeder gründlichen Systemän-
derung vorbeugen. Garai schien sicher gehen zu wollen. Er schaffte
sich von dem Pabste einige Bullen, die ihn zur Herbeiziehung der
Geistlichkeit ermächtigten; dann erst erschien sein Finanzgesetz¹, dem '30. Mai.
die Altfränkischen (ancianos) sich im Staatsrath sogleich widersetzt
hatten. Es ist unnöthig, auf dieß rasch vorübergegangene System
näher einzutreten. Es war eine weitere glänzende Rechtfertigung
der Cortes, da es wesentlich zu ihrer Finanzreform zurückgriff. Es
führte eine strenge Sparsamkeit in allen Zweigen ein, beseitigte die
verhaßten Accisen und Verzehrungsauflagen (alcavalas u. millones)
und ersetzte sie durch eine directe Steuer, wie sie früher nur in Aragon bestanden hatte, zu der es die Domänen und die bevorrechteten
Stände heranzog. Vieles was auch sonst in dieser Zeit aus den
anderen Ministerien kam, trug plötzlich wieder den Charakter der
Befreiungszeit. Figueroa (Marine) erneuerte ein Cortesgesetz über
die Aufhebung der Fischereiprivilegien. Ein Gesetz aus dem Kriegs-
ministerium¹ stellte die Befreiung des Adels von der Quinta (Re- '18. Dez.
crutirung) ab und ordnete jährliche Aushebungen an, die vor 1808
nur in großen Zwischenräumen Statt hatten. Sogleich nun regten
sich die bevorrechteten Stände, und besonders gegen Garai die ge-
kürzten Beamten, die früher exi̇mirten Provinzen, vor allem die
Geistlichen. Sie unterschlugen ihm den Fuß in Rom; für seinen
Schuldentilgungsplan konnte er dort nicht mehr erlangen, was er

'Mitte 1818. bedurfte; als er erschien', war er so geartet, daß er nach keiner
Seite hin befriedigte. Plötzlich wurde Garai, nach der Landessitte,
'14. Sept. mit Pizarro und Figueroa' entsetzt und verwiesen, und Canga Arguelles wieder in seine Haft gebracht. Die Schreckensparthei der
Obscuranten war wieder allein Meister des Feldes. Die alte Verwirrung griff sofort unter den Nachfolgern (Casa Irujo für Pizarro,
Imaz für Garai) wieder Platz. Man berechnete die von 1814—19
unter den schlechtesten Bedingungen neu gemachten Schulden auf
zwei Milliarden Realen. Die Vales verloren um 1819 bis 88%,
die Actien der Nationalbank von San Carlos, deren Rennwerth
2000 Realen waren, standen auf 220. Die Regierung mußte wiederholt den bejammernswerthen Zustand des Reiches öffentlich eingestehen, mußte bekennen, daß Verfall und Unordnung der Finanzen, Ueberlastung und Verwirrung der Auflagen auf der Spitze,
ein Heilverfahren von Grund aus unumgänglich sei. Diese Zustände allein hätten zur Revolution geführt. Ein unverdächtiger
Urtheiler wie Lardizabal hatte schon 1815 an den General Abadia
geschrieben, das Staatsschiff drohe jeden Augenblick unterzugehen,
wenn sich kein geschickter Steuerer finde. Drei Jahre später berichtete die englische Gesandtschaft wiederholt, daß alle Klassen der
Gesellschaft ganz offen eine baldige revolutionäre Bewegung be-
sprächen, erwarteten, hofften.

Die auswärtigen Beziehungen. Fragt man, ob diesem unsinnigen Lauf ins Verderben nicht
irgend wie von außen zu steuern versucht ward, in der Zeit, wo die
großen Mächte überall hin so freigebig mit Rath waren, so ist es
traurig zu sagen, daß dieß grade hier, wo es am nöthigsten war,
am wenigsten geschah, ja daß vielmehr der verderbliche Gang der
spanischen Regierung bestärkt und beschleunigt wurde dadurch, daß
man im Rathe der heil. Allianz die verkehrte Auffassung der ganzen
Lage des Reiches theilte, die in Madrid schließlich Alles verdarb.

In Spaniens äußeren Beziehungen hatte das gemeine und schmu-
zige Treiben in Madrid, gleich schädlich wie in den inneren Verhältnissen, die üble Folge, daß die hohe Diplomatie, auf dem
Wiener Congresse schon, nicht mehr die um ganz Europa verdiente
Macht in Spanien sah und ihren Opfern Rechnung trug, daß
sie es vielmehr wie einen der untergeordnetsten Staaten zur Seite
schob und mit derselben danklosen Impietät behandelte, wie der
König selbst sein Volk behandelt hatte. Spanien ging nicht allein
ohne Frucht aus dem ruhmvollen Kampfe heraus, sondern es verlor
noch in Italien jeden Wunsch und Einfluß und sollte, statt eine
Verstärkung zu erhalten, die Festung Olivenza an Portugal abtreten. Dieß brachte die spanische Regierung nach allen Seiten hin
in gespannte Verhältnisse zu den europäischen Mächten, die durch
die persönliche Haltung des stolzen und reizbar selbstgefälligen
Gesandten Labrador, sein Zusammenstehen mit Talleyrand, seine
Weigerung die Congreßacte zu unterzeichnen, noch vermehrt wurde.
Oesterreich, in Italien befriedigt, kümmerte sich nichts weiter um
Spanien. Preußen ließ sich durch einen Officier von untergeordneter Stellung vertreten, was die Spanier als eine Beleidigung
aufnahmen. Mit dem verwandten Frankreich kam es 1814 und 15
zu wiederholten scharfen Zwisten. Kaiser Alexander's heiliger Allianz trat der König nicht bei. England verlor wie in beiden Sicilien seinen Einfluß, sobald es seine natürlichen Bundesgenossen im
Lande Preis gab. Noch schlimmer aber als zu Europa stand Spanien nach der atlantischen Seite hin. Der brasilische Hof, als ihm
Olivenza nicht eingeräumt ward, benützte die Wirren in den spanischen Colonien, um am la Plata Uebergriffe zu machen und die
banda oriental als ein Pfand in Beschlag zu nehmen. Einen 1816.
Augenblick schien sich dieser Zwist ausgleichen zu wollen, als die
vorhin erwähnte Doppelheirath des Königs und seines Bruders
mit zwei Töchtern König Johann's VI. betrieben und vollzogen Sept. 1816

warb; allein auch diese Hoffnung ging nicht in Erfüllung. Brasilien besetzte unter dem Vorwande, sich gegen die ewigen Aufstände
'Anf. 1817. in den Nachbarlanden sichern zu müssen', Montevideo; und den
spanischen Vorschlag, Buenos Ayres gegen Portugal zu tauschen,
schlug es aus, da er schwer in sich auszuführen war und von England Einsprache erfahren hätte. Daneben lauerten die Freistaaten
von Nordamerica auf eine Gelegenheit, die abgefallenen spanischen
Pflanzstaaten anzuerkennen, weil der Zustand der thatsächlichen
Unabhängigkeit Handel und Schifffahrt durch Seeräuberei fortwährend störte, ohne daß man eine bestimmte Regierung verantwortlich machen konnte; und als die spanische Regierung sich in
anmaßendem Tone über die offen bezeugten Sympathien mit den
aufständischen Colonien beschwerte und alte Zwiste über die Grenzen
am Parbido erneute, steigerte man in Washington ihre Verlegenheiten, indem man die Abtretung der Floridas als Tilgung einer
Schuld verlangte, die man an Spanien zu fordern hatte. Aus
diesen verzweifelten Verhältnissen wäre England allein im Stande
gewesen Spanien herauszureißen, und es war unter seiner Tory-
regierung sogar willig dazu. Wellington hatte 1814, wenn Spanien Olivenza abtrete und in dem freizugebenden Handel mit den
Colonien England eine Begünstigung zusage, dafür wirken wollen,
daß die englische Regierung den Aufstand mit jedem Mittel ent-
muthige und daß sie die nordamericanischen Freistaaten in dem eben
verhandelten Frieden verpflichte, von jeder Unterstützung desselben
abzustehen[29]. Noch 1818 erschien der Herzog wieder, um einen
allgemeinen Plan der Befriedigung der Colonien anzuregen; Castlereagh hätte sich noch jetzt dazu verstanden, einen jüngeren Zweig
der spanischen Familie als Beherrscher der Colonien anzuerkennen.
Allein die kirchlichen und reactionären Regenten in der Camarilla

---

29) Castlereagh memoirs 10,44.

haßten jede Verbindung mit den kezerischen Engländern; und vollends seit die englische Presse und das Parlament und die spanischen Flüchtlinge in England begonnen hatten, die Welt über die Zustände in Spanien zu belehren, trat die Feindseligkeit der Regierung in ihren Maasregeln gegen die englischen Zeitungen und gegen den englischen Handel offen zu Tage.

In dieser Verlassenheit und Hülflosigkeit zu verharren, war *Fortsetzung.* nicht möglich. Wohin man sich aber wenden müsse, um aus der Vereinzelung herauszukommen, das ergab sich aus der Natur des inneren Regimentes von selbst. Dort wollte man um allen Preis dem Ruin der Verarmung vorbauen; man wollte aber zugleich aller politischen Veränderung, daher auch jeder staatswirthschaftlichen Aenderung nach den neumobischen Verwaltungsgrundsätzen der Garai und Aehnlicher ausbeugen, in deren Gefolge jene gefürchtete politische Reform nothwendig nachgerückt wäre. Wollte man aber todte Hand, Zehnten, hohe Tarife, Regierungsmonopole u. s. f. aufrecht erhalten, so mußte man die americanischen Hülfsmittel wieder gewinnen; die gewaltsame Unterdrückung des Aufstandes der Colonien war demnach das einzige Ziel aller spanischen Staatskunst. Es schloß jede Annäherung an Portugal, Nordamerica und England aus, die bei der Freiheit, wenigstens des Handels, der Colonien zu sehr interessirt waren. Es trieb in die Arme der heiligen Allianz, die der König anfangs, mit derselben Witterung wie Victor Emanuel, als eine politische und eine kirchliche Ketzerei voll Mistrauen betrachtet hatte. Der russische Gesandte Tatischew nährte in Madrid den unseligen Plan, die Colonien mit Waffengewalt zu unterwerfen; der Gedanke schmeichelte dem Ehrgeiz seines Kaisers, den es reizte das Schiedsrichteramt der heiligen Allianz bis über das atlantische Meer hin wirken zu sehen. Frankreich, von einer politischen Wirksamkeit in Europa ausgeschlossen, unterstützte diese

Projecte; seit die apostolische Parthei dort ihren Montmorency an den Gesandtenposten in Madrid gebracht hatte, gestalteten sich die Verhältnisse zwischen beiden bourbonischen Häusern besser. Den Haupteinfluß aber übte Tatischew. Er hatte sich gleich anfangs mit russischer Vordringlichkeit, und mit dem Geschick eines begabten Intriganten des schwachen Herzogs von San Carlos bemächtigt und, unter den unglaublichsten Versprechungen politischer Vortheile in Italien und Portugal, sogar eine Heirathsverbindung zwischen den Höfen vorgeschlagen, die doch an dem Religionspunct scheitern mußte. Er hatte sich dann, allein unter den Diplomaten in Madrid, nicht bedacht, in den Schmutz der Camarilla einzutreten und den Ugarte und Eguia die Hand zu reichen; schon dieß gab ihm alle Vorhand im Spiele. Er wurde dem König, so schrieb dieser selbst, wie sein eigener Diener; er machte und entfernte Minister; er ersetzte den zu England geneigten Cevallos durch Pizarro, er vertrieb wieder Pizarro und Garai, um die reine Parthei der Ancianos ans Ruder zu bringen. Auf seine Vorspiegelungen wandte sich der

'25. März 1817. König persönlich [30] an den Kaiser', und legte ihm den Einfall vor, zur Vergeltung für die Uebergriffe Brasiliens Portugal in Pfand zu nehmen, was es erleichtern werde, auf der „ganzen" Halbinsel dem Uebermaas des Ehrgeizes der „Insulaner" einen Damm zu setzen. Diesen Gedanken redete ihm der Kaiser natürlich aus, ergriff aber den Anlaß, den König nun zu dem versäumten Eintritt in die heilige Allianz zu bewegen, und rieth ihm, sich wie in der portugiesischen Verwicklung, so auch um eine allgemeine Einschreitung zur Unterwerfung der Colonien an die Mächte zu wenden. Die Restauration sollte den Erdball umfassen. Spanien brachte

'1817—18. in der That' beide Anliegen erst an die Pariser Conferenzen, dann an den Aachner Congreß. Aber bei diesem ersten Zeichen von dem

---

30) Schepeler 4,211.

Uebermaaß des Ehrgeizes der Continentalen spielte die Staatskunst
jener „Insulaner", so rückhaltend schwach in Europa, in diesen
überseeischen Fragen mit fester Sicherheit entgegen. In Paris
lehnte England die spanischen Anträge ab mit Berufung auf die
ursprünglichen Zwecke der Conferenz; in Aachen aber war sein Entschluß schon reif, das System der heiligen Allianz nicht weiter als
bis zur Meeresküste vordringen zu lassen. Dabei durfte es auf den
Rückhalt Nordamerica's rechnen, das von allem bewaffneten Einschreiten in den spanischen Colonien als einer unnützen Maasregel
abmahnte, in einer Weise, die im äußersten Falle eine ernstliche
Widersetzung voraussehen ließ. Um so eifriger klammerte sich
Spanien an Frankreich und Rußland, auf deren Schutz (so berichtete
Wellesley Ende 1818) der König unter allen Umständen rechnete.
Rußland hatte eingewilligt, zum Zwecke der Ausrüstung gegen
America dem flottenlosen Staate eine Anzahl Schiffe zu verkaufen,
fünf Linienschiffe und drei Fregatten für 13,600,000 Papierrubel.
Um das Geld dafür aufzubringen, mußte Spanien erst einen Vertrag mit England zur Abstellung des Negerhandels eingehen, der
ihm eine Entschädigung von 400,000 Pfund einbrachte. Als die
russischen Schiffe, deren Ankauf durch Eguia im Rücken des Ma-
rineministers abgeschlossen war, in Cadiz' ankamen, wurden sie '20. Febr. 1818
von den Sachkundigen unbrauchbar gefunden. Das Linienschiff
Alexander mußte (1819) auf halbem Wege nach Pern umkehren;
die übrigen Linienschiffe sind nicht benutzt worden; für zwei davon
schickte der Kaiser drei Fregatten zum Ersatz. Diesem schimpflichen,
höchst unpopulären Handel ging zur Seite, daß Ugarte, Tatischew's
Freund, Generaldirector der beschlossenen Ausrüstung gegen America wurde, durch dessen Hände nun alle die Gelder zu ihrer Bestreitung gingen, der mit dem russischen Gesandten den Befehlshaber vorschlug und unverantwortlich, zur Seite des Kriegs- und
Finanzministers, diese große Machtangelegenheit leitete.

Die Soldatenauf-
stände.

Weder die Einsicht der Regierung, noch die Noth der Verhältnisse, noch ein vernünftiger Rath von außen führte zu einer Abhülfe in der unerträglichen Lage dieses Landes, wo die moralischen
Gewalten keinerlei Macht hatten; Selbstrecht und Selbsthülfe der
Unterthanen blieben übrig. Man hat gesehen, wie in diesen romanischen Staaten die Folge der mangelnden Staatsordnung überall
der Mangel an Staatssinn und Gesetzlichkeit war, und wie die
Eigenmacht der Einzelnen herkömmlich die Gesellschaft und ihre
Sicherheit störte. Nun aber bei diesem allgemeinen Elend und dieser allgemeinen Herabwürdigung eines Volkes, das wie ein Verbrecher mißhandelt wurde, da es eben in dem französischen Kriege
einen lange verlorenen Ruhm wieder erobert und das prahlsüchtige
Selbstgefühl in sich aufs höchste gesteigert hatte, mußte die Regierung in den ersten Monaten erfahren, daß sich diese Eigenmacht,
durch eben diesen Krieg verstärkt geadelt und erhoben, zu den
größeren Versuchen eines Angriffs auf die ganze Staatsgewalt
ermuthigt fühlte. Die Lenker einer irgend umsichtigen Regierung,
wenn sie ihre despotische Gewalt dieser Erfahrung gegenüber behaupten wollten, hätten wenigstens für die Werkzeuge dieser Gewalt Sorge getragen. Diese Sinnlosen aber thaten Alles, so haben
wir gesehen, was das Militär mehr und mehr aufreizen und ab-
trünnig machen mußte; sie behandelten das Heer fortwährend wie
den gedankenlosen stumpfen Haufen, wie das mechanische Werkzeug, als das sie es in älteren Zeiten immer gekannt hatten. Aber
seit die französische Revolution in die zerlumpten Heere der Repu-
blikaner einen Gedanken geworfen hatte, seit hier auf der Halbinsel
die sechs Kriegsjahre Milizen und Linie in eine neue Schule eingeführt, war in diesen Körpermassen selbst in Spanien eine mora-
lische Kraft geweckt worden. Auf ihnen ruhte der kriegerische Ruhm
jener Zeit, in ihnen blieb auch der politische Ehrgeiz jener Zeit am
lebendigsten. Unter den Führern dieser Milizen und Truppen empfan-

ben alle die Kräftigeren, Strebsamen, Patriotischen, Ehrgeizigen die
Schmach ihres Vaterlandes, den Absturz von Ruhm und Freiheit zu Erniedrigung und Sklaverei bis zur Unerträglichkeit. Es bedurfte nur des
ersten Beispiels, um den eigenmächtigen Hang dieser Ehrgeizigen auf
diese neue Bahn der politischen Wagnisse und revolutionären Abenteuer, der Aufstände und Verschwörungen zu lenken, so traten hier
dieselben Erscheinungen zu Tage, die Italien im Mittelalter an
seinen Condottieri, die Griechenland an seinen Klephtenhäuptlingen,
das spanische America an seinen zahllosen Militärusurpatoren so
oft und lange erlebt hat. Neun Aufstandsversuche lösten sich in
sechs Jahren in fast allen äußeren Provinzen Spaniens (die inneren wurden von der Hauptstadt aus leichter niedergehalten) ab;
vereinzelt aber, wie sie gemacht waren, scheiterten sie alle, obgleich
die Noth und die materielle Unzufriedenheit im Heer, die Gesinnung und die politische Unzufriedenheit unter den Führern fast
überall die gleiche war. Der politische Gemeinsinn war eben in
diesen Naturkindern dem persönlichen Ehrgeiz weit untergeordnet.
Jeder der Häuptlinge dieser Verschwörungen schlug am anderen
Orte zu anderer Zeit auf eigene Faust los, vor Allem begierig den
Ruhm der Erhebung für sich voraus zu haben. Jeder ließ seine
schwärmende Vorstellung zu einer Höhe von Recht, Ruhm und
Thaten aufschießen, zu der seine Kräfte in keiner Weise hinauf-
reichten; jeder versäumte, die getheilten Kräfte zu vereinigen. So
fielen sie schnell ihren zersplitterten Unternehmungen zum Opfer,
bis nachher die verblendete Regierung eben dieß, was sie versäumten, die Versammlung eines starken Kerns von Macht an Einem
Orte, selber herbeiführte und so die vereinigte Kühnheit der allgemeinen Verschwörung selbst zu einem größeren Erfolge trieb. Die
ernste Geschichte spricht über diese leichtfertigen Wagnisse ein uner-
bittliches Urtheil. Denn während unwillkürliche Revolutionen in
Volksmassen natürliche Entwicklungskrisen in dem Volkskörper sind,

die wie gefährlich immer nie ohne heilsame Folgen bleiben, so sind
diese Verschwörungen der Einzelnen willkürliche Uebel, die dem
Volkskörper, den sie heilen sollen, immer schaden, indem sie die
Aerzte verderben; die daher von einer weit verbreiteten, und einer
gesunden instinctiven Ansicht grade wegen dieser Erfolglosigkeit
verurtheilt zu werden pflegen. Gegen zerstörende und lebenvernich-
tende Schritte eines schlechten Regiments wird ein nicht ganz ent-
kräftetes Volk allezeit, wie der Einzelne zu seiner Selbsterhaltung,
im äußersten Falle zur Nothwehr schreiten. Eine genaue Gränze
des Ertragbaren und Unerträglichen zu bestimmen, wo diese Vertheidigung rechtlich eintreten dürfte, würde ein eitles Bemühen
sein. Wenn aber jene (zwar verbreitete, aber selten mit fester Zu-
versicht behauptete) Meinung, die den Erfolg des Volkswiderstan-
des zu seiner Rechtfertigung macht, frivol und grundsatzlos scheint,
weil diese Rechtfertigung nicht auf die Unerträglichkeit der Verletzung, sondern auf des Verletzten Kraftzulänglichkeit zur Abwehr
zurückgeführt wird, so ist sie doch in historischer Vernunft und Erfahrung gleich wohl begründet. Keine Volksbewegung kann zu
dauerndem Erfolge führen ohne die Uebereinstimmung der Meisten,
sei es zur thätigen Theilnahme an dem Widerstande gegen die Regierung, sei es zur Widerstandlosigkeit gegen die Widerstehenden.
Diese Uebereinstimmung der Millionen aber ist bei der Ausdehnung
der Staaten, bei der Geschiedenheit der Theile und Stände, bei
dem Streite der Interessen und der Gesinnungen, bei der Furcht
vor den großen Uebeln aller Umwälzungen, völlig undenkbar ohne
solch eine Ueberlast von schlechter Regierung, daß eben der Erfolg,
der von dieser Uebereinstimmung des Widerstandes abhängt, den
Grad bezeichnet, wo die Misregierung völlig unerträglich geworden
sein muß. Bei jenen Aufstandsversuchen in Spanien aber war nicht
allein diese Reife des Uebels nicht erreicht, nicht allein war das
Verhältniß von Mittel und Zweck nicht erwogen, sondern auch der

Vorwurf trifft diese Unternehmungen, daß sie die Uebel, deren Abstellung sie bezweckten, erst recht steigerten, verlängerten und verall-
gemeinerten. Es ist zwar nicht zu beweisen und schwer zu denken,
daß Ferdinands Regierung, wenn diese Aufstände nicht stattgefun-
den hätten, wesentlich eine andere gewesen sein würde. Auf der
anderen Seite aber ist es doch sehr wahrscheinlich, daß ohne jene
Störungen die allgemeine Meinung und Erbitterung über die
schändliche Behandlung des spanischen Volkes einen ganz andern
Einfluß auf die europäischen Mächte, und diese einen ganz anderen
Einfluß auf die Madrider Regierung geübt hätte, dem, wenn
er irgend einig und kräftig gewesen wäre, der zaghafte König doch
wohl noch schneller nachgegeben hätte, als den vorgespiegelten
Schrecknissen seiner Camarilla.

Es ist zwanglos zu zeigen, wie die einzelnen Anwandlungen Fortsetzung.
zur Milde in der spanischen Regierung jedesmal durch jene Unruhen Mina.
gestört worden sind, die dann den Terroristen in des Königs Umgebung Vorwand und verstärkten Einfluß gaben. Man konnte nicht
wissen, was trotz den grausamen Hängen des Königs die Vorstellungen Wellingtons im Mai 1814 in der Sache der verhafteten
Cortesglieder über den biegsamen San Carlos, was sie namentlich
über den Muth der Gerichte vermocht hätten, wenn nicht Mina
gleich damals die Fahne des Aufruhrs erhoben hätte. Dieß erste
Beispiel, von dem Ersten der Kriegshäupter gegeben, mußte ganz
mit Bestürzung und Angst erfüllen. Don Francisco Espoz y Mina
war in dem Kriege, in dieser Pflanzschule der Tüchtigen, vom einfachen Landmanne rasch emporgekommen. Gleichgültig in der Wahl
seiner Mittel, voll Ehrgeiz und unbeugsamer Willenskraft, von glück-
licher Verwegenheit und persönlicher Tapferkeit, von der er selber[31]

---

31) In dem breve estracto de la vida del General Mina. London 1925.

großprahlerische Proben im Stile des Amadis erzählt hat, hatte er
seinen Neffen Franz Javer Mina, der ihm in der Guerillalaufbahn
vorangegangen war, schnell überholt, hatte die anderen Miliz-
häuptlinge in Navarra, eifersüchtig auf jede Gewalt außer ihm,
entwaffnet oder erschießen laßen, fuhr dann fort in derselben unver-
träglichen Ehrsucht mit den Duran u. A. zu wetteifern, leistete
mit diesem (1811) durch seine Thätigkeit in Navarra vorzügliche
Dienste zur Erleichterung Valencia's, zeigte sich zugleich, in Geld-
dingen unbescholten wie Jauregui und Empecinado, als Verwalter
von Navarra so wacker wie als Kriegsmann, und war hochgefeiert
unter den Seinen, bei Feinden und Bundesgenoßen in Ehren.
Von einem Manne dieses Schlages befremdet es nicht, daß er die
Zurücksetzung seines Volkes mit Groll, seine eigene persönliche
Zurücksetzung aber nicht einen Augenblick ohne Widersetzlichkeit er-
'Juli 1814. trug. Er kam' nach Madrid und machte dem Könige mit soldatischer Freimüthigkeit mündliche Vorstellungen über seine Regierung,
'(2. Febr. 1815.) ganz so wie es später' der partheilose aber pfaffenfeindliche D. Juan
Martin el Empecinado, das Beispiel Carnots nachahmend, schrift-
lich that[32]. Dieser Schritt Mina's hatte erst seine Entfernung aus
Madrid, dann seine Verweisung „ins Quartier" nach Pampelona,
d. h. seine Versetzung in den Ruhestand zur Folge, der dem stolzen
Manne unerträglich war. Sofort wiegelte er mit seinem Neffen
und anderen ergebenen Officieren einen Theil der Besatzung von
Pampelona zu einer Schilderhebung für die Herstellung der Ver-
'24. Oct. 1814. fassung auf, wozu die Ueberrumpelung der Festung' das Signal
geben sollte. Aber gleich hier wie in den meisten folgenden Fällen
scheiterte das Unternehmen an dem Mangel an Uebereinstimmung
und Entschloßenheit der Untergebenen, und an derselben ehrgeizigen

---

32) Der Brief ist in hist. de la révol. d'Espagne en 1520. Par Ch.
L...... Paris 1820. p. 34.

ober neidischen Eifersucht, die einen anderen Theil der Oberen gegen die Unternehmer stimmte. Don Santos Labron hielt einen Theil der Truppen treu und unterrichtete den Vicekönig Espeleta. Verlassen von den selbstgebildeten Regimentern mußte Mina in Frankreich Zuflucht suchen, von wo sein Neffe zu den Aufständischen nach Mejico ging. Der Anschlag Mina's gab den Feinden der spanischen Freiheit den Vorwand, in den Provinzen die Kriegs-gerichte zu bestellen und das Decret vom 4. Mai unausgeführt zu lassen. Schon nach wenigen Monaten fügte es sich durch Napo-leons Rückkehr aus Elba, daß die Grausamkeit in Madrid sich wieder zur Milde bequemen mußte. Die verbannten Josephinos umdrängten den Kaiser, der sich an Mina selbst gewandt haben soll, bei ihm aber auf die würdige Weigerung stieß, mit dem Feind seines Vaterlands gemeinsame Sache zu machen. Das furchtsame Haupt in Spanien zog aber sogleich die Segel ein; er ersetzte da-mals Eguia durch den gemäßigten Ballesteros, und ließ den Drän-ger von Andalusien, Negrete, verhaften. Kaum aber war die Angstzeit der 100 Tage vorüber, so scheuchte ein neuer Handstreich aus diesem Wege der Einlenkung wieder heraus, das genaue Nach-bild des Mina'schen, ebenso vereinzelt und leichtfertig, in gleich ungünstiger Zeit, in einem gleich abgelegenen Winkel unternom-men und mißglückt, während beider zusammengeschossene Kraft, in der Zeit der 100 Tage in Bewegung gesetzt, eine mehr als vervier-fachte Wirkung verbürgt hätte.

Don Juan Diaz Porlier (el marquesito), aus Carthagena Fortsetzung. Porlier. in America gebürtig, ursprünglich ein Seemann, erhob den Ruf der Freiheit in Galizien. Er war wie Mina ein verdienter Gueril-lero, dazu durch seine Verbindung mit der Tochter des Marquis Matarosa (Schwester des Grafen Toreno) mit den Liberalen in engster Beziehung und unter den Angesehensten und Reichsten der

Provinz Asturien, die wie einst in dem äußeren, so jetzt in dem inneren Freiheitskriege die würdigsten Vorkämpfer gestellt hat. Auch
Er wie Mina war in Folge eines bekannt gewordenen derben Ta-
dels der königlichen Regierung persönlich verletzt und nach S. Antonio bei Coruña festgesetzt worden. Im Sommer 1815 erhielt er
die Erlaubniß, die Bäder von Arteyo zu gebrauchen; diese Zeit
'21. Sept. 1815. benutzte er¹, von Coruña aus einen Aufruf²² zur Freiheit an die
Nation zu erlassen, der vorsichtig, für alle Klassen versprechend
gehalten war und die Forderung der Verfassung von 1812 vermied.
Kein Punct aber war übler zu solch einer Erhebung gewählt als
das finstere, von Mönchen beherrschte Galicien. An dem Wunder-
sitze St. Jago's gebrauchten der Erzbischoff und die Canonici sogleich die wirksamsten Mittel, in Porlier's Truppe selbst, als er
sich auf Compostella in Marsch setzte, den Abfall zu bereiten. Ein
Sergeant Chacon mit 60 Grenadieren bemächtigte sich Porliers,
'3. Oct. der sein Unternehmen¹ am Galgen büßte. Die Folgen seines Aufstandes, höchst traurig für die Freiheit und ihre Bekenner, sind
augenblicklich in Madrid zu greifen. Gegen die damals noch verhafteten Cortesmitglieder geschahen jetzt die letzten Schritte zu ihrer
Verurtheilung ohne Recht und Form; Ballesteros verlor wieder
das Kriegsministerium; der Empecinado, bisher verschont, wurde
nach Aragon verwiesen. Gerade zur Zeit des Aufstandes Porlier
hatten englische Zeitungen (unbestätigt, doch unwiderlegt) das Ge-
'October. rücht verbreitet³⁴, daß damals¹ von allen Mächten Vorstellungen
in Madrid über den bisher eingehaltenen Gang der Regierung gemacht worden seien; gewiß ist, daß die französische Regierung solche Vorstellungen gleich nach der Verurtheilung der Cortesdeputir-
'Anfangs 1816. ten¹ gemacht hat. Der spanische Gesandte trotzte aber jetzt diesen

---

33) Bei Jullian, précis hist. des principaux événemens pol. et mil.,
qui ont amenés la révol. d'Espagne. p. 363.

34) Venturini, Spaniens neueste Geschichte. 1821. p. 267.

Ermahnungen und setzte in einer höchst charakteristischen amtlichen Rechtfertigung der Barbarei seiner Regierung auseinander: daß ja in eben solcher Weise früher auch die Regentschaft und die Cortes gegen die Räthe von Castilien, gegen die Centraljunta und Andere verfahren wären; dieß sei in Spanien altes Herkommen; der weise Karl III. habe es auch nicht anders gehalten, habe eingesperrt und Landes verwiesen ohne Urtheil und Form, und ohne daß dieß „die geringste Wirkung auf die öffentliche Sicherheit gehabt hätte [35]!"

Dennoch schien man auch jetzt wieder in Madrid nicht ungeneigt zu versöhnlicherem Verfahren. Die Ernennung der Cevallos und Campo Sagrado zu Ministern galt für solch ein freisinniges Zugeständniß. Unter ihnen wurden die Militärcommissionen aufgehoben; der Gebrauch der Benennungen Servile und Liberale ward verboten; die darbenden Officiere fanden nun einige Fürsorge; man hörte auch einmal von einigen Maasregeln zu gemeinnützigen Zwecken des öffentlichen Unterrichts und des Landbau's. Sogleich wurde auch diese Zeit eines kurzen Aufathmens durch eine neue Verschwörung gekreuzt. Ein Kriegscommissär Richard, französischer Abkunft, entwarf den Plan, zum Zweck der Herstellung der Verfassung den König zu ermorden: erst war der Gedanke, auf einer seiner Nachtwanderungen zu der schönen Pepa aus Malaga, dann lieber am hellen Tage bei einer seiner Fahrten auf der Straße von Alcala. Dieser Anschlag wurde durch einen Mitverschworenen verrathen. Richard widerstand der Folter, ohne einen Mitschuldigen zu nennen und endete dann am Galgen. Mehrere Verdächtige wurden hingerichtet, der Deputirte Yandiola der Folter unterworfen, der auch der General D. Juan O'Donoju kaum entging, ein Subject

Fortsetzung. Verschwörungen und Aufstände in Madrid, Biscaya, Granada, Valencia, Catalonien.

April 1816.

---

35) Castlereagh memoirs. 11,341.

II. 13

noch aus Godoi's Schule, der 1820 seine Mitwissenschaft gestanden haben soll, später der Sache der Freiheit die schlimmsten Streiche versetzte. Auch General Renovales war im Verdachte der Theilnahme an diesem Plane, der gleich nachher einen vergeblichen Versuch zur Herstellung der Verfassung an der Cantabrischen Küste
machte, von da nach England entwich, seine Dienste dann in Ve-
nezuela anbot und 1820 in Havana gefangen starb. Auch diese
Vorgänge, arg genug um einen argwöhnisch furchtsamen Fürsten
wie Ferdinand ganz zu verstocken, hinderten nicht, daß gegen Ende
1816 das freisinnige Ministerium Garai gebildet wurde, das eine
offenbare Handreichung gegen die Neuerer einschloß. Gerade dieß
schien den Constitutionellen, unter denen es zwar manche gab, die
Garai sogar für ein Werkzeug der Verschwörer hielten, unsinnigerweise ein Beweggrund mehr zur Empörung zu sein. Im Westen
und Süden zeigten sich jetzt die Spuren weiterer Verschwörungen;
gemeinsame Maasregeln wurden nun besprochen; der Geist der
Meuterei breitete sich in dem ganzen Heere aus, löste die Zucht
auf und schwellte mehr und mehr schon die Officiere mittleren
Ranges mit dem Ehrgeize, die Schiedsrichter der politischen Schicksale des Landes zu werden. Darf man den Mittheilungen van
Halen's glauben, so war schon seit 1815 Granada der Mittelpunct
der vaterländischen Verbindungen geworden, der Sitz der Mutter-
loge der Freimaurerei in Spanien, die der Generalcapitain Graf
Montijo selber förderte, ein Doppelgänger Abisbal's, der sich 1814
gerne zum Werkzeug der Servilen gemacht hätte, nachher in die
Plane der Aufrührer einging. Der Erzbischoff von Granada kam,
diesen Umtrieben auf die Spur, und die Verfolgungen der Maurer
begannen sofort (1816), unter deren Opfern Montijo selbst war,
der nach Galicien zur Haft gebracht wurde. Diesen Gefahren zum
Trotz breiteten sich die Zweige der patriotischen Gesellschaften über
Carthagena, Alicante, Murcia, Valencia und Catalonien aus, in

denen van Halen's Freunde thätig waren, die Torrijos, Lopez Pinto, Romero y Alpuente, deren Namen in den späteren Bewegungen wieder begegnen. Zunächst gab es in Valencia Unruhen[1], die wenig 'Januar 1817. aufgeklärt sind; ein Rechtsgelehrter Navarro war in sie verwickelt. Hier säete dann General Elio durch die barbarische Anwendung seiner strengen Vollmachten jetzt schon den Haß, der ihm später verderblich wurde. Nicht lange nachher schlug in Catalonien General Lacy los. Er war aus einer der vielen in Spanien eingebürgerten irischen Familien, ein Mann der bei seinen Freunden in Ehren gehalten war, sonst von unruhigem Charakter und abenteuerlichem Leben; anfangs in den Reihen der Franzosen gestanden, hatte er nachher (1812) in Catalonien glückliche Dienste gegen sie geleistet. Wie Mina und Porlier fand er sich bei Ferdinands Rückkehr zurückgesetzt; er war weiterhin in Untersuchung nach Valencia geführt, dann nach Catalonien verwiesen worden, wo er arm und unthätig lebte. Verabredungen mit den Freisinnigen in Madrid waren seiner Unternehmung vorangegangen, die gleichwohl, auch sie, vereinzelt erstickte. Leichtfertig gewählte Verbündete verriethen den Plan an den Generalcapitain Castaños, von dem die Verschworenen wenigen Widerstand erwartet hatten. Bei der ersten Unsicherheit des Verlaufs fiel der kleine Anhang ab; dem mitverschworenen General Milans gelang es nach Gibraltar zu entkommen, von wo er in den Dienst der Insurgenten nach Buenos Ayres ging; Lacy selbst wurde trotz der lässigen Verfolgung ergriffen. Seine Sache war aber, wie die der Anhänger Porlier's, so populär im Heere, daß man nicht wagte seine Mitschuldigen hinzurichten; ihn selbst führte man zu seinem Tode nach Castell Bellver in Majorca. Wenige 's. Juli. Monate nach Lacy's Ausgang wurde ein Faden der Granadischen Verbindung in Murcia entdeckt; van Halen fiel in Haft und in Folge der Enthüllungen seiner Papiere wurden auch seine vorhin genannten Freunde in das Castell von Alicante gesetzt. Von da an wäre, nach van Halen, der Mittelpunct der geheimen Gesellschaften nach Madrid verlegt worden, wo in dem leitenden Ausschuß Arco Aguero thätig war. Ende 1818 reifte eine neue Verschwörung in Valencia, die am Neujahrstage mit der Ermordung Elio's im Theater beginnen sollte. Der Tod der Königin Isabel, der die Schließung des Theaters veranlaßte, nöthigte zu einem anderen Entwurfe. Auch jetzt verrieth ein Mitverschworner, Padilla, den Berathungsort der Verschworenen, wo sie Elio persönlich überraschte und das Haupt derselben, Oberst Vidal, verwundete.

'20. Jan. 1819. Vidal starb am Fuße des Galgens', zwölf Mitverschworene wurden rücklings erschossen, darunter Diego Calatrava und ein Sohn jenes reichen Beltran de Liz, der 1820 in den Reihen der Liberalen erscheint.

Die Ausrüstung nach America. Bei dieser ununterbrochenen Andauer der Verschwörungen verwundert es denn allerdings weniger, daß nach so vielen Schwankungen in der Regierung zuletzt die Schreckenspartei der Lozano und Eguia den festesten Fuß fassen konnte. Uebrigens kam gerade von da an, wo die letzten brauchbaren Leute aus den Ministerien entfernt wurden, das schwärende Uebel der Soldatenmeutereien zur größeren Reife, durch den Unverstand der Regierung **'seit 1816.** selbst. Langeher' bereitete man nun jene berüchtigte Ausrüstung nach America vor. Alle Planlosigkeit der Regenten, alle Unfähigkeit der militärischen Führer, alle Unordnung der Verwaltung kamen bei dieser Unternehmung maffig zu Tage. Die Kundigsten hatten gerathen, sich die abgefallenen Colonien im Norden und Westen von Südamerica zuerst wieder zu sichern, wozu kleinere Kräfte genügt hätten; in der Regierung aber bestimmte die Erbitterung gegen Brasilien zu einer Expedition nach Buenos Ayres, die ein größeres Heer verlangte. Der vorsichtige Garai hatte klüglich ermahnt, die Truppen in verschiedenen Häfen einzuschiffen, die Eguia

und Ugarte aber blieben auf ihrem Kopfe, das in Unzufriedenheit gäh-
rende Heer an Einem Puncte zu versammeln und zwar in Cadiz: an ʸᵉᵗᵗ 1817.
dem Puncte grade, wo die Erinnerungen an die Freiheit am lebendigsten waren; wo die americanischen Agenten mit den Liberalen um die
Wette gegen den Dienst in America aufhetzten, der wie kein andrer in
dem spanischen Heere verhaßt war; wo die aus Columbia rückgekehrten Verwundeten im Hospitale lagen, deren Wunden und Erzäh-
lungen von ihren überstandenen Mühsalen sprachen. Die Mißstimmung, die durch all dieß hervorgerufen wurde, ward durch einzelne Maasregeln noch verstärkt: man begnadigte die Josephinos
die in das Heer traten; man gab den Officieren im Voraus höheren Rang; dieß erbitterte die Gemeinen und vergrößerte in ihren
Vorstellungen die Gefahren, in die sie geschickt wurden. Schon
1815, als Morillo eine erste Ausrüstung geleitet hatte, war so
heftiger Widerwille im Heere gewesen, daß man einzelne Abtheilungen hatte entwaffnen müssen, um sie an Bord zu bringen; schon
damals sollen die Liberalen dem Befehlshaber Anträge zu einer
näheren Verwendung seiner Truppen gemacht haben; und auch
jetzt benutzten sie die Unzufriedenheit des Heeres, den dieß-'1819.
maligen Befehlshaber, Abisbal, unter Vermittlung des Arztes
Arejula anzugehen. Sie kannten zwar seinen zweideutigen Charakter; sie wußten, daß er abwechselnd Anhänger und Gegner der
Cortes gewesen war; sie kannten seine schmähliche Rolle, die er
als Generalcapitain in Cadiz gespielt hatte, aber sie wußten auch,
daß er in Lacy's Entwürfe eingeweiht war ohne sie gestört zu haben; sie hatten seine Haltung gegen die Camarilla beobachten können, die ihm den Befehl der Expedition verschafft hatte, aber dann
vertrauten sie wieder seinen Verbindungen mit ihrer Parthei, aus
deren getreuesten Angehörigen der Oberst Arco Aguero sein Ver-
wandter war; sie erzählten sich, daß er sich in dem Gedanken einer
Militärdictatur gefiel und im Scherze gefragt habe, ob man nicht

die Miene eines Königs in ihm fände, dann aber trugen sie auch
wieder die Aeußerung von ihm um: daß er lieber die Befreiung
Spaniens als die Unterdrückung America's bewirken wolle mit
dem Heere, das er verpflichtet nannte, die zerstörte Freiheit wieder
herzustellen; sie kannten ihn als einen verdächtigen Ehrgeizigen,
aber das Bedürfniß, einen der höheren Officiere an ihrer Spitze
zu haben, drängte sie in Ermangelung eines ehrenhafteren Haup-
tes zu dem Ehrlosen. Nicht genug mit dem Einen, auch noch einen
zweiten des ähnlichen Schlages zogen sie in ihr Geheimniß, den
(gleichfalls irischen) General Sarsfield, einen Mann von finsterem
und hartem Charakter, der in Xeres als Befehlshaber der zweiten
Division stand. Er ging auf die Mittheilungen, die ihm von dem
Schweizer Roten, von Gutierrez u. A. gemacht wurden, willig
ein, als gerade Abisbal zurückzog, der aus Madrid erfuhr, daß
man dort Kunde von der neuen Verschwörung hatte. Beide Generale kamen hierauf bei einer Zusammenkunft in Cadiz überein,
die Unternehmung zu kreuzen und die Führer festzusetzen; noch am
Tage zuvor hatten sie mit Arco Aguero in ganz anderem Sinne
verhandelt. Die in Puerto S. Maria lagernde Abtheilung wurde
am nächsten Morgen zum Ausrücken befohlen und von Sarsfield's
Reiterei und einem Corps Abisbal's von Cadiz aus umgeben, und
die verschworenen Officiere, darunter die Obersten Oraly, Roten,
Quiroga, Arco Aguero, Ponte, zwei Brüder San Miguel u. A.
festgenommen.

'7. Juli 1819.

'8. Juli.

Die Verwirrung in der ganzen Ausrüstung wurde nun noch
größer. Die völlige Rathlosigkeit war greifbar. Erst lohnte man
Abisbal mit Orden und Ehren, dann nahm man ihm und Sars=
field ihre Stellen und verhängte eine Untersuchung; zu ihrem Ersatz
fand man Niemanden, als den General Calleja, Grafen Calderon,
einen schlaffen alten Mann. Ehe er eintrat, befehligte inzwischen
General Fournaz, ein Franzose. Grade breitete sich das gelbe

Fieber, aus der Havana eingeschleppt, über die Insel Leon aus; Fournaz glaubte ihm trotzen zu müssen. Das unglückliche Heer wurde nun noch durch die Seuche decimirt, die auf der Insel Leon¹ täglich 35 — 57 Opfer verlangte und schon die Schiffsmannschaft ansteckte. Die Truppen mußten nach Las Cabezas, Corredera, Arcos und andere Orte ins Innere zurückgezogen werden. Mitten unter ihnen waren die verhafteten Verschworenen, gut und lässig behandelt, z. Th. wieder auf freien Fuß gesetzt, z. Th. (wie Riejo) auf freiem Fuße geblieben. Neue Mitarbeiter, wie Alcala Galiano, der sich in Gibraltar als Gesandtschaftssecretair nach Rio hatte einschiffen sollen, traten zu ihnen. Die ungewöhnlichsten Vortheile der Gelegenheit lockten: das versammelte Heer, die bereiten Geld-mittel und Vorräthe, die feste Lage von Cadiz, die Rathlosigkeit und Schwäche der Regierung, die Zeichen der Verwirrung und Unordnung, die überall her den ausbrechenden Sturm ankündig-ten. Eben geschah es, daß eine Anzahl Milizen ihre Cantonne-ments verließen und von allen Seiten nach Madrid anrückten; als man erschreckt entgegenschickte, zeigten die Befehlshaber ihre Marsch-befehle aus dem Ministerium vor, die gefälscht waren; die Anstif-ter konnten nicht ermittelt werden. Im Herbste hatte inzwischen einmal wieder das Ministerium gewechselt; Casa Jrujo (der auf Pizarro gefolgt war) wurde durch den Herzog von San Fernando (Melgarejo), Eguia durch Alos, Lozano durch den Marquis von Mataflorida (Rosales) ersetzt. Neben ihnen trieb der Marinemini-ster Cisneros endlich zur Vollführung der langverschobenen Ein-schiffung. Die drängende Zeit schärfte nun die Entschlüsse der Ver-schworenen. Ein kleiner Theil der Truppen war schon gleich nach dem Handstreich von Puerto S. Maria abgesandt worden; in den ersten Tagen des Jahres 1820 sollte das Hauptheer folgen. Cisneros wurde in Isla de Leon zur Ueberwachung der Einschiffung erwartet. Der letzte Augenblick war gekommen, wo man sich entscheiden mußte.

5. Frankreich.

Ausficht auf spa-
nische Zuſtände
auch in Frank-
reich.

In Spanien ſtanden ſich die Menſchen der alten und neuen
Zeit, nach rohen Partheileidenſchaften und Intereſſen getheilt, in
blinder Feindſchaft gegenüber. Wo die Möglichkeit ausgeſchloſſen
war, daß ſich die politiſchen Gegenſätze im geiſtigen Kampfe, auf
parlamentariſchem Boden gemeſſen, gemildert, vertragen hätten,
ſtritten ſich die Gegner im thätlichen Kampfe, um ſich gewaltſam
zu unterdrücken. Anders war es in Frankreich bei der erſten Herſtellung geweſen; bei der zweiten aber ſchien es ganz wie in Spanien kommen zu ſollen. Damals 1814 hatte ſich anfangs das alte
und neue Frankreich in einer paſſiven Verſöhnlichkeit vertragen;
in den verſchiedenen Partheigruppen ſchien gegenſeitige Beſchei-
dung eine kurze Weile die Leidenſchaften beſchwichtigt zu haben.
Bald aber war in den Anhängern der alten Ordnungen dieſe Be-
ſcheidung neuen hochmüthigen Anſprüchen gewichen und ſofort
wich auch die Duldſamkeit in den Menſchen des verjüngten Frankreich der Beſorgniß über die bedrohten Einrichtungen und Intereſſen der Revolution, der Aufregung über die verletzten Erinnerungen und Gefühle, die aus der Zeit der Republik und des Reichs
in den Herzen mächtig geblieben waren. In dem ungeordneten,
von der ſchwankenden Regierung noch verſtärkten Kampfe der vielfachen unter und gegeneinander ringenden Kräfte hatte ſich die un-
klare, verwirrte, unbehagliche Lage geſteigert bis zu der heftigen
Kriſe der hundert Tage. Nach ihrem raſchen Vorübergange ſchien
ſich dann dieſe Lage plötzlich ebenſo klären und vereinfachen zu ſollen, als ſie vorher verwickelt und trübe geweſen war. Die Männer
der neuen Ideen, Kaiſerliche, Revolutiondre und Neuconſtitutio-
nelle gleichmäßig, waren nun dermaßen daniedergeworfen, daß ſie

auf dem Kampfplatze vorerst nicht mehr erschienen, daß sie in den
zwei nächsten Kammersitzungen so gut wie keine Vertretung hatten,
daß sie dem alten Frankreich auf Gnade und Ungnade überliefert
waren. Die royalistische Parthei allein schien die ganze Lage beherrschen zu müssen; in Presse, in Kammern, in Volk hätte jetzt
Niemand eine Stütze gefunden, der die Sache der Revolution und
des neuen Frankreich offen hätte verfechten wollen. Verstand diese
Parthei, die Gunst der Gegenwart mit einer regierungsfähigen
Mäßigung, Festigkeit und Planmäßigkeit auszubeuten, gab sie die
unmöglichen Zwecke einer Rückkehr zu abgelebten Zuständen auf
und wirkte mit einer ordnenden Kraft für eine dauerhafte Zukunft,
indem sie die verständige Wahrung aller gemeinsamen Volksinteressen zu ihrem Zielpuncte nahm, so lag ihr der Weg offen, zu einer
großen Macht und Bedeutung im Staate zu gelangen. Sie mußte
sich, wie 1688 die Jakobiten in England thaten, von einer gewalt-
thätigen Faction zu einer gesetzlichen constitutionellen Parthei re-
signiren, indem sie die Charte und die neuen Interessen Frankreichs
annahm und unangetastet in Ehren hielt. Sie mußte den alten
Adel der Rachsucht und dem Eigennutz entsagen machen, aber sie
konnte ihn mit politischer Macht und Bedeutung entschädigen, indem sie suchte, den Schwerpunct der Verfassung, wie bis dahin in
England, in die Pairie zu legen und den toryistisch-aristokratischen
Elementen die Vorhand in den parlamentarischen Einflüssen zu
geben. Dazu war jetzt eben eine starke Handhabe geboten, als die
Pairie nach den hundert Tagen noch durch Talleyrand erneut und
gereinigt, wie in der Napoleonischen Zusatzacte erblich erklärt und ¹⁰. Aug. 1815.
die Ernennung zum Pair an die Bedingung der Gründung eines
Majorats aus schuldenfreien Gütern geknüpft worden war. Daß
solch ein aristokratisches Prinzip in der französischen Verfassung
damals tiefere Wurzel hätte fassen können, als es nachher im dritten Jahrzehnt noch möglich war, ist unstreitig; daß es sich aber

für irgend eine längere Dauer und geschichtliche Zeit hätte begründen können, muß gleichwohl nach der Natur des Volks und
der Geschichte Frankreichs geleugnet werden. Faßten doch selbst in
jenem günstigsten Augenblicke nur wenige Franzosen den festen
Begriff einer solchen Gestaltung ihrer Verfassung! und diese Wenigen waren wenig unter sich einig! und was die Hauptsache war:
in den sämmtlichen Standesgenossen, mit denen sie hätten wirken
müssen, fehlte die feste Mäßigung und politische Weisheit völlig,
mit der in dieser Richtung allein gewirkt werden konnte, wie in
dem Königthum die Kraft und Folgerichtigkeit fehlte, die sie nothwendig unterstützen mußte! Chateaubriand, de Serre, Vaublanc
waren unter den Wenigen, die auf solch eine Wendung der Dinge
aussahen. Von ihnen hatte Graf Vaublanc, in Gesellschaft mit
den Herren von Capelle und Bruges, in Gent Regierungspläne
ungefähr in diesem Sinne entworfen[1]. Er wollte, daß eine Regierung gebildet werde, die in unbeugsamer Folgerichtigkeit nach
einem einzigen, offen erklärten Ziele steuerte; sie sollte die Charte
unverändert und unveränderlich beibehalten, aber sich ganz auf die
aristokratische Partei stützen, als deren Spitze er die Prinzen des
königlichen Hauses ansah; zum Zweck der Feststellung dieser Parthei sollte den Emigranten sofort eine Entschädigung, der Geistlichkeit eine unabhängige Stellung gewährt werden; um den Geist
der Revolution in der Wurzel zu zerstören, sollte der Einfluß der
allherrschenden Hauptstadt und ihrer Presse geschwächt, die alten
Provinzen hergestellt, und eine gesonderte Herrschaft der zwei
Prinzen in zwei großen Regierungsbezirken gegründet werden,
damit nicht ferner jede Revolution in Paris ganz Frankreich mit-
betreffe[2]. Dieser Festigkeit nach innen sollte dann auch die äußere

---

1) In einer Reihe von Denkschriften, aus denen er in den 20r Jahren Einzelnes im Druck veröffentlichte.

2) Vaublanc, mémoires. 1833. 3, 215 ff.

Politik gegen die Verbündeten entsprechen, die Herr von Capelle umschrieb. Diese Pläne wurden von dem König gelesen und gebilligt, aber „sein Benehmen entsprach dieser Billigung nicht". Die Krone konnte kein stärkeres Zeugniß geben, wie sehr ihr Sinn und Neigung für solch eine planvoll feste Politik abgehe, als sie that, indem sie sich das Ministerium Talleyrand=Fouché von den Fremden auflegen ließ, um in dem Sturm der aufgeregten Leidenschaften das System einer oberflächlichen Verschmelzung noch einmal zu versuchen, über das die Thatsachen schon einmal den Stab gebrochen hatten und die öffentliche Meinung alsbald ihn wieder brach. Frankreich selbst, indem es durch seine Kammerwahlen und durch das bloße Gerücht von der Stimmung seiner Abgeordneten jenes Ministerium fallen machte, bezeugte nun, das ganze Land und Volk, wie sehr die Herrschaft der Royalisten in diesem Zeitpuncte als das einzig Natürliche und Mögliche gefunden ward. Aber freilich wirkte eben dieselbe Gunst der Verhältnisse, die diese Parthei emporhob, in demselben Augenblicke in ihr alle Mäßigung zu vernichten, den Rache= und Unterdrückungsgeist in ihr herauf zu beschwören und durch ihn einen innern Kriegszustand zu erneuen, der ihre Herrschaft in kürzester Zeit unmöglich erwies. Sobald sich die Vaublanc und seines Gleichen überzeugten, daß dem Könige jetzt wie früher der Sinn für ihre strengen ausschließenden Ansichten fehle, suchten sie ihre Stütze in dem Kronprinzen, der ihrem kecken Muthe, ihrer Einseitigkeit und ihren Neigungen und Vorurtheilen näher stand. Fremd noch den Erwägungen und Zweifeln der Regierungsverantwortlichkeit hatte er sich schon 1814 zum Mittelpuncte aller jener Menschen der heillosen Verblendungen und der störrischen Leidenschaften gemacht, jener ergebenen „aber nicht nützlichen" Freunde, die auch jetzt wieder den ganzen Geist und die bestehende Ordnung der Gesellschaft in Frage stellten. In seine Umgebung drängten in dem ersten Wirrwarr der

zweiten Herstellung, wie in die Madrider Camarilla, alle ehrgei=
zigen Intriganten der Parthei, die, seit 30 Jahren des Sieges
entwöhnt, jetzt ihren Triumph mit blindem Neulingseifer auszu=
nutzen suchte; hierhin strömten die Zuträger und Anschwärzer, die
den Vertilgungskampf gegen die Gegner im spanischen Stile
schürten; hier wurden die Listen der zur Anstellung und Beförde=
rung, der zur Absetzung und Verbannung Bestimmten verfertigt;
von hier aus wurden die Präfecturen, die Armee, die Pairskam=
mer gereinigt, die königlichen Ausschüsse in den Provinzen gebil=
det und die Wahlen geleitet; von hier erhielten die Nationalgar=
den ihre Weisungen, die bei den Greueln im Süden müßige Zu=
schauer waren. Die Vorgänge in dieser „weißen Schreckenszeit",

vgl. 1, 159. die dort im Augenblicke der zweiten Herstellung Bonapartisten und
Protestanten bereitet wurde[1], haben uns bereits mit den ganz ähn=
lichen Zuständen in Südfrankreich bekannt gemacht, wie wir sie
jetzt in Spanien kennen gelernt haben; auch gährte hier dieselbe
bigotte Wuth in demselben Blute desselben Stammes, jenes Vol=
kes von 1229, jener Voltaire'schen „Westgothen von 1762". Wo
in Frankreich der Gedanke der mittelalterlichen Herstellung am fol=
gerichtigsten war, wie ihn im Namen der Geistlichkeit damals das
mémorial réligieux und später ein Lammenais[3] aussprach, da em=
pfahl man das Verfahren der spanischen Bourbonen geradezu als
ein nachahmungswürdiges Beispiel und wies als auf ein Ideal
auf den Zustand dieses Landes hin, wo „der Klerus der erste Stand,
die Kirche die erste der Einrichtungen des Staates sei, und mit
ihm einen Bund nicht des Budgets, sondern der Wahrheit, des
Glaubens, der Gesetze geschlossen habe". Ganz in diesem Sinne
war auch während der kurzen royalistischen Zwischenregierung in

---

3) De la réligion considerée dans ses rapports avec l'ordre pol. et
civil. 1825.

Toulouse unter den Eifrigen der Plan besprochen worden, für den
Herzog von Angoulême bis zu seiner Erhebung auf den Thron
ein Königreich Aquitanien zu gründen, ein Spanien dieffeits der
Pyrenäen, in dem man die Probe des reinen alten Regierungs-
wesens gemacht hätte im Gegensatze zu dem Systeme der Fouché-
schen Vermittlungen.

So drängten hier, in dem ungleich gebildeteren Lande, die Die Fremdherr-
schaft.
Verhältnisse nahezu in dieselbe Art von Reaction, wie sie in Spanien erfolgt war, nur daß hier die fremden Heere, Minister und
Fürsten Wache hielten, die so viel Einsicht hatten, daß ein Regiment wie Ferdinands VII. den Thron in Frankreich in Kurzem
unfehlbar zerstören müßte. Wie sehr die Altköniglichen, wenn
man sie nur in ihren Beziehungen zu den französischen Partheien
sah, als die alleinigen Sieger und Beherrscher der Lage erschienen,
so waren doch in der That und Wahrheit die eigentlichen Sieger
und Herrscher in Frankreich vorerst die Fremden. Nicht allein die
Besatzungsheere mahnten tagtäglich an diese Herrschaft, auch die
Sitten, die Moden, die Unternehmungen und Speculationen zeug-
ten von diesen Einflüssen der Fremde; und in dem ganzen Regie-
rungssysteme der nächsten Jahre waren es fremde Gebote, die den
Gang der inneren und äußeren Politik vorschrieben. Und zwar
war es hier wie in Spanien der Einfluß Rußlands, der seit dem
Falle Talleyrands, unter dem die Verbindung mit England für
die richtigere Staatskunst galt, fast ausschließlich die Ueberhand
gewann. Vorher, haben wir erfahren, war das Verhältniß des
Kaisers von Rußland zu den Bourbonen, von früheren Beziehungen her, gespannt gewesen und war in der Zeit der ersten Herstellung noch gespannter geworden durch die feindliche Haltung Talleyrand's in Wien, und durch den Ausschlag der gewünschten Vermählung einer Schwester des Kaisers mit dem Herzog von Berri,

die an der unerschütterlichen confessionellen Widersetzlichkeit der
Herzogin von Angoulême gescheitert war[4]. Wenn nicht Welling=
ton's Sieg bei Waterloo und seine übrigen Maasregeln die Her=
stellung Ludwigs XVIII. zu einer unerwartet beschleunigten That=
sache gemacht hätten, so wußte man, würde Alexander ihr entgegen
gewesen sein; nun ließ er sich wenigstens seine Einwilligung durch
Unterwerfung bezahlen. Daß fortan, bei der Uebermacht der Kö=
niglichen und ihrer Abneigung gegen England, der bisherige Ein=
fluß des englischen Cabinets, trotz seiner erneuten Verdienste, nicht
Stand halten werde, darüber hatte sich selbst Talleyrand, da er
noch Minister war, nicht getäuscht, und er hatte sich daher Alexan=
ders Gewogenheit dadurch gewinnen wollen, daß er Pozzo di
Borgo das Ministerium des Innern zutheilen wollte; was bei den
übrigen Mächten Widerspruch gefunden hätte. Als Talleyrand
hierauf fiel, fielen auch die bisherigen Beziehungen zu England;
und Alexander stellte nun den Herzog von Richelieu an die Spitze
der französischen Regierung, der sein Unterthan gewesen war, in
dem russischen Heere seine Schule gemacht und zuletzt, nach einem
mißglückten Versuche der Rücksiedelung nach Frankreich, sich um
die Anlegung und Aufblüte von Odessa verdient gemacht hatte.
Seitdem wurde in Frankreich keine wichtige Maasregel in Verfas=
sung und Verwaltung ergriffen, ohne daß die Regierung, und oft
nur der Hauptminister im Rücken der übrigen, den russischen Ge=
sandten Pozzo di Borgo berathen, oder durch Herrn von Noailles
unmittelbar in St. Petersburg die Zustimmung des russischen
Kaisers nachgesucht hätte. Der schwache König, den man in den
erschwerten Staatsgeschäften dieser Zeit vollständig null und „Nie=
mand“ fand, legte jetzt dem mächtigen Schützer gegenüber jeden
Eigenwillen ab. Stand er in Wien wie ein Gleicher zu Gleichen,

---

4) Taillandier, documents biogr. sur Daunou. 1841. p. 141.

so war er jetzt wie im diplomatischen Banne; hatte er in Compiegne
dem russischen Kaiser eigensinnig widerstanden, so beugte er sich
nun ganz seinen Winken und bezeugte ihm in Briefen eine fast kin-
dische Freude, wenn er seine Sache in seinen Augen gut gemacht
hatte. So stellte sich der russische Selbstherrscher zu den Bourbonen jetzt völlig, wie einst Ludwig XIV. zu England und den hergestellten Stuarts gestanden hatte; Ludwig XVIII. gab sich in
seine Abhängigkeit in derselben trägen Gleichgültigkeit, in dem
gleichen Mangel an fürstlichem und vaterländischem Ehrgefühle
hin, wie sich Karl II. unter das Joch Ludwigs XIV. gefügt hatte;
und so wie dieser damals, trotz seiner verschiedenen Neigungen
und Interessen, Englands religiöse Verhältnisse klüglich geschont
hatte, so schonte Alexander die politischen und constitutionellen
Verhältnisse Frankreichs aus den gleichen Gründen. Er machte
sich und dem König einen freisinnigen Namen, als er der Kammer
von 1815—16 gegenüber zur Aufrechthaltung der Charte mit-
wirkte; er erleichterte Ludwig XVIII. seine Regierung, indem er
die Friedensbedingungen milderte, und seine Wiederaufnahme in
den Rath der europäischen Mächte beschleunigte. Und nachdem es
so weit gekommen war, so suchten dann auch die Königlichen mehr
und mehr die innigste Verbündung mit dem legitimen Rußland, in
dem selbstgefälligen Plane, die „Leitung Europa's" an diese ver-
bundenen Mächte zu nehmen, wo es Rußland zunächst nur um
die Leitung des unruhigen Frankreichs galt, weiterhin aber darum,
diese Verbindung zu seinen eigenen Vergrößerungsplanen zu benutzen. Zu diesen späteren freundlichen Beziehungen war übrigens
in den Anfängen der zweiten Herstellung keine entfernte Aussicht
gewesen. Damals warf Chateaubriand im Namen der Parthei,
der man sonst immer aufrückte sie sei im Gepäcke der Fremden zurückgekommen, im offenen Parlamente der Regierung vor, daß
ihr eine andere Gewalt als das Vaterland ihre Gesinnungen und

Meinungen erlaube oder befehle; damals widersetzte sich Vaublanc,
unwillig aber vergeblich, der verfassungswidrigen Eigenmacht der
gemeinsamen Regierung Richelieus und Pozzo's[5]; damals stand
der Hofhalt des Kronprinzen so feindlich wie 1814 den Fremden
in einer scheinbar unabhängigen Haltung gegenüber, die ihm die
Herzen aller Franzosen hätte gewinnen müssen, wenn man nicht
gewußt hätte, daß dieser Fremdenhaß aus dem Geifer über die
„Narrheit der freisinnigen Ideen" stammte, zu denen sich die Fremden noch bekannten, aus dem Haß der neuen Ordnungen, die sie
beschützten. Dieß war es, was der Begründung einer ausschließ-
lichen Partheiherrschaft der Royalisten im Beginne entgegenstand.
Man kannte unter den Fremden die Unverbesserlichkeit dieser Menschen, deren Thorheiten sie die Schuld an den 100 Tagen ebenso
beimaßen, wie den Verschwörungen der Bonapartisten. Beiden
für die Zukunft gleichmäßig vorzubeugen, war ihnen gleich ange-
legen. Sie empfahlen daher dem König wiederholt die Aufrechthaltung der Charte, die er auch bei Eröffnung der Kammer von
den Prinzen wie von den Abgeordneten beschwören ließ. Sie empfahlen ihm ebenso[6] die Zurückweisung aller leidenschaftlichen
Rathschläge, in welcher Gestalt sie sich auch zudrängen möchten.
Sie untersagten auf diese Weise alle ausschließliche Begünstigung
Einer Parthei, und aus wohlerwogenem Interesse: denn so wichtig es ihnen war, in dem neu zu schaffenden Heere gute Bourbonisten zu haben, so wesentlich war es ihnen wieder, in den Finanzen erfahrene Leute der kaiserlichen Regierung zu behalten, damit nicht die Mittel des verschuldeten Landes für Partheigrillen
verschwendet würden.

Leider wurde durch diese Einflüsse diplomatischer Vermittlung,

5) Mémoires 3, 351.
6) Vaublanc, souvenirs. 1838. 1, 415.

die nirgends übler angewandt war als auf die innere Lage eines
so tief zerrütteten Landes, auch jede Einheit und Folgerichtigkeit
der Regierung ausgeschlossen. Unter Verhältnissen, die nichts nöthiger hatten, als eine Regierung von möglichst festem und ge-
schlossenem Willen und daher von möglichst gleichartiger Zusammensetzung, bildete man ein gemischtes Ministerium aus entgegengesetzten Elementen, worin die Minister des Innern, der Marine
und des Kriegs (Vaublanc, Dubouchage, Clarke) die Vorgeschlagenen und Ergebenen des Grafen Artois waren, der Polizeiminister Decazes aber und die Finanz- und Justizminister Corvetto und
Barbé-Marbois in bonapartischen Verbindungen gewesen und daher den Royalisten verhaßt waren, die statt der beiden Letzteren
Vitrolles und Grosbois gewünscht hatten. Dieß hieß in dem Systeme jener flauen Mischungen, das die Erfolge nun wiederholt
verurtheilt hatten, fortfahren, nur mit dem Unterschiede, daß man
den Königlichen stärkere Zugeständnisse machte und die vorstechen-
den Namen auf der Gegenseite vermied, daß man der geschäfts-
unkundigen Getreuen mehrere zuzog und von den unentbehrlichen
Geschäftserfahrenen der früheren Zeit auf jene Bescholtensten zurückgriff, die sich am grundsatz- und charakterlosesten unter dem
raschen Wechsel der Verhältnisse in jedem zurechtgefunden hatten.
Demnach ging es zunächst bei der Bildung des oberen Regierungs-
personals unter dem neuen Ministerium in derselben Systemlosigkeit fort wie früher: weder Verschmelzung noch Ausscheidung,
weder Recht noch Gnade, weder Strenge noch Nachsicht, weder
gegen die Klasse der Sieger noch der Besiegten wurde frank und
rund eingehalten; in Strafe und Gunst, in Vertheilung und Entziehung der Stellen schien man bald der Ueberzeugung zu folgen,
daß Alles auf erfahrene Diener ankomme, bald der anderen, daß
Alles an treuen Dienern gelegen sei. Im Justizministerium galt
der Vorsatz, die Gerichtshöfe, die am 20. März sämmtlich ins

bonapartische Lager übergegangen waren, trotz der verfassungs=
mäßigen Unabsetzbarkeit der Richter, von Grund aus neu zu bil=
den; und ebenso entfernte man von dem Kriegsministerium aus
nach sorgsam entworfenen Klassenordnungen alle Schuldigen und
Verdächtigen aus dem Heere und ersetzte sie mit den zudrängenden
„Reinen" nach den Winken des Kronprinzen.   Dagegen im Mini=
sterium der Finanzen behielt man das ganze kaiserliche Personal
bei; im Ministerium des Innern setzte Vaublanc zwar in die Prä=
fecturen vorzüglich jene zurück, die in den 100 Tagen entlassen
worden waren, in der Behandlung des unteren Personals aber
herrschte Willkür und Zufall. Dieß Auseinandergehen der Regie=
renden, so weit es in der Wahl der nächsten Werkzeuge offen liegt,
verschwindet indeß ins Unbedeutende vor der tiefen Zwiespältigkeit
in ihrer ganzen Richtung und Wirksamkeit. Sie kündigt sich so
scharf wie möglich schon in den bloßen Persönlichkeiten der beiden
Hauptminister des Aeußeren und Inneren an.   Zwei verschiednere
Menschen hätten nicht leicht wieder zusammengesucht werden können.

Vielleicht gab es keinen Mann in Frankreich, der durch Un=
bescholtenheit und Uneigennützigkeit, durch eine Rechtschaffenheit,
die falschen Ehrgeiz kaum begriff, mehr Achtung herausgefordert
hätte, als der Präsident des Ministerraths, der Herzog von Riche=
lieu; aber Charakterstärke, That= und Willenskraft, Beharrlichkeit
des Entschlusses, Weite des Gesichtskreises, alle die ersten Erfor=
dernisse, eine so schwer lenksame Nation in so schwieriger Lage zu
regieren, gingen ihm gänzlich ab.   Er war bescheiden bis zum
Selbstmistrauen und galt den Gewürfelten für so unfähig als er
bescheiden war.   Prägbar von allen Seiten gab er sich jedem Ein=
drucke hin, wechselte Gefühle und Ansichten je nach der Neuheit
und dem Gewichte der Einflüsse, und war weder im Stande einer
Bitte, noch einer Meinung zu widerstehen.   Nur zwischen den

Menschen und Ideen des alten und neuen Frankreich sich zu entscheiden, wäre ihm unmöglich gewesen. Er war ihnen Beiden
fremd, aber keinen feindlich, auch keinen vertrauend. Er war
einer der Ausgewanderten, aber ohne alle ihre Leidenschaften; ein
Edelmann von großem Namen und erfüllt von seiner Geburt, aber
von entschiedenem Widerwillen beseelt gegen die großen Herren und
den Provinzadel nach altem Schnitt. Reizbar, kränklich, bei jedem
unerwünschten Ereigniß kleinlich erschreckt, bei jedem Erfolge zu
lärmender Freude erregt, war er gequält von steter Angst vor den
Uebergriffen dieser unverbesserlichen Parthei, aber auch eben so sehr
von Furcht vor den Revolutionären. Er galt daher bei den Freisinnigen für einen Mann der Kaste, bei der Kaste für einen Fort-
setzer Talleyrands. Er war allen Entschiedenen zu unentschieden
und den Gemäßigten selbst zu gemäßigt. Nichts war natürlicher,
als daß ein solcher Mann die Beute der Stärksten ward; in der
Klemme zwischen den ungestümmen Wünschen der mächtigen Prinzen
und dem Begehren der mächtigen Fremden, machte er dorthin
große Zugeständnisse gegen seinen Sinn, im letzten Ausgang aber
erwies er sich als das gefügige Werkzeug des russischen Kaisers,
im Vertrauen auf dessen Gunst und Stütze er die Regierung allein
übernommen hatte und führte. Aber auch mit diesem starken Rück-
halte war er zur Einhaltung irgend eines folgerichtigen Ganges
durchaus unfähig, und als er 1818 den Fürsten in Aachen einen
solchen zugesagt hatte, verließ er gleich darauf seine Stelle. —
Ein Gegenstück zu dem Allem war Graf Vaublanc. Er zählte zu
den wenigen Royalisten, die Frankreich kannten, weil er sich durch
die wechselnden Zeiten durchgeschlagen hatte. Er war 12 Jahre
Präfect unter Bonaparte in Metz gewesen; vorher war er unter
den Opfern der Revolution und hatte sich seiner fünf Aechtungen
zu rühmen; noch früher aber war er unter dem revolutionären
Adel, ein Gegner der Prinzen gewesen und hatte nun einstige Sün-

14*

den gut zu machen. Er war daher von Richelieu's Makellosigkeit
weit entfernt, und, wie nahe bei seiner Unfähigkeit, doch eben so
fern von dessen Bescheidung. Ein eitler, auf seine Erfahrungen
stolzer Greis zweifelte er nicht an sich selbst, und hatte den Ehrgeiz, ein Zeichner, ein Poet, ein musikalischer und theatralischer
Kenner, ein politischer Praktiker und Theoretiker zu sein; wenn er
aber seine Weisheit zu Papier brachte, so geschah ihm wie den
Polignac, Larochefoucauld und andern royalistischen Schreibern,
die in naivem Glauben an sich selbst ihre Geistlosigkeit urkundlich
machten. In diesem seinem Selbstvertrauen war er denn auch weit
entfernt von dem unschlüssigen Schwanken Richelieu's, der ihn
seinerseits einen eisernen Kopf nannte und vor seinen eigensinnigen
Wegen und Zielen zurückschreckte. Und am weitesten lag Richelieu's
Zaghaftigkeit von Vaublanc ab, der in früheren Zeiten und noch
zuletzt als vorübergehender Präfect von Marseille Beweise von
jenem Muth gegeben hatte, der der eigensinnigen Beschränktheit
eigen ist. Ueberzeugt, daß Alles was im Staate geschieht nur
Schuld oder Verdienst der Regierung ist, daß alle Erfolge der
Revolution nur durch die Schwäche der Regierung veranlaßt wurden, war er trostlos, daß auch jetzt wieder die Furcht (vor den Revolutionären) die „Göttin Frankreichs" werden, und die ganze Restauration beherrschen sollte. Er haßte darum den ängstlichen Richelieu
und fühlte sich, im Ministerium ihm zugesellt, wie zu der altper-
sischen Strafe verurtheilt, lebend an einen Leichnam gebunden zu
sein". Daher suchte er seine Stütze an dem Grafen Artois, der
ihm allein den Muth zeigte, sich „über die Sophismen des Jahrhunderts zu stellen", und nicht mit den Wölfen heulen zu wollen.

So schieden sich in den höchsten Stellen der Regierung die
Parthei Richelieu's und die Parthei der Prinzen ab, und es

6) Vaublanc, souvenirs. 1838. 1, 415.

begründete sich jene Nebenregierung, die Richelieu mehr und mehr
verstimmte gegen die Königlichen „und was er den Pavillon Marsan nannte." Hier war ein Theil der Diener der sichtbaren Regierung zugleich im Dienste einer unsichtbaren; hier holte sich Vaublanc abendlich Trost, Muth und Befehle, mehr (sagte man)
ein Minister des Prinzen, als des Königs. Dieß nannte er selbst
zwar nur einen Calembourg. Aber doch war Er es, der dem Gra- 18. Nov. 1815.
fen Artois zu dem Oberbefehl über die Nationalgarden auch die
ganze Verwaltung dieses Zweigs, unabhängig von den Ministern,
ohne alle Verantwortlichkeit übergab; eine Maaßregel, die den
Prinzen in unmittelbare Verbindung mit allen Theilen des Reichs
brachte, ihm die genaueste Kenntniß aller örtlichen Verhältnisse
gewährte und ihm eine zugleich bürgerliche und militärische Macht
in die Hand gab, die bei ihrer ganz willkürlichen Zusammensetzung
ein reines Partheiwerkzeug war. Neben dieser weltlichen Armee
gebot dann der Kronprinz über eine geistliche, die Congregation.
Dieß war während Republik und Reich eine Verbindung Recht-
gläubiger gewesen, die von geistlichen Hausfreunden der Familie
Doudeauville geleitet waren. In jenen Zeiten des öffentlichen Hei-
denthums waren außer diesem nur wenige ablige Häuser daran betheiligt gewesen; nach der Herstellung aber ward die Verbindung
vornehmer durch den Eintritt des Königs, einflußreicher durch den
Eintritt Artois', der in ihr (wie sie in ihm) ein höchst nützliches
Werkzeug erkannte. Der Prinz hatte sich schon in England in den
90er Jahren in der Umgebung des Bischoffs von St. Pol de Leon
dem Jahrhundert mehr und mehr entfremdet; jetzt fing er sich an
nach einem ausschweifenden Leben zu „rangiren" (was noch immer
wahllose Verbindungen und schmuzigen Verkehr nicht ausschloß),
und war auf dem Weg, wie die Spötter sagten, ein Trappist zu
werden. An seinem Hofe nahm nun Alles wie in Madrid eine
geistliche Färbung an. Im Mittelpuncte der priesterlichen Coterie

stand der Herzog Mathieu v. Montmorency, der vorlängst trotz
seinem Abstamme von dem ersten christlichen Ritter für die Men-
schenrechte gestritten hatte, jetzt aber ein frommer Reuiger geworden
und wie ein halber Heiliger angesehen war, „der (nach Polignac)
Gott fragte, was er den Menschen sagen sollte." Dieß hinderte
nicht, daß er selbst und die congreganistischen Adeligen um ihn her
voll weltlichen Ehrgeizes waren, die „seltsamen Fanatiker", wie
Frau von Cayla seinen Schwiegersohn Larochefoucauld nannte,
oder wie jener Jules Polignac war, der seinen kirchlichen Eifer und
seinen bösen politischen Willen gleich bei der Beeidigung auf die Charte
bewies, die er mit Labourdonnaie nur mit einer Verwahrung wegen
ihres Artikels über die Freiheit der Bekenntnisse beschwören wollte[7].
Bald nun drängten sich jetzt, wo es eine gute Note ward Congreganist
zu sein, eine Menge auch glaubenloser Ehrgeiziger, besonders aus
den Mitgliedern der Kammern von 1815, in die Verbindung, und
schon nach den ersten Wochen der Sitzung bildeten die Congreganisten, im Salon des Advocaten Piet versammelt, eine Gruppe,
die mehr und mehr anfing die zweite Kammer zu beherrschen. So
auf Adel und Geistlichkeit gestützt, in der Regierung, im Lande,
in der Landesvertretung mächtig, bildete der Pavillon Marsan
einen zweiten Mittelpunct der Gewalt und der Kronprinz nahm
eine Seitenstellung ein, wie einst in England der bigotte Herzog
von York neben dem kinderlosen Bruder und König Karl II. In
dieser Absonderung hatte man ihn schon 1814 in den ministeriellen
Kreisen, die wie Beugnot im Sinne der fremden Diplomaten sahen
und handelten, in einer fortwährenden Verschwörung gefunden und
die Ansicht gefaßt, daß er nach des Königs Tode nicht regieren
dürfe[8]. Dieser Gedanke war dann in den Flugschriften der 100 Tage

---

7) Polignac, études. Note 6.
8) Larochefoucauld, mémoires. 2,10.

lauter geworden, daß wie in der englischen Restauration, wenn nicht
die Dynastie, so wenigstens die Thronfolge geändert werden müsse.
Dagegen sprachen nun, wo die Macht des Prinzen viel gebieteri-
scher geworden war, die Unvorsichtigen auf seiner Seite das Wort
Abdankung aus, und das Mistrauen drang schon jetzt bis zu dem
König hinauf, und bis in eine Klasse der Getreuen, die Chateaubriand Bastardroyalisten nannte, die die Lilie in die Wüste pflanzen
wollten, um alle ihre Schößlinge von dem Stamme abzureißen.
Dem französischen Factionsgeiste brachten diese unseligen Verhältnisse unselige Nahrung. Den fortwühlenden Gegnern der Bourbonen, den Flüchtlingen in Belgien gaben sie entschuldigenden
Vorwand, und die Pessimisten wünschten schon vor der Kammer-
sitzung von 1815 nichts eifriger, als eine royalistische Regierung
in dem strengen Sinne des Anhangs des Prinzen.

Unter all den Stützen, die diese Parthei stark machten, war Die unfindbare Kammer und ihre Ausnahmsgesetze.
die Kammer, die bald nach der Bildung des Ministeriums Riche-
lieu eröffnet wurde, insofern die wichtigste, als sie den wirksamsten ¹⁷. Oct.
Hebel abgeben konnte, um ihre Gegner aus der Regierung zu
schnellen. Sie war in dem Fanatismus ihrer Ergebenheit und
königlichen Gesinnung das französische Seitenstück zu dem berüchtigten Cavalierparlamente von 1661 in England. Der König
brauchte von ihr in vollem Ernste den Ausdruck, der ihr einen blei-
benden, späterhin oft ironisch gebrauchten Namen gegeben hat:
„in den gegenwärtigen Umständen habe eine solche Kammer unfindbar geschienen, und die Vorsehung habe sich gefallen, sie
aus den reinsten Elementen zu bilden." Und in der That, wenn
man sich der Spannung zwischen Thron und Volk im vorigen
Jahre erinnert, so schien jetzt die damals vermißte Eintracht und
Versöhnung zwischen der Vertretung und dem Königthum in der
größten Begeisterung vollzogen. Hatte man damals das Trauerfest

für Ludwig XVI. mit sehr gemischten Gefühlen aufgenommen, so
'28. Dec. beschloß jetzt bei der Annäherung des 21. Januar die Kammer der
Abgeordneten aus freiem Antrieb, daß dieser Tag künftig durch
allgemeine Landestrauer gefeiert und dem König eine Bildsäule
errichtet werden solle; sie nahm des Märtyrer's Berufung an das
französische Volk gleichsam jetzt nach 23 Jahren auf und lud die
Schuld an jenem Greuel von Frankreich ab. Die Pairs traten bei,
indem sie unter heftigen Schmerzausbrüchen auch Denkmale für des
hingerichteten Königs Gattin, Sohn und Schwester beantragten
und beschlossen; und diese Beschlüsse, zur zweiten Kammer zurück=
gebracht, riefen wieder dort den wetteifernden Antrag hervor, auch
Enghien's Andenken in gleicher Weise zu ehren. Bald nachher, da
Decazes das Testament Marie Antoniens, einen am Todestage
geschriebenen Brief an ihre Schwägerin mittheilte, zerfloß die Kam=
mer in Thränen und hörte aus dem Munde des Herrn von Mar=
cellus eine Predigt voll pathetischer Rührung. Nachdrücklicher aber
als diese weiche Harmonie der Gefühle, schien gleichzeitig die erbit=
terte Härte, in der die Kammer der Regierung die außerordentlich=
sten Gewalten gegen jede Wiederkehr einer revolutionären Gefahr
gab, die Gleichheit der Gesinnung, die Einheit und Eintracht zwi=
schen der Vertretung und dem Throne zu verkündigen. Gleich in
ihrer Antwortsadresse auf die Thronrede riefen beide Kammern den
König auf zum Einhalt seiner Gnade, zur Ausübung der Gerech=
tigkeit „gegen die, die durch Straflosigkeit ermuthigt noch wagten
mit ihrem Aufruhr zu prahlen." Das Ministerium kam diesem
'16. Oct. Verlangen vorbereitet entgegen und legte durch den Justizminister
'15. Oct. ein Aufruhrgesetz, und durch den Polizeiminister ein höchst leicht=
fertig abgefaßtes Gesetz über Suspension der persönlichen Freiheit
vor. Beide Vorlagen sollten (nach Pasquier) die bestehende Ge=
setzgebung ergänzen, die in ihren Vorkehrungen wider den Auf=

ruhr die Anfänge einer Bewegung außer Acht gelassen habe, die einen noch verborgenen Anschlag begleiteten.

Demnach verlangte der Gesetzentwurf des Polizeiministers für die Regierung auf die Dauer eines Jahres das Recht, jeden, der eines Verbrechens oder Vergehens gegen Thron und Staat be- schuldigt sei, zu verhaften, und der blos Verdächtigen sich durch Bürgschaften und Verweisungen zu versichern. Die Befugniß, dieß Recht zu handhaben, war jedem untergeordnetsten Beamten, der überhaupt irgend eine Vorladung, Vorführung oder Verhaftung anordnen konnte, zugestanden; so daß man sagte: in Kraft dieses Gesetzes hätte die Eine Hälfte von Frankreich an einem Tage die andere Hälfte festnehmen können. Diese vage Willkür fand kaum einen Widerspruch. Es genügte, daß Decazes die Unerläßlichkeit ungewöhnlicher Vollmachten in Erinnerung brachte und die Tugend des Königs für eine Bürgschaft erklärte, die „Alle beruhigen müsse, es sei denn eben die, die das Gesetz gerade zu treffen bestimmt sei." Beide Kammern nahmen die Vorlage in beschleunigten Berathungen und mit ungeheuren Mehrheiten an.

Die Kammern wollten, wie ihr Lobredner Fiévée sagte, die Ausnahmsgesetze so heftig haben, wie das Uebel das sie heilen sollten; einen Krieg, so bezeichnete es selbst ein Mann wie Cuvier, gegen den Krieg. Das Aufruhrgesetz des Justizministers fanden sie daher zu mild. Es behandelte alle aufrührerischen Rufe, Reden und Schriften als einfache Vergehen, die vor die gewöhnlichen Stellen gebracht und mit gewöhnlicher Zuchthaft oder mit Geld= strafen von höchstens 3000 Frcs. geahndet werden sollten. Die Kammern wollten einfachere Formen, raschere Justiz, stärkere Stra= fen. Der Ausschuß der zweiten Kammer, dessen Vorschläge der Minister in überzeugungsloser Furcht im voraus genehmigte, trug auf Ausnahmsgerichte an, für deren Anordnung sofort Entwürfe gemacht wurden; die höchste Geldstrafe steigerte er auf 20,000 Frcs.;

statt der Zuchtstrafe schwankte man zwischen Verbannung, Zwangs-
arbeit und Deportation, und verharrte bei der letzteren, weil die
erste zu unsicher, die zweite zu beschimpfend gefunden ward für
Vergehen, denen leicht jeder Abgeordnete ein Glied seiner Familie
blosstehen wußte. Als Strafe für die Aufpflanzung der dreifar-
bigen Fahne verlangten die Desmaisons, Castelbajac und Sala-
berry den Tod; diese Veränderung nannte Piet in frivoler Weise
„eine Kleinigkeit." Die blos mittelbaren Aufforderungen zu aufrührerischen Handlungen, die Ausbreitung von Gerüchten über
dergleichen wurden durch grausame Zusätze strafbar erklärt; wenn
aber das Gesetz (dem Gebote der Fremden gehorchend) auch die
falschen Gerüchte über die Nationalgüter darunter einbegriff, so
wollten die Kergorlay und (bei den Pairs) Chateaubriand dieß
gestrichen haben.

Das Gesetz über die Ausnahmsgerichte, über die halbmilitä-
rischen Prevotalhöfe, die, vorläufig bis zum 1. Januar 1818, in
allen Departements errichtet werden und über alle Verbrechen wider die Sicherheit der Gesellschaft erkennen sollten, sobald sie öffentlich oder von öffentlichen Gewaltthätigkeiten begleitet waren,
[17.Nov.] wurde[I] von dem Kriegsminister vorgelegt, und[II] fast ohne allen
[4.Dec.] Widerspruch angenommen. Jede Anspielung, die das Gesetz als
ein vorübergehendes bezeichnet hätte, wurde geflissentlich vermieden.
Der Entwurf beschränkte (Art. 46) das Begnadigungsrecht blos
auf die vom Gericht Empfohlenen; Hyde de Neuville wollte diesen Eingriff in ein königliches Vorrecht gestrichen wissen; die Kammer duldete es nicht.

Mit diesen drei Gesetzen schien die Zukunft gesichert; die Kammer wollte aber auch Rache üben für das Vergangene. Der Auf-
[vgl. 1,153. 164.] ruf von Cambrai[I] hatte ihr jene verhängnißvolle Aufgabe verheißen,
die schuldigen Urheber der 100 Tage zu bezeichnen; sie sah diese
Befugniß durch die Bannverordnung Fouché's vom 24. Juli nicht

als beseitigt an. Da sie keine Vorlage von der Regierung erhielt, so riß sie die Initiative an sich und ließ in einem Ausschusse ein Amnestiegesetz ganz im spanischen Stile entwerfen, das die Bann= liste Fouché's mit neuen Kategorien ausdehnte, nach denen 11— 1200 Schuldige dem Tod oder der Deportation und Vermögens= einziehung wären ausgesetzt worden. Das Ministerium, beunruhigt durch diese Schritte, kam seinerseits mit der Vorlage eines Gesetzes [8. Dec.] zuvor, das gleichsam eine Indemnitätsbill für die Unterzeichner der Verordnung vom 24. Juli verlangte, die Verfügungen dersel= ben im Wesentlichen beibehielt und nur hier und da verschärfte, und die ewige Verbannung der kaiserlichen Familie hinzufügte. Der Bericht des Ausschusses über diese Vorlage bestand gleichwohl auf erweiterten Ausnahmen von der Begnadigung, die noch immer eine Anzahl von 850 Individuen[9], darunter Mitglieder der Kam= mern und selbst des Ministeriums, inbegriffen hätten. Bei den Verhandlungen verjicherte Decazes vergebens, den Namen des [2.—6. Jan. 1816.] Königs noch einmal mißbrauchend, die Minister sprächen im Na= men der „Vernunft und Weisheit", weil sie im Namen des Königs sprächen; es hatte keinen Erfolg. Die Eifrigsten wütheten über den Kleinmuth und die falsche Menschlichkeit der Regierung. Der Berichterstatter Corbière hielt alle Anträge des Ausschusses auf= recht. Richelieu verlangte in diesem Augenblicke eine Unterbrechung der Sitzung, und kehrte nach einer Stunde mit der Verkündigung zurück, daß der König die einzelnen Schärfungen der ministeriellen Bestimmungen annehme, aber die Kategorien der Kammer und die verfassungswidrige Vermögenseinziehung verwerfe, eingedenk der versöhnlichen Gesinnung des Märtyrerkönigs. Trotz dieser An= sprache an ihre Ehrfurcht vor der königlichen Familie ließ die Kam= mer beide jene Forderungen nur mit Mühe fallen; in Einer ihrer

---

9) Vaulabelle 4,35.

Verbesserungen aber erlaubte sie sich, „strenger zu sein als der König [10]": sie bestand darauf, daß die Rückfälligen unter den Regiciden, die in den 100 Tagen dem Kaiser gedient hatten (unter ihnen
war Fouché), auf ewig verbannt würden. Und nun brachte Richelieu, um doch hinter so großem Eifer nicht zurückzubleiben, das
umgestaltete Gesetz beifällig vor die Pairs, indem er in unverhoh-
lener Freude die Eintracht der Kammer bei dieser letzten Abstimmung ein Schauspiel nannte, das der schönsten Zeiten Frankreichs
würdig sei. So sehr zeigten sich selbst die biegsamsten Schwäch-
linge, neben Richelieu auch die Decazes, die Pasquier u. A. terro-
ristisch mit diesem königlichen Convent, der die Stimme eines
d'Argenson erstickte, wenn er an die Blutscenen im Süden erinnerte, aber den Herrn von Tringuelaque ohne Entrüstung hörte,
als er die Frechheit hatte, die Straflosigkeit dieser Schlächtereien
zu beantragen.

Zerwürfnisse über das Wahlgesetz. Begann sich so die anfängliche Eintracht zwischen Kammer
und Regierung schon bei den Verhandlungen über diese Gesetze zu
schwächen, so schlug sie in ein völliges Zerwürfniß um bei der
'16. Dec. 1815. Berathung des vorgelegten Wahlgesetzes, wo es sich nicht mehr
um Maaßregeln gegen einen gemeinsamen Feind, sondern um
Regierungsgrundsätze handelte. Das Wahlgesetz, das die Charte
in Aussicht gestellt hatte, war seit 1814 ausstehen geblieben. Die
Kammern waren durch zwei noch von Talleyrand erlassene Verord-
'13. u. 21. Juli. nungen einberufen worden, die einige, die Wahlen betreffende
Artikel der Charte nach dem Vorgange der Napoleonischen Zusatz-

---

. 10) Es war bei dieser Gelegenheit, wo Herr von Béthisy die berühmten
Worte gebrauchte: die Kammer müsse die Bollwerke der alten Monarchie unter
aller Bedingung vertheidigen, und wenn der König selbst seine Blicke von ihr
abwenden sollte, so werde sie wie die Mailänder ausrufen: Es lebe der König
w e n n   a u c h —

acte freisinnig abgeändert hatten: das Alter der Abgeordneten zur Wahlkammer war durch sie von 40 auf 25 Jahre herabgesetzt und ihre Zahl von 262 auf etwa 400 erhöht. Diese beiden Bestimmungen waren auch in dem nun vorgelegten Gesetze beibehalten und fanden keine Beanstandung, die zu einem Zwiespalt hätte führen können. Mehr Anstoß gaben die Bestimmungen über die Wahlart. Nach ihnen sollten die Kreiswahlversammlungen, die von Rechtswegen aus den 60 Höchstbesteuerten des Cantons und aus den Inhabern gewisser einzeln bezeichneter Amtsstellen gebildet wurden, eine Anzahl Mitglieder in die Departementswahlcollegien wählen, zu denen dann die 60 Höchstbesteuerten des Departements und eine Anzahl höherer Beamten, die 30 Jahre hatten und 300 Frcs. Steuer zahlten, wieder von Rechtswegen zutraten. Aus der Liste der Departementswahlcollegien bezeichnete dann der König die endlichen Wähler, deren nicht über 250, nicht unter 150 im Departement sein sollten, was für ganz Frankreich etwa 17,000 Wähler ergab. Diese Einrichtung, die von den russischen Wahlgesetzplanen des Kaisers Alexander nicht so fern lag, verrieth an sich, was sich selbst die minder fanatischen Royalisten unter Ständen und Verfassung vorstellten, und der Urheber des Gesetzes bedachte sich nicht, es noch deutlicher zu erklären. Es war von Vaublanc ausgearbeitet, der sich mit diesem Gegenstande schon um 1790 befaßt hatte und nun, ein Mann der Gegenrevolution geworden, in seinem Wahlgesetz einfach das Gegentheil that von dem, was die Wahlgesetze der Revolution verfügt hatten. Er griff auf die aristokratische Einrichtung der Wähler von Rechtswegen zurück, die auch unter der alten Ordnung bei den Wahlen zu den Generalstaaten und Notabeln üblich gewesen war, zum Beifall eines Roy und Aehnlicher, die darin für die englischen rotten boroughs, eine treffliche Sache in ihren Augen, einen noch trefflicheren Ersatz fanden. Hatten Mirabeau's einstige Wahlgesetzentwürfe, die vor Al-

lem auf die Unabhängigkeit der Wähler abzielten, alle Beamten
von dem Wahlgeschäfte ausgeschlossen, so zog sie Vaublanc massenhaft herein, und bekannte sich in offener Kammer zu dem Mon-
tesquieuschen Satz; „in einer monarchischen Regierung müßten alle
Gewalten (und also auch die Wahlcollegien!) untergeordnet und
abhängig sein." In der Kammer aber regte sich gegen diese Bestimmungen die Landaristokratie unter ihrem Führer Villèle, die, was
der Minister Ueberordnung des Königs über alle Gewalten nannte,
mit Eifersucht als ministerielle Willkür ansah, und die nun, in
ihrem natürlichen Gegensatze gegen alles Beamtenthum, unerwartet
anfing aus Verfassung und Vertretung einen Ernst zu machen, und
dieß mit allem Eigensinn einer altständischen Abordnung. Sie
setzte einen Gegenentwurf durch, der unter der scheinbar demokratischen Bestimmung, daß die Kreiswahlversammlungen aus allen
25 Jahr alten und 50 Fcs. Steuer zahlenden Bürgern gebildet
werden sollten, die Absicht verbarg, den Haupteinfluß bei den
Wahlen statt auf die Beamten auf die großen Grundbesitzer in den
Provinzen zu übertragen. Auch dieser Zwiespalt übrigens würde
schwerlich zu einem Bruche geführt haben Vaublanc, der seinen
Freunden, der großen Mehrheit dieser fast einstimmigen, ergebenen
Kammer gerne Alles vergeben hätte, hätte sich ihren Veränderungen
gefügt, und wohl auch der König, dem man klüglich das Recht
gewährt hatte, zu den Departementswahlcollegien ein Zehntheil
der Gesammtzahl zu ernennen. Das Zerwürfniß kam über den
Artikel 37 der Charte, der die jährliche Erneuerung der Kammer
um ein Fünftheil festsetzte. Diesen Artikel hatten Talleyrands Juliverordnungen mit 13 anderen als einer Durchsicht bedürftig bezeichnet, Vaublanc aber widersetzte sich (als ein Feind alles unnöthigen Wechsels, und übrigens aus dem vollkommen zureichenden
Grunde, daß man mit einer schlechten Verfassung sehr gut und mit
einer guten sehr schlecht regieren könne; aller und jeder Veränderung

der Charte und wollte daher auch den Artikel 37, obgleich er seinen Inhalt nicht billigte, aufrecht halten. Grade ihn wollte die Kammer um allen Preis durch die Bestimmung einer ungetheilten Erneuerung nach fünf Jahren ersetzt wissen. Denn unter ihren Führern trug man sich mit umfassenden Planen einer völligeren Herstellung des alten Staates mit den alten Provinzen und dem alten Einflusse von Adel und Geistlichkeit, ungefähr nach Vaublanc's eignen Genter Entwürfen; diesen Planen war die Durchführung gesichert, wenn diese einträchtige Kammer auf fünf Jahre erhalten werden konnte. Alle anderen Rücksichten schwanden vor diesem großen Zwecke, auch die auf den König, der den Antrag des Ausschusses auf die ungetheilte Erneuerung als einen strafbaren Eingriff in die Charte und in seine Initiative ansah. Vaublanc, in der bittersten Verlegenheit zwischen dem König, seiner Stelle und seinen Freunden, that Alles, um die Kammer, den Ausschuß, die Einzelnen, in und außer der Versammlung, vor, während und nach der Berathung, mit dem Versprechen einer fünfjährigen Aussetzung des Artikels 37, mit der Drohung einer Auflösung, zu einer wenn auch nur formellen Nachgiebigkeit zu bewegen. Alles umsonst. Die Kammer wollte ihre fünfjährige Herrschaft durchaus gesichert wissen; und sie trotzte darauf, man werde den Schritt der Auflösung nicht wagen. Dieß war selbst für Vaublanc, der zwar auch jetzt noch den König selbst zur Annahme der ungetheilten Erneuerung zu bestimmen versuchte[11], eine unbegreifliche demokratisch-constitutionelle Anwandlung und eigensüchtige Verblendung; tiefer verletzte den rechtlichen Richelieu die ehrgeizige Herrschsucht der Versammlung, die ihm die ganze Regierung schien an sich reißen zu wollen; des Königs Unzufriedenheit schürte die Diplomatie; die Pairskammer aber, in ihrer Zusammensetzung übereinstimmen-

---

11) Vaublanc, mémoires 3,510.

der mit dem gemäßigten Theil des Ministeriums, verwarf das
Wahlgesetz der zweiten Kammer. Schon nach zwei Tagen kam die
Regierung dieser noch einmal mit einem Schritte der Nachgiebigkeit
entgegen und legte ihr ein provisorisches Gesetz vor, das den Juliverordnungen in dem was die Wahlen betraf einstweilige Gesetzkraft gab. Die Kammer, trotz der bereits empfangenen Lehre, bewilligte die Gesetzkraft für die Verordnungen, aber in allen
ihren Bestimmungen, darunter also auch die Durchsicht des Artikel 37 der Charte. In ihrem Eigensinn auf diesem Puncte ward
sie übrigens jetzt um so mehr bestärkt, als Vaublanc bei der Berathung gestand, daß er persönlich, abweichend von seinen Minister-
collegen, den Grundsatz der ungetheilten Erneuerung billige. Dieser vielbespottete Schritt hatte zwar, nach englischem Brauche
wenigstens, an sich nichts verfängliches; hält man ihn aber mit
Vaublancs unausgesetzter Nachgiebigkeit gegen die Kammer zusammen, so scheint es allerdings, als ob der Minister eben so wenig
wie die Kammer an die Möglichkeit eines völligen Bruchs ge-
glaubt, als ob er eher eine völlige Reinigung des Ministeriums
gehofft und durch eben diesen letzten Schritt zu befördern gedacht
habe. Die Gesammtregierung aber nahm die Beschlüsse der Kammer als eine neue Beleidigung der königlichen Gewalt auf und
zog ihr vorläufiges Wahlgesetz ganz zurück. Aus allen den vergeblichen Berathungen der unfindbaren Kammer über die Wahlordnung erhielt nur ein einziges Votum in der Zukunft Geltung: die
gegen alle frühere Uebung in Frankreich gebilligte Nichtentschädigung
der Abgeordneten. Es war grade die verderblichste Bestimmung
von allen, von der Billéle gleich damals voraussagte, sie lege den
Keim zu einem Bestechungssystem, das Frankreich des Vortheils
einer unabhängigen Kammer berauben werde.

Wenn die Widersetzlichkeit der Kammer in diesen Verhandlungen über das Wahlgesetz gegen des Königs persönliche Neigung
und Denkart verstieß, so drohte ihn ihre freigebige Fürsorge für die
Kirche der fremden Diplomatie gegenüber in Verlegenheit zu bringen, die nicht mit Erbauung den frommen Finanztheorien eines
Rour Laborie zuhörte, bei dem keine Schuld und Steuerlast für so
gefährlich galt, wie das Gewicht der Gottlosigkeit auf dem Lande,
so lange es seine Pflicht gegen die Kirche nicht erfüllte. In dieser
Beziehung darf nicht verschwiegen werden, daß der Zustand namentlich der Landgeistlichkeit in Frankreich der traurigste war, daß man
damals 5000 Pfarreien rechnete die ohne Geistliche, die doppelte
Zahl die ohne Pfarrhäuser waren, und daß der Staatsaufwand
für den Unterhalt der Kirche unter die 153 Millionen, die noch die
Constituante dafür ausgeworfen hatte, unendlich tief herabgesunken
war. Die Kammer, von den Einflüssen der Congreganisten beherrscht, strebte über Alles, der Kirche aus diesem Verfall empor-
zuhelfen und ihr mit dem alten Reichthume das alte Ansehen wie-
derzugeben. Sie bewilligte zunächst einen Zuschuß von Staatsbesol-
dungen für die Geistlichkeit von 5 Millionen. Sie zog zu ihren Gunsten
die Pensionen der Priester ein, die sich während der Revolution verhei-
rathet hatten, die Chateaubriand die „Gottesmörder" nannte. Um die
Geistlichkeit wieder zur Besitzerin zu machen, trug Castelbajac auf die
Herstellung ihrer Befugniß an, jede Art beweglicher und unbeweg-
licher Güter durch Schenkung oder Vermächtniß zu erwerben. Bei
den Verhandlungen und den Beschlüssen über diesen Antrag wurde '25. Jan. 1816.
nicht einmal dem Beichtiger in der Sterbestunde die Annahme solcher Vermächtnisse untersagt; daneben sprach sich das Verlangen
nach der Rückgabe der Nationalgüter an die Kirche aus. Die Pairs,
die überall der bedrängten Lage der Regierung den Fremden gegenüber mehr Rechnung trugen, verwarfen diese Einzelpuncte, nahmen
aber' den nackten Grundsatz des Besitzes der todten Hand an und '5. März.

stellten so einen alten Schaden her, den man von der Revolution
für immer getilgt glaubte. Diese Bestrebungen griffen, besonders
^{'23. Dez. 1815.} beunruhigend, in die Berathungen des vorgelegten Finanzgesetzes
über. Es waren unter den unverkauften Staatsgütern Waldungen
übrig geblieben, die der Kirche gehört hatten; sie waren 1814 den
Gläubigern der Rückstände, die sich bei der ersten Herstellung vor-
fanden, hypothecirt worden, und dieser Bestimmung folgend sollte
jetzt auch dasselbe Pfand zur Mittilgung der in den hundert Tagen
hinzugekommenen Rückstände angewiesen werden. Diese anzuerkennen sträubten sich die Heftigsten unter den Royalisten. Die
Kammer verlangte die Aufhebung jener Bestimmung und die Be-
zahlung dieser Forderungen durch Renteninscriptionen, was bei
dem schlechten Stande der Rente ein Bruch förmlicher Verpflichtungen gewesen wäre. Der Finanzminister, wenn er die Schuld
der 100 Tage wollte anerkannt haben und das ganze Finanzgesetz
^{'23. März 1816.} nicht ins Stocken kommen sollte, mußte auf eine andere Weise für
die Befriedigung jener Gläubiger sorgen und das Zugeständniß
machen, daß der Verkauf der Waldungen aufhören solle. Sobald
die Verfügung über diese Gütermasse frei war, ergriff die Kammer
die Gelegenheit, als Vaublanc seinerseits ein Gesetz für Verbesserung des Looses der Geistlichkeit einbrachte, gegen das System der
^{'24. April.} Staatsbesoldung anzugehen und einen Antrag auf feste Ausstat-
tung der Kirche zu stellen, dessen Fortgang aber durch den Schluß
der Sitzung verhindert ward. Der finanziellen Sorglichkeit für die
Kirche gingen andere verwandte Beschlüsse oder Anträge zur Seite.
Herr von Bonald brachte den Inhalt einer seiner früheren Schriften
auf die Tribüne und beantragte die Abstellung der Ehescheidung;
der angerufene Name der verletzten Religion legte Schweigen auf
^{'8. Mai.} und ein Gesetz strich den betreffenden Titel des bürgerlichen Gesetz-
buches. Ein Beschluß der zweiten Kammer, das Institut der Uni-
versität durch ein Erziehungssystem zu ersetzen, das die Religion

zur Unterlage aller Erziehung nehme und fühlen mache, „daß es
keine Talente ohne Gewissen gibt", war zu spät gefaßt worden,
um noch an die Pairs zu gelangen; so auch ein anderer Vorschlag,
nach dem die Führung der Civilregister den Geistlichen zurückgegeben werden sollte. Wie aus diesen, so leuchtete noch aus zahllosen anderen Anträgen überall die Rückneigung zu den alten Ordnungen hervor: als man den König bat seine Salbung vorzuneh-
men; als man die Zahlungsfrist, die frühere Gesetze den verarmten Emigranten gewährten, verlängert wünschte; als man die
Guillotine als ein königmörderisches Werkzeug abgeschafft und
Herr Duplessis de Grénédan „den Galgen mit allen seinen Vorrechten" hergestellt haben wollte! Seltsame Menschen, die mit solchen Mitteln die treue Hingebung an ein entfremdetes Fürstenhaus,
die fromme Rückkehr zu einer entfremdeten Religionsübung, die
Schöpfung einer bessernden Erziehung und verjüngten Gesetzgebung
zu bewirken hofften, in einem Lande, wo Freigeisterei, Anmaßung,
Gewaltsamkeit, langweilte Ungeduld, die großen Erinnerungen der
Vergangenheit, die Vorspiegelungen einer großen Zukunft fort-
wühlten, die diese Demüthigungen der Gegenwart dem lebenden
Geschlechte ganz unerträglich machten.

Was hatte diese Kammer, aus deren geschlossener Einheit Ungunst der
Kammer.
sich kaum eine verschwindende Minderheit farb- und zusammen-
hangloser Gemäßigter ausschied, am Anfang ihrer Sitzung in ihren Händen! wie hatte sie fast bei Allen Alles eingebüßt bei deren
Schlusse! Die unfindbar gepriesene Vertretung, die als eine Frie- '29. April 1816.
densversammlung begrüßt worden war, wurde nun, nachdem sie
das Feld eines erbitterten Kampfes geworden, von einem Mitgliede
der Regierung selbst die „wüthende" Kammer genannt und in diesen
Kreisen mit dem Convent verglichen, wie seiner Zeit das Cavalier-
parlament in England mit seinen eigensüchtigen Uebergriffen an

15*

das lange Parlament erinnert hatte. Daß die verfolgten, die
erdrückten Freisinnigen sie wortspielend die „glühende Kammer“,
d. h. das Feuer = oder Ketzergericht schalten, war in der Ordnung;
aber selbst eifrige Royalisten waren von ihr unbefriedigt, weil doch
keine ihrer großen Erwartungen erfüllt war; und die Gemäßigteren
der Parthei waren erschrocken über den blinden Reactionseifer einer
Versammlung, die im Uebrigen ihrer Sparsamkeit, Gewissenhaftigkeit, Thätigkeit und unabhängigen Haltung wegen ihr Stolz
war. — Die Pairskammer, gleich anfangs durch eine tactlose
Feindseligkeit der zweiten Kammer gereizt, sah weiterhin ihrem
herrschgierigen Vorschreiten mit Eifersucht, ihren Angriffen auf
Charte, Regierung und Fremde mit staatsmännischer Bedenklichkeit,
ihren kirchlichen und finanziellen Verwegenheiten mit ganzer Mis-
billigung zu, die sich in ihrem Schlußbericht über das Budget in
förmliche Vorwürfe entlud. — Die fremde Diplomatie, in
den finanziellen Dingen lebhaft betheiligt, hatte jeden Augenblick
gefürchtet die Frage der Nationalgüter auftauchen zu sehen und
hatte bald gedroht, die Uebertreibungen der Königlichen in ihre
Protocolle zu verzeichnen; schon im Februar, als die Minister mit
einer k. Botschaft in Betreff der Rückstände von 1814 in der
Minderheit blieben, war mit ihr über die Auflösung der Kammer
berathen worden; ihren ganzen Unwillen mußte es aber erregen,
als nach Verwerfung des Wahlgesetzes in den Vorversammlungen
der Parthei beschlossen wurde, systematische Angriffe gegen den
„Despotismus der Minister“ zu kehren, die man mit einem Ausdruck aus der Zeit des Convents „die Faction der Fremden“
nannte. — Die Erbitterung der Minister über diese feindselige
Haltung der Kammer wurde zuletzt unversöhnlich. Die Empfindlichkeit ihrer Eigenliebe über die fortwährende Censur der Kammer war
vielleicht um so größer, je weniger diese Eigenliebe auf Verdienst
und Talent gegründet war. Unter allen hatte keiner das Geschick

bewiesen eine parlamentarische Versammlung zu leiten; um ihre
Blöße zu decken, hatten sie zur Unterstützung ihrer Vorlagen nicht
selten die erfahreneren Kaiserlichen, die Portalis nnd Pasquier,
zu königlichen Commissären genommen; und dieß wieder hatte die
puristische Kammer sehr übel empfunden, die voll Widerwille gegen
die bonapartischen Elemente in der Regierung war. Bald hieß das
Ministerium geradezu eine Regierung der revolutionären Interessen
bei der Parthei, die sich rühmte, durch ihre Verbannung der Regiciden und die Hinderung des Verkaufs der Staatswaldungen die
Revolution zum Trotz des Ministeriums aufgehalten zu haben.
In der Kammer war ihr Streben schärfer und schärfer dahin gegangen, der verderblichen Mischung verschiedener Menschen und
Grundsätze, „der Gemeinschaft von Treue und Verrath" ein Ende
zu machen und ein gleichartiges Ministerium zu bilden, das aus
der Mehrheit der Kammer hervorgegangen sei. — Durch diese
unerwartete Wendung kam dieselbe Parthei, deren Verfassungs-
Sinn und Treue Niemand vertraute, in den Mittelpunct des constitutionellen Prinzips. Noch im Anfang der Sitzung, als Vitrolles vorübergehend einen Einfluß auf die Kammer zu gewinnen
suchte und in einer Schrift[12] die Lehre von der Herrschaft der
Mehrheit und der ministeriellen Verantwortlichkeit predigte, hatte
die Kammer kaum einen Begriff für diese Dinge gezeigt; als Guizot im ministeriellen Sinne eine Entgegnung schrieb[13], hatte sie
in Folge ihres steigenden Selbstgefühls in dieser Lehre schon weite
Fortschritte gemacht[14]. Grade diese ihre constitutionelle Haltung

12) Du ministère dans le gouvernement représentatif. 1815.

13) Du gouvernement représentatif et de l'état de la France. 1816.

14) Ein so verbohrter Royalist wie der Lobredner der unsindbaren Kammer,
Fiévée, nannte es anfangs (in seiner histoire de la session de 1815. Paris 1816
p. 146 u. p. 98.) das Ende aller französischen Ideen und den Umsturz aller monarchischen Prinzipien, wenn die Minister die Thronrede machen und die eigent-

war es, die die überkönigliche Kammer mit dem Könige in un=
mittelbaren Zusammenstoß brachte. Und so gelehrig sie in dieser
ihrer veränderten Stellung zu dem Königthum ihre Verfassungs=
schule machte, so bewies sie auch noch in einer anderen Beziehung
eine Art instinctiver Einsicht in die Natur einer freien Staatsord=
nung, die ihr (was auch die Beweggründe der einzelnen Tonan=
geber sein mochten) nicht allein die Anerkennung, sondern auch die
Nachahmung, nicht allein der aufrichtigen Constitutionellen, son=
dern auch der verständigen Demokraten verdient hätte. Sie warf
sich bei jeder Gelegenheit zu Gunsten der Selbstregierung, als einer
ersten Folgerung verfassungsmäßiger Freiheit, gegen die Centrali=
sation, das Werkzeug des Despotismus, auf. Bei den Verhand=
lungen über die Verlängerung der Steuersätze von 1815 auf die
vier ersten Monate von 1816 erfolgte in diesem Sinne ein Haupt=
angriff; und er traf das hergestellte Bourbonenthum aus dem
Munde seiner Vorfechter selbst mit dem lecken Vorwurf des Bona=
partismus. Früher seien, so setzte Villèle auseinander, (und dieß
war derselbe Mann, der 1814 in seinen Bemerkungen an die De=
putirten der Obergaronne eine Wahlkammer eine gefährliche und
unkluge Einrichtung genannt hatte) — früher seien die Ausgaben
der Provinzen und Gemeinden, stets unterschieden von den allge=
meinen Staatsausgaben, von örtlichen Behörden besorgt worden.
Die kaiserliche Regierung habe diesen Brauch stufenweise verändert
und abgestellt, bis zu dem äußersten Schritte, wo sie (20. März
1813) den Verkauf der Gemeindegüter befahl, wo nach der Selbst=
verwaltung des Gemeinguts dieses selber verloren ging. Die
bourbonische Regierung hatte 1814 eben dieses Gesetz und eben

'vgl. 1,60.

---

liche Regierung sein sollten, und nicht der König. Nach nicht lange (in der hist.
de la session de 1816. Paris 1817.) versicht er bereits in aller Bestimmtheit,
das Königthum sei eine Gewalt und nicht eine Person.

dieses System aufrecht erhalten; die Kammer aber, indem sie die Rücknahme dieses Gesetzes und in ihrer Folge die Rückgabe der noch nicht verkauften Gemeindegüter durchsetzte, betonte dabei, daß man ihr nicht zumuthen solle, Bonaparte zu hassen und die neue Regierung zu lieben um Eines und desselben Systems willen; es sei Ein Gesichtspunct, wenn man die Entziehung der Gemeindegüter auf dem Lande ebenso übel empfinde, wie die regierende Familie die Usurpation ihres Thrones! — Gab dieß weiteren Grund, die Galle des Königs zu erregen, so stachelte dieser Kampf des Landadels für die provinziellen Interessen gegen die hauptstädtischen, für ein Territorialsystem gegen das fiscalische, für die örtlichen Verwaltungen gegen die Bevormundung der „Pariser Commis" zugleich den Haß der Stadt Paris gegen die Kammer. In wiederholten Fällen, bei Verwerfung eines von den Pairs angenommenen Gesetzes über die Rechnungskammer, bei einem Vorschlag Hyde de Neuville's, die f. Ernennung der Richter für ein Jahr auszusetzen, sprang dieser Gegensatz vor: wo man gegen die Unnatur stritt, daß die Pariser Rechnungskammer jährlich 8 Millionen Rechnungsstücke von Provinzialgemeinden prüfen solle, ohne irgend eine Kenntniß von der Zweckmäßigkeit der Ausgaben; daß man in Paris in kurzer Zeit so viele Richter für entfernte Gerichte ernennen wolle, ohne irgend eine Kenntniß der Personen. Diese Angriffe wurden in Paris wohl verstanden, und es hatte diesen guten Grund, wenn man dort an der Börse von den Abgeordneten wie von „Räubern" sprach. Auf der anderen Seite erkannten die Provinzen diese Verdienste der Kammer dankbar an und sie empfingen daher die rückkehrenden Abgeordneten vielfach mit Ehren und Dankschriften, die die eifersüchtige Regierung so armselig war zu untersagen.

So waren die Stimmungen gegen die Kammer, als der Kö=
nig mit auffallenden Zeichen seiner Ungunst ihre Sitzungen schließen
ließ. Ihr Ende fiel in eine Zeit, wo man die Ausbreitung des
Rachegeistes, der sie in ihren Anfängen beseelte, und die Folgen
und Wirkungen ihrer Ausnahmsgesetze schon nach einem größeren
Zeitraume überschlagen konnte. Bei der Betrachtung dieser Zu=
stände aber, die sich aus ihrer Gesetzgebung entwickelten, fühlt man
bald, wie der wenige Segen, den in den Provinzen doch nur die
wenigen neuen Herrscher über einzelne Seiten der parlamentarischen
Haltung der Kammer aussprachen, unter den Flüchen ersticken
mußte, die die Beherrschten auf das ganze von ihr angegebene
System warfen. Hatte ein Cuvier jene Ausnahmsgesetze als einen
nothwendigen Krieg gegen den Krieg billigend gefordert, so be=
zeichnete schon nach einem Jahre ihrer Wirksamkeit selbst ein
Fiévée grollend den Zustand, den sie geschaffen, als einen barbari=
schen Kampf gegen die Revolution von Faust gegen Faust. Denn
von den ersten tumultuarischen Ausbrüchen nach den hundert Tagen
an war jede verständige Wahl, jede selbständige Haltung besonne=
ner Beamten, jede geordnete Wirksamkeit ordentlicher Behörden
unter der thatsächlichen Regierung der Factionäre über alle Pro=
vinzen hin behindert. Ueberall bestanden die royalistischen Aus=
schüsse fort und fanden sich in ihrer verfolgungssüchtigen Thätigkeit
bestärkt durch die Ausnahmsgesetze, gefördert durch die Einge=
bungen der Pariser Congregation, in deren Werkzeuge sie sich da
und dort umwandelten. Von ihnen gingen die zahllosen An=
gebereien aus, in ihnen nistete sich das System der hinterlistigen
Verführungen ein, der „Operationen" wie der Kunstausdruck der
Fouché=Decazes'schen Polizei für ihr tückisches Schlingenlegen war;
von ihnen wurden der Regierung die Präfecten, den Präfecten die
Maires auferlegt, die von ihnen eingeschreckt mit allen übrigen
Behörden und Gerichten um so mehr in ihrem Sinne wirkten, als

die Ausnahmsgesetze ganz in ihrem Geiste entworfen waren und von der Regierung ebenso in Ausübung gesetzt wurden. Decazes erklärte in einem Rundschreiben[1] als Staatsfeinde alle die, die sich '26.März 1816. der Verlegenheit der Regierung freuten oder in Mienen und Worten Haß und Verachtung gegen die treuen friedlichen Einwohner verriethen. Wie sollte es anders kommen, als daß die Tausende von eingeschüchterten oder unfähigen Beamten, denen die Handhabung jener Gesetze überlassen war, die furchtbarsten Mißbräuche trieben mit ihrer Gewalt der Verhaftung, Verweisung, Absetzung, womit sie sicher waren dem Haufen und der Regierung zugleich zu gefallen. Wo eine Miene des Kummers oder der Hoffnung genügte, einer gefährlichen Gesinnung verdächtig zu machen, wo sollte da ein Ende sein der durch Belohnungen und Bedrohungen, von amtlichen und nichtamtlichen Personen verlangten Anzeigen, und in ihrem Gefolge der polizeilichen Ueberwachungen, der auferlegten Geldbußen und Bürgschaften, der gewaltsamen nächtlichen Haussuchungen, der eigenmächtigen Verweisungen in ferne Provinzen, die Geschäfte und Vermögen störten und zerstörten. Nur bis zum Schlusse des August 1815 schlug man die Zahl der Verhaftungen in Frankreich auf 70,000 an. Und diese Zahl erscheint nicht unglaublich, wenn man liest, in welcher Weise in Paris allein, wo die Verfolgung weit am geringsten war, der Marschall Maison die bloßgestellten, verdächtigen, selbst die abgesetzten Officiere, die nun seiner militärischen Gerichtsbarkeit entzogen waren, verfolgte, verhaftete, verwies, und sich dann seines ungesetzlichen Durchgreifens in einer Denkschrift an den König[1] rühmte, die von einer Uebersicht begleitet '15. Oct. 1815. war, nach der er in einer nur vierteljährigen Thätigkeit die Verhaftung von mehreren hundert Militairs angeordnet und die Ueberwachung an fast 20,000 ausgeübt hatte[15]. Und so rühmten sich

---

15) Vaulabelle 4,169.

in einzelnen Departements die Präfecten der Absetzung von 6—
700 Beamten, die der Isère und Aube (Montlivaut und Trouvé)
allein der Entfernung von je gegen 300 Maires. Dabei war der
Stellenneid in dem Grade thätig, daß nachdem man Monate lang
gesäubert hatte, nun in zweiter Linie die eingeschobenen Reinen
von den Reineren wieder verdrängt wurden, wogegen de Serre in
'19. März1816. der Kammer laut seine Stimme erhob. Und wie bei diesen Absetzungen die Partheimißgunst, so wirkte in allen übrigen Maasregeln Beamtenrohheit, Willkür, Gewaltthätigkeit und Schädigung
bis zu Plünderung und Brandstiftung mit ein, vor Allem gegen
die Nationalgutkäufer. Denn wiewohl die Fürsorge der Fremden
in Frankreich jene äußersten Barbareien, wie sie in der englischen
Restauration vorgekommen waren, die Ausgrabung der Todten,
die Hinrichtung der Regiciden, die Beraubung der Nationalgutkäufer verhinderte, so that doch die Regierung nichts, um mit ge-
bieterischer Strenge, in Napoleons durchgreifender Weise, diese Art
von Eigenthum vor jedem fernsten Versuch der Beeinträchtigung
sicher zu stellen. Vielmehr, da sie jede Erklärung über die schwebende Frage der Entschädigung der Ausgewanderten vermied, wurde
Hoffnung und Furcht, die Unsicherheit des Besitzes wie die der
Begriffe über diesen Gegenstand erhalten, und es konnte daher geschehen, daß ein Maire von Blernais (Jlle und Villaine) durch
vier Jahre einen solchen Besitzer polizeilich quälte, persönlich
schimpfte, schlug und spie, zuletzt verhaften, handfesseln und außer
Besitz setzen ließ. In diesem Falle schritt endlich das Gericht ein,
in der Regel aber gab es gegen alle solche amtliche Gewaltthaten
kein Recht, weil man ohne die Einwilligung des Staatsraths, die
zu suchen umständlich, zu finden nicht sicher war, einen öffentlichen
Beamten nicht verklagen konnte. Selbst die bloße actenmäßige
Anzeige solcher Fälle in der Presse wurde der „historischen Biblio-

thek[16] gefährlich, die nach und nach die Thaten und Unthaten der Präfecten Montlivaut und Trouvé, Chabrol (Rhone) und Tocqueville (Cote d'Or), vor Allem des Marquis Villencuve (Cher) bekannt machte, der einer der wüthendsten Commiſſäre im Süden geweſen war und ſelbſt einem Vaublanc von den Prinzen hatte auferlegt werden müſſen. Dieß war der Mann, der jeden Meßhändler, der ſich nicht gehörig ausweiſen konnte, mit dem Prevotalgericht bedrohte, und der eine Bußjury einſetzte, um über die **12. Juni 1816.** Reuigen zu erkennen, die die Probe ihres Royalismus in den Reihen der Nationalgarde beſtehen ſollten, eine Art von Sühnung, die ſich in mehreren Städten wie eine Seuche verbreitete. Denn in dieſem Krieg gegen alles Nichtlegitime, Bonapartiſche, Revolutionäre miſchte ſich überall mit dem Greulichen zugleich das Lächerliche. Um nichts anders als im Kirchenſtaate kehrte ſich auch in Frankreich eine kindiſche Wuth gegen die revolutionären Straßen- und Platznamen, und ſelbſt die Kartoffeln, deren Verbreitung in Frankreich zeitgenöſſiſch mit der Revolution war, hatten mit dem royaliſtiſchen Widerwillen zu kämpfen. In Orleans ließ Baron Talleyrand ein lebensgroßes Bild Napoleons von Gérard mit **Febr.** anderen kaiſerlichen Reliquien bei feierlichem Aufzug aller Beamten verbrennen und die Aſche unter den Verwünſchungen der Maſſe gegen den „Menſchenfreſſer Bonaparte" ins Waſſer werfen; dieß Feuergericht ahmte der Präſident der Aube nach und würzte es dadurch, daß er einen lebendigen Adler mit verbrennen ließ. Schwere polizeiliche Strafen trafen da und dort einen armen Capitain, der auf ſeinem alten Rock Einen alten kaiſerlichen Knopf trug, oder der ſein Pferd Koſak hieß und dadurch die Herſteller der rechtmäßigen Regierung beleidigte. Als P. L. Courrier in

---

16) Von Chevallier und Raynaud, die für die Schilderung der Zuſtände dieſer Zeit, auch für die unſrige, die Hauptquelle iſt.

jenem schlichten Ausdrucke, der wie diese Hergänge selbst den getheilten Eindruck zwischen Grimm und Lachen hervorruft, die
Reaction in einem kleinen Dorfe der abgelegenen Touraine, und
in ihr zugleich die Lage von ganz Frankreich, treffend abschilderte [17]:
das Unglück über Familien und Gemeinden gebracht, den Rache-
geist in die harmlosen Menschen getragen, die ganze Bevölkerung
getheilt in „gute und schlechte Unterthanen", von denen die letzteren
die seien „die den Leuten misfallen, welche die Gensdarmen befeh-
ligen", schloß seine Fabel von diesen französischen Zuständen mit
der einfachen Moral: „Gott gebe, daß die Menschen, die man der
Uebelrede anklagt, nicht die Gelegenheit finden zu handeln."

Geistliche Missio-
nen.
    Gegen keinen Erwerb der Revolution aber lehrte sich von
keiner Seite her ein solcher Eifer, wie von der Geistlichkeit aus
gegen die Ideenvermächtnisse des 18. Jahrhunderts, gegen seine
revolutionäre Literatur, gegen alle Freiheit des Geistes und Unterrichts, der Gewissen und des Cultus. In dieser Beziehung
bildet die bourbonische Herstellung einen seltsamen Gegensatz gegen
die Stuartische in England. Denn während dort die Restauration
epikuräisch ward wie der rückkehrende Karl II., so wurde sie in
Frankreich bigott wie Graf Artois sich anstellte; sie trug dort die
Freigeisterei in die höhere Gesellschaft und hier die Kopfhängerei;
in die Philosophie eben denselben Sensualismus, den jetzt hier die
Bonald und de Maistre bekämpften; in Poesie und Kunst eine
Frivolität, der hier die jungen Talente, die Lamartine und Hugo,
damals in frommer Erbaulichkeit entgegenstanden; sie predigte
dort den Despotismus aus dem Munde jenes Hobbes, der zugleich
ein Gegner aller Geistlichkeit und Hierarchie war, während hier die
Lehre vom passiven Gehorsam von dem übergeistlichen Lamennais

---

17) In seiner berühmten „Bittschrift an die Kammern." Dec. 1816.

überspannt wurde; dort war die scheinheilige Heuchelei eine Eigenschaft der Revolution gewesen, wo die Puritaner gegen die un-
schuldigsten Spiele, Theater und Tänze gewüthet hatten, hier war
sie die Eigenschaft der Restauration, von Congreganisten und Mis-
sionären unterhalten. Gleich 1815 hatte es begonnen, daß das
geistliche Verfinsterungssystem sich über ganz Frankreich in derselben
hastigen Ueberstürzung ausbreitete, als ob es die Geistlichen auf
dem kirchlichen, wie die Königlichen auf dem politischen Gebiete,
selbst ungläubig an ihre Zukunft, nur abgesehen hätten auf eine
möglichst gierige Nutznießung eines kurzen zeitweiligen Besitzes.
Besonders aber seit den Concordatverhandlungen häuften sich die
Thatsachen und Anzeigen, wie die Geistlichen nicht nur in ihrer
eigenen Sphäre immer mehr um sich griffen, der Universität allen
Einfluß auf den Unterricht zu rauben, die Lyceen durch die Seminarien zu verdunkeln suchten, sondern auch wie sie das politische
und gesellschaftliche Leben überherrschten, wie sie die Unterschiede
zwischen guten und schlechten Bürgern, Christen, Ehen, Gütern
aufbrachten, wie sie sich als Berichterstatter und Werkzeuge mit der
weltlichen Polizei verflochten, und wie sie dem Schreckenssysteme
der letzteren in ihrer geistlichen Polizei ein ähnliches mit der gleichen
Eigenmacht zur Seite gehen ließen. Da und dorther erhoben sich
die Klagen, wie ein Geistlicher im Trotz gegen Gesetz und Verwarnung Pfarrgebühren in Natur einsammelte, wie ein Capitel die
sogenannten constitutionellen Priester aus ihren Stellen schreckte,
wie ein Bischof die Civilehe mit Verbot und Bann anfocht; die
Weigerung der Sacramente aber, besonders die Versagung des
Begräbnisses und der Seelenmessen wegen unkirchlichen Lebens,
wegen Selbstmords, wegen Todes im Zweikampf, wegen des Besitzes von Nationalgütern waren so sehr an der Tagesordnung in
ganz Frankreich, daß es zuletzt die Aufmerksamkeit nicht mehr erregte. Das Hauptmittel aber, um das untergegangene kirchliche

Leben herzustellen und die Bevölkerung zu den Ideen und Gebräu-
chen zurückzuführen, die es bisher Ton war zu verlachen, waren
die Missionen. Zwei unruhige Fanatiker, die Abbés de Rauzan
und Forbin-Janson kamen auf den Gedanken, die französische Mis-
sionsgesellschaft, die langeher von ihrem äußeren Berufe abgeschnitten war, zu inneren Missionen zu verwenden. Die Congregation unterstützte dieses Unternehmen. Im Westen, zuerst in An-
gers, begannen die neuen Missionäre ihre wunderwirkende Thätigkeit. Wohin sie kamen, brachten sie ein geistliches Zwischenreich,
vor dem alle weltlichen Behörden verschwanden; die Theater standen still; der Pöbel, dessen Unwissenheit sich als ein wunderbarer
Leiter des Aberglaubens erwies, wurde von einem religiösen Taumel ergriffen, der die Ruhigsten mitriß, die Gegner erschütterte,
die gottlosesten Ruhestörer, wenn sie vor der Mission tobten, am
Anfang matt, am Ende zu nichte machte. An der Stelle des Frei-
heitsbaums wurde ein ungeheures Kreuz erhöht, das Volk that
seine Kirchenbuße für die Revolutionsverbrechen, wohl auch für
alles andere seit 25 Jahren begangene Unrecht, es strömte zu Beicht-
stuhl und Altar, es zeigte mit Fingern auf die, „die ihre Mission
nicht verdienten." Eine Nothwendigkeit war dabei, daß man sein
Herz Christus opferte; deren gab es drei Sorten zu kaufen, ein
Handel der neben dem Verkauf anderer Reliquien ungemessenes
Geld eintrug. Kein Mittel wurde verschmäht, diese religiöse Leidenschaft künstlich anzufachen; pomphafte Aufzüge betäubten die
Sinne; ausgewählte geschmückte Jungfrauen sangen zu Revolu-
tionsmelodien Missionslieder, während die Werke von Rousseau
und Voltaire verbrannt wurden; um auf die Frauen Eindruck zu
machen, waren junge zierliche Männer zu Predigern bestellt, für
die Massen aber irgend ein „Herkules", wie sie in Clermont den
Herrn von Desmarés nannten. Jeden Gebildeten und Denkenden
ergriff sittlicher Zorn über dies heuchlerische Schaugepränge das

'März 1816.

Zwiespalt in Gemeinden und Familien warf, Groll über diese Steigerung des politischen Partheiunfugs durch die Einmischung des religiösen Sektenunfugs dem die Regierung müßig zusah, Scham über diese grellen Uebergänge von Leichtsinn zu bigotter Wuth, in dem Volke, dessen getheilte Natur und ungleiche Bildung nie widerlicher als bei diesen Festen zu Tage trat.

Neben diesen polizeilichen und geistlichen Einschüchterungs- und Zerknirschungssystemen liefen dann die gerichtlichen Verfolgungen her, die in zweiter Periode jene tumultuarische Volksjustiz im Süden fortsetzten; über länger als ein Jahr füllten die Berichte über politische Prozesse die Spalten der Zeitungen an. Drei auf einander gefolgte höchst unzweideutige Amnestien, jener Aufruf von Cambrai, der von der allgemeinen Verzeihung nur die Anstifter der hundert Tage ausnahm, die vor dem 23. März gehandelt hatten, dann die Verordnung vom 24. Juli 1815 und zuletzt ein Gesetz vom 12. Januar 1816, das volle Straflosigkeit Allen zusagte, die mittelbar oder unmittelbar an dem Aufruhr Bonapartes Theil genommen, hätten, so schien es, die Verfolgung irgend welcher Untergeordneter wegen politischer Verbrechen jener Zeit völlig abschneiden müssen. Dennoch erfuhr man noch lange Monate nach dem letzten Amnestiegesetz von Verurtheilungen und Hinrichtungen in größerer Zahl wegen keiner anderen Verbrechen als wegen Theilnahme an Handgemengen jener Tage, die zum Schaden der Royalisten ausgefallen waren. Von solchen Fällen hörte man aus la Lude (Sarthe), aus Montpellier und Nîmes. Denn hier besonders im Süden dauerten noch Jahre lang die Nachwirkungen der blutigen Reaction von 1815 fort. Im Vaucluse geschahen von Royalisten die offenkundigsten Verbrechen ohne Ahndung; ein Roland und zwei Brüder Astier, die Mordthaten verübt hatten, konnten nicht verfolgt werden; ein Jambon, der als falscher Ankläger überführt war, aber fortwährend seine Feinde anzeigte, in Strafen stürzte und sich an ihren Leiden im Gefängniß weidete, ging Jahre lang frei umher; es war eine bekannte Sache, daß die Assisen des Departements solche Leute wegen der bestbewiesenen Verbrechen nicht zu verurtheilen wagten. Im Departement der Aube war eine ruhige Bevölkerung durch einen Ausschuß der Königlichen, dem sich jener Präfect Trouvé, ein kaiserlicher Renegat, zum blinden Werkzeug hergeben mußte, ganz fanatisirt. Hier war es, wo die Bevölkerung von Carcassonne wiederholt den Tod des Pfarrers Auruscy von Fitou verlangte, weil er von der Kanzel über die Gerüchte von der Rückziehung der verkauften Nationalgüter beruhigt hatte; nur eine ungewöhnliche Klugheit und Geistesgegenwart seines Vertheidigers entriß ihn zweimal dem Tode. Hier war es, wo ein Chirurg Baur aus Salles durch eine frivole Anklage ins Gefängniß gebracht, dort durch einen Agenten zu einer vorgegebenen Verschwörung angeleitet, und dann mit zwei Andern hingerichtet ward, wobei es geschah, daß das Schaffot errichtet wurde, ehe noch ein Spruch gefallen war. Bekannter als diese Ereignisse aus den untern Schichten der Gesellschaft ist die große Reihe von Militairprozessen gegen höhere Officiere, die auf Ney's Verurtheilung folgten. Auch sie fallen fast alle in die schmähliche Rubrik von Rachehandlungen, da die Angeklagten durch die verschiednen Amnestien gedeckt waren. Unter diesen Prozessen hatten die früheren milbere Ausgänge. Die zwei Begleiter Napoleons auf Elba Drouet und Cambronne wurden (als Diener eines fremden Fürsten und nicht Unterthanen des Königs) freigesprochen; den zum Tode verurtheilten Oberst Boyer de Peireleau, der die kaiserliche Fahne in Guadeloupe aufgepflanzt hatte, General Debelle, der gegen Angoulême gestanden, General Travot, der die Vendée niedergehalten hatte, wurde die Strafe mildernd verwandelt. Seit dem Mai aber folgte eine strengere Uebung.

'März—April 1816.

General Chartran, der (erst am 3. April) die kaiserliche Herrschaft
in Toulouse hergestellt hatte, wurde in Lille[1], und General Mou- '9. Mai 1816.
ton = Duvernet, der einzige unter allen, der auf der ersten Liste der
Verordnung vom 24. Juli stand, obgleich kein Beweis bei dem
Prozesse geliefert wurde, daß er vor dem 23. März gehandelt habe,
in Lyon[1] verurtheilt, und Beide nach verweigerter Gnade erschossen. '19. Juli.
So wurden auch an den Generalen Gruyer, Rabet, Bonnaire
und dem Lieutenant Mietton um diese Zeit strengere Urtheile voll=
zogen, und eine Reihe von Geflüchteten[1] zum Tode verurtheilt: 'Mai—Nov.
Lefebvre=Desnouettes, Rigaud, Gilly, Drouet d'Erlon, zwei Lal=
lemand, Clausel, Brever, Ameilh. Wer sollte sich bei diesen un=
ausgesetzten Reizungen wundern, wenn unter den bonapartischen
Feinden der Bourbonen, dem ehrgeizigen Geschlechte einer großen
thatenvollen Zeit, die gestreute Saat der Rache und des Aufruhrs
aufs neue heimliche Wurzel faßte, wenn bei der ersten aussichts=
vollen Gelegenheit das Herrscherhaus, das in so viele Familien
Schreck und Erbitterung warf, so viele bereite Hände gegen sich,
so wenige für sich hatte!   .

Die geschärfte Strenge im Vollzug der kriegsgerichtlichen Ur- Paul Didier.
theile seit Mitte Mai war schon die Folge gewesen von einem fehl=
geschlagenen Aufstande gegen die Bourbonen, dem ersten und ent=
fernten Vorspiele des Schlages von 1830. Schon im Januar
1816 waren in Lyon Gerüchte umgegangen, die den Ausbruch
einer Bewegung auf einen bestimmten Tag dieses Monats ankün=
digten; es waren Besprechungen gehalten worden bei einem Fa=
brikanten Roffet, einem entschiedenen Bonapartisten, der auch mit
einigen Anderen zu schweren Strafen verurtheilt wurde als Theil=
nehmer an einer vorbereiteten Verschwörung für die „nationale
Unabhängigkeit". Die Seele dieser Zusammenkünfte war ein Paul

Didier gewesen [18], aus Upin (Drôme), ein Mann von 58 Jahren, einst in seiner Jugend ein eifriger Revolutionär, und hernach ein eben so eifriger Royalist, der Ludwig XVI. zu vertheidigen sich erboten und dann an dem Aufstande Lyons gegen den Convent Theil genommen hatte. Später wieder war er ein ebenso eifriger Bewunderer des Kaisers geworden, der den bisherigen Advocaten (1805) zum Professor an der Rechtsschule von Grenoble machte. Hier hatte er sich in der hab- und ehrsüchtigen Unternehmungs= wuth jener Zeiten auf seltsame Projecte von Straßen= und Canal= anlagen u. dergl. geworfen und dabei sein Vermögen zerstört. Seitdem lauerte er auf Gelegenheiten, aus den wechselnden politi= schen Verhältnissen Vortheile zu ziehen; 1814 schrieb er für die Bourbonen und erhielt von ihnen eine kleine Stelle, die ihn nicht befriedigte; in den 100 Tagen findet man ihn den Orleanisten angeschlossen, in deren Interesse er nach der Schlacht bei Waterloo den General Ercelmans über einen nationalen Aufstand ausforschte; nachher verbitterte sich der ruhelose, verzweifelte Mann über das eingeschlagene Rachesystem der Bourbonen. Nach Eröffnung der unsindbaren Kammer hörte man, daß in der Pairskammer der Herzog von Orleans bei zwei Gelegenheiten eine Stellung gegen Artois genommen hatte; des Herzogs Freunde drängten ihn, seine Aeußerungen veröffentlichen zu lassen und Didier wurde ihm zur Besorgung dieses Geschäftes vorgeschlagen. Die Polizei kam dem Druck dieser Flugschrift auf die Spur und zuvor, und Orleans erhielt den Befehl, sich nach England zu begeben, woher er erst Anfangs 1817 zurückkehren durfte. Hierauf nun hatte sich Didier nach Lyon begeben, wo er jenem Rossel eine von innen und außen vielbegünstigte Orleanistische Verschwörung vorspiegelte, die er sich selber einredete und für die er mit Geschick und Ausdauer, als ein

---

18) Paul Didier; hist. de la conspiration de 1816. Par Auguste Ducoin.

Einzelner in so ungünstiger Zeit, eine außerordentliche Thätigkeit einsetzte. Er hatte sich den Nachforschungen in Lyon entzogen und begab sich in das Dauphiné, besuchte und bestimmte dort auf dem Lande alle Unzufriedenen, verstrickte eine Anzahl Halbsoldofficiere, bearbeitete die entlassenen Soldaten und bildete in allen Richtungen auf mehrere Stunden Umkreis Mittelpuncte, von wo eine Bewegung der Landbewohner gegen Grenoble versucht werden sollte, dessen Name und Rolle in den 100 Tagen für das Centrum einer neuen Bewegung am günstigsten schien. Nach drei Monaten ungestörter Vorbereitung wurde die Ueberrumpelung Grenoble's auf den 4. Mai festgesetzt, die mit der Verhaftung des Generals Donnadieu beginnen sollte, eines von dem Kaiser verletzten, daher den Bourbonen ganz ergebenen Mannes. Tags zuvor kamen Anzeigen an den Präfecten Grafen Montlivaut; am Abend des 4ten griff General Donnadieu selbst durch einen seltsamen Zufall den Lieutenant Arribert, gerade den der ihn festnehmen sollte; gegen die ersten von außen anrückenden Landleute genügte eine Salve der Truppen unter Oberst Vautré um sie in die Flucht zu treiben. Der ganze Handel kostete sechs der ländlichen Aufrührer das Leben. Der Bericht des Militaircommandanten Donnadieu aber verkündete nach Paris, „die Leichname der Feinde des Königs bedecken alle Wege auf eine Stunde Umkreis von Grenoble"; und ein anderer von Vautré sprach von dem Aufstande und von seinen Thaten in den widerstandlos entwaffneten Dörfern wie von einem triumphwürdigen Heldenwerke. Auf die erste telegraphische Anzeige des Aufstandes bewies nun der Polizeiminister Decazes, wie wenig er im Eifer für den König den Königlichsten nachstehen wollte. In seiner telegraphischen Antwort nach Grenoble erklärte er das 7. Mai. Departement der Isère in Belagerungsstand und gab den Behörden „willkürliche Gewalt", indem er zugleich die Präfecten der 15 nächsten Departements aufforderte, bei dem geringsten Zeichen

16*

einer Bewegung dieselbe Gewalt an sich zu nehmen und dieselbe
Maasregel zu verhängen. Demgemäß setzte Donnadieu auf die
Auslieferung Didier's 3000 Franken Belohnung, die Decazes auf
20000 erhöhte, und bedrohte die Hehler mit Erschießung und
jeden, der einen anderen Betheiligten nicht anzeigen würde, mit
Todesstrafe und der Niederreißung seines Hauses. Zugleich be-
'9. Mai. gann' Oberst Vautré als Präsident des niedergesetzten Kriegsge-
richts, das den Prevotalhof bei Seite schob, gegen 30 am Abend
des 4. Mai auf gut Glück Verhaftete eine wahrhaft barbarische
Procedur, die fast nur in einem Namensaufruf bestand und alle
Vertheidigung, vollends jeden Gedanken an einen (nur bei den
Prevotalhöfen nicht gestatteten) Recurs abschnitt. Kaum gelang
es einem der Richter (Benoit), fünf ganz Unschuldige unter der
Zahl zu retten; für fünf andere waffenlos Ergriffene, in keiner
Weise Ueberführte, konnte er nur die Empfehlung zur Gnade erlangen; Herr v. Decazes, ohne alle Kenntniß der Sache, nur um
dem Vorwurf der weichlichen Nachsicht zu begegnen, ließ sie tele-
graphisch verweigern, und 22 dieser Unglücklichen, darunter junge
'10—16. Mai. Leute von 16—20 Jahren, wurden' erschossen; als ob es gelte,
auch die Greuel der berüchtigten „blutigen Assisen" der englischen
Restauration der französischen nicht zu ersparen[19]. Nach den erhaltenen Winken aus den Lyoner Entwürfen dachte Decazes einer
weiten Verschwörung auf die Spur zu kommen, deren Mittelpunct
der Herzog von Orleans sei; seine Nachforschungen in Paris
führten zu nichts; desto mehr Werth mußte auf die Ergreifung
Didier's gelegt werden. Er war ins Savoyische entkommen; von
'16. Juni. seinen Begleitern selbst verrathen, wurde er ausgeliefert und' hingerichtet ohne ein Geständniß gemacht zu haben; nur ließ er dem

---

19) Bérenger de l'administration de la justice criminelle en France.
1818. hat in einem besondern Capitel über diese „Gerichtsmorde" ein furchtbares
Gericht gehalten.

König den Rath geben, so schnell als möglich Orleans und Talleyrand aus Frankreich zu entfernen²⁰. Gleich bei der Ankündi-
gung der Grenobler Unruhen hatte der Moniteur noch die Ent- '11. Mai.
deckung einer zweiten Verschwörung „der Patrioten" in Paris an-
zuzeigen, von gänzlich mittellosen Leuten des untersten Volks,
„deren Fäden die Polizei sämmtlich und beständig in den Händen
gehabt hätte". Drei arme Arbeiter, Plaignier, Carbonneau und
Tolleron, hatten sich in einem leichtfertigen Spiel mit Aufruhr-
Gedanken, Zeichen und Aufrufen gefallen, ein abgesetzter Polizei-
agent Scheltein wohnte ihren eitlen Beredungen bei, wo er vergebens zu Handlungen zu stacheln suchte. Auf seine Anzeige wurden 28 der Eingeweihten verhaftet. Bei dem Prozesse verlangten '26. April.
die Angeklagten vergebens die Vorführung Scheltein's, der unter
einem anderen Namen wieder in die Dienste der Polizei trat. Die
drei genannten Rädelsführer wurden mit der Strafe der Vater- '27. Juli.
mörder hingerichtet. Unter ihnen hatte Tolleron ausgesagt, daß
er von Kindheit auf in Schule und Haus nichts anderes als Haß
gegen die Bourbonen hätte predigen hören, und daß er nach der
Leichtigkeit, mit der in 20 Jahren 20 Staatsveränderungen voll-
bracht worden waren, kein Arg dabei gehabt hätte, sich auf eine
neue gerüstet zu halten. Konnte der arme Einzelne stärker für seine
Entschuldbarkeit reden, als durch diesen Hinweis auf die übermäch-
tigsten Verhältnisse, an denen Er nicht Schuld trug? Und konnte
man naiver und eindringlicher zugleich das Fürstenhaus mahnen,
Liebe statt Haß zu pflanzen in dem Volke, das wie in verdorbener
Luft die Pest des Aufruhrs athmete?

---

20) Als die schwachen mislungenen Plane Didier's 1830 stark und glücklich
geworden waren, waren die Decazes, Donnadieu, Vautré unter den Ersten die
Orleans huldigten, und der Zufall fügte es, daß einer von ihnen sogar vor einem
Sohne Didier's (Generalsecretär im Minist. des Innern) als Sollicitant erschien. Vaulabelle 4, 165.

Decazes.

'Juli 1815.

Von diesen Ereignissen an begann der Polizeiminister Decazes in der Regierung und in den Geschicken Frankreichs von einer vorwiegenden Bedeutung zu werden. Er hatte, durch den Baron Louis[1] zu dem Posten des Polizeipräfecten empfohlen, anfänglich den persönlichen Zugang zu dem König auf Anlaß eines Gerüchtes von einem Vergiftungsversuch gegen Kaiser Alexander gefunden, dessen Nichtigkeit er aufdeckte; er hatte dann (erinnern wir uns) Fouché zu untergraben geholfen und war sein Nachfolger geworden. In einem biegsamen und gefügigen Alter, der übrigen Umgebung des Königs an geistiger Gewandtheit weit überlegen, hatte er den erlangten Zutritt zu dem Fürsten zu benutzen verstanden mit der Verwerthung aller Vortheile seiner Stellung in der Polizei, deren Enthüllungen und würzigen Geheimnisse der König liebte, mit der ganzen Gunst eines bestechenden Wesens, das des Königs Eitelkeiten auszubeuten wußte, mit der Geschmeidigkeit eines Schmeichlers, der des Königs Anekdoten als lernbegieriger Hörer lauschte und seiner schöngeistigen Weisheit sich als Schüler beugte, mit dem vollen Geschick eines Höflings, der, sehr verschieden von Fouché, bei seinen geschäftlichen Vorlagen dem König einzubilden wußte, daß Er der Rathgeber, der Entscheider und Meister sei. Mit diesen Künsten war er plötzlich ein neuer Günstling Ludwigs geworden, dessen haltlose Natur solcher Stützen immer bedurfte. Bald gab sich der König dem Ergebenen in seinen täglichen Briefen und Mittheilungen in der Rückhaltlosigkeit hin, die ihn von seinen eigenen Geschöpfen wieder abhängig machte, wie er zuvor mit Blacas und d'Avaray that, vor denen Decazes voraus hatte, daß er nicht ungezogen und anmaßend war wie sie. Im Anfang vertrug sich der Lieblingsminister des Königs auch mit dem Anhang Artois' und war daher seinerseits von ganzen Schwärmen von Schmeichlern und Hofmachern umgeben. Bald aber erregte er die Mißgunst durch seinen mehr und mehr ausschließenden

Einfluß auf den König, der von ihm sagte, er wolle ihn so hoch
erheben, daß ihn die Größten beneiden sollten, und ihn in der That
in wenigen Jahren zum Grafen, Pair und Herzog beförderte.
Von dem Augenblick an, wo sich des Königs Ungunst gegen die
Royalisten entschied, ward der Günstling, sein anderes Ich, dafür
verantwortlich gemacht und sofort begann der Haß und die Verfolgung der eifersüchtigen Parthei gegen ihn zu spielen. Seine
Herüberkunft aus dem Lager Bonapartes, wo er im Dienst der
Mutter des Kaisers und am Hofe des holländischen Königs sehr
beliebt gewesen war, bot hinreichende Handhaben zur persönlichen
Verleumdung dar, in der man vor den schmutzigsten Verdächtigungen nicht zurückscheute. In seiner Amtsführung ihm das scheuß-
liche System der polizeilichen Provocationen Schuld zu geben, als
ein Mittel sich wichtig und unentbehrlich zu machen, sind die Königlichen und die Freisinnigen in Frankreich immer einig gewesen.
Und auch in seiner politischen Stellung war es in dem Interesse
wie in den Ansichten und Grundsätzen beider äußersten Partheien
gelegen, ihn als einen verwegenen Schaukler zwischen Jacobinismus und Ultraroyalismus darzustellen, und zu Beidem schien vorerst sein Benehmen in den Grenobler Dingen den Einen und seine
gleich darauf folgenden Schritte gegen die unsindbare Kammer
den Anderen ein Recht zu geben. Der Tadel der Freisinnigen
mußte sich vorerst still halten. Die Verdächtigungen der Königlichen aber, die den Beneideten als das verkappte Prinzip der Revolution darstellten, machten sich laut und lauter in Flugschriften,
Couplets und Carricaturen. Einzelne der gallsüchtigen Gegner
mochte der übermüthige Emporkömmling persönlich gereizt haben;
so soll es ihm eine Freude gewesen sein, die niedere Herkunft Villèle's darzuthun. Unzweifelhaft heftig war die neidische Eifersucht
zwischen ihm und Vaublanc. Das ganze Bestreben dieses Facto-
tums des Pavillon Marsan war darauf gerichtet, ein rein royali-

tifches Minifterium zu bilden und zu leiten; die Verblendung der
Eitelkeit verführte ihn zu dem Wagniß, auf die unfindbare Kammer geftützt fich in diefem Zwecke gegen die Fremden, den König,
den Günftling und die übrigen Minifter zugleich zu ftellen. Unter
feinen Freunden ging er fo weit, Decazes' Treue zu verdächtigen
und auf eine Anzeige feines Verraths gefpannt zu machen. Mit
den Miniftern fämmtlich hatte er durch feine öffentliche Abtrennung
in der Frage der ungetheilten Erneuerung der Kammer gebrochen.
Diefen Schritt begleitete er mit einer Denkfchrift an den König,
worin er mit feinen Zielen und Planen fchärfer hervortrat, einen
folgerichtigeren Gang der Regieruug, einen engeren Anfchluß an
die Mehrheit jener Kammer verlangte, die die Fremden durch ihre
creditgefährdende Finanzkunft beunruhigt, den König neben fo
vielem Andern fchon durch die feine Proteftation, die in dem quand
même des Herrn von Béthify gelegen war, perfönlich geärgert
hatte. Noch eine andere Mine wurde gleichzeitig von der Parthei
vorbereitet, die bei der nächften Sitzung der rückgekehrten unfindbaren Kammer fchien fpringen zu follen: Chateaubriand's Buch
von der „Monarchie gemäß der Charte". Vaublanc hatte dem
Verfaffer gleich anfangs eine Minifterftelle geben wollen, aber die
Abneigung des Königs, des trivialen Klaffikers gegen den genialen
Romantiker, nicht überwinden können. Von der Praxis ausgefchlof-
fen ftellte Chateaubriand nun die Theorie der Königlichen auf, die
zu einer Reihe von planmäßigen Angriffen gegeu alle Stellungen
des Minifteriums aus allen möglichen Standpuncten ward: aus
dem vaterländifchen, gegen fein fchmähliches Eingeftändniß des
fremden Einfluffes; aus dem conftitutionellen, gegen feine Ketzerei, mit der Minderheit regieren zu wollen; aus dem politifchen
oder Partheiftandpuncte, gegen feine Aufrichtigkeit und Treue,
da es die Menfchen und Sachen der Revolution begünftige
und doch abfolutiftifch und polizeilich regiere; aus dem perfön-

lichen, gegen den unnöthigen und schädlichen Bestand eines Poli-
zeiministeriums, einer Geburt des revolutionären Morastes aus
der Paarung von Anarchie und Despotismus. Daneben stellte
Chateaubriand sein fertiges System zur Wahl und seine Person
zur Verfügung: „die Religion, die Charte, die rechtschaffenen
Leute, die politischen Dinge der Revolution ohne die Menschen".
Und um die Menschen des Ersatzes unverkennbar zu machen, betonte er überall die Nothwendigkeit, in einem Vertretungsstaate die
Fähigsten an die Spitze zu stellen und eine „Erblichkeit von Geistern
und Talenten zu schaffen"; er meinte: die Leute heranzuziehen, die
(wie Er) auch außerhalb der Politik eine Macht (in der Literatur)
besäßen, die[21] die eigentlichen geborenen Herrscher sind, weil „die
absolute Souveränetät nicht bei Volk noch König, sondern bei
Gott und dem Genie, dem Abgeordneten Gottes, wohnt".

Während aber dieß Buch noch im Werden war, war Decazes *Die Verordnung vom 5. Sept. 1816.*
klug, gewandt und thätig genug gewesen, diesen vorbereiteten und
ausgeführten Streichen auf Person und System mit einem gleich
planmäßigen und vollkommen verborgenen Angriff zuvorzukommen.
Gleich nach dem Schlusse der Kammer begannen diese Operationen
damit, daß Vaublanc aus dem Ministerium entfernt wurde; es *7. Mai 1816.*
war nicht schwer, selbst Richelieu von der Nothwendigkeit dieser
Maasregel zu überzeugen. Mit Vaublanc schied zugleich (von
d'Ambray ersetzt) Barbé Marbois und sein Secretair Guizot aus,
der sich zwar bei den Reinigungen der Gerichte und der Errichtung
der Prevotalhöfe sehr eifrig bewiesen hatte. Das Ministerium
ward nun gleichartiger in dem Geiste des Hauptministers; denn
Lainé, der Getreueste der 100 Tage, der an Vaublanc's Stelle
trat, war mit der unsindbaren Kammer verfeindet und galt den

---

21) Nach einer naiven Stelle in seinem „Congreß von Verona".

Königlichen für einen Gegner wenn auch „von reinen Absichten". Er war Richelieu's Vertrauter, war wie dieser ein unbescholtener und unhöfischer, ein freiheitliebender aber von der Revolution eingeschüchterter, ein gutgesinnter aber ein energieloser, vor Schwierigkeiten leicht verzagter Mann, wie jener ein Spiel wechselnder Eindrücke, dem alten Regierungswesen abgeneigt, dem neuen Verfassungswesen nicht zugethan. Bei dieser persönlichen Genugthuung aber blieb Decazes nicht stehen; die Parthei sollte mitgetroffen werden. Wenn dieß geschehen sollte, so mußte die Kammer aufgelöst werden. Vor diesem kecken Unterfangen schracken die Lainé und Richelieu bei der ersten Eröffnung zurück. In diesen Zeiten der Verschwörungen ausgeführt schien es die finstern Verdächtigungen der Gesinnung des Ministeriums von Seiten der Königlichen rechtfertigen zu müssen. Decazes seinerseits glaubte grade nach seinem eben in dieser Verschwörungszeit bewiesenen Eifer für den König etwas gegen die Ueberköniglichen wagen zu dürfen. Um die furchtsamen Mitminister zu gewinnen, bot er zunächst die Hülfe dreier kaiserlicher Staatsmänner auf, Barante, Molé und Pasquier, denen bisher all ihre royalistische Willigkeit keine Gunst, keine Vergessenheit ihrer Vergangenheit hatte schaffen können. Unter ihnen war Molé, allezeit ein treuer Fürredner für die Verbindung zwischen Frankreich und Rußland, im Einverständniß über die Nothwendigkeit jener Maasregel mit Pozzo di Borgo, der, für den Augenblick über den Jacobinismus beruhigt, die Leidenschaft der Königlichen zu fürchten begann. Dieser vermittelte dann den Schritt, der den Ausschlag gab, indem er selbst des Königs Bedenklichkeiten über das offene Zerwürfniß mit seiner Familie beseitigte: Richelieu wandte sich an Kaiser Alexander, der dem Könige in einem eigenhändigen Briefe „im Interesse der Ruhe Frankreichs und des allgemeinen Friedens in Europa" die fragliche Maasregel als eine nützliche empfahl. So erschien die berühmte Verordnung

vom 5. Sept., die die Kammer auflöste. Als Hauptvorwand war
die unverletzte Erhaltung der Verfassung vorangeschoben, um gegen
die Anträge der Kammer zu erklären, daß die Charte in keinem
ihrer Artikel verändert werden solle. In Folge dessen waren auch
jene Neuerungen der Juliverordnungen Talleyrands zurückgenom=
men und Zahl und Alter der Abgeordneten wieder auf die in der
Charte festgesetzten (262 Mitglieder und 40 Jahre) zurückgeführt;
der Wahlmodus war in einer veränderten Weise provisorisch geord=
net. Nach allen Seiten hin war die Verordnung, aus dem dichte=
sten Geheimniß hervorgebrochen, ein völlig unerwarteter Schlag.
Die Einen hatten sie nicht gehofft, die Andern nicht gefürchtet.
Kein Gerücht ging ihr voraus, und Niemand hätte es den Tag
vorher im geringsten glaubhaft gefunden. Dem Anhang Artois',
der sich seinem Ziele so nahe glaubte, verschloß sie plötzlich alle
Aussicht. Wie tief er den Streich empfand, verrieth das Buch
Chateaubriands, das alsbald mit einer Nachschrift über die Ver=
ordnung erschien. Er stellte sie dar als einen Fortschritt in dem
Systeme der revolutionären Interessen, und schob den Grund,
warum man in so ungünstiger Zeit die Wahlversammlungen neu
berufe und Frankreich „noch einmal in die Lotterie setze", darauf,
daß die Parthei der Regierung durchaus den Verkauf der Kirchen=
waldungen wolle, nicht als eine finanzielle sondern als eine revo=
lutionäre Maasregel. Dabei zweifelte er sogar die Aufrichtigkeit
des Königs an, den er gleichsam als einen Gefangenen der Mini=
ster darstellte. Der König, der bei allem Phlegma durch Wider=
setzlichkeit heftig gereizt werden konnte und der, leidenschaftlich in
seinen persönlichen Zuneigungen, über die Beleidigung seines
Günstlings in dem Buche sehr verdrossen sein mußte, strich Cha=
teaubriand aus der Liste der Staatsminister und ließ sein Buch
unterdrücken. Diese Strenge bestärkte die Verwaltungsbeamten,
bei den Wahlen ihren entscheidenden Einfluß gegen die Ultras gel=

tend zu machen, die daher in der Sitzung von 1816 — 17 kaum
hundert Mitglieder zählten. Ihrer Herrschsucht schien jede Hoffnung abgeschnitten, und ihr jüngster Wortführer war weiter vom
Steuer hinweggedrängt als zuvor. Glücklicherweise mißfiel sich
Chateaubriand in dieser Lage nicht. Er war in seiner ganzen politischen Laufbahn immer getheilt zwischen der Begierde zu regieren
und der Sucht die Regierenden anzufechten, aber er schien sich allezeit, in der ritterlichen Eitelkeit auf des Schwächeren Seite zu sein,
in der letzteren Rolle, in den Minderheiten der Widerstandspar-
theien behaglicher zu fühlen. Denn so war er mit allem Talent
und Ehrgeiz immer machtlos unter den Unterdrückten gewesen:
Freigeist unter der alten Ordnung, ausgewandert unter der Revolution, frommer Reactionär unter dem Directorium, königlich unter dem Kaiser, Gemäßigter unter den Ueberköniglichen, unter
einer späteren gemäßigten Regierung überköniglich, unter Ludwig
XVIII. für Karl Philipp, unter Karl selbst oft gegen ihn, unter
Louis Philipp wieder für ihn; wie er selber sagte: Guelfe unter
den Ghibellinen, Ghibelline unter den Guelfen; ein Führer meist
ohne Soldaten, ein Spötter des aussichtslosen liberalen Feudalis-
mus eines Montlosier und selber aussichtslos mit seinem feudalen
Liberalismus; all sein Leben fruchtlos bemüht, die Bourbonisten
zur Freiheit zu führen, die sie nicht wollten, und die Freisinnigen
zu den Bourbonen, die sie nicht wollten.

Sitzung von 1816 —17. Erwartungen von der Verordnung des 5. Sept.

'4. Nov. 1816.

Der König, der nach dem Vollzug der Verordnung vom
5. Sept. sehr mit sich zufrieden war, begründete sich jetzt eigentlich
seinen constitutionellen Ruf, indem er sich bei Eröffnung der neuen
Kammer¹ mit Bestimmtheit gegen den zu heftigen Eifer der vorigen
erklärte und die feste Betonung der Charte wiederholte. Dieß bestärkte die gemäßigt Freisinnigen in der Kammer, die aufrichtigen
Verfassungsfreunde (eine kleine Gruppe die nachher die Doctrinaire

hießen), in den großen Erwartungen, die die rettende That des
Herrn von Decazes in ihnen erweckt hatte, dem sich mit ihr eine
große Laufbahn eröffnet zu haben schien: sie priesen sie als eine
neue Bürgschaft der Freiheit, die jede Befürchtung vor einer Umkehr in die alte Ordnung oder einem Beharren in dem bisherigen
reactionären Schreckenssysteme niederschlagen müsse. Auch ist es
kein Zweifel, daß Frankreich ohne jene Verordnung in der Sitzung
von 1816 — 17 rascher und entschiedner in das alte Regierungswesen zurückgefallen wäre, als es nachher unter den Milderungen
der Zeit und der Erfahrungen seit 1820 noch geschehen konnte.
Dieß verhindert zu haben, ist das Verdienst der Maasregel, die
die unfindbare Kammer auflöste. Was den übrigen Theil der Verordnung angeht, so hätte er gerade jene Verfassungstreuen von
Anfang an stutzig machen müssen. So wie die Königlichen bisher
auf eine grundsätzliche Regierung aus Einem Gusse gedrungen
hatten, so verbanden nun auch diese Männer mit diesem Schritt
zur Erlösung aus dem bisherigen Systeme die Idee des Uebergangs zu einer ächt constitutionellen Ordnung und zu dem Angriff
eines Ausbau's der Verfassung in ihrem Geiste, wodurch das System der Regierung in allen seinen Theilen gleichartig gestaltet,
nach einem festen Ziele gerichtet, und in Frankreich Vertrauen und
Glaube an den Bestand und die ruhige Fortbildung der neuen
Ordnung begründet werde. Es war aber kurzsichtig, eine solche
Grundsätzlichkeit in den Urhebern jener Verordnung vorauszu-
setzen, die so leichtfertig fortfuhren mit Statuten und Verfassungs-
formen Versuche anzustellen, in den Elementarfragen der Vertretung zwischen den wesentlichst verschiedenen Bestimmungen hin und
her zu schwanken, und heute durch ein Nothgesetz jene Sätze der
Charte über Alter und Zahl der Abgeordneten herzustellen, die
gestern ein Nothgesetz in einem ganz anderen Geiste abgeändert
hatte. Vor einem Jahre waren es die Freisinnigen, die weislich

vor dem ewigen Zusetzen und Abziehen von der Verfaffung gewarnt hatten, jetzt mahnten die Königlichen von diesen Aenderungen und Rückänderungen ab, unter deren Fortdauer die Gegenwart
stets als ein unbefestigtes Provisorium erschien und die Menschen
ohne Anhänglichkeit an das Bestehende, ohne Meinung und Vertrauen auf die Zukunft blieben. Und die Königlichen waren es,
die in diesem Streben nach der Alleinherrschaft der Verordnungen
die Absicht vorauswitterten, daß man einmal die Verfaffung zum
Vortheil des Artikels 14 der Charte „confisciren" werde, wie es
später von ihnen selber versucht ward. Wie wenig in der That
durch den 5. Sept. für eine festere und andere Ordnung gewonnen
war, sollte sich sofort im Laufe der neuen Sitzung entwickeln an
der Haltung der Minister, die ihren Sieg kleinmüthig unbenutzt
ließen und selbst zu fürchten schienen, und an der schiefen und falschen Stellung, in die die Partheien selber geriethen. Das Ministerium des Innern in Lainé's Hand begnügte sich, mit Gewaltthaten und Absetzungen etwas einzuhalten, im übrigen blieb die
centrale Regierungsgewalt schlaff und unsicher, und ließ die örtlichen Gewalten in den Provinzen in den Händen der Royalisten,
die sich fortwährend als die Sieger benahmen. Was Decazes angeht, so stand er gelähmt, wiewohl zuversichtlich, zwischen zwei
Partheien, von denen die Eine sein geschworner Feind, die andere
ihm nicht aufrichtig Freund war, die er aber beide mit wechselnder Zu- und Abwendung zu benutzen und durch einander unschädlich
zu machen dachte, statt unter ihnen die beffere fest zu ergreifen:
So blieb das Ziel und die Hülfsquelle seiner Regierung die Befriedigung und die Aushülfe des Augenblicks, und das Schaukelsystem des Ministeriums, das wie früher, von jeder ächten Parthei
bekämpft, weder dem alten Frankreich die Hoffnung nahm, noch
sie dem neuen erfüllte, wurde nur um so auffälliger. Wenn von
den einfachsten Folgerungen der Verfaffung, der Selbstregierung

der Gemeinden oder der Freiheit der Presse die Rede im Staatsrath war, so war es ein Schreck für die Minister. Sie legten vielmehr der Kammer ein laconisches, höchst royalistisch gefärbtes
Ausnahmsgesetz über die Presse vor, das bis zum 1. Jan. 1818
alle Zeitschriften einfach von der Genehmigung des Königs, d. h.
von der Willkür des Polizeiministers abhängig machte; und wenn
sie zwar das Ausnahmsgesetz vom 29. Oct. über die Suspension
der persönlichen Freiheit durch ein milderes ersetzten, so dehnten
sie doch auch dessen Geltung bis Ende 1817 aus. Diesem neuen
Gesetze widerstrebten nun, die Freiheit auf der Lippe, die Königlichen, nicht wegen seines schonenden Charakters, was früher ihre
Anlage gewesen wäre, sondern wegen seines Charakters als Ausnahmsgesetz überhaupt, das nun nach dem unsicheren Stand der
Dinge auch sie einmal treffen konnte. Dagegen waren es nun die
Freisinnigen, die, dem Ministerium vorerst vertrauend, diese Gesetze vertheidigten und den Schein auf sich zogen, als ob sie, nur
um etwas schüchterner als die Königlichen, mit der Willkür eben
so schön thaten, wo sie nach ihrem Sinne oder zu ihrem Vortheil war.

An zwei größeren Gegenständen stellte sich die schroffe Zwei- Das neue Wahl-
gesetz.
seitigkeit des ministeriellen Systems während und bald nach dieser
Sitzung dar: an dem Wahlgesetz, das der Kammer vorgelegt ward,
wo sich die Regierung in der Gesetzgebung unerwartet frei- und
verfassungssinnig zeigte, und an den Lyoner Unruhen im Juni,
wo sich Mittel und Werkzeuge der Regierung ganz als dieselben
erwiesen, wie sie unter dem brutalsten Royalismus gewesen waren.

Es kann in einer allgemeinen Geschichte nicht die Aufgabe
sein, auf die Einzelheiten der inneren Verfassungs- und Stände-
geschichte jedes Landes einzugehen, wo sie nicht von besonders
charakteristischer Bedeutung oder auf das öffentliche Leben Europa's

überhaupt von Einfluß sind. Einen solchen Einfluß haben aber
damals die französischen Wahlgesetze gehabt, auf die wir hier wiederholt zurückkommen. Denn die parlamentarischen Ordnungen
Frankreichs, als des größesten der Staaten, die damals in die
constitutionelle Bahn eintraten, sind das Vorbild für alle anderen
ständischen Versammlungen, Verhandlungen und Einrichtungen
geworden, eine Fügung die begreiflich, aber sehr schädlich war,
weil Frankreich viel weniger als viele der kleineren Staaten, die
es fortan nachahmten, eine ständische Ueberlieferung besaß, weil
noch keine Regierung dort das Beispiel einer aufrichtigen Verfaf-
sungstreue gegeben, und fast keine Vertretung, weder die alten
Generalstaaten, noch die allmächtigen Versammlungen der Revolutionszeit, noch die unmächtigen unter Consulat und Reich je eine
vorragende Befähigung oder eine dauernde Neigung für die constitutionelle Staatsform und ihre stetige Fortbildung bewiesen hatte.
Das ganze Festland des Welttheils hatte auf diesem Gebiete erst
seine Schule zu machen; und so auch Frankreich selbst, troß allen
Erfahrungen der Revolution, selbst in den elementarsten Dingen.
Die Entstehungsweise, die leitenden Gedanken, die Ausgangs-
puncte der beiden Wahlgesetze, des vor- und dießjährigen, bieten
dafür die seltsamsten Belege. Beidemale schienen der Inhalt und
die eigentlichen Beweggründe zu den Bestimmungen dieser Wahlordnungen nicht aus einem begriffenen inneren Grundsaß zu stammen,
sondern nur aus einem äußeren Gegensaß. Hatte Vaublancs ge-
genrevolutionäres Wahlgesetz das Gegentheil erstrebt von dem,
was die Wahlordnungen der Revolution verfügten, so suchte Lainé's

'1. Dec. 1516. Entwurf, der jetzt vorgelegt ward, möglichst das Gegentheil von
dem, was die Königlichen gewollt hatten. Hatte Vaublanc vori-
ges Jahr im Ministerium die Entwürfe weggeschoben, die noch
Talleyrand 1815 von einem Ausschuß hatte ausarbeiten laffen,
worin die neuen Kundigen des Constitutionalismus, die Barante,

Royer Collard, Guizot saßen, so zog jetzt Lainé eben diese Entwürfe und Entwerfer heran. Hatte Vaublancs Gesetz und der Gegenentwurf der unfindbaren Kammer dem Grundsatz der mittelbaren Wahl gehuldigt, der zu allen Zeiten in Frankreich üblich und selbst in den Revolutionsverfassungen, außer der von
1793, festgehalten war, so griff man jetzt zu dem Prinzip grade
dieser demokratischsten Ordnung von 1793, den unmittelbaren
Wahlen, zurück. Und war Vaublanc, der sich sonst zu der Unver-
änderlichkeit der Charte so stark bekannte, durch seine Zugeständnisse
an die Kammer zuletzt in vollen Gegensatz zu ihr gerathen, so hielt
man nun in dem Maaße an ihr fest, daß man das ganze Wahlgesetz durch einen Zwang der Auslegung auf Einen Artikel (40)
der Charte zurückführte, der bestimmte, daß alle, die an der Ernennung der Abgeordneten Theil nähmen, keine Stimme haben könnten, wenn sie nicht 30 J. alt seien und 300 Fr. Steuern bezahlten.
Dieser Artikel war, wie jeder wissen konnte, in Aussicht auf ein
System mittelbarer Wahlen verfaßt, das erst näher bestimmt werden sollte; jetzt aber wurde jene vorläufig aufgestellte Eigenschaft
eines Urwählers verwandelt in die entscheidende Berechtigung zur
unmittelbaren Wahl der Abgeordneten. Durch diese Reihe von
äußeren Gegentheilen trat nun das neue Wahlgesetz auch in einen
ganz innerlichen Gegensatz namentlich zu dem Entwurfe der unfindbaren Kammer, aber grade dieser innere Gegensatz war von den
Urhebern des Gesetzes selbst theils nicht gebilligt, theils nicht begriffen, und ward erst unter den Widersprüchen der Gegner nur
einem Theil der Vertheidiger nur theilweise und allmälig klar. Die
Absicht des aristokratischen (mit demokratischen Zugeständnissen gemischten) Wahlsystems der unfindbaren Kammer war, das Eigenthum zur Grundlage aller politischen Rechte zu machen, den großen Landbesitzern, die ⅓ der Grundsteuer bezahlten, ein verhält-
nißmäßiges Gewicht bei den Wahlen zu geben durch die örtlichen

Einflüsse, die sie auf die kleinen (gegen 3000) Kreisversammlungen ausüben konnten, sei es unmittelbar, sei es mittelbar auf die klei= nen, von ihnen abhängigen (durch eine Steuer von 50 Fr. wahl= berechtigten) Besitzer. Das neue Wahlgesetz durchschnitt diesen ganzen Berechnungsplan, indem es die mittelbare Wahl, die Kreis= versammlungen, und mit ihnen die örtlichen „kleinen und dunklen Einflüsse“ der Intrigue und der Mittelmäßigkeit beseitigte, und alle 30jährigen, 300 Franken Steuernden berechtigte, in Einer Departementsversammlung die Abgeordneten unmittelbar aus den 40 Jahre alten und 1000 Franken Steuernden zu wählen. Dieß System, wonach etwa 90000 Wähler die Abgeordneten aus 16000 Wählbaren ernannten, sollte den demokratischen Gefahren durch die Ausschließung der Nichtbesitzenden und zugleich den aristokrati= schen Gelüsten begegnen, indem es Capitalisten, Industrielle und vermögende Beamte, den eigentlichen Mittelstand, zur Wahl berief. Auf diese Weise begünstigte dieß Gesetz, nach dem anfänglichen Sinne der noch nicht ausgearteten Revolution, die Gleichheit vor dem Vorrecht und die Mittelklasse vor der Aristokratie und gab so dem neuen Frankreich eine starke und dauerhafte Waffe; aber all diese Bestimmungen waren nach Guizot's eignem Geständnisse mehr in einem glücklichen Instinct als in einer bewußten Absicht auf diesen Zweck und in Voraussicht der Folgen geschaffen worden. Die aber von dieser Bedeutung des Gesetzes eine Ahnung hatten unter den Urhebern, waren voller Bedenken: Lainé selbst griff dazu nur aus größeren Bedenken gegen alle anderen Systeme; die übri= gen Minister widerstrebten lange; die gutgesinnten Bureaus der Kammer waren voll Zweifel; die Vertheidiger wie Camille Jor= dan fürchteten unter dem demokratischen Schein des Gesetzes sein oligarchisches Wesen; der systematischen Geister, die den Grundsatz der unmittelbaren Wahl aus einer festen Ueberzeugung ergriffen hätten, weil sie dadurch die Unabhängigkeit oder die wahre Absicht der Wahl verbürgter glaubten, gab es damals wenige oder keine. Auf der anderen Seite bekämpften die Königlichen das Gesetz in starker Minderheit und dieß mit zweischneidigem Schwerte. Sie gewannen den Schein der größeren Freiheit, indem sie für das Wahlrecht aller, auch der unbemittelten Klassen gegen die Oligarchie des Mittelstandes stritten; und dem Vorwurfe der demokratischen Tendenzen begegneten sie damit, daß sie grade die großen Wahlcollegien für aufregend und demokratisch erklärten und ihrerseits die erhaltende Sicherheit in der Bildung der Wahlversammlungen suchten; wie sie denn das Wahlrecht der Nichtbesitzenden theilweise von Körperschaften geübt wünschten, diesen alten ewigen Unterlagen der Gesellschaft, „die immer gut seien wo der Einzelne oft schlecht sei". Sie schalten das neue Gesetz einen Versuch, eine Theorie, und hoben dagegen das lange herkömmliche, selbst von Bonaparte, selbst von dieser Regierung noch im vorigen Jahre festgehaltene System der Höchstbesteuerten heraus als eine erprobte Einrichtung, die 1814 die erste ergebene Kammer, in den 100 Tagen jene Versammlung geliefert hätte, die gegen Aller Erwarten wider den Usurpator ausschlug, und hierauf noch die unfindbare Kammer, die ihr Ideal war. Aus diesen allerdings sehr grellen, und sehr frischen, unleugbaren Erfahrungen würde aber nur hervorgehen, daß, da unter wesentlich einerlei Wahleinrichtungen im Laufe von nur Einem Jahre zuerst eine bourbonische Kammer, dann eine andere die feindlich gegen Bonaparte und gegen die Bourbonen zugleich war, und dann wieder eine ultrabourbonische gewählt worden war, nur die Nöthigung der inneren oder äußeren Einflüsse die Art der Wahlen und die Natur der Versammlungen bestimme und nicht der Wahlmodus, die lebendigen Verhältnisse und nicht der todte Buchstabe der Gesetze. Man wird daher die späteren Urtheile der Partheien, von denen die Eine dieß Wahlgesetz¹ für das beste erklärte das Frankreich gehabt, die Andere für ¹ v. 5. Febr. 1817.

17 *

eins der größten Unglücksfälle, die die Restauration betroffen hätten [22], aus geschichtlichem Gesichtspuncte gleich irrig finden. Denn
nach zahllosen Erfahrungen ist weder in dem Systeme der mittelbaren noch der unmittelbaren Wahl, des hohen oder niedern Census, eine sichere Bürgschaft gelegen, sei es für conservative sei es
für freisinnige Wahlen; wie denn dieß System der unmittelbaren
Wahl unter den verschiedensten Verhältnissen die verschiedensten
Wahlergebnisse geliefert hat, und das entworfene System der Royalisten dagegen, wie man treffend und unbestreitbar gesagt hat,
mit der Zeit zum entschiedenen Nachtheil der Parthei würde aus-
geschlagen sein. Hängen doch selbst die bloßen Meinungen
über das eine und das andere Prinzip der Wahlordnung von den
jeweiligen Verhältnissen ab! So lange in Frankreich ein Census
bestand, war es dort ein allgemeiner Glaubenssatz, in der unmittelbaren Wahl dagegen einen Schutz und ein Gegengewicht zu
suchen; zu anderer Zeit, als man die allgemeine Wahlberechtigung
für unumgänglich ansah, sind die verschiedensten Männer, wie
Tocqueville und Lamartine, wieder zu der Neigung für mittelbare
Wahlen, zu der Ansicht von Sieyes und Lucian Bonaparte zurückgekehrt.

Lyoner Unruhen.   Die Verordnung vom 5. Sept. war unter dem Einflusse der
Fremden erlassen worden; das in ihr eingeschlagene System setzte
sich unter der Gunst dieses Einflusses fort, der jetzt von den Ministern auf der Rednerbühne offener eingestanden, ja auch von der
Diplomatie unverschleierter selbst auf die Kammern zu üben ver-
'6. März 1817. sucht ward. Bei der Vorlage und Annahme des Finanzgesetzes
ward dieß besonders fühlbar, wo der Royalismus noch viel em-
pfindlichere Niederlagen zu dulden hatte als in dem Wahlgesetz.

------

22) Lubis 4, 292.

Hart anprallend gegen die Lieblingsentwürfe der vorigen Kammer
wies der Gesetzentwurf, indem er die Dotation des Tilgungsfonds
auf 40 Mill. erhöhte, demselben noch außerdem 150,000 Hectaren
Staatswaldungen an; und vergebens erhoben die Congreganisten
ihr Geschrei über diesen Verkauf des letzten Kirchenraubs nach dem
Beispiel der Krieger, die über des Heilands Rock das Loos geworfen. So mußte auch, troß den strengen Ersparungsanträgen Billèle's (die er als Finanzminister nie wiederholt hat), zur Befriedigung der mächtigen Gläubiger die Emission von 30 Mill. Renten
unter den ungünstigsten Bedingungen durchgehen; worauf wir unten zurückkommen. Dafür war aber auch der Kammer¹ die Bill- '13. Febr.
gung des Regierungssystems von Seiten der fremden Mächte vorgehalten worden, und was gewinnender war: die Frucht dieses
Beifalls, die Verminderung des Besaßungsheeres um ein Fünftheil. Bei dieser Uebereinstimmung mit den Mächten hätte sich die
Regierung im Inneren stärker und stärker fühlen können. Gleichwohl reichte ihr Selbstgefühl noch nicht einmal so weit, ihr nur
die Furcht vor der niedergeschlagenen Parthei der Königlichen zu
benehmen. Ueberall konnte man durchmerken, daß um den Preis
der Behauptung von Stellen und Macht und einiger Maasregeln,
die die fremden Forderungen auferlegten, sie sich im übrigen gern
mit der Parthei auf gutem Fuß erhalten hätte. Da und dort
machte sie furchtsame Zugeständnisse an die Leute, deren Gewissen
Pasquier zwar verirrt, aber achtungs- und schonungswerth nannte.
Die Entfernung der bisherigen Eiferer aus den höheren Stellen,
in welchen sie mit den Ausnahmsgesetzen die bisherigen Gewaltthätigkeiten fortsetzen konnten, wäre bei einer grundsätzlichen Regierung die erste Folge des 5. Sept. gewesen; aber sie unterblieb.
Die gehässigen Missionen, die leichtfertigen Verdächtigungen, die
tragikomischen Verurtheilungen, und die Beschützung oder Ver-
schleierung all dieses Unwesens dauerte fort. Die einzelnen Fälle

mochten seltener werden; aber in Einem Beispiele kehrte die ganze
Rohheit des Royalismus in abscheulicherer Gestalt, als selbst bei
den Hergängen in Grenoble, zurück. Die Ehren der Donnadieu
und Vautré schienen die beiden Militärbefehlshaber in Lyon, die
Generale Canuel und Maringonné nicht schlafen zu lassen. Sie
suchten für ähnliche Verdienste und Belohnungen ähnliche Gelegenheiten; und da sich diese von selbst nicht finden wollten, so sorgten
sie sie zu schaffen. Die Auflösung der unsindbaren Kammer gab
ihnen, die zu den Hartnäckigen der Parthei gehörten, den Stachel
zu diesem Unterfangen. Bisher hatten die Wortführer der Royalisten, die Villèle und Labourdonnaie, den verhaßten Polizeiminister immer der polizeilichen Anstiftungen angeklagt, jetzt warfen
sich die Männer der Parthei selbst auf diese gehässige Kunst, um
gegen den Minister zu operiren. Seit dem September 1816, da
die Wahlen für die neue Kammer vorbereitet wurden, hörten die
Generale nicht auf, in Verbindung mit dem bigotten Maire von
Lyon Grafen de Fargues, die Anzeigen von Gährungen und Verschwörungen zu machen, die jedesmal von Verhaftungen und Verurtheilungen begleitet waren, aber jedesmal, wenn der Polizeicommissär de Sainneville seine Untersuchungen anstellte, in Nichts
oder in falsche Gerüchte zerrannen. Wiederholte Berichte des Präfecten Chabrol, der selbst einer der unverdächtigsten Königlichen
war, gaben diese Gerüchte den Angebereien eines halbverrückten
und von einem ränkevollen royalistischen Ausschuß geleiteten Freu-
denmädchens Schuld, oder schoben sie geradezu auf die Anreizun-
gen der Agenten der Militärpolizei, auf „die schuldvolle Taktik, die
eine künstliche Gährung hervorzurufen suche, um sie dem Gang
der Regierung entgegen zu setzen“. Ja diese Berichte
Chabrol's gingen so weit, von den Verurtheilungen zu sagen, sie
seien „weniger aus Gerechtigkeit als aus Rücksicht auf die Erfinder
der Verschwörungen“ ausgesprochen worden. Dennoch ließ man

diese Erfinder den ganzen Winter über neue Verschwörungen erfin-
den, neue Verfolgungen verhängen. Die stets wiederkehrenden
Gerüchte warfen Schreck und Aufregung in die Bevölkerung; in
die Geister der lauernden Unzufriedenen pflanzten sie erst den Glauben an das Bestehen einer großen Verschwörung, auf diesen Glauben folgten dann eigne Entwürfe. Das furchtbare Elend dieser
Theurungsjahre hatte schon da und dort zu Unordnungen geführt,
Zeit und Stimmung nährten daher diese Anschläge der Misver-
gnügten. Einige Halbsoldofficiere, ein Hauptmann Dubin, in
Verbindung mit einem der Agenten, Hauptmann Ledour, und
einem Freischärler der 100 Tage, Garlon, dachten die hungernde
Bevölkerung von Lyon und den Nachbargemeinden durch den Ausruf Napoleons II. und die Aussicht auf wohlfeiles Brod in Bewegung zu bringen. In eilf Dörfern im Nordwesten und Süd-
westen Lyon's wurde die Sturmglocke geläutet und es bildeten sich 8. Juni.
Haufen ohne Ordnung und Zweck, die von einigen Gensdarmen
ohne einen Schuß auseinandergetrieben wurden; in Lyon selbst
geschah nichts, als daß Ledour von den Mitverschwornen beim
Ausgehen aus Canuels Wohnung erschossen wurde. Dießmal
wagte sich Chabrol dem Eifer der Militärcommandanten nicht zu
widersetzen, die in Lyon die Verhaftung von 215, in den Dörfern
von etwa 300 Personen vornahmen. Ueber diese Aufrührer verhängte der Prevotalhof zwölf getrennte Proceduren, in dem grausamen Zwecke, um an jedem der zwölf Orte eine Anzahl Rädelsführer mit schweren Strafen treffen zu können; denn das Straf-
gesetz (Art. 100. 213) untersagt die Verurtheilung irgend eines
des Aufstands Angeklagten, der keinen Befehl oder Amtsverrich-
tung dabei gehabt und sich bei der ersten Verwarnung widerstandlos gefügt hat. In diese Klasse fielen die bethörten Aufständischen,
mit Ausnahme der paar Anstifter, Alle; der Prevotalhof aber
sprach in wenigen Wochen in den 11 Prozessen der 11 Dörfer

über 155 Angeklagte Verurtheilungen (darunter 28 Todesurtheile) aus, und strafte aus dieser Zahl der Beschuldigten 110 als Urheber oder Führer des Aufstandes. In einer tumultuarischen Weise verurtheilte der Hof Leute, die sich auf Canuels öffentliches Versprechen der Straflosigkeit freiwillig gestellt hatten; er verurtheilte wegen bloßer Anschläge, ja wegen bloßer Nichtanzeige von Anschlägen, d. h. in dem wenigst pravotalen Falle, der der Erkenntniß dieser Gerichte ganz fremd ist; er verurtheilte wegen vager Theilnahme an dem Anschlag, ohne daß irgend bestimmte verbrecherische Thatsachen in der Anklage oder selbst in der Schlußrede des öffentlichen Anklägers angegeben waren, so daß Menschen zum Tode geschleppt wurden in Folge von Urtheilen von vollkommener Richtigkeit. Dabei breitete man neue Gerüchte aus von neuen Ver-

25. Aug. schwörungen, die einen so panischen Schreck verbreiteten, daß die Lyoner in Menge ihre Stadt verließen. Dieß Uebermaaß unnatürlicher Aufregung beschleunigte endlich doch die Krise. Charrier de Sainneville, seit lange mistrauisch gegen die Anzeigen der Generale, hatte auch jetzt, selbst von Chabrol verlassen, die Gerichtsverhandlungen genau verfolgt, und zeigte seine Entdeckungen den Ministern an, die sich nur schwer überzeugen ließen. Dennoch schickten sie endlich einen unverdächtigen Royalisten, Marschall Marmont, in außerordentlichem Auftrage zur Untersuchung nach Lyon. Auch er ließ sich anfangs blenden, bis der Chef seines Generalstabes, Oberst Fabvier, seine Nachforschungen an besserer Quelle begann und den Marschall über die eigentliche Natur dieser schmählichen Anzettelungen unterrichtete. Der noch schwebende Prozeß der Lyoner Beklagten nahm einen andern Gang; die früher ausgesprochenen Strafen wurden sämmtlich gemildert oder erlassen; aber die Hingerichteten konnten nicht wieder erweckt werden. Chabrol und Canuel verloren ihren Posten, ohne aber (dieß war ganz im Stil der flauen Minister) ihre Ehren zu ver-

lieren, ja nicht ohne bei ihrer Versetzung noch neue Titel zu erhalten[23]!

Alle diese blutigen Dinge gingen vor unter einem schlaffen
König, zwei Hauptministern voll guter Art und gutem Willen,
einem Polizeiminister voll Eleganz, zu dem noch ein Justizminister
voll Schwäche hinzugekommen war. Dieß war Pasquier, der
d'Ambray ersetzt hatte; ein stellensüchtiger Sophist Talleyrand'scher
Schule, fern von dem Ehrgeiz Grundsätze zu haben oder gar zu
spannen; allezeit verfügbar für Alle; jeder Parthei Meinung thei-
lend aber nicht ihre Uebertreibungen, immer ein Nachfolger der
Sieger, selten ein Verfolger der Besiegten, allen politischen Richtungen wegen ihrer Maaslosigkeit mistrauend, aber daher mit keiner unverträglicher als mit der anderen; wenn er auf der Seite des
neuen Frankreich war, zugleich im Wohlvernehmen mit dem alten,
und umgekehrt; das französische Nachbild zu jenem englischen Go-
dolphin, von dem Karl II. sagte, er sei nie im Wege und nie ab
vom Wege[24]. Früher als kaiserlicher Polizeipräfect hatte er hart
gegen die Königlichen verfahren müssen, und noch 1814 hatte er
es an eigentlichem royalistischen Eifer fehlen lassen; er war daher
bisher nicht befördert, aber doch auffallend geschont worden, weil
er, wie man begründete Vermuthung hatte, im Besitz eines ver-

---

23) Diese Ereignisse sind von den betheiligten Notabilitäten in einer Reihe
polemischer Flugschriften beleuchtet: Lyon en 1817. (von Fabvier.) — Canuel,
réponse à l'écrit intitulé: Lyon en 1817. (Dem Fabvier wieder antwortete.)
Chabrol, sur les événements de Lyon en 1817. — De Fargues, la vérité
sur les événements de Lyon en 1817. Sainneville, compte rendu sur les
événements de Lyon.

24) Die Charakteristik Pasquier's bei Lamartine, für den Schilderer so
bezeichnend wie für den Geschilderten, würde im Deutschen viel zu plump werden
um ächt zu bleiben: aptitude universelle de paroles fluides, de convictions
larges, fidèle seulement aux élégances d'esprit et à l'aristocratie des senti-
ments!

fänglichen Briefwechsels war zwischen der kaiserlichen Polizei und den Spionen unter den Royalisten am Hofe von Hartwell, den er nach dem Beispiele vieler französischer Minister aus dem Archiv in seinen Privatbesitz herübergenommen hatte. Nach der Entscheidung der Lage von 1815 hatte er sich bemüht, das vorher Versäumte nachzuholen, hatte in der unfindbaren Kammer die bourbonische Regierung, die er nach 15 Jahren verließ, eine „ewige Regierung" genannt, hatte die besondere Staatskunst des königlichen Günstlings eifrig unterstützt und jetzt seinen Lohn erhalten, um fortan mit Decazes einerlei Wege in einem halb antiroyalistischen Ministerium zu gehen, bis die Umstände um 1820 wollten, daß er in ein halbroyalistisches Ministerium überging. Solche Naturen wie diese waren recht eigentlich geschaffen, das ebenso verächtliche als verderbliche ministerielle Doppelregiment zu unterhalten, das fortwährend in die ungleichsten Richtungen auseinanderging, um die widersprechendsten Dinge nebeneinander zu Tage zu fördern. Hatte man sich Anfang und Mitte 1817 unter zwei ganz verschiedenen Regierungssystemen glauben können, erst bei der Vorlage des Wahlgesetzes, das in einem kräftigen Ernst die Ausbildung der Verfassung angriff und in dem Volke anfing Sinn und Freude an der Charte zu wecken, und dann bei den Lyoner Ereignissen, wo man sich wie schutzlos in einem gesetzlosen Staate fühlte, so begegnet man auch während der Sitzung von 1817—18 den ähnlichen grell abstechenden Handlungen in Gesetzgebung und Regierungspraxis immer wieder. Die Hauptthätigkeit der Kammern drehte sich in dieser Sitzung um drei Aufgaben, das Concordat, ein Preßgesetz und ein Recrutirungsgesetz.

Ueber das Concordat und sein Schicksal sind wir unterrichtet. Es versetzte, durch seinen Verstoß gegen den ganzen Geist in Zeit und Volk, alle äußeren und inneren Interessen in Unruhe und erschütterte das Vertrauen in Lainé, denn es warf auf die Regierung den Schein, als wolle sie sich zu der Staatskunst des Pavillon Marsan und dem thatsächlichen Systeme der Congregation und der Missionäre förmlich bekennen.

In einer ähnlichen Verwandtschaft stand das vorgelegte Preß= gesetz zu den Grundsätzen des beschränktesten Royalismus. Als mit dem Jahre 1817 die festgesetzte Dauer der Ausnahmsgerichte ab= lief, hörten nun die blutigen Gerichtsdramen auf; dagegen dauer= ten die Bedrückungen der Presse unter stets verlängerten Aus= nahmsgesetzen fort. Die Zeitschriften blieben gänzlicher Willkür, die halbperiodischen Schriften, die sich der Censur entzogen, der unduldsamsten Verfolgung ausgesetzt. Sie traf nun nach beiden Seiten hin, die Königlichen wie die Freisinnigen, aber diese mit stärkeren Schlägen. Der Conservateur unter Flévée durfte sich ganz Anderes erlauben, als die Herausgeber der „historischen Bibliothek", die wiederholt wegen ihres „geflissentlichen Uebelwollens" verur= theilt wurden, oder der „europäische Censor" unter Karl Comte, der seit 1814 gegen König und Kaiser die Errungenschaften der Revolution mit rauhem Freimuth und einem eingebornen Wider= setzungsgeiste verfochten hatte. Dieses gehässige System einer eben so kleinlichen als ungerechten Verfolgung ging nicht von dem Eifer untergeordneter Beamten, sondern unmittelbar von der ängstlichen Kleinmüthigkeit der Minister aus. Um 1818 verfügte der Justiz= minister, daß Comte wegen Uebelrede gegen die Chouans vor ein bretagnisches Gericht gestellt werden sollte; Comte wich dieser ungerechten Entziehung von dem natürlichen Richter aus und be= gann aus seiner Zufluchtstätte einen Kampf mit dem Siegelbewah= rer, der mit einem schützenden Spruch des Cassationshofes endete, wonach Preßprozesse am Druckorte der angefochtenen Schrift geführt werden mußten. Aber so schützend wie dieser waren die Urtheile der Gerichte in Preßsachen selten. Vielmehr war das Verfahren in der Regel so, daß in der Sitzung von 1818 Martin (de Gray)

zu der öffentlichen Aeußerung hingerissen wurde: die Jurisprudenz
der Gerichtshöfe in dieser Beziehung sei der Inquisition in Madrid
und Goa würdig.   Wagte Jemand an den k. Hof von Paris zu
appelliren, so war es herkömmlich, daß die zugetheilte Strafe 3—
4 fach erhöht wurde; gewöhnlich muthete man dem Appellanten
einen Widerruf seiner bestraften Aeußerungen zu und bestrafte seine
Weigerung als ein neues Vergehen.   Unter dem Regierungsper-
sonale hinterließ besonders auch der damalige (1816—20) Direc-
tor des Buchhandels, Villemain, aus seinen Preßverfolgungen den
Ruf eines harten, und selbst hinterlistigen Werkzeuges der Gewalt.
Noch 1819 soll er die Herausgeber der historischen Bibliothek
mit einer schweren Strafe belegt haben wegen eines freiwillig zu-
rückgehaltenen, nicht veröffentlichten Druckstückes, das er ihnen
zum Privatgebrauche abgefordert hatte [25].   Dieß hieß, ganz abgesehen von der Hinterlist, mit polizeilicher Eigenmacht einen Gebrauch einführen, wozu die Gesetzgebung ausdrücklich ihre Zustimmung geweigert hatte.   Denn eben in dem Preßgesetz, das die
Minister, noch nicht befriedigt mit der Unterdrückung der periodischen Presse, in der gegenwärtigen Sitzung vorlegten, war vorgeschlagen, daß auch nichtperiodische Druckschriften mit Beschlag belegt und die Preßvergehen darin strafbar sein sollten selbst vor ihrer
Veröffentlichung, daß ihre gesetzliche Hinterlegung bei dem Direc-
tor des Buchhandels schon als Veröffentlichung gelten sollte.   Das
freisinnig geglaubte Ministerium gab sich nicht einmal die Mühe,
seiner Polizeispionerie und Censur nur eine Maske vorzuhalten.
Die Vorlage hatte aber eine doppelte Niederlage zur Folge.   Die
Pairskammer verwarf das Gesetz.   Im Schooße des Staatsraths
aber und der Kammer trennte sich darüber die kleine Zahl der aufrichtigen Freunde der Verfassungs- und Preßfreiheit, die Camille

---

25) Vaulabelle 4,410.

Jordan, Royer Collard, de Serre u. A., unzufrieden mit dem
ungleichen Gang und dem „Bastardconstitutionalismus" der Decazes und Lainé, nach dem kurzen Vertrauen eines Jahres von dem
Ministerium ab. Sie wurden von den Ministern wegen dieses
Abfalls, von der strengeren Opposition, weil sie in ihren Stellen
blieben, gleich hart getadelt; der Name der Doctrinäre heftete sich
ihnen dieser Haltung wegen an, in der sie sich gerade praktisch beweisen und das Beispiel der Unabhängigkeit und Anhänglichkeit
an die Regierung zugleich geben wollten, in Nachahmung jener
Clarendon und Southampton zu Karl's II. Zeit, die vor den
Ministern feindlicher Farbe unter den ähnlichen Verhältnissen auch
nicht gewichen waren, wo der Kampf weniger zwischen Ministerium
und Opposition, als zwischen zwei Bevölkerungen und Zeiten
war [26].

Ganz im stärksten Gegensatze nun zu diesen beiden gescheiter-
ten Gesetzen lag das Recrutirungsgesetz. Es war von Gouvion
St. Cyr ausgegangen, der vor nicht lange den unfähigen Feltre
aus dem Kriegsministerium geschoben hatte, als Molé, einer jener
Förderer des 5. September, die Marine erhalten hatte. Die Er- '12. Sept. 1817.
nennung beider Minister war durch den russischen Gesandten unmittelbar bei Richelieu erwirkt worden; und auch die erste große
Maasregel des Kriegsministers, das neue Armeegesetz, wurde von
Pozzo ausdrücklich und öffentlich gutgeheißen; denn Rußland
wollte seinen neuen Verbündeten baldigst wieder an seine alte noth-
wendige Stelle in Europa rücken und für seine Plane der Zukunft
wohlgerüstet haben. Hatte schon der Eintritt beider Minister in
der öffentlichen Meinung eine große Bewegung verursacht, so steigerte sich diese durch St. Cyr's Armeegesetz noch weit mehr. Es

---

26) Guizot, du gouvernement de la France depuis la restauration.
1820. p. 43.

machte der Gegenrevolution in dem Heere ein Ende und athmete den Geist, in dem sich Frankreich wohl und sicher fühlte. Die Re-crutirung sollte durch freiwillige Einschreibung in die Werbelisten Statt haben, und so weit diese nicht zureichten durch Einberufung, durch Loosung des jährlichen Bedarfs aus der 20 jährigen Jugend zu einem Dienst von sechs Jahren. Eine Reserve für außerordent-lichen Dienst innerhalb des Landes sollte aus der Mannschaft ge-bildet werden, die 6 Jahre gedient hatte. Dieß rief für den Anfang eine Anzahl kaiserlicher Soldaten in den Dienst zurück, und diese Bestimmung, das Entsetzen der Königlichen, wagte der Kriegs-minister zum Schreck seiner Collegen, zum Jubel der Gallerien, mit dem Ausdrucke seines Stolzes auf die bewunderte Armee des Kaisers, mit der Verwerfung des Mißtrauens gegen ihren Muth und ihre Dienste zu verfechten. Die Ordnung der Beförderungen in dem Gesetze schloß, durch eine Fürsorge für das Recht des Dienstalters und durch angeordnete Prüfungen, die Stellenverge-bung durch Verordnungen, nach bloßer Gunst, aus; dieß stieß unmittelbar gegen die rohen Ansichten der Männer der Kaste und der strengen Parthei an, die die Armee unbedingt dem König, da-her ihm ausschließlich die Ernennung ohne alle Beschränkung über-lassen wollten. Ihnen galt daher dieß Gesetz für eine „flagrante Verschwörung.“

Finanzen.

Die Herstellung und Ordnung des Heerwesens war für Frank-reich eine so dringende Vorbedingung seiner Befreiung von der fremden Besatzung, daß man von dem französischen Patriotismus die unbedingte Zustimmung zu Allem hätte erwarten sollen, was sie förderte; die Königlichen stimmten gleichwohl in einer starken Minderheit gegen das Armeegesetz. Eine noch wichtigere Vorbe-dingung für jene Herstellung der eigenen Herrschaft im eignen Hause war die gewissenhafte Erfüllung der finanziellen Verbindlichkeiten. Auch ihr hatten die Königlichen, wie wir gesehen haben, in den früheren Sitzungen Schwierigkeiten bereitet. Sie hatten vor zwei Jahren die Rückstände von 1814 und 15 mit den Staats= waldungen zu decken verweigert und zu anderen Auswegen genö= thigt. Sie hatten im vorigen Jahre feindselig die Maaßregeln auf= genommen, die Corvetto für die Befriedigung der fremden Forde= rungen ergriffen hatte, auf die wir hier zurückzukommen haben.

Die Regierung hatte nach dem Vertrage vom 20. November 1815 für die Dauer der Besetzung jährlich im geringsten Anschlage 130 Mill. Verpflegungskosten, binnen fünf Jahren 700 Millionen Kriegsentschädigung, und außerdem die Forderungen der fremden Regierungen aus den Zeiten vor 1814 zu berichtigen, von denen Mitte 1817 eine Summe von 180 Millionen bereits liquidirt, eine weitere zur Zeit unübersehbare Summe noch zu bereinigen war. Diese Tribute, die außer Landes gingen, erschöpften die Mittel der Circulation und der Reproduction, und die letztere jener For= derungen drohte nach all den übrigen Opfern über die Kräfte des Landes hinauszugehen. Nachdem 1815 eine außerordentliche Kriegssteuer von 100 Millionen war erhoben worden, hatte Cor= vetto zur Bestreitung der außerordentlichen Ausgaben für 1816 zu Ersparnissen an Civilliste und Besoldungen und zu Zusatzsteuern greifen müssen, und sich zur Emission von 6 Mill. Renten ermäch= '29. April 1816 tigen lassen. Diese Anleihe aber hatte nicht ausgeführt werden können; die französischen Banquiers weigerten sich sie zu irgend einem Preise zu übernehmen [27]. Bei einem ersten Auftauchen des Gedankens einer Anleihe in England hatte sich auch diese Aussicht sogleich geschlossen; die Finanzleute im englischen Ministerium waren dagegen; ohne die Bürgschaft der englischen Regierung, die im Parlament nicht zu erhalten gewesen wäre, würde das Geld

---

27) Bresson, hist. financière de la France. 1829. t. II.

ohnehin nicht gefunden worden fein. Es kam in Paris dahin, daß
die Zahlung an die Fremden verschoben werden mußte, daß selbst
die Unterhaltung des Besatzungsheeres nicht mehr sicher beschafft
wurde. Die Verlegenheit war aufs äußerste gestiegen, als man für
1817 ein Deficit von 340 — 350 Millionen veranschlagte, deren
Beschaffung aus den Capitalkräften des Landes die zu Rathe gezo=
'Ende 1816. genen Geldleute' für unmöglich erklärten. Ein berüchtigtes Finanz=
genie, das Napoleon in den 100 Tagen wieder hervorgezogen
hatte, Ouvrard, gab den Ausweg an, wie die Fremden, hier wie
in so vielen anderen Dingen, in ihrem eigenen Interesse durch ihre
Dazwischenkunft helfen müßten. Sie sollten die neuzuschaffenden
französischen Staatspapiere an Zahlungsstatt für ihre Forderungen
annehmen und sie dann durch vertraute Agenten ihrer eigenen
Wahl für ihre Rechnung unter günstigeren Verhältnissen verkaufen
laffen; dazu schlug er das Haus Baring, Hope u. Comp. in London
und Amsterdam vor, das die Mittel hätte die Vorschüffe auf diese
Papiere zu machen und deffen Vermittelung das Vertrauen der
Geldwelt erwecken werde. (Das Bankhaus zog hernach vor, lieber
selbst sogleich Käufer der Papiere als bloßer Depositär zu werden.)
'8. Jan. 1817. Die Mächte nahmen' diesen Vorschlag an, und Richelieu, sahen
wir, konnte in der Sitzung von 1816—17 die Herabsetzung des
Besatzungsheers um ein Fünftheil ankündigen, als er die Creation
von 30 Millionen Renten ohne Angabe der Bedingungen bean=
tragte. Villèle hatte nach den umlaufenden Gerüchten die Bedin=
gungen des vorläufigen mit Baring, Hope u. Comp. geschlossenen
Vertrages in dem möglichst ungünstigen Lichte dargestellt und eine
'6. März 1817. Minderheit von 86 Abgeordneten vereinigt, gegen das Budget'
zu stimmen, das sich nach dem Stande der Dinge als eine Noth=
wendigkeit auferlegte. Baring, Hope u. Comp. übernahmen zuerst[26]

---

26) Vincenz Nolte, funfzig Jahre in beiden Hemisphären. 1854.

jenes im Inland gescheiterte Anlehen von 6 Millionen Renten, das
nach Abzug der Negotiationskosten etwa 64 Millionen einbrachte;
ein höherer Ertrag wäre bei dem damaligen auf 55 gesunkenen
Stand der französischen Rente nicht wohl denkbar gewesen. Diese
Summe wurde zur Bestreitung der bringendsten Unterhaltungskosten
der Besatzungstruppen verwandt. Unter ähnlichen nachtheiligen
Bedingungen wurden dann die für 1817 bewilligten 30 Millionen
Renten in mehreren aufeinander folgenden Verträgen an Baring,
ein Theil davon unter bedungener Theilnahme der französischen
Capitalisten, vergeben; ein Drittheil um den Preis von 55, wel- [18. Febr.
terhin das Uebrige unter dem steigenden Curs zu 58 und 64, so
daß aus dem ganzen Anlehen 345 Millionen in die Staatskasse
flossen. Die festgesetzten Commissionsgebühren von 2½ % auf das
Nominalcapital, sodann die Begünstigung, daß die Einzahlungen
in längeren Terminen gemacht wurden, während die vollen Zinsen
für das ganze Capital schon von dem ersten Zahltermine an liefen,
schaffte den Unternehmern große Gewinne; und nun bewirkten die
Gerüchte von diesen Vortheilen, begleitet von dem steigenden Curse,
daß, als die Regierung in dieser gegenwärtigen Sitzung von
1817—18 Vorsorge für die Aufwände des Jahres 1818 traf, sich
plötzlich im Inlande eine Leistungsfähigkeit offenbarte, die noch
überraschender war als die Unfähigkeit des vorigen Jahres. Zunächst handelte es sich um die Befriedigung der fremden Schuld-
forderungen, die nach der Erklärung Richelieus an die Kammer [25. April 1818.
(außer den bereits liquidirten 160 Millionen) auf die ungeheure
Summe von 1390 Millionen angeschwollen waren. Es gelang
dem begünstigten Minister, den Kaiser Alexander zu überzeugen,
daß die Befriedigung dieser Forderung Frankreichs Kräfte über-
steige. Der Kaiser setzte seine persönliche Verwendung, namentlich

auch bei Preußen ein[29], wo man am wenigsten geneigt war nachzulassen, und durch seine Bemühungen war es unter eben jenem
Datum von Richelieus Mittheilung zu einer Uebereinkunft gekommen, wonach mit Hülfe einer Rente von 12,040,000 Frc8. die
Forderungen aller Staaten getilgt werden sollten, mit Ausnahme
Spaniens und Englands, denen durch gesonderte Verträge Eine
und Drei Millionen Renten gutgeschrieben wurden. Als nun
'6. Mai. Corvetto' die Emission von 14,060,000 Franken Renten ankündigte und dieses Anlehen dem Inland eröffnete, so drängten sich
'9.—27. Mai. die Darleiher in so unsinnigem Taumel zu, daß in 18 Tagen' die
Unterzeichnungen sich auf ein Capital von mehr als 2 Milliarden
beliefen. Der Anfang schien den heißblütigen Erwartungen zu
'Juni—August. entsprechen; die Renten stiegen' bis auf 74 und 80; die Pariser
Bank unterstützte diesen Schwindel durch den erleichterten Credit,
den sie den Unterzeichnern gewährte; die Aussicht auf die Räumung
des französischen Gebiets ließ eine noch höhere Steigung der Rente
erwarten. Als man im Frühjahr 1818 diese Hoffnung fassen durfte,
die Dauer der fremden Besatzung von 5 auf 3 Jahre gekürzt zu
sehen, mußte man Bedacht nehmen, die Kriegsentschädigung gleich
dann, bei der gehofften Räumung des französischen Gebietes, in
ihren zwei letzten Raten zu bezahlen; und die Regierung bestimmte
zu diesem Zwecke eine neue Emission von 24 Millionen Renten.
Französische Häuser, für den Nothfall fremder Hülfe versichert, erboten sich zur Uebernahme; die Regierung zog aber auffallender
Weise vor, wieder mit dem fremden Hause zu 67 abzuschließen,
obgleich die inländische Gesellschaft 72 anbot. Man hat aus den
unerwarteten Folgen dieses Geschäftes auf eine große Vorsicht der
Regierung bei diesem Schritte geschlossen; der eigentliche Beweg-

29) Brief an den König vom 30. Oct. 1817 in der Bibliothèque
hist. 2,5.

grund dazu wird aber in der geheimen Geschichte dieses Geschäftes zu suchen sein [30]. Außer Richelieu, so schrieben damals unterrichtete Beobachter aus Paris, war in den ministeriellen Departements Alles für Gold zu haben; nicht allein für Corvetto, sondern auch für Pozzo di Borgo flossen die „Verehrungen" bei diesen Anleihen zu ungeheuren Summen; außerdem sollten und wollten sich bei ihnen eine Anzahl der bei den Conferenzen in Aachen anwesenden Minister betheiligen. Diese Beziehungen zu den fremden Macht-habern schlugen übrigens unter der plötzlichen Wendung der Ver-hältnisse zu einem Vortheile aus: im Herbst 1818, gleich nach-dem durch eine Uebereinkunft in Aachen' die letzten Geldbeziehungen mit den Fremden erledigt waren, erschütterte eine allgemeine Krise die Geldverhältnisse auf dem ganzen Festlande. Die Anstrengungen, die damals Rußland und Oesterreich machten, um den Umlauf des baaren Geldes herzustellen, und andere gleichzeitige Finanz-maaßregeln mehrerer mittlerer Staaten zogen plötzlich ungeheure Capitalien nach Osten und Süden; auch in Frankreich suchte man für diese Zwecke baares Geld durch Verkauf von Renteninscriptio-nen flott zu machen; zufällige Handelsverhältnisse halfen hinzu, um das Bedürfniß an Umlaufsmitteln augenblicklich zu erhöhen; der rasche Abfluß des Geldes, das den Vorrath der vorsichtigen Pariser Bank, im Juli noch 117 Millionen, Ende October auf 37 Millionen herabbrachte, nöthigte die Bank zu einer Beschrän-kung ihrer Discontzeit (von 3 Monaten) auf die Hälfte, und dieß vermehrte die Verlegenheit; die künstlich gesteigerte Rente fiel' von 77 bis 63, und Ende des Jahres, wo eine politische Krise in Frankreich sich hinzugesellte, bis auf 58 herab. Vor dem Eintritt

---

30) Daß es eine solche gebe, geht nicht allein aus Nolte a. a. O. und im deutschen Freihafen 1846. N. 24 hervor, sondern auch aus Castlereaghs Denk-würdigkeiten, wo wir aus dem Briefe eines holländischen Consuls in Paris vom 13. Oct. 1818 obige Angaben entnahmen.

18*

dieser Katastrophe war erst ein Theil dieses letzten Anlehens von
Baring ausgeführt worden; der rückständige Theil, wenn er dem
Vertrage gemäß in dieser Zeit hätte realisirt werden sollen, würde
die Unternehmer, und darunter die Aachner Staatsmänner, die auf
Vortheile und nicht auf Verluste gerechnet hatten, sehr betrogen
haben. Der Vertrag wurde daher zu beiderseitiger Zufriedenheit
aufgehoben und die Mächte bewilligten Frankreich für den Abtrag
seiner letzten Kriegssteuer einen Aufschub; die letzten 100 Millionen
sollten vom 20. Juni 1820 an in neun Terminen entrichtet werden. Corvetto, aller dieser Wechselfälle beschuldigt, die in den allgemeinsten Verhältnissen ihren Grund hatten, zog sich mitten in
diesem Sturme zurück und gab das Finanzministerium an Roy ab.
Die französische Staatsschuld, die sich vor der Restauration auf
63 Millionen eingeschriebene Renten belaufen hatte, war nun
(dieß war die Folge des Zwischenreichs der 100 Tage) beiläufig
auf das dreifache gestiegen.

Befreiung des
französischen Ge-
bietes.

Die patriotische Aufopferung, mit der sich Frankreich seiner
Verpflichtungen gegen das Ausland zu erledigen eilte, gab ihm
das Anrecht auf die in Aussicht gestellte Verkürzung der Besatzung
auf drei statt fünf Jahre anzutragen. Die Frage war unter den
Mächten schon seit Anfang 1817 berathen worden, wo die Verminderung des Besatzungsheeres um ein Fünftheil war bewilligt
worden. Die Eifersucht der Verbündeten unter einander kam dabei
Frankreichs Wünschen entgegen. So hatte Oesterreich, neidisch auf
Rußlands Einfluß, schon Ende 1816 den Kammern für ihre finanziellen Berathungen einen freundlichen Wink gegeben, indem es
in den Conferenzen der Gesandten darauf antrug: daß, so oft die
Kammern nach Grundsätzen handeln würden, die mit der Regierung im Einklang die Meinung versöhnen, die Ruhe fördern könnten, die Verbündeten die allmälige Verringerung des Besatzungs-

heeres anordnen möchten[31]. Mit diesem Entgegenkommen wett-
eiferte dann im Laufe des Jahrs 1817 der russische Kaiser desto
thätiger, um Frankreich so viel und so bald als möglich die Lasten
seiner Verbindlichkeiten zu erleichtern und abzunehmen. Sobald
die Beschaffung der Geldmittel zur Befriedigung der Fremden gesichert war, erging ein Umlaufschreiben der vier Höfe an ihre Ge- 'Mai 1818.
sandten, worin für die nächste Zeit „eine einfache Conferenz" ihrer
Bevollmächtigten angekündigt ward, die über das Aufhören oder
die Fortdauer der Besetzung Frankreichs berathen werde. Die drei
Monarchen des Ostens fanden sich dann selbst in Aachen ein, wo
ihre Minister in eine formlos einfache Versammlung zusammen- '30. Sept.
traten. Von Seiten Frankreichs erschien Richelieu, von seines
Königs innigstem Wunsch gestachelt, um jeden Preis und jedes
Opfer die Räumung des Landes zu erhalten. Da Pozzo di Borgo
und sein Kaiser im voraus gewonnen waren, so war die Sache
schon in der dritten Zusammenkunft zu Gunsten Frankreichs ent- '2. Oct.
schieden und eine Uebereinkunft setzte die Räumung des französischen '9. Oct.
Gebietes auf den 30. November des laufenden Jahres fest. Die
Herrscher von Rußland und Preußen statteten in Paris selbst einen
Besuch ab, und gleich nach ihrer Rückkehr nach Aachen erging an '1. Nov.
Ludwig XVIII. die Einladung, durch einen Vertreter künftig und
gleich jetzt Theil zu nehmen an den Berathungen der Mächte, die
sie (die Keime aller der späteren Congresse) in ihrem Quadrupel-
vertrage vom Datum des zweiten Pariser Friedens (20. Nov. 1815)
zeitweilig anzuordnen beschlossen hatten, um über die Erhaltung
des Friedens und der Verträge zu wachen. Der französische König
wurde somit jetzt von dem „unter den Fürsten gestifteten Bande der
christlichen Bruderliebe" mitumschlungen. Eine Erklärung der

---

31) „Diese Politik, schrieb Wellington, ist unter dem Herrn von Metternich." Castlereagh memoirs. 11,338.

nun fünf Mächte, übereinstimmend mit dem gleichdatirten Aachner
'15. Nov. Protocoll[1], verkündigte dieß an alle europäischen Höfe. Sie rief die
Grundsätze der heiligen Allianz ins Gedächtniß zurück und bezeichnete die Uebereinkunft vom 9. October als den Schlußstein des
Friedenswerkes und die Ergänzung des politischen Systems, das
diesem Werke den Bestand verbürgen solle. Die Fürsten bezeichneten
dieß System als: den strengen Anschluß an die Grundsätze des
Völkerrechts in ihren Verhältnissen unter sich und zu Anderen, und
erklärten, dasselbe für alle Zukunft in ihren persönlichen oder den
Zusammenkünften ihrer Minister einhalten zu wollen, welche in
ihren eignen Interessen oder auf die förmliche Anrufung anderer
Regierungen Statt haben möchten. So schien nun Frankreich aus
dem bisherigen Zustande der Aechtung und Unterdrückung, aus seiner passiven politischen Stellung und Vereinzelung wieder heraus-
zutreten; es sah seine eignen Fahnen wieder auf seinen Festungen
wehen; es fühlte die Last wenigstens der greifbaren, von Waffengewalt
unterstützten Bevormundung der Fremden von sich abgewälzt; nicht
allein der Fürst zu den Fürsten, auch das Volk zu den Völkern stand
wieder als Gleicher zu Gleichen und gegenseitige Achtung und Eintracht konnte sich leichter wieder herstellen.   Dieser ersehnte Zeit-
punkt der Befreiung war für französische Herzen von zu großem
Werthe, als daß nicht bei seinem Eintritte die Freude und Hoffnung bei Fürst und Volk gleich groß hätte sein sollen.   Seltsame
Fügung aber, daß mitten in dieß Werk der Versöhnung neuer Zwiespalt gestreut ward, daß in demselben Augenblick, wo die Mächte
erklärten, die Befreiung Frankreichs „drücke der Herstellung des
Friedens in Europa das letzte Siegel auf und die Vorsichtsmaasregeln fielen damit hinweg, die eine traurige Nothwendigkeit geboten hätte", eben diese Vorsichtsmaasregeln, ohne alle offenbare
Nothwendigkeit, heimlich wieder ergriffen wurden.   Gleichzeitig mit
der offenen Aachner Erklärung der fünf Mächte wurde in geheimer

Conferenz der vier Mächte ein Beschluß gefaßt über die Mittel, auf die Lage des geräumten Frankreichs, wenn es durch neue innere Bewegungen bedrohlich werden sollte, die Bestimmungen jenes Quadrupelvertrages vom 20. November 1815 anzuwenden; in einem ausführlichen Protocolle wurde die Erklärung niedergelegt, daß die Mächte die dort vereinbarten Verpflichtungen in voller Kraft aufrecht halten wollten und daß für den eintretenden Bündnißfall, der in jenem Vertrage vorgesehen war, sie sich über die geeigneten Mittel verständigen würden, „um den traurigen Wirkungen eines neuen revolutionären Umsturzes vorzubeugen." Zu diesem Ende sollte auch ein bezüglicher Artikel in dem Waffenvertrage von Chaumont gleichfalls in Kraft bleiben. Dieser Schritt eines auffallenden Mißtrauens war durch ganz neue Vorfälle in Frankreich veranlaßt worden, die gerade eingetreten waren, als in Aachen jene versöhnlichen und vertrauenvollen Beschlüsse gefaßt waren; was vielleicht nicht geschehen wäre, wenn diese Vorgänge ein weniges früher gefallen wären. Diese Ereignisse, im Geleite von verwandten Erscheinungen in Deutschland, bedeuteten nicht allein für Frankreich sondern für ganz Europa den Wendepunct, wo das reactionäre Prinzip, siegreich im Süden, in der Mitte Europa's streitrüstig aber bis dahin gehemmt, eine gleichmäßige Herrschaft und Stärke erlangen sollte über das ganze Festland, zu derselben Zeit, als sich dann in dem Lande, wo es am gewaltsamsten aufgetreten war, seine gewaltsame Niederwerfung vorbereitete.

Wir stehen einen Augenblick still, um neben der Lage des Landes und dem Stande der Thatsachen auch den Stand der Meinungen und die Lage der Geister zu beobachten in diesem Zeitpuncte, wo man in Frankreich froh aufathmete mit sich allein zu sein, und wo nun die Partheien, von fremder Gewalt nicht mehr eingeschreckt, wieder offener sich zu bewegen wagten. Der nationale Aufschwung

Stand der öffentlichen Meinung und der Partheien.

nach den Jahren des gleichzeitigen äußern Drucks und der inneren Theurung und Noth erfolgte von dem Augenblick der Befreiung des französischen Bodens an in einer merkwürdigen Spannkraft. Die Augenzeugen [32] dieser Periode denken entzückt an den glänzenden Anblick zurück, den Paris in den Anfängen von 1819 gewährte, wo Handel, Gewerbe und Künste zu frischer Blüte trieben und eine Industrieausstellung in der Hauptstadt mit Selbstgefühl und hoffnungsvollen Aussichten füllte; wo der ganze Luftkreis des öffentlichen und privaten Lebens sich zu verändern schien; wo die Strenge der Polizei, der Gerichte, der Gesetzgebung mehr und mehr nachließ und gegen das verhaßte Treiben der Missionen und der geistlichen Finsterlinge der Rückschlag im Volke selber erfolgte; wo in die geistige Bewegung, in die literarische Thätigkeit ein neuer Zug kam; wo die Salons aller Farben, von Talleyrand daher Kammern genannt, ihren alten Einfluß wieder übten; wo das höhere Interesse, das bald die Kammerverhandlungen unter der stärkeren Reibung schärferer Partheien einflößten, das politische Ansehen der in den letzten Jahren allgemein mißachteten Nation in Europa anfing wiederherzustellen. Und gleich als ob sich Frankreich dieses Ansehen nun auf die Dauer verdienen und fest begründen wollte, schien sich jetzt eben in seinem constitutionellen Leben eine wohlthätige Veränderung vollziehen zu wollen, die unerläßlich war, wenn das Land je zu der ruhigen Ausbildung seiner Verfassung und zum Genusse ihrer Früchte gelangen sollte. Auf dem Grunde der gezwungenen Mäßigung, zu der die schroffsten Partheien, die Eine durch ihre Niederlage nach den 100 Tagen, die Andere durch ihre Besiegung am 5. September, verurtheilt waren, hatte sich im Laufe des Jahres 1818, seitdem das Ende der Fremdenbesatzung in Aussicht stand, eine gelassene Annäherung der politischen Gegensätze,

---

32) J. W. Villemain, souvenirs contemporains. 1854. t. II.

besonders auf dem Boden der constitutionellen Theorien angebahnt,
und in dem gehobenen Augenblicke vor und nach der Befreiung
schien sich, ungefähr wie in der ersten Zeit der Herstellung von 1814,
eine Verschmelzung der Gesellschaft einzuleiten, wie sie von allen
Wohlgesinnten innigst gewünscht war, wie sie in St. Cyrs Armee-
gesetze einen ersten gesetzlichen Ausdruck gefunden hatte. Hätte man
sich über Volk und Zeit damals blos aus Buch und Schrift, oder
aus dem Außenschein in der feineren Gesellschaft unterrichten wollen, so hätte man diese ersehnte „Fusion" bereits vollendet glauben
können. Belehrte man sich in der Presse an bester Quelle, in der
Pariser „Privatcorrespondenz", die damals¹ die innersten Angelegen- ¹¹⁸¹⁵—¹⁹.
heiten Frankreichs, eingeweihter als irgend eine französische Zeitung, in deutsche und englische Blätter³³ vor das ausländische Fo-
rum brachte, so hatte das ganze Bestreben des thätigsten Ministers
Decazes (der hier als ein neuer Sully gepriesen ward, „vor dem
die Sterne der Fouché und Talleyrand erblichen") keinen anderen
als diesen Zweck der nationalen Versöhnung und Verschmelzung:
sich erhaben über alle Partheien an die Spitze der Nation zu stellen,
den raschlaufenden Liberalismus, die Gothicomanie der Royalisten,
die geheime Macht hinter dem Throne, die Fremdherrschaft und die
Halbheiten seiner Mitminister zugleich zu bekämpfen, die großen
revolutionären Grundsätze der Gleichheit in seiner Gesetzgebung
emporzuhalten, die Verbannten zurückzurufen, Alles aus dem Einen
großen Gesichtspunkte „die Nation zu royalisiren, das Königthum
zu nationalisiren." Begab man sich in die strengstmonarchischen
Kreise der höheren Gesellschaft, in die Salons der Frau von Mont-

---

33) Die englische Correspondenz ist ausgezogen und übersetzt worden: les
mille et une calomnies. Paris 1822. t. 1—3. Die Meinung bezeichnete das
Polizeiministerium selbst als die Quelle dieser Mittheilungen, die größtentheils
wohl nur mittelbar durch die englische Gesandtschaft und ihre Verbindungen dorther geschöpft wurden.

calm, Richelieu's Schwester, oder der Herzogin von Duras, so
stieß man selbst hier auf die bestimmten Züge des französischen Freisinns oder des englischen Constitutionalismus, auf das Bekenntniß
zu der Charte, die der große Vereinigungspunct war, auf dem sich
alle Partheien, die Freisinnigen, die Ministeriellen, die Doctrinäre
und die Königlichen die Hand reichen konnten, sich die Hand zu
reichen bereit schienen. Nicht allein die versöhnlichen mittleren
Gruppen unter diesen Meinungen, sondern auch die äußersten En-
den näherten sich einander auf diesem Boden, in ihren Führern
wenigstens, in der Aristokratie des Geistes, die durch Mäßigung,
Einsicht und gegenseitige Achtung vor Allen zu dem Werk der Vermittlung und Verständigung berufen war. In dieser Aristokratie
wäre Frau von Stael vor Vielen geeignet gewesen, als ein Binde-
glied zwischen den Extremen zu stehen; sie war eben um diese Zeit
gestorben, hatte aber ihre Betrachtungen über die französische Revolution (1818) wie ein Vermächtniß hinterlassen, das aus den
unfruchtbaren und gewaltsamen Kämpfen der politischen Factionen
zu dem gesetzlichen Wetteifer grundsätzlicher Partheien zurückrief.
Zwei Männer der englisch deutschen Schule, die ihr befreundet
waren, Chateaubriand und Benjamin Constant, waren, obwohl
von entgegengesetzten Puncten ausgehend, darin einig mit ihr,
Frankreich auf die Wege des englischen Verfassungslebens zu leiten.
Sie waren die theoretischen Führer der Royalisten und Independenten (so hießen die Freisinnigen, ehe die spanische Benennung
der Liberalen seit 1819 aufkam), nicht allein in ihren selbständigen politischen Werken, sondern noch unmittelbarer in den zwei
periodischen Schriften, dem Conservateur und der französischen
Minerva, die von ihnen eben jetzt (1818) gegründet und geleitet
wurden. Beide Unternehmungen waren ausdrücklich gemacht, um
dem Mangel aller constitutionellen Erziehung in Frankreich abzuhelfen; und, wie trivial vielleicht diese Schriften heute erscheinen

möchten, so ist es doch wahr, daß sie eine Masse politischer Erfahrungen, die seit der großen Schule der Constituante durch die 20jäh-
rigen Kriegswunder gänzlich verloren waren, zuerst wiedergefunden
haben, daß der Conservateur den Royalisten im Auslande zuerst
den Credit einer regierungsfähigen Parthei erwarb, die Minerva
aber für In- und Ausland ein Katechismus constitutioneller Lehre
geworden ist. Ging man nun mit diesen Führern und ihren Schriften zu Rath, so mußte man glauben, hier die Grundsätze der beiden großen englischen Staatspartheien nicht allein in klarster Theorie vorgezeichnet, sondern auch in einem solchen Geiste der Verträglichkeit umschrieben zu finden, daß diese Annäherung selbst der ent-
ferntesten Partheien mehr als alles Andere die friedliche Einigung
der Nation auf dem Boden der Verfassung anzukündigen schien.
Beide Partheien stimmten hier überein, die Charte als das gelöste
Problem der vereinigten Ordnung und Freiheit, als die Versöhnung des alten und neuen Frankreich zu betrachten. Nicht allein
Constant sah sie als die „Annahme der Revolution", als die Anerkennung aller ihrer vernünftigen und rechtmäßigen Erwerbungen
an, sondern auch Chateaubriand' nannte sie ebenso eine Verfassung,
die das politische Werk der Vergangenheit, „das Ergebniß der Revolution" weihe, und sprach jeder Verfassung Dauer und Festigkeit
ab, die nicht wie sie die „vorhergegangene Ordnung zur Unterlage
nehme." Beiden war es mit dieser Verfassung ein gleicher aufrichtiger Ernst: ließ sie sich der Wortführer der „Unabhängigen" mit
allen ihren Beschränkungen gefallen, so war der Redner der „gothi-
schen Parthei" (wie man sie jetzt wohl nannte) entschlossen, sie mit
allen ihren Folgerungen zu fordern. Wenn Beide in der Regierung
nirgends diesen Ernst entdeckten, die Charte zu einer wohlthätigen
Wirksamkeit zu entwickeln, so kehrten sie gleichen Verdacht gegen
die Verfassungstreue der Minister, die (nach Chateaubriand) die
Kammer zu einer stummen Rathsversammlung zu machen strebten,

die (nach der Minerva) in der Charte nur das Mittel suchten, die
von der Revolution gebrochene absolute Gewalt zu ersetzen. Diesem maskirten Absolutismus hielt man von beiden Seiten her
gleichmäßig den ächt constitutionellen Grundsatz entgegen, daß die
öffentliche Meinung die Grundlage jeder repräsentativen Verfassung
sei. Damit sie volle Freiheit habe, auf Vertretung, Regierung,
Gesetzgebung zu wirken, wollten sie Beide die Presse nicht im Dienst
der Gewalt, unter dem Drucke der Censur haben, wollten sie (so
schüchtern sie das auch sagen mußten) nicht alle Verwaltung, Bildung und politische Beredung auf Paris beschränkt wissen, wollten
sie, daß den Kammern die volle Initiative gegeben werde, und vor
Allem, daß die Regierung aus der Mehrheit der Vertretung her-
vorgehe. Trieben die Unabhängigen diese Lehre von der Gewalt
der öffentlichen Meinung bis zu dem Grundsatz der Volkssouveränetät, der bei der legitimistischen Empfindlichkeit der Königlichen
hart anstieß, so hätten sich doch die Gemäßigten unter diesen zufrieden gegeben, wenn sie daneben den Ernst erwogen hätten, mit
dem ihre Gegner doch die königlichen Vorrechte verwahrten und
den Bestand einer vermittelnden ersten Kammer unerläßlich fanden,
da ihnen das Einkammersystem für Tyrannei galt. Denn selbst in
jenen großen Fragen, die damals ganz Europa wieder bewegten:
ob es ein besonderes Standesrecht neben dem allgemeinen Staats-
bürgerrechte geben dürfe, ob das unbewegliche Eigenthum einen
Vorzug vor dem beweglichen haben müsse, ob das constitutionelle
Regierungswesen sich mehr oligarchisch oder mehr national arten
solle, hätte man sich im Anfang gutwillig vertragen. Beide Seiten
gaben sich auch in dieser Beziehung mit den Anordnungen der Charte
zufrieden; für Chateaubriand ließ die Pairskammer, wie sie war,
„wenig zu wünschen übrig", und so wollten auch die Schreiber der
Minerva „ertragen was besteht", die eine Weile selbst eingenommen
waren für den Vorrang des Grundeigenthums, und es natürlich

fanden, daß die Aristokratie die höchsten zeit- und geldraubenden
Stellen im Staate einnehme, da und so lange die Ungleichheit des
Vermögens bestehe. Ueberall erkannte man, daß beide Wortführer
und ihr nächstes Gefolge die äußersten Partheispitzen abgestoßen
hatten, daß sie sich losmachen wollten von Allem, was das alte
und neue, das revolutionäre und legitime Frankreich unversöhnlich
entzweite. Nannte Chateaubriand das revolutionäre Prinzip „wesentlich republikanisch“, so sagte sich Constant feierlich von der Republik, von aller Zuneigung zum Convent und zu der Revolution
seit 1792 los. Nannte Constant das Prinzip der Ausgewanderten:
das feudal absolutistische alte Regierungswesen, so protestirte
Chateaubriand laut dagegen, daß die Königlichen zu diesem zurückführen wollten. Wenn aber vollends die Royalisten am Conservateur Recht hatten, überhaupt nur noch „wenige vereinzelte Jacobiner“ in Frankreich finden zu wollen, die Unabhängigen an der
Minerva aber nur noch eine Handvoll Royalisten im Geiste der
Emigration übrig sahen, wie leicht war es dann den Partheien,
sich auf den Trümmern dieser Factionen die Hand zu bieten, um
die Freiheit fortan in friedlicher Pflege zu behaupten, in allmälger
Entwicklung zu befestigen. Auf diese Lage der Meinungen blickend
war es die Minerva selbst[34], die es gestand, daß nichts leichter sei
als die Gegensätze der Partheien in Frankreich, wenn man sich nur
verstehen wolle, zu versöhnen, und sie sah die Verschmelzung der
Meinungen, die Mischung der Interessen, die Einigung der Geister
nicht nur für äußerst wünschenswerth, sondern auch für sehr möglich und naheliegend an.

Aber wenn man in dieser Weise einig war in dem Bekenntniß
zu der Charte und ihren formalen Bestimmungen, und einig selbst

Zwietracht der
Interessen.

---

34) Minerve fr. 7,177.

bis zu dem Puncte ihrer historischen Herleitung, der Anerkennung
ihrer Wurzel und Begründung in der Revolution, so stieß man
doch gleich hier (schon in Buch und Theorie) auf einen Punct in
diesem Puncte, wo sich wieder Alles trennte, und von wo man,
vorschreitend in die Fragen der geistigen und materiellen Interessen,
die schöne Hülle der gemeinnützigen Grundsätze immer mehr abfal-
len, und den nackten Eigennutz der Stände und die eigensüchtige
Leidenschaft der Personen in immer weitere Spaltungen auseinander streben sieht. Wenn die Unabhängigen die Charte auf die lau-
teren Anfänge der Revolution zurückführten, so blieben sie bei dieser geschichtlichen Unterlage einfach stehen, und wollten weder zu
dem republikanischen Römer- und Spartintenthum zurück, wie die
Revolution, noch zu dem Lehnwesen des Mittelalters, wie die Reaction. Die Königlichen dagegen wollten die Interessen und Erinnerungen dieses mittelalterlichen Frankreichs so viel als möglich
erhalten und mit der neuen Ordnung mischen. Gingen jene ja noch
einen Schritt jenseits der Revolution zurück, so war es um an dem
festzuhalten, was ihre Vorbereitung war, an den geistigen Errungenschaften des 18. Jahrhunderts. Aber diese verabscheuten die
Königlichen als die Ursache des neuen Babel, und Chateaubriand,
indem er die materiellen Interessen der Revolution schützen wollte,
wollte zugleich diese ihre „moralischen oder immoralischen" Interessen
vernichtet haben. Religionshaß nannten die Königlichen einen
unterscheidenden Charakter der Revolution und wollten daher mit
der Charte zugleich die Religion aufbauen; Aufbau der Religion
aber nannten sie in erster Linie die körperschaftliche Herstellung der
Geistlichkeit mit reichem Besitz, mit aller Freiheit des Erwerbes,
mit allem Einfluß auf die Erziehung, mit großen politischen Rechten. Dagegen stellten sich die Unabhängigen stramm wider diese
Versuche, die Erziehung wieder „den ultramontanen Thorheiten und
Ansprüchen" zu unterwerfen; und gegen jede neue Begünstigung

eines Sonderrechtes der früher privilegirten Stände gegen das
gemeinsame Interesse der Mehrheit sträubten sie sich aus ihrem
obersten Grundsatze, ihrer Anerkennung der Berechtigung der Revolution, die in ihrem Grund und Wesen ein Kampf des allgemeinen Rechts der Mehrheit gegen das Vorrecht einer Minderheit gewesen war; sie sträubten sich dagegen aus der geschichtlichen Beurtheilung der Welt und ihrer Lage, wo keine Geistlichkeit mehr,
im Alleinbesitze der Wissenschaft, die Meinung beherrschen, wo kein
Adel mehr, im Alleinbesitze der Waffen, für die einzigen Menschen
im Volke (gentis homines) gelten konnte. Ein Chateaubriand
dachte mit den gebotenen Vorrechten Adel und Geistlichkeit für Freiheit und Verfassung zu gewinnen, denn er glaubte eine Zeit lang
an eine Geistlichkeit, deren katholische Lehre und Bildung mit Freiheit und Aufklärung verträglich, an eine Pairie, der der Freisinn
des englischen Adels einzuathmen sei; aber die Unabhängigen
theilten diesen Glauben nicht, wenn sie sich erinnerten, wie diese
Stände in Frankreich allezeit die Uebergriffe der Gewalt lieber getheilt als beschränkt hatten. Und hierin sahen sie weiter, als der
Romantiker, der seine Pairs von Anfang an vertrocknet und taub
für seine freisinnigen Lehren fand, und nach wenigen Jahren auch
in der Geistlichkeit eine „kleine heuchlerische Coterie" erkennen mußte,
die mit Ränken und Unfähigkeit Thron wie Altar in Gefahr brachte.
Er mußte sich in seinen Erwartungen von diesen Ständen gänzlich
verirrt bekennen, während die Minerva[35], sicherer in ihrer Uebereinstimmung mit dem Zeitgeiste, in prophetischem Trotze die Aus-
forderung an den Absolutismus stellte: zehn Jahre, und an die
Aristokratie, ein halbes Jahrhundert in den gebildeten Reichen
Europa's noch fortzudauern! Für die Unabhängigen war die Revolution in ihren reinen Ideen eine Art Religion, das größte Welt-

---

35) Ib. 2,323.

ereigniß seit dem Christenthume, und wie dieses die Schöpferin
einer neuen gesellschaftlichen Ordnung; ihr Hauptdogma: die
Gleichheit der Rechte, der Lasten, der Bekenntnisse, der bürgerlichen
Ansprüche, die Einheit des nationalen Geistes gegründet auf die
Gemeinsamkeit der Interessen. Der eigentliche Vertreter dieser
Gleichheit aber war ihnen der dritte Stand, der stark war durch
seine Zahl, vermittelnd durch seine Stellung, ein natürlicher Schützer
der Ordnung, ein natürlicher Gegner der Revolution, aller Willkür
und alles Vorrechts, durch seinen Fleiß und seine Bildung, und
mehr und mehr die wichtigste Klasse im Staate durch seine Industrie, die neue und einzige Quelle desjenigen Reichthums, der
aus keiner gewaltsamen Besitzergreifung stammt. Diesem Gleich-
heitsbekenntniß gegenüber, das wie der Widerwille gegen jede gesetzliche Gewähr der Unbeweglichkeit gesellschaftlichen Vorrangs
unvertilgbar in den Franzosen eingewurzelt ist, schrieen die Schreiber des Conservateur über das Unglück der Staaten, wo es nichts
gebe als Individuen; sie wollten die Stände, die Gewerke, die
ganze Gesellschaft wieder hierarchisch in Körperschaften ordnen,
was die Anderen für nützlich und gerechtfertigt fanden in den Zeiten, wo gegen Unordnung und Unsicherheit ein Schutz der Mehreren nothwendig war, nicht in den gegenwärtigen Zuständen, denen
nur die volle Freiheit des Individuums und aller seiner Thätigkeit
zusagte. Sie wollten daher keinerlei Beschränkung des Handels
und Verkehrs, der Industrie und des Eigenthums, keine Substitu-
tionen und Majorate, keinen unveräußerlichen und todten Besitz,
keine Erschwerung der Gütertheilung. All das aber war der Adels-
parthei wieder das erste Bedürfniß, unter denen Chateaubriand die
Theilung des Eigenthums ein Ackergesetz nannte, das seit 30 Jahren
Europa der Demokratie zuführe, unter denen man daher zur Aristokratie, zur Ungleichheit der Erbtheilung, zum Recht der Erstgeburt,
zu Allem zurückrief, was dem großen Grundbesitze Sicherheit und

Bestand, dem großen Grundbesitzer Einfluß und Ansehen gab. Je schroffer aber diese Ansprüche vortraten, desto stärker lehnten sich dann wieder die Unabhängigen, die in den ganzen Gährungen der Zeit den 30jährigen Krieg zwischen Vorrecht und Gleichheit sich erneuern sahen, auf die Seite der bürgerlichen und industriellen Interessen. War die Minerva anfangs geneigt, den Vorzug des Grundeigenthums anzuerkennen, so forderte sie nach Kurzem die gleiche Theilung der Rechte zwischen Grundbesitz und Gewerbwesen; dann aber, ergriffen von den raschen und großartigen Entwickelungen der Industrie, erkannte sie bald in dieser eine unumgänglichere Stütze des Staats als in dem Grundeigenthume; sie fand nun [36] bei der wachsenden Bedeutung des beweglichen Eigenthums „eine Erbmacht, die nur den Boden darstellt, gegen die Natur", und begann allmälig, „weniger vielleicht über die Nothwendigkeit als über die Möglichkeit einer Pairie" zu zweifeln. Sie nannte dann die einzig mögliche Aristokratie in Frankreich die, die aus der Natur der Dinge entstehe, eine Art von beweglicher Aristokratie, die sich auf das Eigenthum gründe und mit ihm wechsle. Gegen dieses Evangelium der Industrie focht dann wieder der Conservateur nach jenen Bonald'schen Gegensätzen in einer Weise, die den guten Willen eines verträglichen Wetteifers zwischen beiden Gesellschaftsklassen weit ausschloß. Konnte doch selbst einen Chateaubriand der unpraktische Idealismus des Poeten antreiben [37], die materiellen Interessen als eine „Fiction", als etwas Staatsschädliches und Verächtliches zu verschreien und der Bevorzugung derselben durch die Regierung in diesen drei Jahren mehr Verderb zuzuschreiben, als den 25 Jahren der Revolution!

Die Unabhängigen in der Minerva behaupteten noch die Mög- Die Doctrinäre.

---

36) Ib. 8, 434.
37) Conservateur. 1818. 5. Dec.

lichkeit und Leichtigkeit einer Vermittlung zwischen diesen Gegensätzen der Meinungen und Interessen, als schon eine andere, und
zwar eine gemäßigtere Parthei, jene kleine Schaar der Doctrinäre,
ihre Unverträglichkeit erkannt und sich offener für die Sache der
Revolution zu bekennen gewagt hatte, als die Independenten, weil
sie sich sämmtlich fühlten besser bourbonisch gesinnt zu sein als diese.
Ihr Haupt Royer Collard hatte unter Directorium und Consulat
für Ludwig XVIII. in geheimen Verbindungen gearbeitet, er
hatte, wie Barante, unter Napoleon der frivolen Philosophie des
18. Jahrhunderts lehrend entgegengewirkt und war zuletzt, als
Vorsitzer der Commission des öffentlichen Unterrichts, nur zu sehr
im Sinne der Königlichen thätig gewesen. Der Lyoner Camille
Jordan, von allen Stimmen aller Partheien als einer der tugend-
haftesten Bürger Frankreichs gepriesen, war allezeit, wie Kératry,
ein Gegner der ausgearteten Revolution gewesen, hatte unter dem
Consulate die letzte Stimme gegen das werdende Kaiserthum erhoben und hatte sich in den gefährlichen Tagen vor dem 20. März
als einer der treuesten Anhänger des Königs bewiesen. Guizot
war ein Mann von Gent und hatte sich anfangs, wie Villemain,
der Reaction als ein williges Werkzeug dargeliehen; beide
verließen auch die ministerielle Seite erst mit Decazes' Falle.
War es den Königlichen um König und Königthum zu thun, so
waren diese Männer ihre natürlichsten Freunde; galt es ihnen aber
um Aristokratie und Vorrechte, so waren sie ihre grundsätzlichsten
Gegner. Nach dem furchtbaren Vertilgungskriege der Revolution
den noch fortdauernden Kampf der Zeit, den sie als einen unaus-
gleichbaren Streit zweier Bevölkerungen in der Einen Nation, der
Privilegirten und des Volkes[35], ansahen, friedlich ausgleichen,

---

35) Die geschichtliche Doctrin Guizots führte diesen Kampf förmlich auf
die Stammverschiedenheit der feudalen Franken und der Gallier zurück, während

25

das alte und neue Frankreich mit einander versöhnen, oder auch
nur neben einander ordnen zu wollen, schien ihnen ein eitler Wahn
und Versuch zu sein. Die leidenschaftlosen Beobachter überzeugten
sich bald, wie die Revolution und ihre Ideen, zwar unvollkommen,
zerstreut und ohne Folge in den Staatseinrichtungen bethätigt,
überall in den Interessen und den Geistern lebendig waren und
selbst die Gegner überwältigten; wie bei jedem stärkeren Anlasse,
wo sie auch nur in einem einzelnen Puncte angetastet waren, sich
augenblicklich die innigste Verknüpfung aller Meinungen und Leidenschaften mit jedem einzelnen dieser Interessen in einer allgemeinen Aufregung kund gab: es war ihnen daraus klar, daß diese
Interessen des neuen Frankreich die gebieterische, gesetzgebende Thatsache in der gegebenen Lage seien, und daß sich die Regierung, die
sich ihnen offen hingebe, die sich die fruchtbaren Grundsätze der
Revolution aneigne und der berechtigten Leidenschaft im Volke sich
bemächtige, eine unermeßliche Macht schaffen werde. Und diese
Macht wollten sie nicht durch vermittelnde Halbheiten getheilt haben; sie verlangten daß sich die Leute des alten Regime's in das
neue einlebten oder mit dem unterlegenen Systeme abträten, daß
die Regierung vor ihnen alle Rechte aller Franzosen eröffne, hinter ihnen alle Aussicht und Hoffnung schließe. Nur eine solche
Regierung nannte Guizot (um 1820) eine „Regierung der Charte".
Denn nicht anders als die Unabhängigen, zu denen sie durch den
Herzog von Broglie auch in persönlichen Berührungen standen,
sahen auch die Doctrinäre die Charte als die richtige Sammlung
der gerechten Neuerungen an, die die Revolution von 1789 errun
gen habe für die nothwendigen Fortschritte des menschlichen Geistes, die Entwicklung der Industrie und die beiden gemäße Umge-

---

uns der Kampf in Frankreich zwischen dem ausgleichenden, verfassungsfreund-
lichen germanischen Genius und dem Romanismus zu sein scheint, der zwischen
Absolutie und republikanischem Gleichheitssinn hin und her schwankt.

staltung der gesellschaftlichen Verhältnisse. Aus diesen gleichen Grundsätzen waren sie Vorrechten und bevorrechteten Ständen eben= so entgegen wie die Unabhängigen, und Guizot bekannte sich, im graden Gegensatze gegen die Genz'schen Theorien dieser Zeit, zu der „in Frankreich fast vollzogenen Tendenz der neuern Zeit, alle künstlichen Ungleichheiten zurückzuweisen, die von menschlicher Schöpfung sind, und den natürlichen Ungleichheiten den freien Lauf zu lassen, die von göttlicher Schöpfung sind". Die Lehre der Independenten von der Volksherrlichkeit sagte ihnen nicht zu, wenn darunter die willkürliche Befugniß Fürsten und Regierung zu wech= seln verstanden sein sollte; sie nahmen sie an, wenn man darunter die Herrschaft und Geltung der Rechte der großen Zahl begriff. Auf der andern Seite mißhagte ihnen noch mehr die Lehre der Kö= niglichen, die die Charte als ein willkürliches Geschenk des Kö= nigs ansahen, während sie den Doctrinären der Ausdruck des ge= heiligten Rechts zwischen Volk und Fürst war, zugleich eine Erhe= bung des freigewordenen Volks und eine Erhöhung und Festigung des Thrones. Aus dieser Ansicht drangen sie in größter Gewissen= haftigkeit auf die vollkommene Treue, die unverbrüchliche Einhal= tung und folgerichtige Entwicklung der Charte, als auf das Ein und Alles einer constitutionellen Regierung; und sie verurtheilten seit der Sitzung von 1817—18, wo sie sich von der Regierung trennten, ihr Schaukelsystem um so schärfer, als sie noch von keiner französischen Regierung das Beispiel einer solchen Verfassungstreue gegeben wußten, vielmehr dem ähnlichen schwankenden und unauf= richtigen Verhalten der Regierungen von 1789—91 die Schuld an allen Ausartungen der Revolution gaben. Wenn man sie, die= ser constitutionellen Strenge wegen, des metaphysischen Eigensin= nes, der Vergessenheit der Thatsachen beschuldigte, so warfen sie ein, daß es sich thatsächlich in dieser Zeit in allen wesentlichen Ge= setzvorlagen um die Ergänzung und Vollendung der Verfassung gehandelt habe, eine Aufgabe die durchaus grundsatzgetreu gelöst sein wollte, wenn je der Uebergang der Nation aus den ewigen Gährungen in das geebnete Geleise des gesetzlichen Lebens gefunden werden sollte. Wie praktisch aber diese Einrede war, und wie praktisch sich die Beurtheilungen der verwickelten Zeitverhältnisse auszeichnen, die in jenen Jahren von diesen Männern ausgingen[39], und wie wenige so praktische Staatsmänner, wie den Einen Guizot aus dieser Schule, das Frankreich dieser Zeiten aufzuweisen hat, dennoch blieb der Spitzname der Doctrinäre[40] auf der Parthei hängen, die sich lieber die nationale genannt hätte; ihre Mitglieder blieben wie Führer ohne Anhang, vereinzelt, dem französischen Genius wie fremd, von Niemanden wohl gelitten. Sie waren fast Alle Gelehrte, und zwar aus englisch-deutscher Schule; dieß allein verdichtete auf ihnen den Vorwurf der Geschäftsunfähigkeit und Kleinmeisterei. Sie waren achtungswerthe Männer, deren Unbescholtenheit selbst die Feinde selten anzufechten wagten; aber wie viele Franzosen gibt es, denen die grundsätzliche Sittenstrenge gegen die Natur ist und, wie einem Capefigue die „rauhe Tugend“ eines Dupont, zu den „Träumen aus den Jahrhunderten Saturns und des goldnen Zeitalters“ gehört! Dem König waren sie schon durch ihre geistige Ueberlegenheit unbequem, ihm und den Ministern und den Fremden waren sie gleichmäßig im Wege durch ihren Verfas-

39) Es sind einige Broschüren gemeint, die auch zu obiger Charakteristik der Stellung der Doctrinäre benutzt wurden: Camille Jordan, la session de 1817. Paris 1818. — Kératry, documents pour servir à l'histoire de France en 1820. Paris 1820. — Guizot, des moyens de gouvernement et d'opposition dans l'état actuel de la France. 1821. und eine zweite bereits oben (Note 26) angeführte Schrift von Guizot.

40) Royer Collard hatte 1816 bei Berathung des Vaublanc'schen Wahlgesetzes gegen die Doctrinen heftig geeifert, die Frankreich ins Verderben gestürzt hätten und jetzt wieder stürzen sollten. Und der Neckname fiel grade auf ihn, den „Doctrinair en chef“, zurück, zu seinem großen Verdrusse.

fungsernst; denn ihnen Allen, die nur nach dem Bedürfniß des Augenblicks eingreifen wollten, war an der gründlichen Fürsorge für des Staates Zukunft nichts gelegen. Von den Königlichen waren die Doctrinäre als Abgefallene bitter gehaßt, von einem Theile der Unabhängigen als ehrgeizige Stellenjäger verdächtigt. Und hier trifft man auf die Stelle, wo man aus dem Buch und den Theorien hinüberblicken muß in das Leben und in die Geheimnisse der Partheien, um deren Stand zu einander genau zu ermitteln. Die Doctrinäre wollten sich als eine regierungsfähige Parthei erhalten und tadelten es an den Liberalen, daß sie in ihre „Unabhängigkeit" gehüllt dieß verschmähten, ja nach dem Vorurtheil der Massen verpönten; sie mahnten sie, „sich gut für die Zukunft zu erweisen", die sie für sich sahen, und in der Ungunst der Gegenwart sich bereit zu halten für unerwartete Ereignisse, die so oft fruchtbar an Hülfsmitteln seien. Diese Geduld aber mißfiel den Unabhängigen, die den Beruf der Opposition nicht nur darin sahen, mit Ideen und Grundsätzen sondern auch mit Handlungen zu wirken, die auf die Uebergriffe der Königlichen und die Staatsstreiche der Regierung lauerten, um mit Handstreichen zu antworten und die Politik von der Rednerbühne auf die Straße zu tragen. Eben diese Haltung aber, die die Unabhängigen damals zu einem Mittelding zwischen Coterie und Faction machte, und sie mit allen Träumern, Ueberspannten, Leidenschaftlichen und Anarchisten in Verbindung brachte, war den gesetzlichen Doctrinären zuwider, und hierin allein liegt ihr Unterschied von den Independenten. Aus dem Buche würde man nicht begreifen, warum Benjamin Constant, ein Gelehrter derselben Schule und derselben constitutionellen Theorie, nicht vielmehr zu der Gruppe der Doctrinäre als zu Lafayette's Kreisen gehören sollte, wenn ihn nicht seine demagogischen Neigungen hierhin gesellten, in denen er sich (zu Foy's Trostlosigkeit) an der „ehrwürdigen Jugend" erfreute, wenn sie sich

auf den Plätzen mit der Polizei herumraufte. Diese verschiedene
Haltung beider Partheien läßt sich darauf zurückführen, daß die
Doctrinäre in ihrer constitutionellen Gewissenhaftigkeit die Regierung immer nur in den Ministern suchten und daher nur auf eine
Aenderung der gegenwärtigen Ordnung durch einen Ministerwechsel absahen, die Unabhängigen aber in dem bourbonischen Hause
einen aller gesetzlichen Freiheit widerstrebenden Feind erblickten, der
eigentlich die Regierungsmaschine trieb, und den sie nur mit Gewalt zu beseitigen hofften. Die Thatsachen haben diesen zuletzt
Recht gegeben. Von einem Erfolge aber sollten vorerst, noch auf
Jahre hinaus, weder die parlamentarischen noch die Straßenkämpfe
der einen oder der anderen Parthei sein. Erst seit ihrer Verbindung
mit einander wurden die Unabhängigen, nachdem sich die Aussicht
zu Aufständen gesperrt hatte, maasvoller und regierungsfähiger,
und dann stellte sich das von Guizot erwartete „unerwartete" Ereigniß ein, wo die verbundene Gesetzlichkeit und Gewalt die Erfolge
errang, die sich ihnen getrennt versagt hatten.

Den Factionsgeist, den Hang lieber auf factischem als auf Die Regierung u.
die Factionen.
gesetzlichem Wege die politischen Kämpfe zu führen, haben wir in
allen romanischen Nationen heimisch gefunden; unter feineren Formen finden wir ihn auch in Frankreich. Trotz aller Unterdrückung
dauerte in diesen Zeiten unter dem Bodensatze der revolutionären
Leidenschaften in großen Massen des französischen Volkes das Ge-
lüste nach gewaltsamen Veränderungen, die Gewöhnung an sinnlose Ansprüche, das Vorurtheil gegen jede starke Regierungsgewalt
und der Argwohn gegen jeden ihrer Diener fort, als ob man sich
das schlechte Zeugniß geben müsse, daß man an einen redlichen und
uneigennützigen Staats- und Vaterlandsdienst, und an irgend ein
nationales Heil außerhalb der ewigen revolutionären Erschütterungen keinen Glauben habe. Wie anders war dieß bei der Her-

stellung der Stuarts in England, wo zwar auch Verschwörungs=
plane der Whigs unter Karl II. vorkamen (was bei Einzelnen in
solchen Zeiten nie verwundern kann), wo sich aber die große Zahl,
und selbst die eigentlichen Werkzeuge der Revolution, schnell zur
Ordnung fügten, wo die siegreichen Soldaten Cromwells z. B.,
zu vielen Tausenden in der Hauptstadt versammelt, ruhig in das
bürgerliche Leben zurückkehrten, ohne je die meuterischen Neigungen
des bonapartischen Heeres zu verrathen. In Frankreich dagegen
dauerte ein ungeordneter Radicalismus nicht allein in dem Volke
fort, auch auf die Partheien in der Vertretung und ihre Häupter ging
er über, und dieß war der Vorwurf der Doctrinäre gegen die Un=
abhängigen, daß sie durch ihre Nachgiebigkeit gegen die verstockten
Vorurtheile der Anarchisten die natürlich zusammengehörige Parthei
der Freigesinnten trennten. Wie sehr man nun aber die französische
Natur dieses factionären Geistes anklagen, wie sehr man jenen
Königlichen Recht geben möge, die gleich Napoleon das französische
Volk eben dieses Geistes wegen nicht geschaffen fanden für die ru=
hige Pflege einer repräsentativen Verfassung, so wahr ist es gleich=
wohl, daß die verhängnißvollsten Fehler der Regierung diesem
Hange in jenen Jahren die verderblichste Nahrung gegeben haben,
ja ihn fast nothwendig erzeugt hätten, auch wenn er nicht von Na=
tur vorhanden war. Wo eine constitutionelle Regierung die beste=
hende Verfassung nicht aufs gewissenhafteste einhält, ist es immer
i h r e Schuld, wenn ihre Gegner aus dem gesetzlichen Geleise hin=
ausgedrängt werden; wo sie verschmäht sich offen auf eine der be=
stehenden Partheien zu stützen, hat s i e es zu verantworten, wenn
die Partheien entarten. Die französische Regierung aber schien die
Charte, als ob sie ihr von der Gewalt der öffentlichen Meinung
gegen ihre Ueberzeugung auferlegt sei, nur als ein unvermeidliches
aber leidiges Abkommen mit der Nothwendigkeit zu betrachten und
demgemäß zu behandeln. Sie zu beseitigen, hatte sie nicht den

Muth, sie zu entwickeln weder Muth noch Neigung. In dem ci-
vilisirteren Lande fehlte den gebildeteren Ministern jene Besin-
nungslosigkeit der italienischen und spanischen Regenten, sich blind
in die Vergangenheit und die Gegenrevolution zurückzustürzen, aber
eben so wenig wagten sie in die Zukunft vorzuschreiten und das
neue Frankreich fest zu begründen: auf jenem Wege fürchteten sie
in die Mißbräuche zurückzufallen, die die Revolution veranlaßt
hatten, auf diesem in die Bewegung zu gerathen, die zu ihren
Ausartungen geführt hatte. Die öffentliche Meinung, die nach der
Gewährung der Charte ihren Ausbau als die natürliche nächste
Aufgabe ansah, schien bei jeder Ministerveränderung von 1815
—19, bei jeder wichtigeren Gesetzvorlage einen Sieg davon zu tragen, da sie jedesmal einen Fortschritt im Sinne der Entwicklung
der Charte bedeuteten; aber es waren vereinzelte, zusammenhang-
lose, verzagte, und hier und da bereute und zurückgemessene Schritte.
Drängten die Doctrinäre die Minister weiter zu den folgerichtigen
Ergänzungen der Grundgesetze, die aus der Verfassung eine Wahrheit zu machen unerläßlich waren, kam die Verantwortlichkeit der
Minister zur Frage, oder die Regierung im Sinne der Mehrheit,
die Initiative, die freie Besprechung des Ganges der Verwaltung
und des Verhaltens der Gerichte, die Berechtigung der Beamten
in der Kammer zu unabhängiger Stimmgebung, so hieß dieß: das
königliche Ansehen vernichten, sich der Verwaltung bemächtigen,
die Regierung an die Kammern reißen. Man regierte daher nicht
sowohl nach der Verfassung als nach den Umständen, man machte
Gesetze in Einem Sinne und übte die Anwendung in einem anderen, man arbeitete nicht für eine fest zu begründende Zukunft im
Einklang mit der Nation, sondern für das Geschäft des Tages
aus den Bureaus. Die Minister schienen hier wie überall möglichst
an Bonapartes Regierungsweise festzuhalten, ihre ganze Stütze an
ihrem Beamtenthum zu suchen, ohne doch wie dieser zu verstehen,

sich der Interessen, Ideen und Leidenschaften des Volks zu bemei=
stern; ohne alle seine Energie, seine Macht und Machtmittel nah=
men sie den Schein an, wie Er die Geschäfte Frankreichs allein
machen und alle Gewalt an sich nehmen zu wollen, ohne einen
Rückhalt in der Nation, in den Kammern, in den Partheien. Der
kühnste unter ihnen ließ sich ausdrücklich seines Standes außer und
über den Partheien berühmen, da doch in der That der Stand der
Regierung zu den Partheien derselbe war wie zu der Charte: sie
wagte sich zu keiner zu bekennen und keine abzuweisen; sie war
1815 royalistisch ohne System und seit den Lyoner Verlegenheiten
liberal ohne Consequenz; nach jener Seite schonte sie die Personen
und verschmähte die Sache, nach dieser schonte sie die Dinge und
verschmähte die Personen. Bei dieser schaukelnden Weise, sich bald
in der Verfassung zu bewegen, bald sie zu blutigen Ausnahmsge=
setzen zu mißbrauchen, bald mit den Kraftstreichen der Verordnun=
gen zu lähmen, bei dieser wechselnden Schlaffheit und Schärfe der
Regierung gegen jede der Partheien, womit sie jede reizte und keine
gewann, zeigten sich in Frankreich, nur in minder roher Gestalt,
dieselben Erscheinungen, die die gepaarte Willkür und Schwäche des
Regiments in Spanien und Italien hervorrief: man leitete die
Regierten an, sich gleichfalls außer Gesetz und Verfassung zu stel=
len und machte die Partheien zu Factionen. Die Schonung der
Königlichen und die Abstoßung der Unabhängigen hatte in dieser
Beziehung die gleiche Wirkung. Jene hatte die Regierung durch
ihre schuldvolle Nachsicht gegen das Treiben ihrer Ausschüsse in
den Provinzen gleich anfangs der zweiten Herstellung an gewalt=
same Eigenmacht gewöhnt, und als sie am 5. Sept. dem parla=
mentarischen Einfluß der Parthei einen Damm entgegenwarf, hatte
sich deren Eigenmacht in jenen Lyoner Anschlägen der Canuel und
seiner Genossen sogleich gegen sie selber gelehrt; der Gegenparthei
aber der Unabhängigen gegenüber bestärkte die Schonung der Re=

gierung die Königlichen in ihrer aufreizenden, gehässigen Hoffahrt,
sich als die allein rechtschaffenen Leute unter einem rebellischen Haufen zu benehmen. Denn nicht anders als die Royalisten belegte auch
die Regierung diese Parthei wie mit einem politischen Interdict.
Statt ihr als einer berechtigten Opposition einen offenen Wetteifer
zu gestatten, eine natürliche Thätigkeit, einen untergeordneten Antheil an den Geschäften einzuräumen, der sie an Zucht, Maas und
Selbstbeherrschung gewöhnt hätte, verdrängte sie durch die anfänglichen Schreckensmaasregeln ihre Meinungen und Personen aus
Presse, Kammer und Stellen; sie schien sie wie eine ordnungswi-
drige Erscheinung, als einen Revolutionsrest anzusehen, der vorübergehen werde oder erstickt werden müsse. Was blieb der Parthei
übrig, als daß sie, verstoßen, machtlos, ohne jeden geregelten Einfluß, sich in Klubbs und Ausschüsse sammelte und einen Wirkungskreis außerhalb der regelmäßigen Geschäfte suchte, wo sie bald dahin kam, ihren Widerstand nicht auf den gesetzlichen Zweck einer
Systemsänderung in der Regierung zu beschränken, die sie so unversöhnlich ausschloß, sondern heimlich auf den Umsturz der Regierung und des regierenden Hauses hinzuarbeiten. Zu diesen
feindseligen Entwürfen gewann die Parthei desto mehr Selbstvertrauen, je mehr sie sich fühlte in der Masse des Volkes festen Fuß
zu haben, während zwischen Volk und Fürstenhaus jenes finstere
Misverhältniß aus der Revolutionszeit fortdauerte und durch den
neuen Haß der hundert Tage aufgefrischt war, das selbst in vielen
Royalisten das Gefühl zurückließ: die Bourbonen, die wie fremd
in der Nation standen, würden in Frankreich nie wieder Anker werfen. Und wie sehr war jetzt diese Kluft der Entfremdung erweitert
durch die fortwährende Abhängigkeit des Königs von den Fremden, in der die ganze schwankende Unsicherheit und verfassungswidrige Halbwillkür seiner Regierung wurzelte; der die Charte von
den Fremden zuerst auferlegt war, die jetzt in sträflicher Kurzsichtig-

feit und kindischer Angst ihre Entwicklung fürchteten und untersag=
ten. Wie mußte diese Demüthigung den Stolz der Nation ver=
letzen, die den Fremden von ihrem schwachen König als Freund,
sich selbst als fremd behandelt sah und sich daher bald wie im
Kriegsstand gegen ihr Herrscherhaus fühlte. Alle diese Uebelstände
war noch dazu keine Hoffnung vorübergehen zu sehen; nach Lud=
wigs Tode hatte man die schlimmere Aussicht auf die Herrschaft
der Parthei, der trotz ihres Bekenntnisses zur Charte alle politische
Freiheit Ketzerei war, die im hellen Gegensatze zu allen Interessen,
Ideen und Reigungen dieses Volkes lag; deren Haupt dazu wie
im Aufruhrstand zu seinem königlichen Bruder war und das vor=
leuchtende Beispiel des Factionswesens selber gab. Was alle diese
zusammenwirkenden Misverhältnisse noch schneidender machte, war,
daß hier zu Lande das Volk fast alle seine Antriebe aus der Einen
Hauptstadt empfing, die die einzige Wahlstätte des persönlichen
Kampfes aller Ehrgeizigen, der Tummelplatz aller Partheien und
ihrer Ausschüsse, der Brennpunct der Presse, der Mittelpunct aller
Ränke, der Knotenpunct der fremden Einflüsse war, wo wie in
einer feurigen Esse alle Werkzeuge des gegenseitigen Hasses ge=
schmiedet wurden.

Neue Regsamkeit   Schon vor der Aachner Zusammenkunft, eben als das Auf=
der Royalisten.
hören der Ausnahmsgesetze mildere Zeiten versprach, war durch
die Enthüllungen über die eigentlichen Triebfedern jener Lyoner
Unruhen der geheime Brand des Partheihasses und des factionä=
ren Treibens in Frankreich aufgedeckt worden, der darin in offne=
rem Feuer aufzulodern begann in demselben Augenblicke, wo Ri=
chelieu in Aachen die beruhigendsten Versicherungen über den Zu=
stand des Landes gab, wo die Befreiung des französischen Bodens
beschlossen ward, wo dann die Hoffnung auf friedliche Geschicke
die besseren Gemüther ergriff und die Theoretiker ein Verständniß

der Partheien zu vermitteln suchten. Als Oberst Fabvier in sei= 'Anf. 1814. nem schonungslosen Berichte jene polizeilichen Anstiftungen in Lyon aufhüllte, wirkte dieß wie die Oeffnung einer Schleuse, die bisher die Wahrheit über den eigentlichen Zustand Frankreichs in den letzten dreißig Monaten zurückgestaut hatte. Die Streitigkeiten, in die Fabvier durch seinen Bericht mit Canuel und Chabrol und diese wieder mit Sainneville geriethen, verwickelten sich in ernste Folgen. Canuel belangte Fabvier und Sainneville wegen Ver= leumbung und das Gericht verurtheilte den Ersteren zu einer Geld= strafe von tausend Franken. Diese Buße eilten die Liberalen durch Eröffnung von Unterschriften zu bestreiten, und zugleich stand Mar= mont in einem veröffentlichten [41] Briefe an Richelieu für die Rich= '1. Jul. tigkeit von Fabviers Bericht ehrenhaft ein und erklärte, daß er selbst in diese Anklage mitbegriffen werden müsse; dieweil machten die Royalisten Mordversuche auf Fabvier und hetzten einen Klopf= fechter von Gewerbe gegen ihn, der ihn im Zweikampf verwundete. Diese Händel fielen in dieselbe Zeit, wo St. Cyr's Armeegesetz die Aussichten vieler der Königlichen schmälerte, wo in anderen der Abzug der fremden Besatzung Besorgnisse erregte. Unter diesen Unzufriedenen, unter denen die Canuel und Donnadieu obenan vermuthet wurden, gab es im Sommer regelmäßige Begegnungen auf der Terrasse der Tuilerien längs der Seine, und bei diesen Zusammentreffen gefiel man sich unter dem Austausche seines Grolls in Entwürfen, die von dem „jakobinischen König" und seinem revo= lutionären Systeme befreien könnten, von dem Graf Artois vor nicht lange dem König in einer Note [42] auseinandergesetzt hatte, '23. Jan. wie es Frankreich an den Rand des Abgrunds gebracht habe. Im Juni kam eine Anzeige ein, daß eine Aufhebung des Königs bezweckt werde, die ihm die Thronentsagung abnöthigen solle.

---

41) Bibliothèque hist. 3, 211.
42) In Polignac, études. Note 7.

Niemand unter den Ministern glaubte ernstlich an diese sogenannte
Verschwörung des bord de l'eau; nur Decazes diente sie allzugut
gegen die Königlichen, deren Feindschaft jetzt unversöhnlich gewor=
den war, als daß er nicht Alles hätte aufbieten sollen, an ihre
Wirklichkeit glauben zu machen. Eine Anzahl oberer Officiere,
darunter Canuel der sich anfangs längere Tage versteckt gehalten,
wurden vor Gericht gestellt, Andere wie Larochejacquelin aus Paris
verwiesen. Die Untersuchungen führten zu keinem Ergebniß, reiz=
ten aber nach beiden Seiten immer mehr auf, sich gegenseitig die
Masken abzureißen und die Skandale aufzudecken, deren letzte Fä=
den immer auf die Regierung zurückliefen; und dieß hatte wenig=
stens die gute Folge, daß als 1820 die Königlichen zur Regierung
kamen, sich die Wege der früheren Gewaltsamkeit für sie geschlossen
hatten. So rührten etwas später zehn Familien des Isère die
Grenobler Vorgänge auf und erhoben eine Klage gegen den bru=
talen Donnadieu wegen Meuchelmords, und nun enthüllte dieser
in einer Schrift die Mitschuld Decazes' an dem Gericht, das über
Grenoble damals verhängt ward. Denn auch Er war persönlich
erbittert dadurch, daß man ihm seine Stelle genommen und ihn in
der Verschwörung des bord de l'eau nicht geschont hatte. Diese
Sache würde der ganzen Parthei der Royalisten unstreitig neuen
Anlaß zu verstärkten Angriffen auf den Polizeiminister geboten
haben, wenn sie nicht, des Einen Vorwurfs ledig, sich gleichzeitig
einem anderen bloßgestellt hätten. Graf Artois, aufs äußerste er=
bittert über den Gang der Dinge seit dem 5. Sept., betrat jetzt
zum ersten Male einen Weg, der, wiewohl der erste Schritt ein
Fehltritt war, die Parthei mehr als ihre bisherige innere Politik
zum Ziele fördern sollte: er suchte sich mit den fremden Mächten
zu setzen und so der Regierung ihre wahre und einzige Stütze weg=
zuschlagen. Der preußische Gesandte (v. d. Goltz) war stets auf
seiner Seite gewesen; Metternich, bei dem die freisinnigen Wahl=

und Armeegeseze nicht den Beifall gefunden hatten, wie bei Pozzo
di Borgo, fing jezt gleichfalls an, zum Verdruß der englischen
Staatsleute, mit ihm unter der Decke zu spielen; es galt nun noch
den Versuch, den verhaßten Günstling des Königs durch den Einfluß
des russischen Kaisers zu stürzen. Der Kronprinz wandte sich durch
den Grafen Bruges an den vergessenen Vitrolles, um von ihm eine
Denkschrift über die Lage Frankreichs verfassen zu lassen, die des
Kaisers Adjutant Graf Orlow, der eben Paris verließ, seinem
Herrn überbringen sollte. Die mündlichen Mittheilungen des
Pavillon Marsan hatten dem Grafen die Lage Frankreichs so vor-
gestellt, als ob jeder nächste Tag den Umsturz aller Dinge mit sich
bringen könne. Aus Aeußerungen, die Orlow in diesem Sinne in
Stuttgart fallen ließ, machte diese aufregende Ansicht der Dinge
von da aus ihren Weg durch die Cabinette von Wien und Berlin
nach Paris zurück, wo das Ministerium nun Kunde von der Schrift
nahm, die auch alsbald gedruckt erschien[43]. Freund und Feind
verwarf diesen unpatriotischen Schritt, in dem sich die verzwei-
felnde Faction der russischen Herrschaft beugte, die sie bisher bekämpft hatte. Die Denkschrift stellte Frankreich dar als am Vor-
abend einer neuen Revolution, die dem Cabinet des Königs unmittelbar Schuld gegeben war. Sie erwog dann fünf Mittel der
Rettung: Theilung oder militärische Besetzung Frankreichs; Dynastiewechsel; Aufhebung der Charte; Rückführung des Königs
und seiner Minister zu monarchischeren Grundsätzen; Aenderung
des Regierungssystems durch einen Ministerwechsel. Sie verwarf
das erste Mittel aus Vaterlandsliebe, das zweite aus Fürstentreue,
das dritte aus Verfassungstreue, das vierte wegen der Undenkbar-
keit einer Sinnesänderung der Minister, die erst Royalisten und

43) In Folge einer Mittheilung der schwedischen Gesandtschaft an Lanjuinais und Jullien. Baudouin, anecdotes hist. du temps de la restauration.
1853.

jetzt Revolutionäre waren; der Minister- und Systemwechsel blieb
übrig, für den die Dazwischenkunft der Mächte förmlich angerufen
wurde, die „ohne Zweifel hinreichen werde, den König über seine
wahren Interessen aufzuklären und auf einfachere und gesündere
Ideen zurückzubringen". Der Wunsch war, wenn nicht ausgesprochen, doch deutlich genug, daß die in Aachen berathene Befreiung des französischen Gebiets von dieser Maasregel möge abhängig gemacht werden. Augenblicklich hatte dieser Schritt die
nachtheiligsten Folgen für Artois und seinen Anhang. Vitrolles
wurde aus dem Staatsrath entfernt und dem Kronprinzen selbst
wurde die Verwaltung der Nationalgarde und mit ihr sein Haupteinfluß entzogen. Und auch bei den Fremden war die Wirkung
der Note verfehlt, weil die dem Grafen Orlow eingebildeten Gefahren sich vorerst als ganz nichtig herausstellten und Richelieu's
beruhigende Berichte bei dem russischen Kaiser Glauben fanden.
Aber unmittelbar darauf schlug diese Ansicht von der Lage der
Dinge bei den Fürsten gänzlich um, als der Ausfall der Wahlen
zu dem erneuten Fünftheil für die Sitzung dieses Jahres jene Dar-
stellungen des Pavillon Marsan vollkommen zu rechtfertigen und
zu bestätigen schien. Noch bei den Wahlen des vorigen Jahres
hatten die eigentlichen Führer der Unabhängigen ihre Wahl in die
Kammer nicht durchsetzen können; diesmal aber hatte sich ihr Ausschuß in Paris mit den einflußreichen Wählern der Departements
in Verbindung gesetzt und über die Candidaten geeinigt, und dieß
hatte die Folge, daß unter die 55 zu Ersetzenden 23 aus ihrer Parthei gewählt wurden, darunter Lafayette, Manuel und General
Grenier, ein Mitglied der letzten provisorischen Regierung; Männer, die nun nicht mehr die waren, die sie 1814 gewesen, seitdem
sie 1815 offen gegen die Bourbonen gehandelt und heimlich sie un-
terwühlt hatten. Diese Wahlen fielen grade in den October, wo
die Aachner Verhandlungen noch im Gange waren; sie straften die

beschwichtigenden Erklärungen Richelieu's in dessen eignen Augen
Lüge, der diese Männer der hundert Tage mit Schrecken in die
Kammer treten sah. Dieser Augenblick, wo der Constitutionalismus, der 1814 noch ein schwacher Schützling gewesen war, als
ein erobernder Feind erschien, traf unglücklicherweise in dieselbe
Zeit, wo Kaiser Alexander eben aus Polen die Mißlaune mit-
brachte über den ersten schüchternen Gebrauch, den man dort von
der Verfassung hatte machen wollen; er traf zusammen mit Stourb-
za's beunruhigendem Berichte über die deutschen Universitäten; er
traf zusammen mit den Planen einiger Unsinnigen in Belgien, die
den Kaiser bei seiner Durchreise zu einer Anerkennung Napoleon's II.
hatten nöthigen wollen; und dieß wieder rief einen Anschlag¹ gegen ¹im Februar.
den Herzog Wellington ins Gedächtniß zurück: genug und zu viel
der Eindrücke, um in der reizbaren Natur des Kaisers jetzt die große
Sinnesänderung und folgenschwere Umstimmung zur Reife zu
bringen, die für ganz Europa, dessen Geschicke er in den Händen
hielt, von einer neuen Bedeutung war. Die erregte Aengstlichkeit
der Machthaber hatte sofort zu jener neuen Schutzverbindung vom
15. Nov. geführt; der russische Kaiser drang nun in seinen Schützling Richelieu auf einen Wechsel des Systems, auf eine Abänderung
des Wahlgesetzes, auf eine Annäherung an die Royalisten. Alle
Gesandten, auch Wellington, unterstützten dieses Anliegen bei dem
Könige, der sich in dem Augenblicke der äußeren Befreiung seines
Landes einem desto stärkeren Eingriffe der Fremde in dessen inner-
lichste Angelegenheiten beugen sollte.

Richelieu, der gleich bei jenem Wahlergebniß an Lainé gestan-   Fall des Ministe-
den hatte, daß er lieber als die Jakobiner doch noch die Ueberspan-   riums Richelieu.
nungen der Königlichen wolle, kam aus der angsterfüllten Luft in
Aachen voll Beklemmung nach Paris zurück. Seine einzige Hoffnung war, daß er, nach dem neuen Verdienste das er sich durch die

Befreiung Frankreichs erworben hatte, seine Mitminister leicht auf
den neuen Weg der inneren Politik herüberleiten werde, der ihm
vorgeschrieben war. Sobald Decazes von diesem neuen Systeme
hörte, sah er voraus, daß er, nach seiner tief verfeindeten Stellung
zu Artois' Anhang, ihm zum Opfer fallen würde. Er erforschte
daher zuerst Richelieu's Gesinnung gegen seine Person, indem er
ihm seinen Austritt anbot unter dem Vorwande, daß sein Polizeiministerium gegen die vereinigten Angriffe der Linken und Rechten
doch nicht zu halten sein werde. Er bestürzte aber durch diesen
Schritt alle seine Collegen, die den Lieblingsminister des Königs
nicht glaubten missen zu können; er fand Richelieu ehrlich und arglos, dem eine Annäherung an die Königlichen auch mit Decazes
keine Unverträglichkeit einzuschließen schien. Ueber dieser Lage der

10. Dec. Dinge wurden¹ die Kammern eröffnet, ohne daß unter den Ministern auch nur eine Berathung über das neue System Statt gehabt
12. u. 14. Dec. hätte. In zwei Sitzungen des Cabinets¹ wurde nach einer furchtsamen Anregung der Frage klar, daß eine tiefe Spaltung herrsche,
die aber keiner zum offnen Bruche führen wollte. St. Cyr und
Decazes wollten auf dem bisherigen Wege verharren und das
Wahlgesetz unangetastet erhalten, die schaukelnden Molé und Pasquier (den die royalistischen Geschichtschreiber höchst bezeichnend in
dieser Krise auf Decazes' Seite, die gegnerischen aber auf Richelieu's schieben) bekannten sich dem Unterhändler von Aachen ergeben, mit dem Lainé eine Abänderung des Wahlgesetzes unerläßlich
fand. Die Frage schien ganz eigentlich die von der Fortdauer des
russischen Einflusses, dem Decazes in Talleyrands Geiste im Stil-
len immer widerstrebt, daher auch stets ein vertrauliches Verhältniß zu dem englischen Gesandten Charles Stuart unterhalten und
jene Privatcorrespondenz in den englischen Blättern in dem Haupt-
zwecke hatte führen lassen, um England gegen den russischen Einfluß in Paris zu interessiren. Dieser Kern der Sache soll sich auch

damals, wahrscheinlich in einer jener beiden Ministersitzungen, offen gelegt haben, als Richelieu sich auf die Erwartungen des russischen Kaisers berief; Decazes habe dann erklärt: dieß fremde Joch müsse abgeworfen werden, denn es sei besser mit einemmale zu bekennen, daß Frankreich keine russische Provinz sei, als unter dem bloßen Scheine der Freiheit Rußlands Ketten zu tragen [44]. Dieß führte zur Auflösung. Zwar in einer dritten Sitzung [17. Dec.] vor dem König glaubte dieser seine Räthe gereinigt zu haben, indem er sich für des Günstlings Meinung erklärte, auf dem bisherigen Wege zu bleiben, und für Cäsars: Wer nicht wider mich ist, ist für mich. Allein schon waren die beiden Kammern, von dem Gegenstande des ministeriellen Zerwürfnisses unterrichtet, offen partheit; die Pairskammer, die auch jetzt diplomatisirend wie 1815 mit der Diplomatie in die entgegengesetzte Richtung umschlug und ihr Bureau ganz royalistisch bildete, war für die Aenderung des Wahlgesetzes, während das Bureau der Wahlkammer [21. Dec.] aus lauter Mitgliedern zusammengesetzt wurde, die sich dawider erklärten. In Folge dieser letzteren Wahlen, die auf Decazes' Einwirkungen geschoben wurden, trennten sich die Minister von ihm und gaben ihre Entlassung ein; Decazes that dasselbe. Der König, bange vor den fremden Beschützern, drang in Richelieu zu bleiben. Der bescheidene Mann erklärte brieflich, daß ihm seine Laufbahn mit der Abwicklung der äußeren Dinge beendet scheine, und gestand für die parlamentarischen Dinge nicht geschaffen noch geschickt zu sein. Sollte aber der König auf seinem Willen bestehen, so verlangte er eine ehrenvolle Gesandtschaft für Decazes, der von den Ultras zu sehr verletzt sei um sich ihnen je nähern zu können, auf der anderen Seite, so lange er in Frankreich sei, immer ein Augenmerk der Freisinnigen bleiben werde, deren Doctrin viel bedrohlicher sei. Der König war bereit,

---

44) Privatcorresp. der Dublin Evening Post in les mille et une calomnies 3, 113.

feinen Liebling zu opfern, nur daß man sich vorerst mit seinem
Rückzuge in seine Heimat (Libourne) begnügen solle, damit seine
Entfernung nicht den Schein der Verbannung trage.   So standen
die Dinge, als die Wahlkammer in ihre Adresse auf die Thronrede
eine Erklärung niederlegte gegen jeden Angriff auf die Charte und
die Einrichtungen, die aus ihrem Geiste abgeleitet seien. Rücksichtsloser und dankloser als die Pairskammer sah sie den Minister der
Fremden, nun da er für die auswärtigen Dinge nicht mehr nothwendig war, für entbehrlich an und hielt zu seinem scheinbar un-
abhängigeren Collegen.   Was ihrer Adresse ein größeres Gewicht
gab, war, daß das stärkste Sinken der Fonds sie begleitete und in
der ganzen politischen Atmosphäre ein Druck und eine Spannung
fühlbar wurde, die verrieth, wie volksbeliebt das Wahlgesetz geworden war.   Dieser allgemeinen Mißstimmung gegenüber, (welcher
nur ein Billèle getrotzt hätte, der in nacktem Ehrgeiz mit Richelieu
und Decazes gleich bereit war anzuknüpfen), konnten die Cuvier,
Siméon, Mollien, die man herangezogen hatte, nicht zum Entschlusse kommen.   Lainé fand es constitutioneller, daß ein Anderer
als Er das von ihm gegebene Wahlgesetz abändere.   Richelieu
'27. Dec. mußte' auf die Bildung eines Ministeriums verzichten. Achtungs-
werth durch seine Verdienste im Amte, in dem er durch seinen ver-
trauenerweckenden Charakter dem Lande Jahre der Besatzung und
Millionen von Tribut ersparte, war er noch achtungswerther durch
die Unbescholtenheit, mit der er aus dem Amte schied.   Verfüger
über Millionen und Milliarden trat er ohne alles Einkommen aus
seiner Stellung aus; und als er erlebte, daß die Kammer über
eine vorgeschlagene Nationalbelohnung für ihn mäkelte, verzichtete
er auf den materiellen Werth derselben und überließ die ganze Dotation den Hospitien von Bordeaux.

Richelieu's Rücktritt war ein erster Sieg der parlamentarischen Meinung in Frankreich. Decazes war am Ziel seines Ehrgeizes; die Aufgabe fiel nun ihm zu, das Ministerium¹ zu bilden, indem er an Lainé's Stelle das Innere übernahm⁴⁵. Zwar Guizot sprach ihm diesen Ehrgeiz ab, und behauptete⁴⁶ auf die Gefahr hin, nur Zweifel zu finden, Decazes habe aus Zartgefühl nicht Minister nach Richelieu werden wollen. Es ist nur nicht zu begreifen, warum er dann nicht von Anfang an zu Richelieu stand, vollends da er, nach demselben Gewährsmanne, schon jetzt die ähnliche Unruhe, wie Richelieu selbst, über das Wahlgesetz empfand, um dessen willen er sich doch von ihm trennte. Dieß konnte offenbar nur in dem Zwecke geschehen sein, den Ministerpräsidenten bei der günstigen Gelegenheit wegzuschieben; nur daß der gewürfelte Gascogner, seinen Ehrgeiz besser bergend als ein Billèle, diesen Zweck vor seiner Umgebung geschickt hinter dem Schein von Bescheidenheit und Zartgefühl barg. Wohl mag es übrigens sein, daß sich Decazes von der ersten Stunde seines Auftrages an in Verlegenheit fühlte zwischen seinem unentschiedenen König und der stets entschiedneren öffentlichen Meinung. Denn nun war der Tag gekommen, wo man die Lobpreisungen der englischen Correspondenzen von ihm verdient sehen wollte, wo man erwartete, daß der neue Minister des Innern nun aufrichtig die Kräfte an sich heranziehen werde, die ihn emporgehoben hatten, daß er sich offen an die wachsende freisinnige Parthei anschließen, die inneren Dinge fern von den bisherigen Halbheiten nach gleichmäßigen Grundsätzen leiten, mit

---

45) St. Cyr blieb im Kriegsministerium; in der Marine wurde Molé von Portal ersetzt, einem Rheder, einer Handelsnotabilität aus Bordeaux, der in St. Cyr's Verschmelzungssystem einging; statt Roy trat Baron Louis in das Finanzministerium und für Pasquier übernahm de Serre, ein alter Condé'scher Soldat von gutem Namen, die Justiz.

46) Du gouvernement de la France etc. p. 59.

einer festen Haltung die Freunde gewinnen, die Feinde einschüch-
tern, nach außen in würdiger Unabhängigkeit den fremden Einfluß
abweisen werde. Es waren eitle Erwartungen. Denn in dem schein-
constitutionellen Regimente war immer der König, der Unverän-
derliche, und hinter ihm die Fremden, die gebietenden Herren der
charakterlosen Minister. Decazes fuhr in derselben Kraft- und
Systemlosigkeit, in denselben Unsicherheiten und Widersprüchen
fort, die er in seinen früheren Collegen hatte tadeln lassen. Sein
erster Schritt bei der Bildung der neuen Regierung war, daß
sich der Bekämpfer des russischen Einflusses beeilte, nach einer Berathung mit dem anwesenden Nesselrode, an die Spitze des Ministeriums und des auswärtigen Amtes, an Richelieu's Stelle, einen
dem Kaiser Alexander möglichst angenehmen Mann, den General
Dessolles, zu setzen, und sich zugleich mit Pozzo di Borgo auf gutem Fuße zu halten, der sich nach seinen Vorschriften bereits den
Royalisten näherte, wie verständig er auch persönlich die Unmöglichkeit gekünstelter Aristokratien durchschaute, zu denen er alle Materie
mangeln sah[47]. Desto tapferer schien sich dagegen Decazes zu benehmen bei dem Kampf für das Wahlgesetz in der Sitzung von
1818—19, die in dieser Beziehung fast nur eine Fortsetzung der
Ministerkrise war. Nur leider sinkt auch dieser Kampf zu einem
gehässigen Partheigehetze herab, wenn man von Decazes' treuesten
Vertheidigern selber weiß, daß er durch einige Festigkeit ganz hätte
vermieden werden können. Da aber die antike Parthei erfuhr, daß
Decazes selbst gewisse Aenderungen an dem Wahlgesetze nöthig
fand, so konnte sie ihn durch nichts mehr herabwürdigen, als wenn
sie ihn nach seiner Rolle in der Ministerkrise nöthigte diese Aenderungen selber durchzuführen, oder sie konnte sich für ihre letzte
Niederlage nicht besser rächen, als wenn sie ihn zum Rückzuge

47) Pozzo di Borgo et Stein. — St. Petersb. 1846.

zwang. Sie entschloß sich daher zu einem regelmäßigen parlamentarischen Angriffe in der Pairskammer. Nichts blieb unversucht,
in ihr nun den Boden zu fassen, den man 1815 in der Wahlkammer gehabt hatte. Man nutzte die neue Verbindung mit den sogenannten Cardinalisten, der ehemals ministeriellen Fraction des
Cardinals de Bauffet, die jetzt abgefallen war; man verschmähte
nicht die Bundesgenossenschaft eines Talleyrand, der selbst wieder
eine Zeit für sich gekommen glaubte, und des russenfreundlichen
Bonapartisten Molé, eines Mannes von fressendem Ehrgeiz, der
jeder Gewalt schmeichelte um an ihr Theil zu nehmen. Der alte
Marquis von Barthélemy wurde als möglichst unverdächtiges
Werkzeug vorgeschoben, der ein Gesuch an den König beantragte '20. Febr. 1819.
um Einbringung eines Gesetzes, das die nothwendigen Aenderungen in der Einrichtung der Wahlcollegien einführe. Trotz der scharfen Aufforderung des Ministers des Inneren, diesen Vorschlag als
einen der verhängnißvollsten abzuweisen, nahm der Antrag seinen
Fortgang, und wurde trotz der erneuerten öffentlichen Aufregung,
trotz der Abneigung der zweiten Kammer, selbst trotz einer Drohung
des Ministers mit einer Ernennung neuer Pairs, berathen und' mit '2. März.
98 gegen 55 Stimmen angenommen. Zwei Tage später warf die
Pairskammer ein eingebrachtes Gesetz, das den Anfang des Finanz-
jahres auf den 1. Juli verlegte, eine unschädliche und selbst unaus-
weichliche Maasregel, ab, in der deutlichen Absicht, das Ministerium
um allen Preis zu stürzen, das nach diesem Votum auf eine Weigerung des Budgets gefaßt sein mußte. Decazes, mehr durch die
Feindseligkeit der Königlichen als durch seine Ueberzeugung in der
Vertheidigung des Wahlgesetzes bestärkt, setzte ihrem Angriff einen
verzweifelten Widerstand entgegen. Er hatte sich schon gleich bei
dem ersten Abfall der Pairs für einen Pairsschub ganz im Großen
bereit gehalten und die Liste angefertigt; schon am zweiten Tage
nach der Abstimmung über Barthélemys Antrag' antwortete er '5. März.

daher mit der Ernennung von 65 neuen Pairs. Es war eine leidige Auskunft schon darum, weil die obere Kammer dadurch fast eben so zahlreich wurde wie die untere; von den fremden Regierungen wurde sie mißbilligt. Gleichwohl hatte der Minister den König ohne viele Mühe dafür gewonnen, denn die äußerste Verwirrung wäre zu fürchten gewesen, hätte man in diesem Augenblick zu einem Ministerwechsel oder einer Kammerauflösung schreiten wollen. Die Königlichen wütheten. Der neue Parlamentsstreich vom 5. März war das vollkommene Seitenstück zu der Verordnung vom 5. September 1816. Er schien die Regierung unwiderruflich mit den Royalisten zerworfen, unzertrennlich mit den Liberalen, dem Anhang Lafayette's, verbunden zu haben, der die gebotene Hand durch seine offene Billigung des 5. März ergriff. Einen Augenblick nach dieser fecken Maasregel schien sich Alles umzugestalten. Die Kammern, in ihrer veränderten Stellung gegen einander und nach dem ganzen Geist und Tone der sie beherrschte, bildeten ein völliges Gegenstück gegen die Sitzung von 1815; und dieser Gegensatz ward am grellsten, als die Greuel jener Zeiten zur Rede kamen, die damals nicht erwähnt werden durften, und die nun den Königlichen in niederschmetternden Thatsachen vorgehalten wurden; und dieß vor Allem von dem Justizminister be Serre selbst, der sich bei dieser Gelegenheit ganz im Sinne der Linken ergoß. Und so brachte das Ministerium noch andere, wesentlichere, bindendere Bürgschaften den Freisinnigen entgegen. Zuerst die Rücknahme der Ausnahmsgesetze ·22. März· über die Presse, die Vorlage dreier Gesetze, die die Preßfreiheit regelten, den Präventivbeschlag aufhoben, die Jury für Preßvergehen einführten, die Veröffentlichung von Zeitungen nur an die Bedingung einer Caution und der Nennung eines verantwortlichen Redacteurs knüpften. Sodann wurde der ältesten Beschwerde der Freisinnigen nachgegeben und nun endlich mehrere überkönigliche Präfecten entlassen und eine größere Anzahl, und daneben gegen

hundert Unterpräfecten, versetzt. Und zu noch stärkeren Schritten
riß die Consequenz der Verordnung vom 5. März fort. Die ernannten neuen Pairs waren fast lauter Männer des Reichs, nur
mit acht Ausnahmen alle die Erpairs von 1814 (die experts, sagte
der Salonwitz), die wegen ihres Eintritts in den Senat der hundert Tage waren ausgestoßen worden. Die Billigkeit leitete dahin,
daß nun auch anderen in Folge der Ausnahmsgesetze Ausgewiese-
nen die Rückkehr nach Frankreich gestattet wurde, und diesem ersten
Zugeständnisse folgte die Rückberufung einer neuen Anzahl von
Verbannten, darunter selbst Regiciden. Der british monitor verkündete laut, und es schien der Wahrheit völlig gemäß, das Ministerium verfahre ganz nach den Grundsätzen der Fusion, die 1814
Fouché bekannt habe. Aber so rasch sich dieß neue Bündniß zwischen
der Regierung und den Liberalen geknüpft hatte, so rasch zerriß es
auch wieder; denn es war von keiner Seite aufrichtig eingegangen.
Sonst hätten die Freisinnigen Alles thun müssen, die heilsame Verbindung durch Begnügsamkeit und Vorsicht zu befestigen, um sie
vor Allem zur völligen Niederwerfung des gemeinsamen Gegners
zu benutzen. Statt dessen aber hatten sie nichts Eiligeres zu thun,
als den Ministern unzeitige Verlegenheiten, dem König und den
Fremden gegenüber, zu bereiten, indem sie in ihren Ausschüssen die
systematische Hervorrufung von Bittschriften an die Kammern betrieben, die die Zurückberufung aller Verbannten, auch aller Regiciden verlangten. Aber so lag die Zeit noch lange nicht, daß man
in dieser Weise den Gefühlen des Königs hätte Zwang anthun,
ihm das Verdienst der Begnadigung hätte rauben dürfen, ohne daß
er und seine Minister vor diesen Ueberstürzungen, vor diesen unge-
stümen Forderungen in gleicher Kleinmüthigkeit erschrocken wären
und lieber, als ihnen nachzugeben, ihre neue Volksgunst wieder in
die Schanze geschlagen hätten. Wenige Tage genügten, um den
kurzen Freudenrausch über das freie Gebahren der Minister in die

größte Erbitterung zu verwandeln, um die Liberalen mit Decazes
so unversöhnlich zu entzweien wie die Royalisten, um be Serre in
der Meinung beider Partheien gleichmäßig auszuthun. Der Justizminister, weder von festem Charakter noch von sicherem Tacte, hatte
sich eines Tags den royalistischen Eiferern gegenüber, denen jene
Bittsteller „neue Regiciden" waren, zu einem Lobe des Convents
hinreißen lassen, und diese Art Rechtfertigung der königsmörderi-
schen Versammlung hatte die Ultras dann vollends über die helle
Revolution im Ministerium schreien machen; dann aber setzte de
Serre, wie um diese Uebereilung gut zu machen, den Bitten um
die Rückberufung der Regiciden ein noch übereilteres „Niemals"
entgegen, das er, kaum gesprochen, bereute und wenige Tage nachher durch die thatsächliche Rückberufung einiger Regiciden mehr
sich beeilte Lügen zu strafen. Und als ob nun wieder dieses Zugeständniß gut gemacht werden müsse, ließ sich Decazes kurz darauf
zu einem zweiten „Niemals", zu einem Ausfall gegen die Linke,
gegen die „Verschwörer" verleiten, die „wer sie auch seien, was
ihre Zahl, wo ihre Versammlungsorte, niemals dahin gelangen
würden, Frankreich über seine wahren Interessen zu täuschen: die
ihre einzige Bürgschaft an dem Throne hätten, den man
nicht erschüttern könne, ohne alle Wohlfahrt zu zerstören."
Dieß traf den eigentlichen wunden Fleck in dem Treiben der Unabhängigen, riß ihn auf und machte Schaden und Bruch unheilbar.

Die Unabhän-
gigen und die
Flüchtlinge.

Es ist hier nöthig nachzuholen, wie das unverfassungsmäßige
Verhalten der Regierung, wie die bourbonische Rachsucht, wie das
System der Austreibungen und Verbannungen seit 1815 auf den
Factionsgeist unter den Freisinnigen, den Bourbonen-Feinden, den
Flüchtlingen gewirkt hatte, welche Gegner es waren die man aus-
gewiesen hatte und die man nun zurückrief; und wie weit der Vor-
wurf der ewigen Verschwörungen, der den Liberalen von allen Sei-

ten und bei der eben angeführten Gelegenheit von Decazes öffentlich gemacht ward, begründet war. Es gab in Paris um diese Zeit
eine offene und eine geheime Gesellschaft der Freisinnigen, die in
ihrem Entstehen nicht ungesetzlicher Natur gewesen waren. Die
Eine, die geheime Verbindung, die Union [48], war ursprünglich von
dem Advocaten Rey in Grenoble, vor dem Aufstand Didier, und [Febr. 1816.]
ohne irgend einen Zusammenhang mit einer Orleanistischen oder
Bonapartischen Coterie gestiftet worden, in dem allgemeinen Zwecke,
die freisinnigen Ideen wach zu halten. Die Verbindung war dann
von Rey, unbeirrt durch die Grenobler und Lyoner Unruhen, nach
Lyon und Paris getragen worden, von wo man sich mit jenen stets
thatkräftigen Provinzen im Verkehr erhielt, durch Briefe mit unsichtbaren Einschaltungen. Ende 1818, als der junge Gros in diese
Gesellschaft in Paris eintrat, fand er die Lafayette, Dupont, d'Argenson, Merilhou, Cousin, Bérenger (de la Drôme), Baube, Cour-
tier, de Corcelles, Labbey de Pompières, Lameth, Comte, Du-
noyer u. A. als Mitglieder. In Statuten und Unterredungen war
von gesetzwidrigen Absichten nichts zu merken; wohl war unter
einzelnen Mitgliedern der stillschweigend verstandene Zweck der Umsturz der Regierung, und diese benutzten dann Rey's Union zu
ihren Planen, die der Stifter selbst nicht gebilligt hätte. Sich
gegenseitig zu unterstützen, Schriften gegen die Restauration auszubreiten, sich in das Heer einzunisten, dieß waren bis dahin die
Mittel des Wirkens zu jenem Zwecke. Als um die angegebene Zeit die Frage von den Schweizer Capitulationen in der
Kammer angeregt war und dabei von den Unabhängigen, die den
politischen Zweck dieser Verbindung mit der Schweiz nicht achteten,
und von den Königlichen, die für das Unpatriotische derselben kei-

---

48) Brief des Advocaten Gros vom 15. Sept. 1841, aus der Zeitung des
Dauphiné, bei Lubis 5,437.

nen Sinn hatten, Aeußerungen fielen, die für Schweizer und Franzosen gleich verletzend waren, stachelte dieß die Erbitterung zwischen
der schweizerischen und der inländischen Truppe in Lyon und Straß-
burg, und dergleichen Zwietracht zu ihren Zwecken zu nähren und
zu nutzen, waren die geheimen Leiter der Union wohlbedacht. —
seit Nov. 1817. Neben dieser Verbindung bestand dann in Paris' eine zweite öffentliche, die sich nachher die „Gesellschaft der Preßfreiheitsfreunde"
nannte, wo die Lafayette und d'Argenson wieder mit anderen Männern von weniger factionären Neigungen, wie Broglie und Lafitte,
zusammen arbeiteten. Sie war durch einen geheimen Ausschuß geleitet; öffentlich besprach man in ihr die Fragen der Tagesordnung
in ganz regellosen Zusammenkünften an verschiedenen Orten, womit man die gesetzlichen Kennzeichen einer Afsociation vermied.
Von ihr aus wurden dann die Adressen und Bittschriften veranlaßt,
die so nachdrücklich für die Erhaltung des Wahlgesetzes und für die
Rückberufung der Verbannten gearbeitet hatten. Auch in dieser
Gesellschaft wie in der Union kamen die Gelegenheiten, wo die
Thätigkeit und die Entwürfe an die Grenzen des thätlichen Widerstandes oder Angriffs streiften und wo sich dann die Meinungen
zeichneten: die rücksichtslosen, zu jedem Mittel Entschlossenen aus
beiden Gesellschaften gruppirten sich um Lafayette in einem dritten
abgesonderten Kreise, zu dem die Thiard, Corbineau, Voyer
d'Argenson, St. Aignan, Oberst Duchand, Combes-Sieyes und
Chevallier gehörten[49]. Ein Dynastiewechsel war hier das Ziel der
Wünsche; die Bestrebungen von 1815 wurden hier weiter verfolgt
und durch die bittere Aussicht auf die Nachfolge Artois' geschärft;
die Erfahrung, die bei der englischen Herstellung gemacht worden
war, sollte auf Frankreich möglichst schnell übertragen werden.
Denn in bewanderter Geschichtsvergleichung hatten damals schon

---

49) Nach Vaulabelle.

die Doctrinäre bei jeder Gelegenheit die Aehnlichkeiten der französischen und englischen Restaurationsverhältnisse hervorgehoben.
Und um 1818—19 war man thatsächlich der Wendung nahe genug, daß man parlamentarisch auf Ausschließung des bigotten
Kronprinzen angetragen hätte, wie 1680 in England die Aenderung
der Thronfolge vorgeschlagen ward, um den papistischen Jakob zu
beseitigen. Um diese Zeit (1819) konnte Thierry wieder in einer Denkschrift über die Revolution von 1688 sagen: es sei jetzt Mode, diese
englische Staatsveränderung zu rühmen und einen Wilhelm III.
zu wünschen: auf dieses factische Ziel der geschichtlichen Restaura-
tionsdoctrin steuerten die Feinde der Bourbonen. Den Flüchtlingen
in Belgien hatte sich dieß besonders nahe gelegt. Sie hatten in
Brüssel eine Unterstützung an dem englischen Lord Kinnaird gefunden und unterhielten dort durch Cauchois Lemaire und seine Freunde
eine bourbonenfeindliche Presse, die die Unzufriedenheit aller Höfe
erregte und den französischen König persönlich antrieb, dem nieder-
ländischen Hofe die Leute zu bezeichnen, denen er den Schutz entzogen zu sehen wünschte. Der König der Niederlande war solchen
Maaßregeln nicht geneigt; vollends aber mit seinem Sohne, dem
Prinzen von Oranien, hingen die Flüchtlinge, zum großen Theile
gewesene Orleanisten[50] oder Bonapartisten, die Aler. Bastide,
Sauffet, Brice, Frau Regnault de St. Jean d'Angely enge zusammen. Der mit seinem Vater zerfallene Prinz, selbst eine böse Zunge,
fand an den bösen Zungen dieser Gesellschaft Gefallen und begann auf seine Verschwägerung mit dem russischen Kaiser und dessen Abneigung gegen die Bourbonen kühne Plane zu bauen. Er
machte persönlich (1817) einem der Verbannten, Lorois, Eröffnun-
gen, das bourbonische Haus durch ein protestantisches zu ersetzen,
mit Waffengewalt, durch eine Verbindung belgischer Regimenter

---

50) Lettres de Sir John Williamson à Mr. Cobbett. p. 39.

mit den russischen Truppen des Besatzungsheers unter Graf Woronzow. Brice und der gewesene Polizeicommissär in Lyon, J. B.
Teste[51] (ein Mann aus dem Gard, der 1815 obgleich in Napoleons
Diensten auf die Orleanistischen Entwürfe eingegangen war, dann
unter den Aufregungen in seinem Departement sein Vermögen zerstört, seine Familie zerstreut gesehen hatte und mit Gruner's Vorwis-
sen unter der Führung des preußischen Lieutnants Fallenstein nach
Belgien geflüchtet war), hatten sich deßhalb an Woronzow gewandt;
von ihm abgewiesen trieben sie Carnot in Magdeburg an, dem
Kaiser Alexander persönlich diese Entwürfe vorzutragen, die Teste
in einer Denkschrift verarbeitet hatte.   Ehe Carnot reiste, hatte der
Kaiser von diesen Umtrieben erfahren, von denen Wellington den
König der Niederlande genau unterrichten konnte; er ließ den Prinzen durch General Tschernischew abmahnen: er werde nicht dulden,
daß der von ihm hergestellte Ludwig XVIII. gestürzt werde; „nach
seinem Tode wolle man sehen."   Mit diesen Dingen hing jener
'11. Febr. 1818. Mordversuch' auf den Herzog von Wellington zusammen, auf dessen Wagen eine unentdeckte Hand einen Schuß abfeuerte. Er hatte
immer auf die Ausweisung der Brüsseler Flüchtlinge gedrungen
und war ihnen ohnehin als der Befehlshaber des Besatzungsheers
im Wege; befreundet zwar mit dem Hause Oranien konnte er als
Engländer diese Entwürfe nicht dulden, die Belgien mit Frankreich
zu verbinden drohten und das so sorgfältig geschaffene Bollwerk ver-
schlungen hätten. Die Untersuchungen gegen die des Attentats beschuldigten Marinet und Chantillon, ohne zu einer Ueberweisung zu leiten,
führten doch die Fäden auf die Brüsseler Flüchtigen zurück.   Der
Prinz von Oranien klagte augenblicklich seine Unklugheit an, weinte
dem Minister Fagel seine Reue vor und versöhnte sich mit seinem
Vater. Diese Sinnesänderung währte nicht lange.   Bald erklärte

---

51) Später Minister unter Louis Philipp.

der Prinz die ganze Geschichte des Mordversuchs auf Wellington
für eine verleumberische Parifer Erfindung und knüpfte feine Verbindung mit den Flüchtlingen wieder an. Auch luden die Verhältniffe dazu ein. Als im Sommer 1818 der Pavillon Marfan, das
„nach Paris verpflanzte Coblenz“, jene geheime Note an den Kaifer von Rußland hatte gelangen laffen, war diefer Gegenschlag
gegen die Denkfchrift von Tefte bei dem Kaifer ebenfo erfolglos
gewefen, wie die Anträge der belgifchen Flüchtlinge, und der Bruch
zwifchen den beiden Parifer Höfen und zwifchen den Royaliften und
Decazes war völlig entfchieden worden. Von da an beregte jene
minifterielle Privatcorrefpondenz in den englifchen Blättern die
Frage von dem Ausfchluß des Kronprinzen, von feiner Entfagung
zu Gunften des unfchäblichen Angoulême ganz offen und oft; fie
verficherte, die Minifter unterhandelten deshalb und Richelieu werde
auf der bevorftehenden Aachner Zufammenkunft die Mächte zur
Initiative in diefer Sache auffordern, oder die Regierung felbft
werde mit einer Ausfchlußverordnung vorgehen[52]. Gneifenau glaubte
noch damals, daß Alexander fähig fei, Oraniens Entwürfe zu un-
terftützen und bat Stein, dem entgegenzuwirken; und im Jahre
1819, wo der Kaifer von feinen Kühnheiten zurückkam, paßte
Defterreich die Zeit wohl ab, um in St. Petersburg den Antrag
zu einer Verftändigung zu machen für den Fall, daß man die gefet-
liche Thronfolge in Frankreich umzuftoßen verfuche[53]. Dieß war
jetzt um fo bringender geworden, als man im Sommer 1819 fehr
ernfte Beforgniffe um das Leben des Königs hatte. Diefer Umftand
weckte denn auch den Prinzen von Oranien wieder. Gegen Ende

---

52) Unter den Königlichen gab es Leute, die fich barüber fo ereiferten, daß
fie noch nach Jahren den längft geftürzten Decazes verfchwärzten, er hätte wohl
gar felbft des Königs Nachfolger werden mögen: peut-être cette folie, digne
des petites-maisons, n'était elle pas si loin des cases de son cerveau.
Les mille et une calomnies. 3,104.

53) Castlereagh memoirs 12,290.

des Jahres ließ er seine alten Anträge bei Voyer d'Argenson und
bei dem thatfertigen Ausschuße Lafayettes erneuern. Wie gut
mochte es in die Phantasien Manches in diesem Kreise paßen, daß
man für die ersehnte Rolle eines französischen Wilhelm's III. den
Prinzen in demselben Hause suche, das ihn England gegeben
hatte! Wie Manche mochten es billigen, daß die Oranisten den
Prinzen schon seines Bekenntnisses wegen als vorzüglich geschickt
zu dieser Rolle bezeichneten, eingedenk des Mirabeau'schen Aus-
spruchs, daß man Frankreich bekatholisiren müße, wenn man die
Revolution durchsetzen wolle! Es war daher kein Wunder, daß
man die aus Belgien rückkehrenden Flüchtlinge in diese Kreise willig aufnahm und durch sie die gegenseitigen Mittheilungen erleichtert fortführte; wie sehr die englischen Blätter es Lafayette verarg-
ten, daß er sich mit ihnen „encanaillire". Uebrigens verlauteten
auch über diese neuen Umtriebe alsbald neue Gerüchte. Der König
der Niederlande griff nun ernstlicher ein und schickte seinen Sohn
auf Reisen; in Paris aber verhängte Decazes gegen einzelne Glieder des Preßfreiheitsvereins eine gerichtliche Verfolgung und löste
'18. Dec. 1819. in Folge derselben die Gesellschaft' auf.

Gereizte Stim-
mung in Bevölke-
rung und Presse.
Béranger's erste
politische Lieder.

Welche Gesinnung die rückkehrenden Verbannten nach Frankreich mitbrachten, mag eine Aeußerung der Gräfin Regnault de
St. Jean d'Angely bezeichnen, die, indem sie ihrem Gatten nach
America die Amnestie ankündigte, ihn auf eine günstige Krise und
unvermeidliche Revolution vorbereitete: man dürfe nur ein wenig
stark hauchen auf die verhaßten Elenden, die Bourbonen, um sie
umzuwerfen! Und in der That fanden die Flüchtlinge denselben
unruhigen Geist, den sie zurücktrugen, sehr verbreitet in dem Va-
terlande vor, wo sich die Lage sehr abstechend von den Zuständen
zur Zeit ihrer Ausweisung gestaltet hatte. Unter den Reibungen
und Reizungen, die die wechselnden Richtungen der Regierung

unterhielten, hatte die anarchische Laune weiter und weiter um sich gegriffen, in den Einzelnen und in den Partheien, in ganzen Klassen und Ständen der Gesellschaft. Befriedigende Zugeständnisse einer starken Regierung müssen versöhnend und beschwichtigend wirken; die unsicheren Gewährungen des schwachen Pariser Regiments dagegen hatten seine Gegner mehr und mehr aufgestachelt; und so war es gekommen, daß auf das freie Wahlgesetz feindselige und compromittirende Wahlen antworteten, auf die Wohlthat der Befreiung von der fremden Besatzung die Entzüglung des aufrührerischen Geistes, auf das freiere Preßgesetz die schonungslosen Ausfälle auf seine Urheber. Die Unabhängigen, die Werkzeuge der hundert Tage, die kaum zuvor noch zerbrochen und weggeworfen niederlagen, erhoben plötzlich ihre kühnen Forderungen, als könnten sie über die Minister bereits wie über ihre Werkzeuge verfügen; und der aufschwellende öffentliche Geist unterstützte sie in ihrer Vermessenheit. Es waren die Zeiten, wo das Treiben der Carbonari in Italien, der Soldaten in Spanien, der Studenten in Deutschland, der Radicalen in England eine allgemeine Gährung und Bewegung in ganz Europa verrieth, von der auch Frankreich nicht unberührt blieb. Als Barthélemy seinen Antrag gegen das Wahlgesetz in der Pairskammer stellte, fand dieses parlamentarische Ereigniß schon einen Widerhall in der Aufregung einiger Provinzen, die die Zeiten nach den hundert Tagen wiederzubringen drohte: in Nimes gab es eine royalistische Bewegung, die die Protestanten veranlaßte sich zu rüsten, und Lanjuinais zeigte in der Kammer das Auftreten von Banden mit grüner Cocarde im Westen an. Bei derselben Gelegenheit hatten die Studenten der Pariser Rechtsschule Bittschriften für Erhaltung des Wahlgesetzes unterzeichnet; man schob es auf Royer Collard's Neuerungen an der Schule, die auf eine constitutionelle Erziehung abzielten, daß sie sich zu solch einem Schritte berufen glaubten, und bald nachher,

als die Vorträge eines ihrer freisinnigen Lehrer (Bavour) eingehalten wurden, wiederholte Tumulte erregten. Ein ähnlicher unruhi-
ger Sinn der Hochschüler hatte sich schon etwas früher unter den
Medicinern in Montpellier gezeigt; ja in den Lyceen und Collegien
verschiedener Departements hatte im Frühling die politische Zwietracht, die aus den Familien in die Kinder drang, zu einer Reihe
von Schülerrevolten geführt gegen den mönchischen Geist, der den
militärischen Anstrich der Schulen unter Bonaparte verdrängt hatte.
So nahmen die Lancasterschulen den „Brüdern der christlichen
Schulen" gegenüber mehr und mehr eine feindliche Stellung an;
die harmlose Sache des Kinderunterrichts ward, wie in Deutschland
das Turnen, eine politische Waffe.   Der Widerstand gegen die
geistliche Verfinsterung griff jetzt in allen Kreisen um sich; mit
größtem Eifer wurden die Schriften von Rousseau und Voltaire
in wohlfeilen Ausgaben verbreitet, um den Missionen zu trotzen.
Der Grimm über den Unfug dieser Sendboten drang schon bis in
die Behörden ein, die in Brest eine Mission nöthigten die Stadt
Herbst 1819. zu verlassen; als Decazes sie darum strafte, nahm Royer Collard
seine Entlassung und bewies zur Ehre seiner Parthei, daß ihr
Stellenehrgeiz eine Grenze hatte. Von größter Wirkung war zu
gleicher Zeit der Rückschlag der freien Presse gegen den bisherigen
Censurzwang. Sie rückte Decazes schon jetzt seinen Betrug aller
Partheien auf und sagte ihm unverholen, seine Laufbahn sei vollendet, man werde ihn abtreten sehen ohne Lob und Bedauern; sie
enthüllte jetzt der Kammer zur Seite in der historischen Bibliothek,
in Etienne's Briefen über Paris (in der Minerva) und sonst, im-
mer.frecher die verborgene Geschichte der letzten Jahre; sie griff in
einzelne Debatten, wie in die über die Schweizer Capitulationen,
mit einer Heftigkeit ein, die die Erbitterung zwischen den verschiedenen Truppentheilen, die im Juli wieder in Metz zu einem Ausbruch führte, steigerte und selbst wieder durch gerichtliche Verfol-

gung gesteigert ward; in die Zweikämpfe wegen politischer Parthei-
ansichten, die an der Tagesordnung waren, fand man nicht selten
die Zeitungsredacteure verwickelt. In die Reihe dieser schlagfer-
tigen Schreiber traten nun die rückkehrenden Flüchtigen aus Belgien
hinzu: jener Cauchois Lemaire, der früher den gelben Zwerg geschrieben und in Brüssel als den „geflüchteten gelben Zwerg" (oder
le vrai libéral) fortgesetzt hatte, aus Brüssel ausgetrieben wieder
im Haag aufgetaucht war, wo er (1817) die „Berufung an die
Generalstaaten zu Gunsten der französischen Verbannten" erlassen
hatte, und der nun wieder in Frankreich in die Reihen der kühnsten
Anfechter der bestehenden Ordnung trat, die von der Feder zum
Säbel zu kommen wünschten. Neben ihm kehrte unter Anderen
jener Arnault zurück, (er hatte auf Fouché's Bannliste gestanden),
dessen Germanicus schon 1816 ein Partheistück geworden war und
zu Tumulten geführt hatte, und der nach nicht lange wieder wegen
einer neuen Schrift vor das Zuchttribunal gefordert wurde. Denn
Literatur, Kunst, Poesie, Theater, Alles wurde in den politischen
Partheistrudel hineingerissen. So erregte jetzt (1819) wieder die
Aufführung von Delavigne's „sicilianischer Vesper" Auftritte, die
eine polizeiliche Censur veranlaßten, wiewohl der Tragöde hier
wie in seinen „messenischen Elegien" (1815—18) nur als ein gemäßigter Dichter des Bürgerthums erschien. Ganz besonders aber
fing eben jetzt Bérangers umgestimmte Leier an, von einem
großen und tiefgreifenden Einfluß zu werden, und nichts ist so geeignet, die Natur des politischen Widerstandsgeistes dieser Zeiten in
Frankreich und namentlich die Verbreitung und Verdichtung des
unversöhnlichen Bourbonenhasses in dem Volke erkennen zu lassen,
als ein Blick auf die Lieder und die Richtung dieses dichtenden
Demagogen und Tribunen. Aus dem untersten Volke hervorgegangen, hatte der junge Béranger den Geschmack und die Kunst
der Verse von seinem Meister Buchdrucker gelernt. Mittel- und

kenntnißlos aber, wie er war, hatte er sich lange fern von allem
hochfliegenden poetischen Ehrgeiz gehalten und es gab eine Zeit
(1803), wo er unter äußerem und innerem Drucke entmuthigt der
Dichtung ganz entsagt hätte, wenn ihn nicht Lucian Bonaparte
aufgerichtet hätte. Dieser war es, der ihn durch seine Ermahnung,
über der Kühnheit in seinem Liede nie den Geschmack zu verletzen,
auf den Weg leitete, die französische Sprache und ihren Geist in
Volk und Buch zugleich zu durchdringen, um nicht nur der Schenke
und Liedertafel, sondern auch der Toilette und Akademie gerecht
schreiben zu können; er verband nun den neuen Geist in seinen
Liedern mit der klassischen Eleganz, und darin war er besonders
auch Chateaubriand verpflichtet, der ihn aus den Schranken der
Batteux und la Harpe herausriß. So drang er schon in das Volk,
noch ehe er politische Dinge besang, als er noch in dem Tone der
epigrammatischen Couplets jene drolligen und zotigen, feingroben
Lieder schrieb, in denen er, seinem „vagabundischen Geiste" fröh-
nend, nur der Apostel der Fröhlichkeit war, deren Seele freigeistige
Witze und stechende Schlußreime sind, deren Gegenstände Wein
und Weib, und (so sagte er selbst) „betrogene Ehemänner, hab-
gierige Anwälte und Charon's Barke." Was sich in dieser Sphäre
auf die allgemeineren Verhältnisse beziehen ließ, waren höchstens
die gottlosen Ausfälle auf den Katholicismus oder „seine Livrée",
in dem Stile des schmutzigen Dichters des Götterkrieges (Parny),
den Béranger damals unsterblich pries. In den großen Schicksalen
Frankreichs seit 1812 empfand aber der Dichter, daß er mit jenen
abgedroschenen Scherzen, in denen er seine Lieder, um sie auf die
Gasse zu bringen, oft in der Gosse gesucht hatte, hinter der großen
Zeit zurückblieb, daß er höhere Gegenstände anfassen müsse, um in
das Leben einzugreifen. Diesen Uebergang machte er vorsichtig bis
zur Furchtsamkeit; er brauchte das alte Wein- und Liebeslied noch
fort zum Rahmen für Ausfälle, in denen man die politische Absicht

ohne Anleitung kaum entdecken konnte. Schon diese versteckten
Angriffe aber hatten unter der steten Unbefriedigung des öffentlichen
Geistes außerordentliche Wirkung gemacht und dem Dichter alle
Gunst des Volkes erworben. In diesen Zeiten nun der zweiten
Herstellung, als er sich während der fremden Besatzung in dem
Volke, unter den Partheien, selbst in der Umgebung des Hofes
näher umthat, hatte er die Ueberzeugung gefaßt, daß die Dynastie
unversöhnlich gegen die Grundsätze von 1789, die Nation ebenso
unversöhnlich gegen die Bourbonen sei; und er ergriff nun in stei-
gender Kühnheit die Sache des Volks, und stellte sich in Eine Reihe
zu den Cauchois Lemaire, den Courrier und Comte, die verfolgt
waren wie er es werden sollte, und verfolgt verbitterter schrieben.
Die alte Parny'sche Ader erwachte in ihm, als er von jenem „Palaste" aus, dessen Kosacken er die Missionäre nannte, die alte Je-
suiten- und Capuzinerwirthschaft herstellen und das Concordat
betreiben sah, „um dem heiligen Geist die Tatze zu salben und
Galliens Hühner für den Erben St. Peter's legen zu lassen", als
er dem Teufel das Werk jener Missionen zuschrieb, „die das Licht
auslöschen und die Scheiterhaufen anzünden sollten." Von da aus
richtete er dann immer geradere und keckere Angriffe auf das ängst-
liche und unehrliche Spiel der Regierung mit der Charte, auf die
Furcht vor jedem Gebrauche von Freiheit und Verfassung, auf die
partheilosen Schaukler in der Kammer, auf den „großen Mann
des Tages" (Decazes) und auf den König selber, auf die Herrschaft
der Myrmidonen, die auf Achilles' Grabe tanzen. Und dieser Zorn
über das Großwerden der Kleinen, der Grimm darüber, daß Ju-
piter die Welt den Zwergen gegeben, wurde immer mehr die Seele
seines Gesangs, der, „in lauter Verschwörung gegen die Könige
die Melodien der Leierorgel mit den Tönen der Laute vermählend",
mehr und mehr das Volk bis in seine Tiefen aufregte. Glückliche
Zustände, sei es im politischen, sei es im poetischen Reiche, bedeu-

tet dieß leider nie, wenn die dichterische Polemik in das staatliche Leben einzugreifen den Beruf fühlt und die Macht erhält. Das Maaslose und selbst das Ziellose wird fast nothwendig die Predigt der politischen Poesie werden, wo sie nicht geradezu mit der erhaltenden Richtung geht. So war es auch bei Béranger zu beklagen, daß Er, der sich sonst ehrenvoll rühmen durfte, der literarischen Coterie, der Tröbler des Ruhms, nie bedurft zu haben, auf seinem neuen Wege der Volksgunst bedürftig wurde, daß er sich der Volkslaune und Leidenschaft beugen lernte, daß „das Volk seine Muse" ward, statt daß seine Muse (wenn dieß anders noch mit Poesie vereinbar blieb) das Volk zu einer gesunden und nicht blos verneinenden, bürgerlichen Sinnesart hätte emporbilden sollen. Sein ganzes Auftreten war, im Gegensatze zu dem weltbürgerlichen Lord Byron, das eines ganz und nur französischen Bürgers und Vaterlandsfreundes; das Betonen eines festen politischen Grundsatzes hätte ihm um so natürlicher gestanden und eine um so stärkere Wirkung in der angegebenen Richtung gemacht. Solch einen Grundsatz aber hätte ein Mann des Volkes nicht in Béranger's Lied gefunden, sondern nur die Rechtfertigung seiner unbestimmten Veränderungssucht und die Verherrlichung seines blinden Bourbonenhasses. Wenn der Dichter in einem Theile seiner Lieder Bonapartist schien, so war es ihm damit nicht Ernst, und er besang das „untergegangene Ilium" des Reiches nur, um die Bourbonen zu ärgern. So versicherte er in Rede und Schrift, bekennend daß er allzeit republikanischen Grundsätzen angehangen habe; aber auch diese Grundsätze würde Niemand in jenen Liedern erkennen, in denen er anfangs hoffend den Bourbonen geschmeichelt hatte. So wie es auch schwer vereinbar, und von Franzosen selbst dem nationalen Dichter oft verdacht worden ist, daß er, voll von der Größe und dem Ruhme seines Volkes, wie ein Vorläufer des kommenden Geschlechtes schon um 1818 alle Völker aufrief zur Handreichung in einem heiligen Bunde und daß er die kühnsten Neuerungen der weltbürgerlichen Schwärmer St. Simon und Fourier, statt sie unter sein Epigramm fallen zu machen, in Ehren hielt, weil sie dem menschlichen Geschlechte einen glücklichen Traum verschafften! Je mehr seine ernste, geharnischte Lyrik abstach gegen die der Desaugiers und anderer seiner Vorgänger und Nebensänger, und des Dichters persönliche Haltung gegen die eines Aliffan be Chazet, der um ein Mittagessen nach allen Seiten hin gefällig war, um so bedauerlicher war es, daß seine politischen Lieder die Jugend dieses erregbaren Volkes „von secularer Leichtfertigkeit" in ihrer unbestimmten Widersetzlichkeit bestärkten und dem politischen Hasse eine furchtbare Nahrung gaben. Sie sprachen ohnehin zu dem factionären Geiste schon darum, weil sie, wie 1815 royalistische Lieder unter der bourbonischen Parthei, anfangs nur handschriftlich umgingen, und, als die ersten (1821) gedruckt erschienen, sie ihn sogleich dem Gericht überlieferten und zum Märtyrer machten, wo nun „der Kerker seinen Versen in dem Auge des geknechteten Frankreich erst rechten Ruhm verleihen" mußte.

Unter diesem wirren Zustande der aufgeregten Geister und der unterwühlten Verhältnisse hatte sich bereits um die Mitte des Jahres 1819 eine prophetische Meinung in Frankreich gebildet, und wurde von den verschiedensten Stellen ausgesprochen, daß ein großer Umschlag der Dinge, gehofft von den Einen, gefürchtet von den Anderen, nicht sowohl durch die Uebermacht irgend einer Parthei und ihrer Bestrebungen, als durch irgend einen Zufall eintreten werde; die Folge eines gewöhnlichsten Ereignisses, sagte im August die historische Bibliothek, sei bei der Anhäufung des Brennstoffs unberechenbar; **ein Todesfall, eine Bewegung auf 200 Stunden Ferne** könne (und genau so kam es nach wenigen Monaten) das ganze Gebäude erschüttern, in dem die

Theile in Berührung aber nicht in Zusammenhang, sich nahe aber
nicht verbunden seien. Was diesem Brennstoff neue Materie zutrug,
waren die Dinge die im Herbste in Deutschland vorgingen. Das
Karlsbader System bestürzte in Paris nicht weniger als in Deutschland, weil man es mit Recht auch nach außen gerichtet dachte.
Die Rundschreiben der preußischen Regierung an ihre Gesandten
empfahlen allen Regierungen in demselben Sinne zu handeln, die
österreichischen wünschten geradezu dem französischen Ministerium
die Besonnenheit, die glücklichen Verhältnisse zu benutzen, um einen
monarchischeren Gang einzuschlagen; dann könne sich nichts mehr
dem vollständigen Triumphe der Ordnungsfreunde widersetzen.
Noch ehe übrigens diese deutschen Ereignisse eingetreten waren,
hatte sich der fremde Einfluß wieder aufs neue unmittelbarer auf
die einzelnen inneren Angelegenheiten Frankreichs geworfen. Die
Cabinette hatten sich nacheinander einstimmig gegen das Wahlgesetz erklärt; Capodistria kam nach Paris und hatte mit Richelieu,
mit dem König, mit den Ministern Berathungen, um das Bedenken Rußlands gegen die Preß- und Wahlgesetze bekannt zu geben.
Selbst Richelieu empfand nachgerade, wie störend für die ruhige
Prüfung und Entwicklung der neuen Einrichtungen, wie tief verletzend diese ewige Einmischung für ein reizbares Volk war, wie
sehr sie die Minister in eine beschämende Abhängigkeit stellte, die
früher eine Nothwendigkeit heißen konnte, jetzt aber seit 1818 als
eine freiwillige Unterwerfung erschien, die daher jetzt von der Regierung mehr versteckt und verleugnet wurde, aber darum doch
offenbar war und um so bitterer empfunden ward. Die Unabhän-
im Sept. gigen benutzten diese Stimmung, um auf die Erneuerungswahlen
für die Sitzung von 1819—20 zu wirken; ihr wohlgeordneter
Einfluß spielte mit Erfolg gegen die ministeriellen Candidaten, und
schloß die Royalisten fast ganz aus. Auf 54 neu zu wählende Abgeordnete erhielten sie 35, darunter viele Kaiserliche, darunter

auch den alten Bischoff von Blois, Abbé Grégoire, der Ludwigs XVI.
Hinrichtung schriftlich gebilligt hatte und von dem die Königlichen
jetzt eifrig eine einstige Aeußerung umtrugen: daß die Könige in
der moralischen Ordnung wären was die Ungeheuer in der physi-
schen. Er war in dem aufgeregten Isère bei einer zweiten Stim-
mensammlung gewählt worden; aus dem Ergebniß der Stimmen-
zahl ging übrigens hervor, daß über die Hälfte der mitstimmenden
Königlichen, nachdem sie bei der ersten Abstimmung an ihrem Candidaten verzweifelten, bei der zweiten ihre Stimmen nicht dem ministeriellen Candidaten, sondern dem Regiciden gegeben hatten.
Die Absicht glückte. So groß war noch immer die Macht des
royalistischen Gefühls in dieser Zeit, daß die Freisinnigen selbst
von dieser Wahl erschreckt wurden, als einer Unklugheit, die viele
royalistischen Mißgriffe aufwog. Dieß zeigte sich deutlich, als sie
nachher in der Kammer Grégoire's Wahl wegen formeller Gründe
wollten vernichten lassen, um alle Erörterungen zu ersticken, während die Königlichen darauf drangen, ihn wegen Unwürdigkeit
auszuschließen; worauf sie dann ihrerseits die empfindliche Einrede hören mußten, daß ja der König selbst einen Regiciden sogar
zu seinem Minister gewählt hatte. Den König warf diese Wahl
in die äußerste Verlegenheit und Bestürzung; die Fremden hatten
neuen Anlaß ihm zuzusetzen; der Kronprinz umging ihn mit trium-
phirenden Blicken und quälte ihn so[54], daß er dem Marineminister
um diese Zeit „Worte über die Zukunft Frankreichs sagte, die diesen
schaudern machten." Er zog nun die Hand nicht von seinem Günstling, aber von dessen System ab, er verlangte von Decazes die
Aenderung des Wahlgesetzes. Der tapfere Urheber des 5. September
und März bedachte sich nicht, die eigene Hand davon abzuziehen,
und de Serre, der eifrige Vertheidiger der Wahl- und Preßgesetze,

---

54) Mémoires du baron Portal. 1846. p. 57.

stimmte bei, das fahren zu laffen, was fie als das nationalfte der
neuen Gefetze kennen gelernt. Hatte Decazes vor einem Jahre die
Lainé und Richelieu hinausgefchoben, die das Wahlgefetz nicht
behaupten wollten, jetzt fchob er die Deffolles, St. Cyr, Louis
hinaus, die es behaupten wollten, die fortzufahren riethen dem
Lande mit den freifinnigften Maasregeln in den Sachen der Wahlen, der Preffe, der Jury Vertrauen zu geben. Er erfetzte fie durch
Pasquier (den „Unvermeidlichen"), Latour-Maubourg und Roy;
'19.Nov. er felbft übernahm' die Präfidentfchaft. Unter diefer Verdnderung
'bis 29. Nov. war die Eröffnung der Kammer' verfchoben worden, vor der nun
Decazes wieder mit einem neuen Minifterium und mit entgegenge-
fetzten Maasregeln erfchien. Die Thronrede klagte über die vage
Unruhe in den Geiftern, über die Furcht vor den Abfichten und
Gewaltthaten der Factionen, und kündigte die Verdnderung einiger
formellen Beftimmungen der Charte an, die die Kammer von dem
jährlichen Kampfe der Partheien befreien folle, indem fie ihr eine
Dauer fichere, die vertrdglicher fei mit den Intereffen der öffentlichen
Ordnung und dem auswärtigen Anfehen des Staates. Das vor-
zulegende Wahlgefetz fchlug demnach die 1816 fo hartndckig ver-
weigerte ungetheilte Erneuerung der Kammer alle fieben Jahre
vor, und erhöhte die 1816 herabgefetzte Zahl der Abgeordneten
wieder auf den Stand, auf den die Juliverordnungen von 1815 die
niedriggefetzte Zahl von 1814 fchon einmal erhöht hatten! Die
bisherige Anzahl der 258 Abgeordneten follte künftig von den
Kreisverfammlungen unmittelbar gewählt werden, die außerdem
die Wähler der Departementsverfammlungen wählen follten aus
denen die 1000 Franken fteuerten, wovon die Hälfte aber (dieß war
eine Gewährung an die Königlichen) folche fein follten, die diefe
Summe in Grundfteuer entrichteten. Das Ganze war zufammen-
geftickt aus halben Zugeftändniffen nach rechts und links; es waren abgefchwächte Refte eines Planes von de Serre, der (gegen

die Gleichheit der Wähler ankämpfend) die Wahleinflüsse nach dem
Vermögen und der gesellschaftlichen Stellung classificirt hätte, aber
im Uebrigen auf eine kräftige systematische Entwicklung der repräsentativen Verfassung gestellt war, während die jetzige Vorlage
ein Gesetz der Aushülfe und der Furcht war. Es wiederholten sich
noch einmal die Kurzsichtigkeiten von 1816: man schritt in der
Angst zur Aenderung eines Wahlgesetzes, wesentlich erschreckt durch
Eine Wahl, welche doch die kraft dieses Wahlgesetzes gewählte
Kammer selber sogleich annullirte; und kaum wandelte sich nachher
die Lage der Dinge noch etwas mehr ins Besorgliche, so votirte dieselbe Kammer, vor der man sich so sehr glaubte fürchten zu müssen,
neue Ausnahmsgesetze! Daß der großrednerische Minister, dem
man nach seinem Pairschub zugetraut hatte, es sei ihm ein Ernst
den halben Maaßregeln auszuweichen, allen diesen Kleinmuth
theilte, vernichtete ihn in der öffentlichen Meinung völlig; man
fand ihn nun „unter dem Mistrauen und dem Haß.“ Und wie
klein der Mann in der That war, der sich trotz dieser neuen Wendung glaubte erhalten zu können, zeigte sich nie greller, als da er
auch jetzt in diesem kritischen Augenblick mit den Kunststücken der
Schaukelei noch auszureichen glaubte, die seinem Regierungs-
systeme den Namen gegeben hat: indem er zu gleicher Zeit im Beginn seines Ministeriums die Royalisten zu ködern suchte mit der
Auflösung der Preßfreiheitsgesellschaft, und die Liberalen mit der
Wiedereinsetzung der letzten Expairs von 1814, und der Rückberufung der letzten Regiciden, als ihrer Einer eben aus der Kammer
gestoßen wurde. Wie es mit seiner Gunst in der Kammer bestellt
war, erfuhr Decazes zuerst, als Bericht erstattet wurde über die [14. Jan. 1520.]
neu eingelaufenen (139) Bittschriften (mit 19000 Unterschriften)
für Erhaltung des Wahlgesetzes: er erhielt die verlangte Tagesordnung, aber nur mit einem Mehr von fünf Stimmen. Unter
diesem Verhältniß war das Schicksal des Wahlgesetzentwurfs nicht

schwer vorauszusehen. Gerade war die Vorlage an der Tagesord-
'13. Febr. nung, als ein Ereigniß, das der bisherigen Gährung eine Krise
bereitete, die ganze Gestalt der Dinge auf Einen Schlag verän-
derte, Decazes für immer aus Amt und Thätigkeit warf, die Unabhängigen in Ohnmacht zurückstürzte und die Royalisten für ein
Jahrzehnt ans Ruder rief.   Dieß Ereigniß war aber schon eine
Fortwirkung des Umschlags der Dinge in Spanien und kann erst
in dessen Folge erzählt werden.